Walther Kauer **Gastlosen**

Walther Kauer

Gastlosen

Roman

Fischer-Verlag, Münsingen-Bern

Schutzumschlag:
Gestaltung Kurt Blatter
Titelbild nach einer Aufnahme von Ernst Zbären
Porträtzeichnung auf Rückseite von Nell Arn

© 1986
Buchverlag Fischer Druck AG, 3110 Münsingen-Bern
Alle Rechte vorbehalten
ISBN 3 85681 140 0

Gastlosen

Abweisender Gebirgsstock im Berner Oberland.
Der Sage nach Verbannungsort eines reichen Mannes, der
zeitlebens Mensch und Vieh unmenschlich behandelt hat.
Aus dem Dialekt abgeleitet, bedeutet
«Gastlosen» soviel wie das Gegenteil von
«Gastfreundschaft».

Erstes Buch

1

Fabian

Zu ihrer grossen Erleichterung stellte Marianne fest, dass Fabian wieder arbeitete. Sie hörte das Klappern der Schreibmaschine aus dem weit geöffneten Fenster seines Arbeitszimmers im ersten Stock des alten Pfarrhauses von Gilgenburg. Allerdings war dieses alte Pfarrhaus vor einigen Jahren zweckentfremdet worden. Die Gemeinde Gilgenburg erbaute ein neues Dorfzentrum mitsamt einer neuen Kirche und liess gleichzeitig einen neuen, modern gestalteten Friedhof anlegen. Im Schnittpunkt der vier asphaltierten Wege (Strassen wäre hierfür wohl der bessere Ausdruck), die den Friedhof in vier gleich grosse, quadratische Grabfelder unterteilten, stand ein Gebäude, das eine verzweifelte Ähnlichkeit mit dem Leipziger Völkerschlachtdenkmal besass, und von dem gewiss nicht anzunehmen ist, dass die Nachfahren der heutigen Gilgenburger es jemals unter Denkmalschutz stellen werden: Eine neue Leichenhalle mit einem Krematorium und mit einer Abdankungskapelle, die allen Konfessionen zur Verfügung stand. Die Wohnungen für die nunmehr zwei Gilgenburger Pfarrer (bald würden es sogar drei sein, Gilgenburg vergrösserte sich schnell) befanden sich im zweiten und im dritten Stock des Mehrzweckgebäudes, in dem auch noch die Gemeindeverwaltung und das neue Postamt untergebracht waren.
Im fensterlosen Untergeschoss war für die Jugendlichen von Gilgenburg etwas Ähnliches wie eine Diskothek eingerichtet worden – in Kriegszeiten allerdings befände sich dort der gemeindeeigene Zivilschutzbunker.
Nach langem Hin und Her im Kirchgemeinderat war beschlossen worden, das alte Pfarrhaus zu renovieren, mit den notwendigsten modernen Einrichtungen zu versehen und es dann zu vermieten. Mariannes Vater, der Literaturprofessor Marius Naumann, war ein früherer Studienkollege des jetzigen Kirchgemeindepräsidenten von Gilgenburg, und so hatte eine Hand die andere gewaschen, eines zum anderen sich

gefügt. Allerdings hatte der Herr Professor die Heirat seiner einzigen Tochter mit diesem «Schriftsteller» Fabian Kessler nie gebilligt. Marianne besass jedoch nicht nur einen eigenen Kopf, sondern auch ein kleines Vermögen von ihrer früh verstorbenen Mutter und kümmerte sich nie um die Einwände des alten Herrn.
Für Fabian und Marianne – vor allem aber für die drei Kinder, Fabian, Marius und Cornelia – war der grosse Garten mit dem angrenzenden alten Friedhof ein wahres Paradies. Dieser Pfarrgarten mit seinen Obstbäumen, Spalieren, Gemüsebeeten und den Blumenrabatten mit uralten Rosenstöcken hätte auch für eine noch grössere Familie ausgereicht, und der alte Friedhof mit seinen alten Grabsteinen und Bäumen hätte einer noch grösseren Kinderschar zum Versteckspielen dienen können. Begrenzt wurde die Liegenschaft durch den Mühlenbach, der noch unkanalisiert und, wie es ihm gerade einfiel, durch Nachbar Begerts magere Schafweide floss. Die Demütigung einer Kanalisierung tat man ihm erst viel weiter unten im Dorf an, wo er für die Mühle, ein Sägewerk und einige Fabriken viel Arbeit zu verrichten hatte. Am unteren Ende der Liegenschaft stand ein kleines, aber dichtes und verwachsenes Wäldchen, das die Kinder zu allerhand Geheimnissen und Abenteuern geradezu einlud. Das alte Haus war selbst für eine grosse Familie riesengross und verlangte Marianne eine ganze Menge Arbeit ab. Zuerst freilich stellte man ein freundliches, dralles Bauernmädchen aus dem Dorf als Haushalthilfe an, doch dann kam Fabians Schaffenskrise und mit ihr sein Tick, sich als Hausmann nützlich zu machen, vermutlich, um sein schlechtes Ernährergewissen zu besänftigen, das er leidend zur Schau stellte. Er hatte Marianne sogar recht unverblümt zu verstehen gegeben, dass er durchaus damit einverstanden sei, wenn sie ihre frühere Arbeit als Lektorin im Verlag wieder aufnehme. Dies schon nur deshalb, damit sie endlich aufhören würden, einander zu Hause auf den Füssen herumzutreten, sich gegenseitig auf die Nerven zu fallen, den Kindern ein schlechtes Beispiel zu geben und sich aus den unwichtigsten Anlässen anzubrüllen, abgebrühten Fuhrknechten ähnlich.

Ganz so schlimm war es allerdings nie gewesen, aber Fabian neigte nun einmal zu Übertreibungen, und zusammen mit ein paar anderen kleinen Webfehlern, die sich im Laufe der Jahre hinzugesellten, liessen sie Marianne ziemlich gleichgültig. Sie war sich immer bewusst, dass sie einen keineswegs einfachen Menschen geheiratet hatte. Im Brustton tiefster Überzeugung hatte Fabian verkündet, mit dem bisschen Hausarbeit – Marianne hatte dazu innerlich gelacht – und mit den Kindern (was Mariannes Lachen noch verstärkte) würde er, Fabian, schon zurechtkommen, jedenfalls besser, als er das im Augenblick mit seiner Schreiberei tue. Marianne kannte Fabian gut genug, um darauf nichts zu erwidern, aber sie dachte sich doch, dass da manches nicht stimmen konnte. Fabian hatte bisher einige bemerkenswerte Bücher geschrieben, die ihrem Autor beim Publikum Beliebtheit und bei den Kritikern wohlwollende Duldung eingebracht hatten – im ganzen betrachtet, hatte ihr Autor allerdings nicht eben viel Geld damit verdient. Mehr als einmal maulte Fabian: Vom Berühmtsein könne kein Mensch leben, schon gar nicht ein Mensch mit einer Frau und mit drei unmündigen Kindern. Damit deutete Fabian an, dass ihm bewusst war, von Mariannes Geld zu leben und dass ihm dieses Bewusstsein gar nicht schmeckte. Diese Tatsache allein hätte aber wohl kaum ausgereicht, Fabian vier Jahre lang zu blockieren. Es musste mehr dahinterstecken, und Marianne hatte schliesslich als Lektorin in einem Verlag ihre eigenen Erfahrungen mit diesen Kerlen machen können, die sich eines Tages plötzlich hinsetzten und damit anfingen, Bücher zu schreiben, manche nur, um sich hinterher Autor nennen zu können. Deshalb verstand Marianne Fabian nicht nur, sondern sie bot ihre ganze Liebe auf, um ihm zu helfen, obschon sie genau wusste, dass ein Autor im Endeffekt immer selber aus seiner Krise, aus seinem Loch herausfinden muss.

So hatte Marianne denn, ohne darüber viele Worte zu machen, ihre frühere Arbeit bei Peter Morgenegg, Fabians Verleger, wieder aufgenommen, worüber der sehr befriedigt war, hatte er ihr doch richtiggehend gegrollt, als sie bei ihrer Arbeit im Verlag Fabian kennenlernte und ihn – seine wohlmeinenden Mahnungen nicht achtend – sogar heiratete, obschon Fabian zwanzig Jahre älter war als sie selbst. Morgenegg war zufrieden – aber Marianne selbst hatte kein sehr gutes Gefühl dabei. Ihr wollte es vielmehr vorkommen, als würden Haus, Garten und Kinder Fabians redlichem Bemühen zum Trotz einen leicht verbummelten Anstrich bekommen. Zwar nicht so, dass dies auf den ersten Blick aufgefallen wäre – aber auf den zweiten bestimmt. Es war, als nehme das ganze Hauswesen etwas Zerstreutes an, genau wie Fabian das manchmal an sich hatte, und was Marianne bei sich selbst immer eine geistige, unerlaubte Entfernung von der Truppe nannte. Sie wusste, dass Fabian ein präziser Arbeiter war, der über ein gutes Gedächtnis verfügte und seine Recherchen gewissenhaft betrieb.

Vielleicht, dachte Marianne dann bei sich, vielleicht ist das alles nur meine eigene, mir anerzogene Pingeligkeit, die mich diese Dinge überhaupt wahrnehmen lässt: den sich mehrenden Staub auf den Bücherregalen und anderswo, die schwarzen, sich beinahe täglich verbreiternden Ringe an den Pfannen und Töpfen, der immer matter werdende Glanz des Parketts im Wohnzimmer und in Fabians Arbeitszimmer, Gläserringe auf dem Esszimmertisch – von den schief abgetretenen Absätzen an den Schuhen, vor allem an denen der beiden Buben, und vom immer unverschämter wuchernden Unkraut im Garten gar nicht erst zu reden.

Morgenegg machte es Marianne auch nicht gerade leichter, Fabians offenkundige Schreibhemmung zu ertragen: Ohne ein Wort zu sagen, pflegte er sie nur verlangend anzusehen, wenn er ihr Arbeitszimmer im Verlag betrat. Es sah ganz so aus, als erwarte er, Marianne könne, wie ein Zauberer seine Kaninchen aus dem Hut, ein Manuskript von Fabian irgendwie hervorzaubern. Marianne pflegte diesem herausfordernden Blick standzuhalten und fast trotzig zu begegnen, und manchmal setzte sie boshaft hinzu, um Morgenegg zu ärgern, Fabian habe wieder zu seiner Kreativität zurückgefunden: Er habe gestern Abend ein ausgezeichnetes Abendessen mit mehreren Gängen gekocht – und das ohne jegliche Küchenhilfe. Morgenegg zog sich hierauf in sein eigenes Büro zurück, nicht ohne Unverständliches in den Bart zu murmeln und dazu dicke Rauchwolken aus seiner echt englischen Shagpfeife zu stossen.

Im Augenblick hörte Marianne keinen Laut von den Kindern. Die trieben sich vermutlich wieder einmal in den Ställen und Scheunen des benachbarten Bauern Begert herum, die fünfjährige Cornelia dabei immer hinter ihren Brüdern her, obschon Fabian zwo – wie Fabian seinen Ältesten zu nennen beliebte – ein zwölfjähriger Rüpel zu werden drohte, der vor allerhand Marterpfahl-Schabernack mit seiner kleinen Schwester nicht zurückschreckte, seit er von seinem Opa einen ganzen Stapel zerlesener Karl-May-Bücher geschenkt bekommen hatte. Bei dem Unsinn, den Fabian zwo aus diesen Büchern offenbar gelernt hatte, und den er nun in eine möglichst realistisch wirkende Praxis umsetzte, half ihm grinsend sein zehnjähriger Bruder Marius, ein Ebenbild seines professoralen Grossvaters, wobei sich allerdings die Ähnlichkeit zunächst – und wie Fabian hoffte, dauernd – noch auf reine Äusserlichkeiten beschränkte. Es war übrigens der Grossvater, der darauf bestanden hatte (und er tat das beinahe so wie Shylock auf seinem Pfund Fleisch), dass – wenn schon nicht der erste, wie sich das eigentlich gehört hätte – wenigstens der zweite Enkel nach ihm benannt werde. Familientraditionen, so hatte er geschnarrt, seien dazu da, um respektiert zu werden von jedermann, der sich als zur Familie gehörig betrachte. Das hatte Fabian zur boshaften Bemerkung verleitet, «Marius Kessler» – das klinge ungefähr so wie «Fürchtegott Isidor Theilkäs». Es sei einfach lächerlich. Man sollte doch, so Fabian damals, Kindern solches nicht antun, man sollte sie nicht mit solchen Namen brandmarken und ihrer Lebtag lang der Lächerlichkeit preisgeben. Aber er hatte sich zähneknirschend gefügt, als Marianne darauf aufmerksam machte, immerzu dürfe man den alten Mann auch wieder nicht ärgern: der habe doch von ihnen beiden schon allerhand zu schlucken bekommen. Fabian konnte es aber nicht lassen, dem Unvermeidlichen so zu begegnen, dass er dem Taufnamen Marius noch ein halbes Dutzend weitere folgen liess, damit der Junge sich später wenigstens seinen

Rufnamen selber aussuchen könne, dann nämlich, wenn der tyrannische Grossvater im Himmel oder auch sonstwo keinerlei Gelegenheit mehr bekommen würde, sich um solche Lappalien zu kümmern.
Solche Kleinigkeiten gehörten mit zu der rührenden Fürsorge, mit der Fabian seine Kinder umgab. Die Kinder machten sich selbst vermutlich auch sehr viel weniger aus den Beulen und Schrammen, die sie beinahe täglich nach Hause brachten, als ihr Vater, der sie sofort verarztete und dabei so sachkundig vorging, als hätte er seiner Lebtag nichts anderes getan. Beim Patienten, der unter Jod- und Alkoholanwendung entsetzlich litt, hielt sich die Begeisterung über die väterliche Heilkunst allerdings in Grenzen. In schwierigeren Fällen – und das zu beurteilen, war einzig Fabians Angelegenheit – zögerte er keinen Augenblick, den 2 CV aus der Garage zu fahren und mit dem Opfer zum Arzt zu rasen, so schnell er konnte, was wiederum den Arzt nicht übermässig freute. Er liess es Marianne einmal im Vertrauen wissen: In einer so ausgedehnten Landpraxis, wie es die seine sei, gebe es viel Jagens und wenig Fangens, es wäre ihm lieber, wenn Herr Kessler nicht eines jeden Wespenstichs wegen gleich angerannt komme, es sei denn, es liege eine Allergie vor, und das müsse man ihm dann vorher sagen und nicht erst dann, wenn das Kind schon im Brunnen liege, wie man so zu sagen pflege. Marianne beruhigte den Arzt der Allergie wegen, aber sie kannte auch den Grund für diese Besorgtheit von Fabian. Ebenfalls im Vertrauen machte sie dem Arzt davon Mitteilung – aber er solle sich um des lieben Himmels willen hüten, davon Fabian gegenüber jemals etwas verlauten zu lassen.
Marianne sass jetzt auf dem mit grobem Rollkies bestreuten Gartenvorplatz in einem weiss der Herrgott wie alten Ohrensessel, den Generationen von Gilgenburger Pfarrherren bis zur häuslichen Untauglichkeit zusammengedrückt hatten, und der jetzt schon seit langer Zeit sein Winter- und Regenwetterquartier im Gartenpavillon in der Mauerecke besass; bei schönem Wetter aber durchaus noch als Gartenmöbel verwendbar war. Das konnte nur jemand ermessen, der

früher einmal ganze Nachmittage in modernen, unbequemen Gartenmöbeln verbringen musste. Vor sich auf dem Kiesboden hatte Marianne einen runden, grossen Weidenkorb stehen, den bis zum doppelt geflochtenen Rand mit den zwei Henkeln Stangenbohnen füllten, die sie entfädeln und dann auf dem Estrich des alten Hauses zwischen den dicken Dachbalken zum Trocknen aufhängen wollte, nachdem sie diese Bohnen auf altes Baumwollgarn aufgezogen und im grossen Kochhafen kurz angesotten hatte. Die Arbeit, die sie nach Hause genommen hatte, um vor andauernden Telefonaten und vor Morgenegg ihre Ruhe zu haben (es handelte sich um den Erstlingsroman einer jungen Autorin, von der sie nicht sonderlich begeistert war, das im Gegensatz zu Morgenegg), hatte sie beiseitegelegt, weil sie dem herrlichen Sommerwetter und vor allem Fabians plötzlicher Schreibwut keinerlei Widerstand mehr entgegensetzen konnte. Für die Bohnen brachte Fabian nun keinerlei Interesse mehr auf – aber es eilte nun wirklich damit, weil noch mehrere Körbe voll an den langen Stangenreihen im Garten hingen; Fabian liebte Dörrbohnen und hasste die tiefgefrorenen – was also blieb Marianne anderes übrig? Eigentlich hatte sie beim Mittagessen, das ziemlich hektisch ausgefallen war, weil Fabian erklärte, er habe einfach vergessen zu kochen (dabei hatte er weder Einkäufe gemacht noch Fleisch zum Auftauen aus der Kühltruhe genommen!), die Kinder zur Mithilfe bei der Bohnenarbeit überreden wollen. Das Auffädeln der Bohnen mit einer alten Wollnadel hatten sie längst gelernt. Aber dann hatte sie es, angesichts ihrer beider Nachlässigkeit, nicht mehr übers Herz gebracht. Marianne selbst hatte sich, nichts Böses ahnend, mit ihrem Manuskript in die hinterste Ecke des Friedhofs, wo unter einer Blutbuche eine Sitzbank stand, gesetzt und sich so in ihre Arbeit vertieft, dass sie sämtliche Geräusche, die vielleicht etwas Ungewohntes hätten ankündigen können, glatt überhört hätte. Ein Glück nur, dass noch Ferien waren und die Kinder noch nicht zur Schule mussten, denn sonst wäre das Chaos wohl vollkommen gewesen.

Sie fand ein Stück Speck, Salat liess sie sich von Fabian zwo aus dem Garten holen, dazu gab es Bratkartoffeln – aber es wollte ihre Kochkünste niemand so richtig rühmen, und es fehlte auch nicht an vorwitzigen Bemerkungen von Fabian zwo. Marianne nahm sich vor, der Erziehung ihres Ältesten wieder ein bisschen mehr Aufmerksamkeit zu widmen. Er schien während Fabians Hausmann-Zeit regelrecht verwildert zu sein. Aber das Bohnenaufgebot liess sie trotzdem sein. Es hätte zu sehr nach einer Strafe für etwas ausgesehen, woran die Kinder keine Schuld hatten. So sass sie nun allein vor ihrem Bohnenkorb. Man würde ohnehin jetzt wieder umorganisieren müssen, so konnte das ja unmöglich weitergehen. Fabians Arbeit, daran hielt sie fest, besass unbedingten Vorrang. Morgenegg würde sich damit abfinden müssen, entweder ganz auf sie zu verzichten oder aber ihr ein Aussenlektorat anzuvertrauen. Immerhin war Morgenegg unter anderem auch Fabians Verleger und hatte sie lange genug mit seinen Quengeleien genervt, was Fabians Arbeit betraf. Im Grunde aber musste Marianne vor sich selbst eingestehen, dass sie es auch überhabe, unausgegorene Manuskripte zu lesen und dabei Haus und Kinder zu vernachlässigen, von Fabian gar nicht erst zu reden. Den Haushalt würde sie nach und nach wieder übernehmen, und zwar so, dass es Fabian nicht verletzen konnte, ihm keineswegs das Gefühl eines Versagens geben könnte. Wenn Fabian wieder arbeitete, dann würde er sie nötiger haben als Morgenegg. Das wusste sie aus eigener Erfahrung, war sie doch schon immer Fabians allererste Lektorin gewesen. Das hatte sie anfänglich überrascht, wusste sie doch von anderen Autoren, die sie kannte, dass sie es nicht mochten, wenn jemand, auch nur irgend jemand die Nase in ihre Manuskripte steckte, bevor sie abgeschlossen waren, bevor das ganze Werk beendet war. Bei ihnen war das anders. Fabian liebte es, Marianne in seine Arbeit einzubeziehen. Abends, wenn die Kinder endlich in ihren Betten lagen und auch damit aufgehört hatten, im Kinderzimmer herumzutoben, wenn also Ruhe herrschte, die auch von Cornelias Geplärr nach einem Glas Milch oder ihrem Teddybär, nicht mehr unterbrochen wurde, dann steckte Fabian sich seine Pfeife an, goss für Marianne und für

sich je eine Überportion alten Calvados in schöne Gläser, zog die Stehlampe zur Sitzgruppe hin und legte Marianne das jeweilige Tagespensum an beschriebenen Blättern auf die angezogenen Knie. Er sah ihr, die eine Hand auf ihre Schulter gelegt und mit der andern ab und zu sein Glas zum Munde führend, beim Lesen zu, und in diesem engen Körperkontakt beim Lesen konnte er bereits ihre ersten Reaktionen auf das Geschriebene erspüren.
Es waren breite, dicke, lustig grün-gelb-blau gesprenkelte Bohnen, die da im Korb vor ihr standen. «Berner Landfrauen» nannten die Bäuerinnen von Gilgenburg, von denen Fabian sich den Bohnensamen besorgt hatte, diese Sorte, die sie für ihre ureigene hielten. Beim Anblick dieser Bohnen hätte jedermann gewettet, dass man sie leicht auch ohne Speck kochen könnte und dennoch das Gefühl hätte, Bohnen mit Speck zu essen. Das Schreibmaschinengeräusch aus dem Fenster über ihr verriet eine gewisse Aggressivität. Marianne konnte immer unterscheiden, ob Fabian irgendeinen Brief schrieb oder ob er an einem längeren Text arbeitete. Sie hörte das Hämmern dieser Maschine, und eine Welle von Wärme erfasste sie. Er hatte es wieder geschafft. Sie hatte es zwar immer gewusst und sogar die gehässigen Bemerkungen ihres Vaters von Fabian ferngehalten, der ihr eine Zukunft in Not und Elend vorausgesagt und sie beschworen hatte, für diesen Tunixkannixhabnix auch nur einen Rappen ihres eigenen Geldes aufzuwenden und wenigstens an die Kinder und deren Zukunft zu denken. Sie liebte Fabian genug, um ihn nicht zu drängen, wie das von ihren «Freundinnen» vom Gemeinnützigen Landfrauenverein Gilgenburg und Umgebung an den wöchentlichen Zusammenkünften im neuen Kirchgemeindehaus ungeniert geraten wurde, wenn sie tratschten und eigene häusliche Verhältnisse mit einer Schamlosigkeit vor jedermann ausbreiteten, der ihnen dabei zuhören mochte.
Marianne konnte es sich als «Neuzuzügerin» – wie man sie höchstwahrscheinlich noch die nächsten zwanzig Jahre bezeichnen würde – nicht leisten, diesem Kreis fernzubleiben, nicht mitzumachen. Einige davon hatten wenigstens

einen Film gesehen, zu welchem Fabian das Drehbuch geschrieben hatte, und einmal hatte sogar das ganze Dorf Gilgenburg, inklusive Dramatischem Verein, als Kulisse und Statisterie an einem dieser Filme mitgewirkt. Dem allgemeinen Getratsche mochte sich Marianne aber nicht anschliessen, obschon sie manchmal die kaum verhohlene Neugier spürte und es auch an Anzüglichkeiten über den grossen Altersunterschied nicht mangelte, über den die Frauen so viel wussten – vor allem Negatives. In gewisser Weise waren diese Frauen dann aber auch wieder von Nutzen, dann nämlich, wenn Fabian – zumindest am Anfang – gewisse Schwierigkeiten mit den vielen Obstbäumen im Pfarrgarten hatte oder wenn er für diesen ein Fuder gut abgelagerten Stallmist benötigte. Das Fuder stellte man ihm dann in den meisten Fällen sogar ohne Bezahlung zur Verfügung, fast drängte man ihm des Guten zuviel auf, bloss um es dann mit Ross und Wagen selbst abliefern zu können und so zu einem Einblick in die häuslichen Verhältnisse im alten Pfarrhaus zu kommen – denn was ein Dichter eigentlich tat, war ihnen schleierhaft, jedenfalls quetschte einmal ein Gemeinderat neben seiner Stummelpfeife im Mundwinkel hervor, er auf alle Fälle hätte ihn noch nie dichten gesehen. Es fehlte dann auch nicht an weisen Bemerkungen über Fabians «Landbau» und an – selbstverständlich gutgemeinten – Ratschlägen, die aber eigentlich nur die bäuerliche Geringschätzung für den Stadtmenschen notdürftig verdecken sollten. Er mochte ja seine «Arbeit» gut und recht machen, darüber wolle man nicht reden, man hätte den rechten Verstand zu solchen Dingen doch wohl nicht, viel Gescheites werde es indessen kaum sein, so ein Bücherwurm und Schreibstubenmensch sei doch im Grunde zu dumm, um ein Werkholz richtig zur Hand zu nehmen – man hätte es ja beim alten Pfarrer, Gott habe ihn selig, sehen können, der auch gemeint habe, auf seinen alten Birnbäumen würden eines Tages mit Gottes Hilfe Zwetschgen wachsen, wenn er nur das Zweien richtig anwende – der alte Esel, mit Verlaub und nicht zusammengezählt. Solche Stichelreden hielt Marianne von Fabian genauso fern wie die fast noch boshafteren Anzüglichkeiten ihres Vaters, dem sie einmal im Zorn sogar unter die Nase gerieben hatte, seine Nörgeleien seien nur ein Zeichen dafür, dass er vermutlich selbst gerne Schriftsteller geworden wäre, anstatt jetzt ein Eunuchendasein als Kritiker zu führen, dass er aus diesem Grunde keinem verzeihen könne, der wirklich Schriftsteller geworden sei. Der alte Herr hatte die Sache übelgenommen. Er lehnte es in Zukunft ab, in der namhaften Zeitung, für deren Feuilleton er seine bemerkenswerten und sehr gelehrten Artikel schrieb, je wieder ein Werk von Fabian zu rezensieren, und in seinen Seminarien an der Hochschule fand Fabian Kessler gar nicht erst statt, gab es ihn nicht, war er eine Unperson.

Mariannes Gedanken, die von dieser da oben klappernden Maschine dermassen auf Reisen geschickt worden waren, während ihre Hände munter an den Bohnen arbeiteten, wurden plötzlich durch ein vorläufig noch aus weiter Ferne ertönendes Geplärr von Cornelia aufgeschreckt. Darein mischten sich halb zornige, dann befehlende und halb wieder beschwichtigende Satzfetzen der beiden Brüder, die offensichtlich wieder einmal nicht über das lauterste Gewissen verfügten. Aus der Richtung zu schliessen, aus der sich der Lärm langsam näherte, waren die drei bei Begert drüben gewesen, und dort musste sich etwas ganz Grässliches ereignet haben. Cornelias Gebrüll wurde bei jedem Zuspruch der Brüder für einen Augenblick lauter, dann erfolgte jeweils eine kurze Unterbrechung, um festzustellen, ob ihr herzzerreissendes Leiden denn wenigstens von jemandem gebührend zur Kenntnis genommen werde, und als weder Fabian noch Marianne gleich im Laufschritt auftauchen wollten, legte die Kleine frischgemut wieder los. So schlimm, dachte Marianne an ihrem Bohnenkorb beinahe belustigt, konnte es also gar nicht sein, wenn die kleine Primadonna noch in der Lage ist, dermassen ihre eigene Show abzuziehen. Dennoch wartete sie jetzt auf eine bestimmte Reaktion, und wahrhaftig: Das Geräusch der Schreibmaschine im ersten Stock verstummte, und Fabians fahlbrauner Wuschelkopf, der ihm ein wenig das Aussehen eines pfiffigen Jungen gab, eines vierundfünfzigjährigen pfiffigen Jungen mit Schnauzbart freilich, der mit diesem Schatten unter der Nase aussah, als hätte dieser pfiffige Junge verbotenerweise an Grossmutters Heidelbeermustopf genascht, dieser Wuschelkopf erschien im Fenster des ersten Stocks. Unter dem Salt-and-Pepper-Schnurrbart hing die unvermeidliche Pfeife, und auf der kühnen Nase glitzerte die Lese- und Schreibbrille, ein Ding mit kreisrunden Gläsern und einem einfachen Drahtgestell, im Sonnenlicht, das zu dieser Tageszeit voll auf der Fassadenseite des Pfarrhauses lag und die kunstvollen Pyramidenspaliere von Birnen, Aprikosen und Pfirsichen beschien, die Fabian eigenhändig beschnitten hatte. Im ersten Jahr stand er, ein Gartenlehrbuch in der einen und die Baumschere in der andern Hand, balancierend auf der hohen Bockleiter und versuchte sich in dieser Kunst, wohl mehr schlecht als recht – denn ein mitleidiger Stallmistlieferant hatte ihm dann den richtigen Dreh beigebracht: Fabian hatte im Übereifer den Spalieren fürs erste sämtliches Fruchtholz weggeschnitten. Über diesen Spalieren hing nun Fabian aus dem Fenster, hielt geblendet die eine Hand über die Augen, die andere stützte er auf das Fensterbrett, um sich immer noch weiter hinausbeugen zu können. So spähte er in den lichtüberfüllten Pfarrgarten hinaus und versuchte, nach den Ursachen des Gezeters zu sehen, das eben diese lichterfüllte Luft zu zerreissen drohte, die dick und flimmernd über dem Garten hing. Mit einem schnellen, aber sehr missbilligenden Blick erfasste er Marianne mitsamt Bohnenkorb und Seelenruhe im Ohrensessel mit dem zerdrückten Blumenpolster. Er sah, wie sie weiter Bohnen von den Fäden befreite, ohne sich um den Spektakel im mindesten zu kümmern. Mit einem nicht eben zartbesaiteten Fluch rannte Fabian ins Zimmer zurück, die Treppen hinunter und zur breit und weit geöffneten Haustüre hinaus an Marianne vorbei, die den Luftzug spürte, und dann im Vorbeigehen zu hören bekam, die beiden Rotzbuben seien wohl gerade dabei, ihre kleine Schwester umzubringen, die, natürlich, von ihrer eigenen Mutter keinerlei Hilfe zu erwarten habe. Dann verschwand Fabian, immer noch im Laufschritt, durch die kleine Holztür, die den Pfarrgarten mit dem Kirchhof verband. Marianne blieb auch dann ruhig sitzen, als

Cornelias Gebrüll durch das der beiden Buben verstärkt wurde. Sie lächelte hinter ihren Bohnen vor sich hin, als sie Fabians Stentorstimme hinter der Mauer vernahm.
Wer zum Teufel, schrie Fabian, hat denn nun wieder diese Glanzidee gehabt? Welcher von euch beiden Teufelsbraten? Aber das brauche ich ja wohl gar nicht erst zu fragen. Dazwischen plärrte Cornelia, aber was sie plärrte, war kaum zu verstehen, aber dafür hörte Marianne um so deutlicher Fabian zwo zu seinem Bruder sagen: Halt doch dein Maul, du Dummkopf! Aus dir wird deiner Lebtag kein Häuptling, wenn du nicht einmal dein Maul halten kannst, wenn der Feind in unseren Wigwam einbricht.
Worauf der kleinere Marius ebenfalls Laut gab und maulte, er wolle ein Häuptling gar nicht werden, sondern er wolle jetzt nach Hause und ein Butterbrot essen, er habe Hunger. Worauf wiederum Fabian der Ältere, ganz wie der grollende Manitou: Einen Dreck wirst du ein Butterbrot bekommen. Ein paar auf den Hintern wirst du bekommen und dann marsch mit dir in dein Bett, schliesslich, beinahe heimtükkisch: Oder noch besser zu deiner Mutter an den Bohnenkorb. Es ist höchste Zeit, dass ihr in diesen Ferien noch etwas Nützliches vollbringt, ehe die ganzen Sommerferien vertan sind mit eurem Blödsinn, und essen wollt ihr schliesslich im Winter auch.
Und mit diesen Worten flog die kleine, rot gestrichene Holztür zum Kirchhof mit einem Ruck auf, der sie schmetternd an die Mauer prallen liess, und dann erschien Hals über Kopf, beinahe, als wäre er aus einer Kanone abgefeuert worden, der Rotschopf von Fabian zwo im Türchen, dann der ganze Fabian, der schliesslich kopfüber im Rosenbeet landete und losbrüllte, dahinter folgte der dunkelhaarige kleinere Bruder, der das Rosenbeet ebenfalls nicht zu vermeiden vermochte und mit dornengespicktem Gesicht das Gebrüll des Bruders übertönte. Zuhinterst in dieser – zugegeben etwas eiligen – Prozession folgte Fabian der Erste mit der klatschnassen Cornelia auf dem Arm, die, sobald sie ihrer Mutter ansichtig wurde, ihr Geschrei verdoppelte. Die Brille sass Fabian schief und zuunterst auf der Nasenspitze, er konnte so fast

nichts sehen und stolperte, ehe Marianne einen Warnruf ausstossen konnte, ebenfalls ins Rosenbeet – mitsamt Cornelia.

Nun erst stand Marianne auf, um die allernotwendigste Erste Hilfe zu leisten. Fabian, dachte sie, Fabian trägt seinen Namen bei Gott nicht umsonst. Sie wusste, dass Vreneli Kessler, Fabians Mutter (sie war inzwischen ein zweiundsiebzigjähriges Vreneli, das aber nichts davon wissen wollte, jemals anders genannt zu werden), dass dieses Vreneli also eine glühende Verehrerin von Erich Kästner war. Dessen Tölpel Fabian, der einen Ertrinkenden aus dem Fluss zu retten versucht, ohne selbst schwimmen zu können, ersäuft dabei jämmerlich: Genauso kam ihr manchmal ihr Fabian auch vor – und genauso schien es auch jetzt wiederum zu sein. Cornelia im Rosenbeet schien jetzt wirklich zu Schaden gekommen. Ihr Gesichtchen war von Rosendornen gespickt wie ein Stecknadelkissen. Fabian der Grosse lag mit dem Hintern in den Dornen und versuchte, gleichzeitig sowohl Cornelia als auch seine Brille festzuhalten. Beides musste misslingen. Cornelia lag in den Rosen und die Brille – na ja. Die wurde soeben vom sich krampfhaft um sein Gleichgewicht bemühenden Marius mit einem hässlich klingenden Geräusch auf dem Kiesweg vor dem Rosenbeet zertreten und zertrümmert, während Fabian zwo – bereits in sicherer Entfernung – von der Gartentüre aus dem Ganzen zusah und sich vor Lachen krümmte.

2

Marianne

Fabian hatte die triefnasse Cornelia ausgezogen, die nassen Kleidchen zum Trocknen aufgehängt, die Kleine zärtlich mit einem Frottiertuch trockengerieben und sie frisch angezogen, nachdem er ihr behutsam die Dornen aus dem Gesicht und aus den Händchen gezogen hatte. Dabei hatte er sich die grösste Mühe gegeben, die allerschlimmsten Flüche und Verwünschungen über seine beiden Sprösslinge hinunterzuschlucken.

Die beiden hatten – mit Hilfe von Mariannes längstem Wäscheseil, das sie aus dem Waschhaus geklaut hatten – eine Flussüberquerung «nach Winnetou» veranstaltet. Gesehen hatten die beiden das bei ihrem Grossvater in einem Winnetou-Film am Fernsehen. Fabian hatte es dem Professor schon mehr als einmal untersagt, die Buben vor das Fernsehgerät zu lassen. Obgleich Fabian auch schon für das Fernsehen gearbeitet hatte – oder vielleicht gerade deswegen –, duldete er im alten Pfarrhaus keinen solchen Kasten. Er lege keinen Wert darauf, aus seinen beiden Söhnen Analphabeten zu machen. Ihm sei es lieber, die Buben brächten zerrissene Hosen und eine Menge Frösche und anderes Getier nach Hause, läsen daneben bei Regenwetter auch einmal ein gutes Buch, wobei er mit Mariannes Hilfe die Auswahl sehr sorgfältig pflegte (über die uralte Karl-May-Sammlung des Grossvaters ärgerte er sich zwar gröblich, liess die Buben aber gewähren, um nicht durch ein dummes Verbot den Reiz dieses Schunds noch zu erhöhen); kurz – er wollte einfach nicht, dass sie ohne eigene Kreativität stundenlang vor der Glotze sassen. Grund, seine Kinder vor den Fernseher abzuschieben anstatt sich ihnen selber zu widmen, hatte er ebenfalls keinen. Der Umgang mit seinen Kindern und – notfalls – mit ihren Streichen gab ihm im Gegenteil Kraft und Inspiration für die eigene Arbeit. Natürlich war es wieder einmal Fabian zwo gewesen, der die Idee von der kühnen Flussüberquerung gehabt hatte, weil die tapferen Apachen (also Fabian zwo als Häuptling, Marius als Krieger und Cornelia als Squaw) von einer übermächtigen Horde von räudigen Comanchen, die lediglich in der Einbildungskraft von Fabian zwo bestanden hatte, verfolgt wurden, mit der nicht sehr einladenden und von Fabian überzeugend vorgetragenen Absicht, die Apachen allesamt am Marterpfahl zu rösten, nachdem sie dieselben geteert und gefedert hätten. (Das Teeren und Federn passte nicht ganz hierher, stammte vielmehr aus dem Tom Sawyer von Mark Twain, den Fabian zwo eben verschlungen hatte, aber Amerika war Amerika, und an solchen lausigen Kleinigkeiten lag Fabian überhaupt nichts, wie er überhaupt – Vererbung? – einen grosszügigen Umgang mit der Wahrheit und mit seiner Phantasie pflegte.) Fabian hatte die Seilbrücke, die von den beiden Jungen da gebaut worden war, insgeheim mit Bewunderung betrachtet. Sie war ein kleines technisches Meisterwerk, und eigentlich, so überlegte Fabian, hätte das ganze Ding überhaupt nicht so schief gehen können, wie es dann trotzdem verlief. Aber da war als Unsicherheitsfaktor oder fast schon mehr als Sicherheitsrisiko Cornelia gewesen, die an ihren Farmerlatzhosen eben keinen Gürtel trug wie die beiden Bengel zu ihren Blue Jeans. An diesem Gürtel hatten sie – einer nach dem andern – einen alten Feuerwehr-Karabinerhaken befestigt, den ihnen der Melker des Bauern Begert einmal geschenkt hatte, und waren dann am geschickt angebrachten Tragseil des Seildoppelzugs elegant über den Mühlebach gesaust, der für diesen Nachmittag den Rio Pecos hatte darstellen müssen. Mit einem Zugknoten hatten sie das Standseil in einer hohen Buche am einen Ufer befestigt und an einer niedrigeren Erle am andern. Wären sie nun wirklich verfolgt worden, hätten sie den Zugknoten vom andern Ufer aus abhaken, das gesamte Seil wiederum einziehen und den «Feinden» am jenseitigen Ufer eine lange Nase drehen können. Cornelia hatten sie ein altes Garbenseil, das sie dem Begert vom Scheunentor abgehängt und «ausgeliehen» hatten, anstelle des Gürtels um die Taille geknotet, den Karabinerhaken daran befestigt – und ab mit der Post. Leider war aber das alte Garbenseil durch jahrelangen Gebrauch in Wind und Wetter morsch geworden und riss in voller Fahrt: Cornelia plumpste mitten in den Mühlenbach, alias Rio Pecos. Der war zwar für die beiden Bengel gefahrlos tief, und ausserdem konnten die beiden gut schwimmen. Aber er wies doch gerade an der Stelle, an der er das Wäldchen durchquerte, eine recht kräftige Strömung auf – für das kleine Mädchen hätte die ganze, an sich harmlose Sache zu einer Angelegenheit auf Leben und Tod werden können. Für einmal schätzte

Fabian diese Situation kühl und ohne die kleinste Übertreibung ein. Fabian lief es bei diesem Gedanken kalt über den Rücken: Lieber Gott – nur das nicht noch einmal. Das eine Mal war doch gerade schlimm genug gewesen.
Fabian war doch nicht ohne Grund mit seinen Kindern so überängstlich – Marianne wusste das von Anfang an. Sie wusste, dass vor mehr als zwanzig Jahren Fabians erste Frau und sein erstes Kind (ein Vreneli, wie seine Grossmutter) ertrunken waren. Im eisigen Wasser des Silsersees.
Sie hatten sich alle drei gefreut, damals, auf viel Sonne, viel Schnee und viel Zusammensein. Die nächsten drei Wochen sollte Fabian für einmal nur den beiden gehören, seiner Frau Eva und dem kleinen Vreneli. Er hatte damals gerade sein erstes Buch beendet gehabt, und Morgenegg hatte es, zum grössten Erstaunen von Fabian selbst, angenommen. Morgenegg hatte ihm zudem einen namhaften Vorschuss ausbezahlt. Beinah Hals über Kopf musste Eva im Geschäft, in dem sie arbeitete, um die kleine Familie zu ernähren, einen Urlaub beantragen. Schon damals hatte Fabian sich um den Haushalt und um die Kleine gekümmert. Eva war eine sehr begabte, moderne Architektin und in einer Arbeitsgemeinschaft mit anderen jungen Architekten zusammen beschäftigt, die es sich zum Ziel gesetzt hatte, anders zu bauen als die andern, menschlicher und menschengerechter und mit menschengerechten Materialien. – Fabian hatte nicht allzuviel davon verstanden. Die Kolleginnen und Kollegen schätzten Eva sehr und freuten sich, ihr auch einmal einen Gefallen erweisen zu können und ihr sofort den verdienten Urlaub zu gewähren, um so mehr als Eva sich bei ihrer Arbeit bisher nie wegen Überstunden beklagt oder auch nur nach ihrem Zeitaufwand gefragt hätte.
Dass Fabian den Haushalt besorgen würde – das war Evas Bedingung gewesen, überhaupt ein Kind zu haben: Sie kannte zwar seine Manuskripte, sie hatte sie gelesen und das meiste davon auch gut gefunden; aber bis das alles sich einmal auch auszahlen würde – wenn übehaupt –, sagte Eva damals, könne das noch eine ganze Weile dauern. Sie möchte deshalb weiter arbeiten, zumal sie nicht ein Studium gemacht

habe, um jetzt Hausfrau und Mutter zu spielen – wobei sie, bewahre, nichts gegen diese beiden Berufe habe. Aber alles zu seiner Zeit, und sie liebe eben auch ihren Beruf und ihre Arbeit. Er werde doch bei Gott imstande sein, ein Kind und einen kleinen Haushalt besorgen zu können, ohne deshalb gleich auf das Schreiben verzichten zu müssen. Bei ihr würden die Dinge eben anders liegen, schon wegen der Verschiedenheit der Berufe des Schriftstellers und des Architekten, der auf seinen Baustellen ebensogut zu Hause sein müsse wie am Zeichentisch. Fabian war von der Idee begeistert gewesen. Ein Kind! Sein und Evas Kind! So etwas musste doch einfach Spass machen – und es machte dann auch Spass. Kochen? Pah – das konnte er seit beinahe seiner frühesten Kindheit. Fabian war vaterlos aufgewachsen, seine Mutter hatte nie mit dem Namen seines Vaters herausrücken wollen. Sie ging ihrem Beruf wieder nach, sobald Fabian einigermassen selbständig geworden war. Es war seiner Mutter sehr zugute gekommen, dass sie von Beruf Krankenschwester war und für die ersten drei oder vier Jahre eine Stellung als Gemeindeschwester in einer weitläufigen Emmentaler Gemeinde antreten konnte. Freilich – als sie Fabian bekommen sollte, da war sie noch in der Lehre und noch nicht einmal ganz volljährig gewesen. Aber sie machte ihre Lehre in einem Kinderpflegeheim, und so war das alles ein noch eben zu bewältigendes Problem: Die Oberin war eine verständige Frau – was nicht auf alle Exemplare dieser Gattung zutreffen soll, wie man so hört. Sie hatte Vreneli in der Lehre behalten, sie nicht entlassen. Später als Gemeindeschwester konnte sie Fabian zwischen ihren einzelnen Gängen gut versorgen, und als er zur Schule musste – na ja, da hatte ihm seine Mutter so nach und nach das Kochen beigebracht. Später, als junger Mann in seiner ersten dürftigen, aber eigenen Studentenwohnung: wie war er da froh gewesen, sich selber versorgen zu können. Gelernt zu haben, allein zu sein, selbständig zu sein, auf eigenen Füssen nicht nur stehen, sondern auch gehen zu können. So hatte er damals Eva mit Begeisterung zustimmen können. Fast wäre Eva dann doch eifersüchtig darüber geworden, mit welcher Hingabe und

Zärtlichkeit Fabian die Kleine versorgte; sie fütterte, badete, wickelte; stundenlang mit ihr spielen konnte, und mehr als einmal murmelte Eva dann, er solle vor lauter Abgötterei mit seiner Tochter zwei Hauptsachen nicht vergessen: zum ersten, dass es sie, Eva, auch noch als lebendiges Wesen auf dieser Welt gebe, und zum andern, dass er auch noch schreiben solle. Sonst glaube sie kein Wort mehr von dem, was er bisher geschrieben habe. Vreneli wurde ein stillvergnügtes und dennoch altkluges Kind. Es hatte zum Beispiel sofort begriffen, dass, was auch immer es sonst tun und lassen durfte, Fabians Schreibmaschine tabu war und dass Fabian in dieses Tabu eingeschlossen war, sobald er an seiner Schreibmaschine sass. Vreneli konnte sich stundenlang mit nichts beschäftigen, das hiess vielmehr: mit sich selbst. Und das wiederum hiess: Teures Spielzeug war Vreneli ein Greuel, vor der Leblosigkeit einer Puppe, die ihm von seiner Grossmutter geschenkt worden war, floh das Kind mit lautlosem Entsetzen im tränenlosen Gesicht, mit gross aufgerissenen Augen in eine Ecke, wo es sich mit dem Gesicht zur Wand hinstellte. Fabian war es später so vorgekommen, als hätte Vreneli in der Leblosigkeit der Puppe den Tod mit seiner ganzen furchtbaren Gewalt über das Leben erkannt. Allerdings hatte Fabian mit seiner Mutter über genau den Gegenstand einen fürchterlichen Krach gehabt. Vreneli machte sich nichts aus totem Spielzeug, dafür machte das Kind die schönsten Zeichnungen, die sich jemand nur denken konnte, und wie sie Fabian nie von einem andern Kind je gesehen hatte – und die Figuren, die Vreneli dann mit den Buntstiften auf das Papier zauberte: das war dann das Leben schlechthin. Ihnen hauchte Vreneli seinen eigenen Lebensatem ein. Die Grossmutter wurde eifersüchtig und behauptete einmal in einem jener Anfälle, in denen sie sich für eine der alten weisen Frauen hielt, so seien nur Kinder geartet, die jung sterben müssten. Die fühlten das und seien deshalb jetzt schon kleine Engel. Fabian hätte seine Mutter damals beinahe erwürgt. Er hatte sie an der gestärkten Brust der Schwesterntracht gefasst, geschüttelt und zugedreht, bis sie schon blau wurde im Gesicht – und wäre Eva nicht zufällig zugegen gewesen und dazwischengegangen – es hätte ein Unglück gegeben. Seine Mutter trug ihm das – verständlicherweise – lange nach, bis Eva einmal ein ernsthaftes Wort mit ihr redete. Von da an besserte sich das Verhältnis zwischen Mutter und Sohn wieder – und als das Entsetzliche dann geschehen war, drehte die Mutter durch und musste unter ständiger Beobachtung gehalten werden. Fabian, selbst vor Gram halb irre, hatte die grösste Mühe, ein noch grösseres Unglück verhindern zu helfen. Seine Mutter war vom Gedanken kaum mehr abzubringen, sie habe dieses Unglück beredet, weil sie damals so gesprochen habe, und dafür werde sie nun von irgendwelchen Geistern, an deren Namen Fabian sich jetzt nicht mehr erinnern konnte, entsetzlich bestraft werden, wenn sie sich nicht selbst dafür bestrafe.

Zusammen mit dem Scheck für den Vorschuss hatte Morgenegg Fabian noch einen Schlüssel überreicht, und zwar einen Schlüssel, wie Fabian sie sonst bestenfalls im Landesmuseum zu Gesicht bekommen hatte. Fabian hatte erstaunt seine Brille abgenommen und eine Augenbraue leicht in die Höhe gehoben – eine Geste, von der Marianne einmal behauptete, sie stelle so etwas wie ein lebendes Fragezeichen dar. Dies ist der Schlüssel zu meinem Ferienhaus in Maloja, hatte Morgenegg gesagt, und: Bettwäsche, Geschirr, Feuerholz, ein Kinderbett, na ja, der ganze Kram eben, den man so braucht – alles da. Genügend Wein auch. Der beste befindet sich in einem kleinen Fässchen unter der Kellerstiege, wie sich das gehört: Es ist alter Stägafässler-Veltliner, lasst ihn euch munden. Schmeckt ausgezeichnet zu Polenta oder Pizzokerln, zu Salsiz oder Salami würde ich vom gewöhnlichen aus dem grossen Fass nehmen, zum Bündnerfleisch auch. Dieses ganze Zeug hängt mäusesicher an langen Drähten unter der Kellerdecke. Vergesst nur ja niemals, es da wieder aufzuhängen, sonst seht ihr am nächsten Morgen nicht einmal mehr die Häute davon. Um den sonstigen täglichen Einkauf müsst ihr euch freilich selber kümmern – ich fahre da nicht mehr so oft hin und habe keine Lust, die hungrigen Bergmäuse durch den Winter zu füttern. Die versuchen nämlich, mit allen Mitteln und auf allen Wegen in die Häuser hineinzukommen, wenn es kalt wird da droben – und das ist es eigentlich fast immer: Sechs Monate Winter ist es da droben, und die restlichen sechs Monate kalt. Aber Grappa zum Aufwärmen und zur Verdauung ist im Keller ebenso vorhanden. Und ja – was ich noch sagen wollte: Eine elektrische Schreibmaschine steht in der Nebenstube – falls irgend jemand da oben auf den Gedanken kommen sollte, er könne es keine drei Wochen ohne Arbeit aushalten. Aber es kann natürlich vorkommen, dass so richtig Sauwetter herrscht, mit vier Metern Schnee in der Nacht und dazu noch sechs Meter Windverwehungen. In solchen Fällen macht man am besten ein steifes Feuer im Kamin und eine Riesenkanne ebenso steifen Grog, verhält sich damit ruhig, isst und trinkt und wartet auf bessere Zeiten. Daher auch die Schreibmaschine. Beim Posthalter müsst ihr euch anmelden, damit er den elektrischen Strom einschaltet, beim Garagisten, damit er euch kennt, wenn er euch zu gegebener Zeit mit seiner grossen Schneeschleuder aus dem Schnee herausbuddeln muss. Ausserdem hat seine Frau ein kleines Lebensmittel- und Wasweissichsonstnoch-Geschäft, die sich gerne einen Nebenverdienst daraus macht, euch zu versorgen. Den Transport berechnet sie nicht, ihr Mann braucht ohnehin jeweils Ballastgewicht für die Schnee-schleuder – und so ist alles zum besten geregelt. Ach ja – eine Waschmaschine ist auch vorhanden, sagte Morgenegg zum erstaunten Fabian. Dabei legte er die grosse Hand auf Vrene-lis blonden Schopf. Das kleine Mädchen sah ihn aus grossen Augen an. Aber Windeln, die brauchst du ja wohl nicht mehr, oder? sagte Morgenegg zu der Kleinen. Wie alt bist du denn jetzt eigentlich schon? Fünf, sagte die Kleine stolz. Ich bin schon gross. Windeln? Sie schürzte verächtlich die Lippen und schnaubte durch die Nase, um kräftig hochzuziehen. Du sollst nicht deinen Rotz hochziehen, tadelte Fabian. Das ist nicht gesund und ausserdem – wozu hast du dein Taschen-tuch? Hab' ich verloren, sagte Vreneli stolz. Wie zum Beweis dafür, drehte sie beide Taschen ihrer blauen Cordhose um. Siehst du? Fabian seufzte und Morgenegg lachte. Da, sagte er und hielt ihr ein Päckchen mit Papiertaschentüchern hin. Damit Papa sich nicht ärgert. Mein Papa ärgert sich nie, sagte

die Kleine überzeugt, um dann ziemlich unmotiviert hinzuzufügen: Mein Papa kann alles, und am besten kann er Vogelheu mit Zwetschgen. Vogelheu mit Zwetschgen? Morgenegg fragte es recht entgeistert. Was um des lieben Himmels Willen ist denn das? Damit war Morgenegg bei Vreneli unten durch. Papa, der weiss nicht einmal, was Vogelheu mit Zwetschgen ist! Dieser Mann ist ein Idiot.
Morgenegg lächelte säuerlich. Sie führen wohl sehr viele interessante Telefongespräche? In Gegenwart der Kleinen, meine ich? Wie? Fabian zuckte ein bisschen hilflos und verlegen mit den breiten Schultern. Ich kann sie doch nicht dauernd nur allein lassen, sagte er wie entschuldigend. Eva arbeitet doch, und die Kleine stört mich nie beim Telefonieren – aber dafür schnappt sie eben manches auf. Und da habe ich neulich irgendeinem Idioten – er hielt beinahe erschrokken inne und sah die Kleine an, lächelte dann verschwörerisch – nun ja, da habe ich irgendeinem blöden Kerl die Meinung gegeigt und ihm, unter anderem, gesagt...
Er sei ein Idiot, ergänzte Morgenegg.
Na ja, sagte Fabian. Da wollte dann die Kleine des Breiten und des Langen wissen, was das denn nun sei, ein Idiot. Ich sagte ihr in aller Unschuld, das sei einfach ein Dummkopf. Das reichte ihr aber nicht, und da muss ich wohl, um es recht bildlich zu machen, den Fehler begangen haben, ihr zu sagen, dumm sei zum Beispiel jemand, der nicht wisse, was Vogelheu mit Zwetschgen sei, wo doch jedermann von uns wisse, was das ist. Und da haben wir's nun.
Morgenegg hatte schallend losgelacht. Mann, prustete er und lachte wieder eine ganze Weile, Mann, das sollten sie aufschreiben. Das ist eine tolle Geschichte. Würde in jedes Kinderbuch passen. Fabian war ein bisschen verwirrt. Ich weiss nicht, sagte er zögernd. Ich weiss wirklich nicht, ob solche Geschichten nach jedermanns Geschmack wären.
Sie sollen sie ja nicht unbedingt veröffentlichen, sagte Morgenegg. Sie können das ja einfach so für die Kleine aufschreiben. Was meinen Sie, wie sich die Hochzeitsgäste an der Hochzeit der Tochter dereinst halbtot lachen werden, wenn Sie mit solchen Geschichten ankommen? Ausserdem – ma-

chen Sie eigentlich kein Geschichtenbuch? Wissen Sie, so ein privates, nur für die Kleine! Mit allen möglichen Zeichnungen, selbsterfundenen Gutenachtgeschichten und all so'n Kram eben? Das machen jetzt viele Eltern mit ihren Kindern. Gerade in Künstlerkreisen ist das jetzt fast ein Muss geworden. Einige davon waren so gut, dass sie später faksimiliert und veröffentlicht wurden.
Muss ja wohl auch der Zweck der Übung gewesen sein, sagte Fabian angewidert. Es gibt eben Leute, die in ihrer Geilheit nach Publicity vor nichts zurückschrecken. Für mich jedenfalls ...
Sagt ja keiner, murmelte Morgenegg, und wie um seine eigenen Worte Lügen zu strafen, langte er hinter sich in ein grosses Bücherregal. Sehen Sie, sagte er und hielt Fabian ein Bändchen im Querformat hin, dessen Einband recht bunt aussah – für Fabians Geschmack jedenfalls eine Spur zu bunt. So sieht so etwas aus, Fabian, sagte Morgenegg. Habe ich verlegt. Darauf also wollte er hinaus, der Fuchs. Fabian tat nichts, um Morgenegg entgegenzukommen, er mimte totales Unverständnis. Unbekümmert fuhr Morgenegg fort zu schwadronieren. Übrigens hat unsere Grossmutter mit uns Kindern zu jener Zeit schon so etwas gemacht. Wir durften darin sogar unsere eigenen Geschichten aufschreiben, die wir erfunden hatten. Nur ich hatte kein Talent zum Erfinden von Geschichten und habe gemogelt. Ich habe meine Geschichte kurzerhand irgendwo abgekupfert. Grossmutter, die eine sehr belesene Frau war, kam natürlich dahinter. Sie hat mich aber den andern nie verraten, und so steht nun dieses Plagiat heute noch in dem viel bewunderten und viel herumgezeigten Geschichtenbüchlein. Jetzt lesen es freilich schon meine eigenen Enkel. Jetzt musste Fabian doch lachen. Deshalb, sagte er, sind Sie wahrscheinlich Verleger geworden, wie? Um der Versuchung ein für allemal zu entgehen? Morgenegg grinste säuerlich. Später hatte Fabian sich oft daran erinnern müssen: Sie können das ja einfach so für die Kleine aufschreiben. Was meinen Sie, wie die Hochzeitsgäste an ihrer Hochzeit alle lachen, wenn Sie mit solchen Geschichten kommen? Morgenegg verabschiedete sich kurz – er schien es plötzlich

eilig zu haben. Ich will die nächsten drei Wochen keinen von euch hier sehen, sagte er, und nun macht, dass ihr endlich fortkommt.
Hätte er damals nur auf Eva gehört. Eva besass lediglich einen älteren Volkswagen. Auf meinen Baustellen, hatte sie immer gesagt, brauche ich einen Traktor, keinen Flitzer. Dann das ganze Gepäck hineingewürgt, die Skier obendrauf und losgefahren. Eva sass am Steuer, Fabian mit der Kleinen auf den beiden hinteren Sitzen. Ich lasse das Kind nicht allein hinten, hatte Fabian mit Entschiedenheit erklärt, und vorne – das kommt schon gar nicht in Frage. Wenn du irgendwo hineinbumst oder so.
Ich bumse nirgendwo rein, sagte Eva gereizt. Dann bumst eben ein anderer Trottel in dich rein! Das weiss man doch allmählich, brüllte Fabian. Guter Gott, was bist du gereizt. Du bist ja in einer blendenden Laune. Und das sollen wir nun wohl drei Wochen lang ertragen, wie? Nicht einen Tag, möchte ich sagen. Ach – hätte Eva gewusst, was sie da sagte. Aber sie war in Fahrt und fuhr fort: Und warum, zum Teufel, sind wir denn eigentlich nicht mit Zug und Postauto gefahren, wenn du das Auto dermassen hasst? Mit all dem Gepäck, fragte Fabian. Und ausserdem hasse ich nicht das Auto an sich, sondern die Verrückten, die auf der Strasse herumflippen, als hätten sie ihren Führerschein beim Jassen gewonnen. Diese Mörder hasse ich.
Du solltest dich nicht so gehen lassen vor Vreni, hatte Eva gesagt. Ich passe ja schon auf, sagte Fabian. Und du sollst unsere Tochter nicht immer Vreni nennen, schnauzte Fabian. Oder überanstrengt dich diese eine Silbe mehr, die du aufwenden musst? Eva fuhr das Auto an den Strassenrand, irgendwo zwischen Thusis und Tiefencastel. Fabian erinnerte sich deshalb daran, weil sie kurz darauf die Solisbrücke überquerten und Vreneli unbedingt über die Brücke in die tiefe Schlucht hinuntersehen wollte. Eva drehte sich über ihre Schulter halb um, eine Hand blieb auf dem Steuerrad liegen. Sie sah Fabian mit einem ernsten Ausdruck auf dem Gesicht an. Dir scheint heute jeder Vorwand recht zu sein, sagte sie, um einen Streit vom Zaun zu brechen.

Papa ist müde, Mama, unterbrach eine helle Kinderstimme Eva. Verblüfft sahen die beiden sich einen Augenblick an, dann prusteten sie los. Fabian nahm Vreneli in seine Arme und drückte ihr einen sehr nassen Kuss auf die Wange. Das kleine Mädchen sah ihn einen Moment schief an, dann wischte es verstohlen mit dem Ärmel ihres Pullovers über die Backe. Wieder mussten die beiden loslachen. Okay, okay, sagte Eva.
Machen wir halt eine Pause. Aber – und dabei wandte sie sich an Fabian: Du denkst bitte daran, dass du mich noch ablösen musst. Lange hält nämlich mein Rücken diese Fahrerei nicht mehr aus. Ich muss mich auch einmal ein bisschen entspannen. Also, drohte sie, aber jetzt schon wieder lächelnd: Keinen Veltliner. Auch keinen ganz kleinen. Nulltarif für heute – bis wir in der Hütte sind. Ich hoffe nur, dass es noch Tag bleibt, bis wir da ankommen.
Darf ich mich dann zu Papa setzen, Mama? fragte Vreneli. Ich denke schon, sagte Mama. Ich denke: ganz sicher nicht, sagte Papa. Zwei gegen einen, dachte Fabian später, zwei Weibsbilder gegen einen einzigen Mann – wer hätte sich da schon durchgesetzt? Aber diesmal wollte er sich durchsetzen. Kommt nicht in Frage. Punkt und Schluss. Und bitte nicht maulen, Vreneli. Ich werde morgen mit dir auf meinen Skiern fahren. Da kannst du dich vorne draufstellen, und ich werde dich festhalten. Aber niemals in meinem Leben in einem Auto, das nur zwei Türen hat. Aus. Äpfel. Punkt. Schluss. Und und und, sagte Eva. Du beginnst diese sogenannten Ferien mit einem äusserst charmanten Tag, das muss ich sagen. Du kehrst den Herrn im Hause auf eine Art und Weise heraus, die schon beinahe widerlich ist.
Was widerlich ist, dozierte Fabian und kam sich ungeheuer überlegen vor, das spielt im Augenblick überhaupt keine Rolle. K-e-i-n-e Rolle. Du brauchst das nicht auch noch zu buchstabieren, sagte Eva. Nicht wahr, V-r-e-n-e-l-i? Nach dem Aufenthalt in Bivio – kurz vor dem eigentlichen Aufstieg zum Julierpass – im Posthotel (Vreneli bekam zum letztenmal in ihrem kurzen Leben ihre heissgeliebte Leibspeise: ein halbes Hähnchen mit viel Pommes frites und noch viel mehr

Ketchup, den sie grosszügig sogar noch auf ihr Brot verteilte, wobei ihr der Kellner sogar freundschaftlich zuzwinkerte) – nach diesem Aufenthalt setzte Fabian sich ans Steuer. Ich bin kein geübter Fahrer, im Vergleich zu dir, Eva. Ich sehe nicht so richtig ein, warum ausgerechnet ich diese doch recht anspruchsvolle Passfahrt machen soll. Fabian schmollte beinahe. Weil mein Rücken es nicht mehr tut, deshalb, sagte Eva und lehnte sich im Rücksitz zurück. Deshalb. Und jetzt bitte Schluss. Aus. Äpfel. Punkt. Schluss. Du hast einmal zuviel Schluss gesagt, stellte Vreneli ordentlich naseweis fest. Papa hat gesagt: Aus. Äpfel. Punkt. Schluss. Du brauchst uns unsere Dummheiten nicht auch noch unter die Nase zu reiben, Vreni, sagte Mama. Fabian lachte. Wenigstens ist es noch heller Tag, sagte er. Da könnt ihr alle die wunderschönen Bergblumen bewundern, während ich fahre. Fabian meinte es sarkastisch, und prompt meldete sich Vreneli: Es ist Winter, Papa. Im Winter gibt es gar keine Blumen. Wetten, dass doch? fragte Fabian. Wetten, dass nicht? sagte Vreneli. Eine Tafel Schokolade? schlug Fabian vor. Okay, sagte die Kleine grossspurig. Aber eine Riesentafel. Und du kannst sie mir gleich kaufen, sobald wir zu einem Kiosk kommen. Im Winter gibt es keine Blumen, und gibt und gibt und gibt es nicht. Du hast verloren.
Sind da eigentlich Winterreifen drauf, auf diesem VW? fragte Fabian plötzlich. Natürlich, sagte Eva. Was glaubst du eigentlich? Weil ich eine Frau bin, hätte ich keine Ahnung von einem Auto und so? Wisse zur Not gerade noch, dass man Benzin einfüllen muss und dass das Ding dann fährt, wenn man sich reinsetzt, den Zündschlüssel dreht, einen Gang einlegt, das Füsschen von der Kupplung nimmt und Gas gibt? Ach guter Gott, sagte Fabian. Das alles weisst du tatsächlich? Er lachte versöhnlich, während Eva ihm die Zunge herausstreckte, was von Vreneli natürlich sofort kommentiert wurde: Das darf man nicht, Mama. Wenn man stolpert, sagt Papa, dann beisst man sich zur Strafe die Zunge ab. Alle drei johlten jetzt vor Lachen. Ich wollte mich ja nur vergewissern, sagte Fabian. Man kann ja schliesslich auch einmal etwas vergessen. Hier am Pass macht es mir keinen

Kummer. Der wird jetzt noch schwarz geräumt. Aber droben, im Engadin, da wird nur weiss geräumt. Hauptsächlich der vielen Fremden wegen, die sich von den Einheimischen mit Schlittengespannen spazieren führen lassen wollen.
Soll das etwa ein ähnlicher Scherz sein, wie der mit den Blumen im Winter, fragte Eva misstrauisch. Mich kannst du so leicht nicht auf den Arm nehmen. Mich auch nicht, sagte Vreneli feierlich. Die Wette hast du schon verloren. Es gibt im Winter keine Blumen.
Fabian hatte später manches Mal darüber nachdenken müssen – wie viele Blumen es doch dann noch gab, in diesem Winter.
Ganze Blumenmeere, unter denen die beiden Särge kaum mehr zu sehen waren. Dabei hatte er damals doch die Eisblumen gemeint, die er der Kleinen an den Hüttenfenstern hatte zeigen wollen, am ersten Morgen ihrer gemeinsamen Ferien.
Da war die Fahrt dem Silsersee entlang. Beidseits der engen Strasse die hoch aufgeworfenen Schneemauern. In der beinahe letzten Kurve vor der Ankunft der dunkle Schatten des schweren Lastzuges auf der falschen Seite der Strasse, Fabians Versuch, nach links auszuweichen, der Krach gleichzeitig mit dem schrecklichen Schrei Evas, der Flug durch die Luft und dann der krachende Aufschlag auf dem zugefrorenen See. Fabian hatte in seiner Verzweiflung noch versucht, nach hinten zu langen, aber der Aufschlag schmetterte ihn nach vorn, mit dem Kopf gegen die Windschutzscheibe, die schon halb unter dem Eis im Wasser lag. Fabian hatte blitzschnell alles rekapituliert, als er aus der kurzen Betäubung zu sich kam. Dafür sorgte das eiskalte Wasser, das rasch durch alle Ritzen eindrang. Dass man keineswegs versuchen sollte, durch die zerbrochene Scheibe nach draussen zu gelangen, sondern dass er die Fenster herunterkurbeln musste, um das Auto mit Wasser füllen zu lassen. Erst dann wären die Türen zu öffnen und man könnte auftauchen. Das alles hätte in Sekundenschnelle zu geschehen – aber wie hätte er in einem VW die hinteren Passagiere herausbringen sollen?
Natürlich hatte Marianne das alles nicht von Fabian selbst erfahren. Es war Peter Morgenegg gewesen, der es für nötig

gehalten hatte, Marianne über die Person des Autors aufzuklären, dessen Manuskript er ihr als erste selbständige Arbeit (freilich zusammen mit einem erfahrenen Aussenlektor) zugeteilt hatte, die sie in seinem Verlag übernehmen sollte. Mit knapp neunzehn Jahren hatte Marianne ihre Matura bestanden, ihr Diplom machte sie dann (unter tätiger Mithilfe ihres Vaters, des Professors, der ihr sozusagen Privatvorlesungen hielt) nach sechs Semestern. Marianne war zweiundzwanzig, als sie bei Morgenegg Lektorin wurde. Der war sehr entgegenkommend. Sie konnte ihre Arbeit frei einteilen und das Studium fortsetzen. Dabei war es auch geblieben, als sie beinahe Hals über Kopf Fabian Kessler heiratete und sich um keinerlei Einwände kümmerte – seien sie nun von Morgenegg gekommen, von ihrem Vater oder von sonstwo. In solchen Fällen scheint ja die menschliche Weisheit geradezu zu wuchern und droht jeden zu erwürgen, der darauf hören wollte. Bis Marianne ihr Lizentiat in der Tasche hatte, musste Fabian wiederum (wie in seiner ersten Ehe bei Vreneli) die grösste Arbeit mit den Buben Fabian und Marius übernehmen, freilich diesmal mit Hilfe einer Hausangestellten, die sie engagiert hatten, als sie in das grosse Pfarrhaus von Gilgenburg zogen. Wiederum tat das Fabian mit einer Hingabe, die ganz aussergewöhnlich war und die diesmal nicht Marianne, sondern Morgenegg zu bärbeissigen Kommentaren verleitete. Nicht nur habe er durch diese Heirat gute Aussicht gehabt, seine beste Lektorin zu verlieren, brummte er, nein. Auch von Fabian komme nur noch etwas, wenn es ihm passe, und das auch nur dann, wenn er, Morgenegg, hinterher sei wie der Teufel hinter der armen Seele.
Jetzt, vor ihrem Bohnenkorb, musste Marianne wieder an diese ungewöhnliche Liebesgeschichte zurückdenken. Sie lächelte in sich hinein, oben klapperte die Maschine, die beiden Buben und Cornelia sassen rund um den Tisch herum und halfen Marianne bei den Bohnen. Fabian liess es zu keiner Diskussion kommen, wie er es überhaupt immer vermied, eine Meinungsverschiedenheit in Gegenwart der Kinder auszutragen. Marianne wusste aber, dass die Angelegenheit nicht ausgestanden war und dass sie für heute abend

noch etwas zu erwarten haben würde. Eigentlich, dachte Marianne lächelnd, eigentlich war es gar keine Liebesgeschichte. Als Fabian Kessler zum erstenmal im Verlag erschien und sie von Morgenegg dem Menschen persönlich vorgestellt wurde, den sie aus dem Manuskript, das sie bearbeitete, so gut zu kennen glaubte, da war alles ganz anders, als sie es sich vorgestellt hatte. Morgenegg hatte sie zwar gewarnt. Schriftsteller, so dozierte er, erfinden Geschichten und Figuren. Sie selbst sind aber selten so, wie man sich das vorstellt, und schon gar nicht so, wie diese Verrückten ihre eigenen Figuren sehen möchten. Bei Fabian ist es fast noch schlimmer. Er lebt wiederum bei seiner Mutter und scheint sich aus Frauen überhaupt nichts mehr zu machen. Ich müsste es nämlich wissen, wenn er sich seither ernsthaft mit einer Frau befasst hätte.

Zum Glück hatte Fabian zwo die Geistesgegenwart gehabt, seine kleine Schwester aus dem Mühlenbach zu ziehen, wie er nun prahlerisch verkündete, während er Bohnen auffädelte. Sonst, Mama, wäre sie wahrscheinlich ersoffen! In diesem Hause war es sonst nicht üblich, dass die Kinder geschlagen wurden. Fabian nahm die Kinder ernst, er versuchte es geschickt, sie von einem Unrecht zu überzeugen, mit ihnen darüber zu reden, sobald sie nur einigermassen aus den Windeln herausgewachsen waren. Aber diesmal langte Marianne zu und versetzte Fabian zwo eine kräftige Ohrfeige. Fabian zwo war so überrascht, dass er zu heulen vergass. Ausserdem war er ja der tapfere Häuptling der Apachen. Sag so etwas niemals wieder, Fabian, sagte Marianne. Das war für sie so selbstverständlich wie auch die Tatsache, dass in diesem Hause niemals mehr Vogelheu mit Zwetschgen auf den Tisch kam. Morgenegg hatte sie gefragt: Aber was ist das nun eigentlich? Ich bin nie dahintergekommen, was es war, das mir die Verachtung des kleinen Vreneli so gründlich eingebracht hat, und später – na ja, Sie können sich vorstellen, dass ich mich gehütet habe, Fabian danach zu fragen, nach alledem.

Marianne hatte es ihm erklärt. Vogelheu sei ein Gericht, das aus Brotresten zubereitet werde, das zusammen mit Schmalz,

Milch und schaumig geschlagenen Eiern gebraten werde. Dazu esse man eben Zwetschgenkompott. Brr – war es Morgenegg entfahren. Und es gibt tatsächlich Menschen, die so etwas essen? Marianne bestätigte ihm das. Und es schmeckt sogar, hatte sie hinzugefügt. Es schmeckt sogar sehr gut. Später, als sie bereits in Gilgenburg eingezogen waren – Marianne trug bereits den kleinen Fabian in ihrem Bauch –, hatte Fabian ihr die ganze Geschichte erzählt, die sie bereits von Morgenegg wusste. Marianne hütete sich aber davor, ihm das zu sagen. Das Klappern der Schreibmaschine hörte plötzlich auf. Beim Bauernhof von Begert drüben hörte man die Kühe, die von der Weide zu ihrem Stall getrieben wurden. Die Sonne stand nur noch eine Handbreit über dem Gilgenberg. Dann vernahm man den eintönig summenden Pressluftmotor der Melkmaschine auf dem Hof, Milchkannen schepperten misstönend in den späten Nachmittag.
Wer kocht eigentlich heute bei uns Abendessen? Das war Fabians Stimme von oben. Ich hätte noch zu arbeiten.
Marianne blickte zu ihm hoch. Er hatte seine Ersatzbrille mit dem verbogenen Kassengestell auf der Nase. Ich werde mich darum kümmern, sagte sie. Es wird sich hier ohnehin einiges ändern müssen.
Das kannst du laut sagen, knurrte Fabian, und sein Kopf verschwand im Fenster, um aber gleich darauf wieder aufzutauchen mit einem lustigen Zwinkern im Gesicht. Kannst du dir das vorstellen, Marianne? krähte er. Da war doch Mutter Vreneli immer so stolz auf den Namen Fabian. Sie war ja, wie du weisst, vernarrt in Kästner und hat mir, als ich noch ein recht kleiner Junge war, die «Drei Männer im Schnee» vorgelesen, wenn ich tagsüber nicht allzu grossen Unsinn angestellt hatte. Jetzt, wo ich euch alle hinter diesen Bohnen sehe, fällt es mir plötzlich wieder ein: Ich wollte einmal genau wissen, was der Name eigentlich zu bedeuten habe. Mama bildete sich nämlich immer ein, es müsse irgend etwas mit «fabelhaft» zu tun haben. Nun – weisst du, womit der verdammte Name zu tun hat? Du wirst es nie erraten, wenn du es nicht etwa schon weisst: mit Bohnen. Bohnenmann heisst das, Fabian. Ob nun der erste Römer, der den Namen

Fabianus getragen hat, so ausgesehen hat wie eine Bohnenstange oder ob sein Wuchs an Dörrbohnen erinnerte oder ob der Kerl vom Bohnenessen zuviel furzte, entzieht sich meiner Kenntnis. Es wäre zweifelsohne eine gute Frage an unseren verhassten Lateinlehrer gewesen.
Fabian zwo prustete los und Marius grinste schief. Ich kann heute zum Abendessen Bohnensalat richten, sagte Marianne und blickte unschuldig zum Fenster hoch. Das, brüllte Fabian, wäre ein handfester Scheidungsgrund. Kulinarische Grausamkeit oder so etwas. Der Kopf verschwand, und bald klapperte wieder die Schreibmaschine. Fabian konnte Bohnensalat nicht ausstehen, seit er einmal, wie er steif und fest behauptete, auf einer Schulreise von seiner Mutter ein Glas mit Bohnensalat mitbekommen und davon eine handfeste Lebensmittelvergiftung mit – auf einer Schulreise besonders peinlichen – entsprechenden Folgen eingefangen habe. Seither verschmähte er Bohnen in jeder Form – ausser eben Dörrbohnen.

3

Nicht dass Fabian das Dasein als Hausmann und hauptamtlicher Vater plötzlich verleidet gewesen wäre. Ganz im Gegenteil. Er war nur so organisiert – manchmal behauptete Marianne sogar, er sei programmiert –, dass er die Dinge, die er tat, ganz tun wollte. Er konnte ununterbrochen schreiben und sich kaum Zeit für die allernotwendigste Körperpflege nehmen. Es war ein Teufelskreis: Arbeitete er im Haushalt, dann konnte er nicht schreiben – war er am Schreiben, dann bedeutete ihm Kochen fast gar nichts. Manchmal war die Hausarbeit auch das einzige gewesen, was ihn vor der Verzweiflung rettete. Wenn man vorsichtig ist und bei den Zutaten auf jede Kleinigkeit achtet, pflegte er zu sagen, dann kann eigentlich jeder Trottel etwas Gutes kochen. Es ist beim Kochen verdammt nicht wie beim Schreiben: Dort habe ich

manchmal alle Zutaten bestens beisammen, habe gewissenhafte Recherchen gemacht, habe im Kopf alles bestens zurechtgelegt – und es will trotzdem nichts dabei herauskommen. Wenigstens das Kochen kann jemanden, der sich Mühe gibt, nicht so mörderisch frustrieren. Manchmal kann es einen sogar vor dem Durchdrehen retten. Eine gute Suppe, pflegte meine Mutter zu sagen, ist etwas Gutes, sowohl für den Leib als auch für die Seele. Und recht hatte sie damit. Komme mir jetzt nicht damit, Marianne, dass es sich um eine orale Lustbefriedigung handle, um eine Ersatzhandlung, einen seelischen Schnuller, gewissermassen. Alle diese Theorien sind mir selbst wohlbekannt, und du kannst jeden anderen Schriftsteller fragen, der diesen Namen auch verdient, wie verdammt ekelhaft der einsame Kampf mit weissem Papier und der Schreibmaschine sein kann. Und nun kommt bei einigen noch der technische Kampf mit dem Computer dazu, weil Zeit eben auch für einen Autor plötzlich zu Geld geworden ist.
Na ja, nicht umsonst saufen fast alle Schriftsteller, die ich kenne, nach Noten. Ich koche eben.
Auch nicht immer, antwortete Marianne darauf nur.
Das plötzliche Ende von Fabians Schreibhemmung und seine damit verbundene Schreibwut hatten andere, ganz andere Ursachen.
Es war im letzten Sommer gewesen. Er befand sich mit der kleinen Cornelia auf einem Spaziergang im Dorf, vielmehr, er hatte Besorgungen zu machen und verknüpfte das mit einem Spaziergang. Marianne machte sich zwar immer erbötig, alles Notwendige aus der Stadt mitzubringen, schliesslich habe sie den Wagen. Fabian wollte davon nichts wissen. Weisst du, sagte er lachend: Im Grunde genommen bin ich ja ein Klatschweib.
Ein Klatschmann, wenn schon, unterbrach ihn Marianne. Ich vermag durchaus nicht einzusehen, was Klatsch mit Weibern spezifisch zu tun haben soll. Gut, dann also ein Klatschmann, sagte Fabian fröhlich. Ich liebe es, beim Metzger Leutenegger nicht nur mein Fleischstück selbst aussuchen zu können, sondern ich liebe es auch, den gesamten Dorfklatsch sozusa-

gen ofenfrisch mitzubekommen. Mehr als einmal habe ich im Gegensatz zu dem, was man Männern sonst so nachsagt, einer oder zwei Frauen den Vortritt gelassen, tat so, als sei ich mir über meine eigene Auswahl noch nicht ganz sicher – nur, um weiter zuhören zu können. Beim Krämer Marti ist es ebenso gewesen, ehe sie den blödsinnigen Supermarkt auf den Dorfplatz gestellt haben: Der Klatsch fehlt mir dort nachgerade. Ich bekomme schon die ersten Entzugserscheinungen.

Und dann, sagte Marianne, und dann gehst du in die eine oder in die andere Kneipe, nimmst die kleine Cornelia genauso mit wie früher die beiden Buben – damit sie möglichst bald die unflätigsten Flüche und Schweinereien nach Hause bringen, und man sich fragt, wo sie die aufgeschnappt haben.

Wenn du mich dauernd unterbrichst, sagte Fabian, kann ich dir gar nicht erzählen, worum es geht. Falls es dich tatsächlich interessiert, fügte er spitz hinzu. Ich höre, sagte Marianne, und was auch immer du Unsinniges erzählst: Ich werde schweigen wie ein Grab. Wieso: wie ein Grab? fragte Fabian verblüfft. Wie, zum Kuckuck, kommst du denn darauf? Es geht tatsächlich um ein Grab – unter anderem.

Marianne machte eine gesucht hilflose Geste und legte ihren Zeigefinger auf die Lippen. Na gut, knurrte Fabian. Ich bin da also mit Cornelia unterwegs. Im Dorf. Im letzten Sommer. Viel vom allgemeinen Klatsch hatte ich ja schon mitbekommen, den alten Wagner-Ruedi, wie er hier nur genannt wird, habe ich schon etliche Male gesehen, aber nie mit ihm gesprochen – bis auf einmal im letzten Winter. Aber ich greife vor. Dieser alte Wagner ist irgendein Dorforiginal, den man – sehr zu Unrecht, wie ich vermute – für einen Dorftrottel hält. Du weisst, ich hatte richtige Mühe mit meiner Arbeit. Es wollte mir einfach nichts Richtiges einfallen. Das heisst, ich wusste vielmehr nicht, womit ich anfangen sollte. Ich hatte hundert Projekte im Kopf, die sich da gegenseitig auf den Füssen herumtraten, und manchmal wollte es mir sogar scheinen, dass die da oben mit grossen Steinen nacheinander werfen würden, so schmerzte mich manchmal der

Schädel. Aber über erste oder bestenfalls zweite Seiten an einem der Projekte bin ich nie hinausgekommen, mit Recherchen ging es auch nicht gerade gut vorwärts, denn: Wie willst du etwas recherchieren, von dem du noch nicht einmal weisst, was es dann werden soll? Und da habe ich ganz zufällig in einem der Wirtshäuser davon gehört, dass hier, in diesem Dorf, in dem wir nun schon so lange leben, seit geraumer Zeit eine Bombe zu ticken scheint, vielmehr ein Pulverfass steht, an dem die Lunte schon lange brennt. Das ganze steht im Zusammenhang mit einem Todesfall – mit dem Todesfall, über den wir uns doch gewundert haben, Marianne, und zwar, weil diese Beerdigung nicht auf dem neuen, sondern hier, auf dem alten, auf unserem Friedhof stattgefunden hat, Marianne. Du weisst doch noch im letzten Herbst...
Marianne unterbrach ihn. Entschuldige, Fabian – aber ist es diese Geschichte, an der du jetzt so verbissen schreibst? Dann möchte ich sie lieber lesen, denn du kannst, wie alle Schriftsteller, deine Geschichten nicht erzählen. Du wirst wieder Kraut und Rüben durcheinanderwerfen, nimmst den Anfang ans Ende und beginnst mit dem Schluss. Und wie soll ich deine Schlussfolgerungen begreifen, wenn du so erzählst? So verstehe ich kein Wort. Es tut mir ja leid, Fabian, sagte sie zärtlich, als sie sein verdüstertes Gesicht sah. Du weisst doch, wie gerne ich deine Sachen lese.
Es ist eben, sagte Fabian, diesmal völlig anders. Ich bin bei einer Arbeit, die ich zusammenspinne, auf eine Parallele gestossen, die sich tatsächlich hier im Dorf abgespielt hat. Das hat mich richtiggehend schockiert, weil es mir so noch nie passiert ist.
Na, na, na, sagte Marianne.
Ich habe alles von vorn beginnen müssen, sagte Fabian. Als ich mit Cornelia im Dorf war, kamen wir auch am neuen Schulhaus vorbei. Du weisst, der letzte Sommer war sehr warm, und so waren die Fenster der meisten Schulstuben weit geöffnet. Eine der Klassen war am Singen. Das Lied von einem «Vreneli vom Guggisberg», die Klasse hat mehr gebrüllt als gesungen. Ich konnte nicht den ganzen Text

verstehen – aber dunkel erinnerte ich mich daran, das Lied schon gehört, wenn nicht sogar selbst gesungen zu haben, irgendwann in meiner Schulzeit. Es hat für ein Schweizer Volkslied eine eigenartige Tonfolge, fast orientalisch, fast semitisch, wenn du verstehst, was ich meine: Fast wie der Gesang in einer Synagoge. Wie kommt ein solches Lied hierher und noch dazu ins Volksgut? Ich beschloss, dieser Sache nachzugehen. Im Augenblick hatte ich ja nichts Besseres zu tun.
Und? fragte Marianne. Hat sich diese Suche gelohnt? Ja und nein, sagte Fabian. Mit dem Lied allein lässt sich kaum etwas anfangen. Man muss den geschichtlichen Hintergrund dazu suchen und dann eben hypothetisch arbeiten.
Das heisst also, du hast die Geschichte erfunden? Du hast nur die Namen und das Lied zum Vorwand genommen, um eine Geschichte zu erfinden? Na und? maulte Fabian. Was ist denn daran so Besonderes? Alle Schriftsteller erfinden doch Geschichten. Wichtig ist es doch nur, die Geschichten so zu erfinden, dass sie sich tatsächlich so zugetragen haben könnten. Wirst du mir also die Geschichte zu lesen geben, Fabian? Selbstverständlich, sagte Fabian. Das Dumme ist nur, dass im Augenblick ein heilloses Durcheinander herrscht, weil mir eben diese wahre Geschichte im Dorf in die Quere gekommen ist. Das Ganze ist jetzt so verworren, dass in dem Durcheinander eine Katze ihre Jungen nie mehr finden könnte, wie man so zu sagen pflegt.
Ich bin keine Katze, sondern eine Verlagslektorin. Zudem noch deine Lektorin, sagte Marianne. Ich werde mich schon zurechtfinden. Ich bringe die Kinder zu Bett, damit du weiterarbeiten kannst. Und wenn nötig, bringe ich dann Ordnung in das Durcheinander. Das wäre bei Gott nicht das erste Mal. Ich werde im Wohnzimmer lesen, um dich nicht zu stören. Als sie sah, dass er protestieren wollte, lächelte sie. Kein Calvados heute abend, mein Alter. Du weisst ja selbst, wie solche Lektoratssitzungen sonst in der Regel enden. Und dagegen spricht heute zweierlei: Soviel ich weiss, trinkst du bei deiner Arbeit niemals Alkohol. Und zum andern: Nütze jetzt deine Zeit. Wir laufen dir nicht davon, ich und die

Kinder. Aber deine Ideen haben in letzter Zeit diese unangenehme Gewohnheit angenommen.

4

Loosli

November 1984

Karl Loosli war schon seit mehr als vierzig Jahren – seit er das Amt von seinem Vater übernommen hatte – Friedhofsgärtner von Gilgenburg. Jetzt stand er im hintersten Teil des alten Friedhofs, der eigentlich schon seit ein paar Jahren aufgelassen war, in einem Grab und warf Schaufel um Schaufel dunkle Erde links und rechts auf die sich immer höher türmenden Erdwälle. Bald würde dieses Grab die vom Reglement genau vorgeschriebene Tiefe aufweisen. Um das zu wissen, dazu brauchte Loosli nicht einmal den zusammengeklappten Doppelmeter aus der Seitentasche seiner blauen Überhose zu nehmen. Loosli hatte das im Blick, sozusagen. Jahrelange Erfahrung spielte dabei eine ebenso grosse Rolle wie seine eigene Körpergrösse: Wenn sich nämlich seine Augen genau auf der Höhe der Grabkante befanden, war es Zeit, mit dem Graben aufzuhören. Über Loosli spannte sich ein kalter und grauer Novemberhimmel, aus den Blutbuchen und Trauerweiden tropfte es unaufhörlich. Die schweren Tropfen zerplatzten auf dem nassen und abgestorbenen Laub und warfen mit monotonen Geräuschen kleine Wasserfontänen auf, die in sich zusammenfielen, zu kleinen trüben Rinnsalen sich vereinten und endlich zu grösseren und kleineren Pfützen wurden, die den missgelaunten Himmel über sich spiegelten, was Zerrbilder ergab, wenn einer der plötzlichen heftigen Windstösse ihre Oberflächen kräuselte. Loosli glättete mit der runden, nach aussen gewölbten Rückseite seiner Schaufel die Erdwände des zukünftigen Grabes. Er sah missgestimmt zum Himmel auf und schob mit einem Ruck den zerknautschten, mausgrauen Wetterhut in den Nacken. Einen derben Fluch, der sich auf einem Friedhof nicht eben gut ausgenommen hätte, vermochte er im letzten Augenblick, beinahe mit den Zähnen, noch zurückzuhalten. Ein besonders dicker Wassertropfen war ihm aus dem Geäst in den Nacken gefallen, genau dorthin, wo sich ihm zwischen kragenlosem Hemd und Hutrand eine Öffnung dargeboten hatte, und nun lief dem Friedhofsgärtner zwischen Hemd und Haut das kalte Wasser durch den Canyon der beiden Schulterblätter hinunter zum Gürtel, wo es zunächst aufgehalten wurde. Loosli fröstelte. Das eintönige Tropfen wirkte einschläfernd, aber nun hatte das kalte Wasser ihn gründlich aufgeweckt. Zu allem Überfluss vernahm er nun noch das nörgelnde Quietschen der gummibereiften Schubkarre aus dem entfernteren Teil des Friedhofs. Ein Gehilfe war dabei, mit dieser Schubkarre aus dem Schuppen an der Friedhofsmauer Bretter und starke Bohlen herbeizuschaffen. Die Beerdigung fand erst am nächsten Tage statt, und bei dieser Nässe wäre das Grab wohl binnen kurzem zur Hälfte mit Wasser angefüllt gewesen. Die Sohle der Grabstellen erreichte hier oben jene undurchlässige Schicht von blauem Lehm, die dem Dorf Gilgenburg zu einem gewissen Ruf als Töpfereidorf und zu einem geruhsamen Wohlstand verholfen hatte. Gilgenburger Porzellan hatte es zu einigem Ansehen im Lande gebracht, weil es erheblich billiger war als Importware, seinen Dienst aber gut versah und noch geradezu hübsch geworden war, seit der junge Fabrikant Häusler sich selbst um das Design kümmerte. Wenn man sich das Geschirr so betrachtete, dann musste der junge Häusler ein wahrer Künstler sein – oder doch zumindest über eine gute Nase verfügen, um sich seine Mitarbeiter auszusuchen. An der Gilgenburger Landschaft hingegen hatte die Tonwarenfabrik nicht eben zum Vorteil mitgewirkt. Die Gegend um den Hinterberg sah aus wie ein kariöser Backenzahn, und mit der Wiederauffüllung der erschöpften Lehmgruben hatte Häusler es nicht eilig gehabt. Das hatte wild und ungeordnet die Natur und teilweise die Gilgenburger Jugend unternommen.

Seit Biotope in grosse Mode gekommen waren, brüstete Häusler sich sogar damit, was er für ein Wohltäter am Umweltschutz und an der Landschaft sei. Böse Zungen hatten allerdings schon immer einen Zusammenhang zwischen diesen zum Teil mit Unrat aller Art gefüllten Drecklöchern und der Tatsache behauptet, dass der alte Häusler seit beinahe zwanzig Jahren Gemeindepräsident von Gilgenburg war und sich um die damaligen Auflagen zur Lehmgewinnung einen Dreck gekümmert habe. Aber Lästermäuler gibt es überall, und der gesamte Kehricht und sonstige Abfall von Gilgenburg und seiner Industrie musste ja schliesslich auch irgendwo deponiert werden. Die meisten Gilgenburger arbeiteten damals ohnehin, soweit sie nicht Bauern waren, in Häuslers «Töpfi» und sagten schon deshalb an den Gemeindeversammlungen nicht viel – sofern sie überhaupt etwas sagten, es nicht vorzogen, die Herren machen zu lassen. Bauschutt jedenfalls wäre in den letzten zwanzig Jahren genügend angefallen, um diese Schandflecke aus der Landschaft zu tilgen und das Land wieder der landwirtschaftlichen Nutzung zuzuführen. Aber in dieser Zeit war Gilgenburg so gewachsen, dass es schon beinahe als Vorort der nahen Bezirksstadt gelten konnte.
Loosli ärgerte sich über das Gequietsche der Schubkarre. Dass diesen jungen Männern doch nichts, aber auch gar nichts von selbst einfallen wollte. Alles und jedes musste er ausdrücklich befehlen. Hatte er einen Gang zu verrichten und unterliess er es, genaue Anweisungen zu hinterlassen, dann konnte es durchaus vorkommen, dass die Arbeiter bei seiner Rückkehr im Schuppen sassen und Karten spielten unter dem Vorwand: Wir sind fertig gewesen, Chef. Wir hatten keine Arbeit mehr.
Als ob es nicht Arbeit in Hülle und Fülle gegeben hätte, sofern man eben die Augen aufmachte und sie sehen wollte. Aber lieber stolperten die Burschen vierzehn Tage lang über dasselbe liegengebliebene Stück Holz, als dass es einem in den Sinn gekommen wäre, es aufzuheben. Lieber hörten sie dem Quietschen der Schubkarre zu, als auf den Gedanken zu kommen, man könnte so ein Ding vielleicht schmieren. Aber

die hätten ohnehin, wie es Loosli schien, Watte in den Ohren oder – wie er sich weniger gewählt ausdrückte, Scheissdreck. Wenn man einen rief, weil man ihn zu einer Handreichung benötigte, konnte man sich die Seele aus dem Leib brüllen, ehe sich einer davon bequemte, angeschlurft zu kommen, als ginge es zum Schafott. Ausser dem alten Wagner-Ruedi, der ihm noch einigermassen regelmässig half, hatte er schon seit einiger Zeit keine festen Gehilfen mehr, und manchmal musste er jetzt sogar mit Leuten vorliebnehmen, die ihm vom Arbeitsamt im Dorf geschickt wurden, Arbeiter, die kaum einmal vom Fach waren, die Arbeit in ihrem Beruf suchten, in dem sie sicher tüchtig waren – was man ihnen auch nicht weiter übelnehmen konnte. Selten aber blieben sie lange genug, dass es sich für Meister Loosli gelohnt hätte, sie nach seinem Geschmack anzuleiten, seinem Geschmack, den er für den einzig richtigen hielt. Jedermann wird schliesslich nicht in der vierten Generation Friedhofsgärtner und Totengräber, der Beruf verlangt einen gewissen Sinn für die Würde des Todes und für die Weihe der Stätte, auf der übrigens, so will es die Überlieferung – wobei es sich wohl eher um eine Sage handeln dürfte – der Galgen des Hochgerichtes gestanden haben soll, der dieser Marktgemeinde den Namen gab, der erst im vorigen Jahrhundert in Gilgenburg geändert worden sei. Trotzdem – es ärgerte Loosli, dass die Schubkarre quietschte. Dafür brauchte doch einer weiss Gott nicht gerade das Technikum besucht zu haben, murrte er in sich hinein, um zu merken, wann eine quietschende Schubkarre die Friedhofsruhe empfindlich stört. Vogelgezwitscher, gewiss, das gehörte dazu. Das waren ja schliesslich die Sänger, die der Herrgott selbst den Hingeschiedenen gesandt hatte, um ihnen die Zeit bis zum Jüngsten Tag zu verkürzen. Diese Zeit wurde ohnehin jedem lange genug.
Dafür waren diese jungen Burschen abergläubisch auf eine geradezu groteske Art und zimperlich. Sie liefen den ganzen Tag mit eingezogenen Köpfen auf dem Kirchhof herum, mit ganz schiefliegenden Schultern, so als erwarteten sie jeden Augenblick, dass sich ihnen von hinten eine Knochenhand auf die Achsel legen würde.

5

Wagner-Ruedi

Im Schuppen, der an die Friedhofsmauer geduckt war wie ein Kind, das sich im Dunkeln fürchtet, werkte ein Mann mit einem flachen Pinsel, mit einem Eimer weisser Farbe und mit einem ganzen Sortiment von Buchstabenschablonen aus Plastic an einem dunkelbraun gebeizten, einfachen Holzkreuz. Mit zwei Malerböcken und mit einem Brett hatte er sich einen behelfsmässigen Tisch eingerichtet. Um besser sehen zu können, was er malte, hatte er den Tisch unter dem einzigen kleinen Fensterchen aufgestellt, das auf der dem Kirchhof zugewandten Seite des Schuppens ausgespart war. Vom Schuppendach herunter rieselte der Regen in feinen Bindfäden quer durch den Fensterausblick, stetig und gleichmässig. Im Schuppen roch es nach Farbe und Schnaps. Aus der linken Tasche der viel zu weiten, oft geflickten Jacke, die dem Mann um die Schultern hing wie der Schwanz an der Kuh, lugte eine Flasche vorwitzig heraus, aus welcher der alte Wagner-Ruedi, wie er im Dorf genannt wurde, obschon er noch nicht einmal sechzig war, jedesmal dann einen Schluck nahm, wenn er einen Buchstaben zu Ende gemalt hatte. Sein Name war die einzige Erbschaft, die sein Vater ihm jemals hinterlassen hatte. Diesen hatte man im Dorf einfach des alten Wagner-Säufer-Christens Ruedi genannt, und als er umkam, legte niemand im Dorf Wert darauf, irgend etwas daran zu ändern, und man übertrug den Namen einfach auf den Sohn. Der Mann hatte es nicht eilig bei seiner Arbeit. Er hatte es nie eilig, noch nie in seinem Leben eilig gehabt. Er sah aus wie ein Siebziger. Die dürren Beine steckten in verschossenen feldgrauen Militärhosen, die der Ruedi in die Schäfte seiner schwarzen Gummistiefel gestopft hatte. Auf dem für den hageren Körper zu gross wirkenden Kopf sass schief eine ausgemusterte Militärfeldmütze mit einem verbeulten Schirm. Im Dorf hiess es allgemein, den Ruedi habe dessen Mutter – das Schnapsliseli, wie man es genannt hatte – einmal als Kleinkind im Rausch eine Kellertreppe hinunterfallen lassen. Den Wasserkopf habe er freilich schon gehabt, als er zur Welt gekommen sei. Mit seinem Verstand könne es demnach nicht weit her sein. Das hatte den Gemeinderat – als zuständige Vormundschaftsbehörde – veranlasst, den Ruedi schon als Kind reihum bei den Bauern zu verdingen, die es damals in Gilgenburg in noch viel grösserer Zahl gab als heutzutage. Industrie gab es damals noch keine. Erst mit der Gründung der Tonwarenfabrik Häusler & Co. AG liessen sich in Gilgenburg auch einige auswärtige Arbeiter nieder, was aber nicht etwa heissen soll, dass sie dort dann auch etwas zu sagen gehabt hätten. Der weitaus grössere Teil der Belegschaft bestand aus «überzähligen» Bauernsöhnen und aus so genannten Rucksackbauern mit Kleinheimwesen, die zu gross zum Sterben und zu klein zum Leben waren. Dennoch hielten diese Schuldenbauern zäh an ihrem «eigenen» Grund und Boden fest, selbst dann, wenn sie darauf mehr Schulden besassen als ein Hund Flöhe hat. Diese Bauernsöhne und Rucksackbauern standen politisch scharf rechts und sorgten dafür, dass die auswärtigen Facharbeiter – ohne die es zunächst einmal einfach nicht ging – nicht auf dumme Gedanken kamen. Ruedis Verdingung war unumgänglich geworden, nachdem der Wagnerhaushalt kurzerhand aufgelöst wurde. Die beiden Alten wurden wegen Trunksucht und Liederlichkeit, in Tateinheit mit Arbeitsscheu und Gefährdung der öffentlichen Sitten, einfach in sogenannte Arbeitsanstalten gesteckt. Getrennt natürlich, das versteht sich von selbst – weiterer Wagner-Nachwuchs musste verhindert werden, und diese getrennte Aufbewahrung bot dafür die beste Gewähr. Einen Haushalt freilich mochte niemand in der Gemeinde dieses Zigeunerlager tief unten im trostlosen Schwemmland des Mühlebachs, im sogenannten Schachen, überhaupt nennen. Erst viel später, als die Flüsse und Bäche überall verbaut und kanalisiert wurden, erhoben plötzlich die Bauern Anspruch auf das nunmehr fruchtbare Schwemmland, dem sie vorher nie viel danach gefragt hatten, das der Gemeinde für die Schwellenarbeiten nur unnötig viele

Kosten verursacht hatte, so dass die Bauern das Schwellen meistens sein liessen, bis sie von der Obrigkeit energisch dazu vermahnt wurden. Ihre Häuser und Äcker standen ja bei Überschwemmungen nicht in der unmittelbaren Gefahrenzone. Die Wagnersippe im Mühlebach-Schachen unten waren Fahrende, die man von irgendwoher in ihre Heimatgemeinde Gilgenburg abgeschoben hatte, der Gemeinde war es recht, dass die sich da unten angesiedelt hatten, und mehr als ein Gemeindevater äusserte die unverblümte Hoffnung, das Pack möchte doch bei der nächsten Überschwemmung ersaufen wie junge Katzen im Trog, dann wäre man der Ware ab und das erst noch wohlfeil. Niemand hätte die Wagners je dazu bewegen können, freiwillig in einem festen Haus zu wohnen, und eine zwangsweise Umsiedlung war nicht möglich, weil sie niemand als Hausleute begehrte, selbst wenn die Gemeinde den Hauszins bezahlt hätte und sonst noch ein Namhaftes.

Wer dem Ruedi ins Gesicht sah, den überraschten zunächst ein Paar grosse, tiefblaue Augen unter struppigen Augenbrauen von unbestimmter Farbe, und es war vor allem der Ausdruck in diesen Augen, der überraschte. Die Überraschung hielt aber für die meisten Betrachter kaum lange an, dann nahm der Ekel überhand. Der eisgraue Stoppelbart war verfärbt durch zwei braune Striemen, die sich von beiden Mundwinkeln zum Kinn herunterzogen, und ständig sickerte neuer Priemsaft nach. Wie die Schnapsflasche ständig seine mit Flecken verschiedenster Art und Herkunft verzierte Jacke ausbeulte, so beulte ein Priem ständig die eine oder die andere Wange aus. Mit der Zunge pflegte Ruedi seinen Priem ständig hin und her zu schieben. In der Gemeinde hatte man nichts unversucht gelassen, um den Ruedi zu einem geordneten Leben zu zwingen, auch als er zwanzig Jahre alt, somit volljährig und der Vormundschaft vorläufig ledig geworden war. Das war das Gesetz, und dagegen konnte selbst der Gilgenburger Gemeinderat nicht ankommen – zunächst, wie erwähnt, denn Mittel und Wege finden sich in solchen Fällen jederzeit und überall. Man verübte auch an Ruedi allerhand Massnahmen. Im Winter hatte er

sich jeweils widerstandslos in ein sogenanntes Arbeiterheim abschieben lassen, wo er ein bemerkenswertes Geschick im Korbflechten an den Tag legte. Er war auch niemals in die in solchen Etablissements üblichen Streitereien der übrigen Insassen und des Hilfs- und Aufsichtspersonals verwickelt. Er war im Gegenteil dem Personal gegenüber von einer gleichbleibenden Höflichkeit und Gutmütigkeit, ohne indessen zum Arschwärmer des Direktors zu werden. Er war lediglich jederzeit bereit – gegen eine Rolle Kautabak oder ein heimlich ausgeschenktes Gläschen Schnaps, versteht sich – für die Frauen der Aufseher Extrakörbe und auch feinere Korbwaren herzustellen, ja, der Frau des Direktors hatte er sogar ein ganzes Tischset aus chinesischem Reisstroh geflochten, mehr als zwanzigteilig und mehrfarbig, mit chinesischen Mustern, die er der Himmel mochte wissen woher hatte. Gratis arbeitete er freilich nie. Umsonst ist der Tod, pflegte er zu sagen und einen Strahl braunen Priemsaft auszuspucken, und der kostet das Leben. Seine Arbeit aber zeugte von einem aussergewöhnlich entwickelten Farbensinn. Aber ebenso, wie er dieses Handwerk offenbar von seinen fahrenden Vorvätern ererbt hatte, hatte er auch deren Wandertrieb geerbt. So nämlich pflegte man es zu nennen, obgleich man selbst die Fahrenden jahrhundertelang von einem Ort zum andern jagte, sie keine Heimat finden liess, selbst wenn sie das natürlicherweise gewollt hätten, so lange, bis ihnen das Davonlaufen wirklich ins Blut übergegangen war.
Wandertrieb! Jedes Jahr im Frühling, wenn keine Nachtfröste mehr zu erwarten waren, spätestens aber nach den Eisheiligen, stahl Wagner sich gekonnt aus der Anstalt davon. Kein Riegel und keine Aufsicht konnten daran jemals etwas ändern. In jungen Jahren blieb er dann jeweils verschwunden, als hätte der Erdboden ihn verschluckt. Niemals aber traf bei der heimatlichen Behörde irgendeine Klage oder auch nur eine Beschwerde über ihn ein. Er wurde auch niemals per Schub nach Gilgenburg zurückgeschafft. Pünktlich mit den ersten Frösten tauchte er aus eigener Kraft wieder auf, wer weiss wie und wer weiss woher. Dann liess er sich ohne Widerstand in sein «Arbeiterheim» zurückbringen.

Er verzog nur verächtlich das Gesicht, wenn man ihm vorrechnen wollte, wieviel – und dass überhaupt – die Gemeinde für diesen Aufenthalt noch an Kostgeld zu bezahlen habe. Ruedi war sicher, dass er mit seiner Korbflechterarbeit dieses Kostgeld überreichlich abverdiente, aber ein Armengenössiger denkt so, und Gemeindeväter rechnen anders. Erst als Ruedi in die Jahre kam, ging er im Frühjahr nicht mehr auf die Walz. Er tauchte in Gilgenburg auf, aber nicht etwa, um dort irgend jemandem zur Last zu fallen – im Gegenteil. Er verdiente sich sein Essen, seinen Schnaps und obendrein noch manches Trinkgeld bei den Gilgenburger Bauern, bei denen er früher als Knabe verdingt gewesen war, aber auch bei anderen. Er flocht ihnen seine nachgerade berühmt gewordenen Körbe, Stein- und Kirschenkratten. Zur Not band er auch Stallbesen und für die Hausfrauen die feineren Reisbesen. Wenn gar nichts anderes mehr anlag, bündelte er auch Reisigwellen zu fünfzig Rappen das Stück. Von diesen benötigten die Bauern zu jener Zeit noch alljährlich Hunderte und Aberhunderte, um die grossen Trittöfen und die Kachelöfen in ihren Häusern zu heizen, um in den Backhäusern Brot zu backen, den Waschkessel und die Kartoffeldämpfer für das Schweinefutter anzufeuern und unter Hitze zu halten. Manches ofenfrische Brot fiel dabei für den Ruedi ab, und wenn im Winter der Schnapsbrenner mit seiner fahrbaren Brennerei die Runde auf den verschiedenen Höfen machte, um den Bauern ihr Fassobst zu brennen, dann erwies sich der Ruedi als äusserst nützlicher und zuverlässiger Helfer, der das Feuer, den Brennhafen und den gesamten Vorgang überwachte, wenn der Brenner mit dem Bauern zusammen in der warmen Stube Karten spielte und dazu den letztjährigen – und auch noch steinalten – Schnaps probierte. Nie hätte Ruedi von sich aus vom auslaufenden Schnaps genommen. Er konnte warten, bis er am Abend seine eine oder zwei wohlverdienten Literflaschen vom neuen Schnaps als Lohn in Empfang nehmen konnte, und viele hätten wohl sehr gestaunt, wenn sie Ruedis Schnapsvorrat in seiner Wohnung im alten Schulhaus zu Gesicht bekommen hätten. Die meisten glaubten ohnehin, der alte Wagner versaufe seinen

Schnaps so schnell, wie er ihn bekommen habe. Dieses Herumziehen auf den Höfen machte den Ruedi nicht nur zu einem «Chummerzhülf», zu einem Nothelfer gewissermassen, nach dem die Bauern in ihrer Arbeitsnot manchmal Ausschau hielten wie nach einem warmen Regen nach langer Trockenheit, sondern auch zu einem Geheimnisträger erster Güte, mit dem anzubinden keinem mehr so recht geraten schien. Zwar hätte niemand auch nur einen einzigen Fall nennen können, in dem Ruedi etwas, das er gesehen oder gehört hätte, in unbefugte Ohren gebracht oder sonst weitergetragen hätte. Ruedi tat etwas ganz anderes, und das konnten sich nun die Bauern in ihrer Selbstzufriedenheit schon gar nicht vorstellen. Sie mussten es aber später erfahren, und zwar bitter: Er schrieb sich nämlich alles auf. Im alten Schulhaus wohnte er seit einiger Zeit, weil es den Gemeindevätern doch allmählich gedämmert hatte, es sei eigentlich unnötig, für den Ruedi alljährlich wieder das Kostgeld für eine Anstalt zu bezahlen. Man beschloss, ihn in Frieden zu lassen. Möglicherweise hatte das allerdings weniger mit der Einsicht der Gemeinderäte zu tun als mit den Geheimnissen, die der Alte möglicherweise mit sich herumtrug. Man beschloss ferner, ihm eben dieses alte Schulhaus zur Wohnung zu überlassen, obwohl das Dach halb verfallen und die Scheiben, sofern noch vorhanden, fast alle blind waren. In der alten Lehrerwohnung pfiffen das ganze Jahr über der Wind und die Mäuse um die Wette – eine Renovation, so der Gemeinderat einstimmig, würde ein Sündengeld kosten, also liess man jeden Gedanken daran fallen. Ruedi verdross das nicht. Vorräte, dass die Mäuse davon satt werden könnten, pflegte er nicht anzulegen. Ausserdem plante er für sein weiteres Fortkommen in diesem Hause einen Anschlag auf die Mäuse. Diejenigen Mäuse, welche nicht eine sofortige Auswanderung dem Hungertode oder eben noch Schlimmerem vorzogen, hielt nämlich Ruedis riesiger schwarzer Maudi in Schach. Diesen Kater hatte ihm eine Bäuerin, für die er – wie sie selbst sagte – besonders schöne Körbe geflochten und einen überaus praktischen kleinen Handbesen für den Herd gebunden hatte, als winziges schwarzes Wollknäuel ge-

schenkt. Ruedi liebte ihn mehr als alles auf der Welt. Eher hätte er gehungert oder auf die Milch in seinem Morgenkaffee verzichtet, als dass sein Teufel, wie er die Katze seltsamerweise getauft hatte, zu kurz gekommen wäre. Dem Wind und dem Regen im Dachboden half er mit einigen Reparaturen ab. Er wusste seine Hände zu gebrauchen. Die blinden Scheiben störten ihn nicht sonderlich. Er kümmerte sich lediglich darum, dass die zerbrochenen Scheiben ersetzt wurden. Neugierige Blicke durch die Fensterscheiben hätte er kaum geduldet. Er wusste warum. Im Grunde verspürte aber niemand grosse Lust, in dieser Schnapsmäusekatzengesellschaft, wie sich der Herr Gemeindepräsident einmal auszudrücken beliebte, Nachschau zu halten. Die einzige, die an Ruedis Verhalten etwas für Gilgenburg im allgemeinen und für ihre Kundschaft im besonderen Ungewöhnliches feststellte, war die Krämersfrau Marti. Damals gab es in Gilgenburg nur diesen einen und einzigen Mehr- und Allzweckladen. Der Krämer liess auch anschreiben, bis die Bauern Milchzahltag der Käsereigenossenschaft hatten. Krämer Marti handelte auch mit Landesprodukten und mit Düngermitteln. An der Rückwand seines Magazinschuppens hing ein riesiges gelbes Plakat mit abscheulich vergrösserten Schädlingen aller Art, die in diesen Vergrösserungen aussahen wie urweltliche Dinosaurier.
Darüber stand in grossen Lettern: Spritzplan der Chemie AG, Abt. Agrochemie. Auskunft und Depot hier. Ein weiteres Schild neben der Ladentür gab Auskunft darüber, dass Marti auch Ortsagent der Hagelschadenversicherung sei. So waren Krämer und Bauern immer in gegenseitiger Rechnung. Bei dieser Krämersfrau nun kaufte Ruedi seine Lebensmittel: Ab und zu ein Pfündlein Reis, Hörnli oder breite Nudeln (die schmalen konnte Ruedi so wenig leiden wie Spaghetti), seinen Kautabak und ziemlich viel Kaffee, den er allerdings mit Zichorienextrakt zu strecken pflegte, und das alles, wie die Krämersfrau zu ihrer grossen Verwunderung vermerkte, ausschliesslich gegen Barzahlung. Ob er jemals beim Metzger Leutenegger ausser Cervelats oder Landjägern und ab und zu einem Viertel Lunge oder Milz für

seinen Maudi etwas anderes kaufte, ist nicht festzustellen. Soviel in seinem Laden auch geklatscht wurde: Leutenegger konnte gut zuhören und war alles andere als ein Schwätzer. Sonstiges Fleisch bekam Ruedi bei den Bauern zu essen, für die er arbeitete, an Schlachttagen erhielt er manchmal sogar ein Stück Speck, ein paar Bratwürste oder ein Gnagi, einen Saufuss oder ein Sauohr eingepackt. Der Friedhofsgärtner Loosli sah den Ruedi beim Neunuhrbrot niemals etwas anderes essen als einen Cervelat oder einen Landjäger, den er mit einem Militärmesser säuberlich enthäutete, dazu ein zünftiges Stück Brot, das er, der Himmel weiss woher, haben mochte. Die Bäckersfrau Züllig sah ihn jedenfalls nie in ihrem Laden, und die Bauern, von denen Ruedi ab und zu Brot bekam, buken ja auch nicht alle Tage frisches Brot. Auf den naheliegenden Gedanken, dass sich Ruedi am Ende sein Brot selbst backen könnte, kam niemand, obschon sie in der Erntezeit alle den Ruedi mit eigenen Augen sehen konnten, wie er mit seinem grossen Sack den abgeernteten Feldern nachging, fleissig die abgefallenen und liegengebliebenen Ähren nachlas, in seinen Sack stopfte und so Sack um Sack mit Brotfrucht, aber auch mit Gerste und Hafer nach Hause trug. Sie dachten sich alle nichts anderes dabei, als dass Ruedi die Körner als Wintervorrat für seine Hühner einsammle. Man hatte nämlich festgestellt, dass sich Ruedi ein halbes Dutzend Hühner hielt, und zwar seien es, wie die Bäuerinnen sich beschwerten, schwere amerikanische New Hampshire und nicht die leichten weissen Leghorn, die in Gilgenburg Mode waren. Die Bäuerinnen verzogen ihre Mäuler und munkelten, was der doch viel von der Hühnerhaltung verstehen möge. Solche schweren Fresssäcke, denen man nie genug Weizen heranschaffen könne und die dann noch jeden Tag Kleie mit gesottenen Kartoffeln wollten – um gnadenhalber ab und zu ein Ei zu legen. Und dann erst der Güggel: Einen solchen Mistkönig hätten sie nicht gesehen, seit die Welt stehe. Bald einen Meter hoch sei es, das Mordsviech.
Und denke man sich doch: sei der doch jetzt schon ein paarmal auf Schoren-Hänslis Sämi losgegangen! (Schoren-

Hänslis Sämi war der Dorfbriefträger von Gilgenburg gewesen, ehe die neuen Quartiere eine Erweiterung der Post und damit eine Erhöhung der Zahl der Briefträger notwendig machten.)
Ruedi hatte den alten Ofen im Schulhaus repariert, neu schamottiert und verputzt. Nun buk er das Brot, das er benötigte, selber, nachdem er das Korn mit einer alten Schlagmühle, die man ihm irgendwo überlassen hatte und die sonst wohl zum Alteisenhändler gewandert wäre, zu grobschrotigem Vollmehl verarbeitet hatte. Auf derselben Schlagmühle bereitete er auch die Futtermischung für seine Tiere. Wenn da ein Rückstand von Hafer oder Gerste in seinem Brotmehl verblieb, machte das seiner Meinung nach das Brot, das er ass, nicht schlechter, im Gegenteil. Hefe hätte er allerdings kaufen müssen und das hätte sein Geheimnis denn doch verraten. Aber schliesslich kann man auch Sauerteigbrot herstellen und essen, und genau das tat der Ruedi. Zu seinem Neunuhrbrot ass er dann jeweils, wie Loosli wusste, eine rohe Zwiebel. Loosli schauderte es nämlich, wenn er zusah, wie Ruedi rohe Zwiebeln essen konnte wie andere Leute Usteräpfel oder Berner Rosenäpfel. Ruedi schnitt die Zwiebel mit seinem Messer lediglich in gleich grosse Viertel und verzehrte sie dann mit Behagen. Die Zwiebeln und vielerlei anderes Gemüse samt Kräutern für Küche und Krankenzimmer zog der Ruedi selbst im alten Schulgarten. Manche der Bauersfrauen, die ihre Köpfe über den (sogar geflickten und neu gestrichenen) Lattenzaun gestreckt hatten, um ihre Nasen zu füttern, sagte dann am Abend über Tisch zu ihren Mägden, es wundere sie bloss, wie der Ruedi das mache, so ohne Mist. Sie vergassen die Hühner, die auch Mist machen, und die Kaninchen hatten sie nicht gesehen: die waren an der Innenwand des Holzschuppens schön behaglich im Trockenen und an der Wärme untergebracht. Auch an Jauche fehle es doch dem Ruedi, meinten die Bäuerinnen, und dennoch gedeihe alles erfreulich. Einen Seitenhieb auf die jungen Mägde konnten sich dann allerdings die wenigsten verkneifen: Es wäre gut, sagten sie spitz, wenn die Mägde in den ihnen anvertrauten Hausgärten mit

dem Unkraut denselben Fleiss hätten wie der Ruedi in seinem verlotterten Schulhaus. Der alte Schulgarten sehe aus wie geschleckt. Dass das Schulhaus so verlottert gar nicht mehr war, das allerdings vermochten sie nicht zu sehen. Dafür trugen sie ihre Nasen allesamt zu hoch in der Luft.
So gab der alte Ruedi im Dorf eben doch mehr zu reden, als er selber gewusst hätte. Nur die Krämersfrau wunderte sich immer mehr. Nebst seinem übrigen Bedarf kaufte der Ruedi nämlich noch stapelweise Papier. Einwickelpapier in Rollen und Schrankpapier in allen Farben. Von den in schwarze Wachstuchdeckel gebundenen Schreibheften, die sonst die Frauen als Haushaltungsbücher kauften, oder von ein paar Schulkindern, die im Bezirksort zur Sekundarschule gingen, als Schulhefte benutzt wurden, davon kaufte der Ruedi gleich Dutzende. Dazu aber: Zeichenstifte, Bleistifte aller Härtegrade, Federn aller Grössen und Breiten. Tuschen und Tinten, rote, blaue, grüne, gelbe, schwarze. Sogar einmal einen Malkasten mit Gouache-Farben in Tuben – ein ziemlich teurer Artikel, der sich in Gilgenburg sonst kaum absetzen liesse – hatte er gekauft, auf ausdrückliche Bestellung, weil Frau Marti ihn bei ihrem Grossisten erst besorgen musste. Als die Krämersfrau ihrem Mann davon berichtete und dabei vor Verwunderung die Augen aufriss wie Pflugräder und die Nasenlöcher wie Ofenrohre, da sah der Krämer Marti nicht einmal von seiner Zeitung auf. Der Rüedu, brummte er unwirsch, habe eben einen Verstand wie ein Kind, und den werde er halt auch gebrauchen wie ein Kind, ausser, was das Korbmachen betreffe. Da freilich sei er ein wahrer Künstler. Daneben werde es mit dem Rüedu so sein: Weil er eben einen solchen Kinderverstand habe, werde er auch spielen wie ein Kind. Sie selbst wisse ja am besten, wie sie es mit ihren Kindern hätte. Man könne nie scharf genug achtgeben, dass sie nicht sämtliches erreichbare Papier vollkritzeln und vollschmieren. Die Wandtapeten dazu, liesse man sie nur machen. An den Hauswänden würden sie auch hantieren, womöglich mit Rötelkreide, die Sackermenter. Erst letzte Woche habe er dem Häiseli die Hosen stramm gezogen, als er ihn erwischt habe, wie er eben die frisch geweisste Stallwand

vom Hauert hinter der Käserei vollgezeichnet habe. Und das mit einem zerbrochenen Ziegel. Nur gut, dass der Hauert nicht gemerkt habe, wer die Sauerei verbrochen habe, der hätte sonst wieder einmal etwas zu moffeln gehabt an der Gemeindeversammlung. Nun könne der Hauert seinethalben lange nach dem Übeltäter suchen, er, Marti, jedenfalls werde es ihm nicht auf die Nase binden. Aber dem Häiseli hätte er's gegeben, dass es vorerst wohl wieder lange für eine Weile. Und der Wagner-Rüedu? Haha! – wenn der seine Sache bezahle, könne es ihnen doch herzlich gleich sein, womit der alte versoffene Trottel, diese unverbesserliche Schnapsnase, sich die Zeit zwischen seinen Mäusen, seinem Maudi und den Spinnweben totschlage, oder? Und dass der ja sein Geld nicht stehle, sondern mit Korb- und Wedelenmachen und sonst noch allerlei Handreichungen verdiene, das wisse jedermann. Sogar beim alten Totengräber Loosli helfe er immer, der keinen Gehilfen mehr bekommen könne, seit im Dorf behauptet werde, auf dem Friedhof sei es nicht ganz geheuer. Das alles spare der Gemeinde manchen Franken, den sie sonst für die Versorgung vom Rüedu hätte ausgeben müssen. Er für sich jedenfalls wollte, es hielten es alle so mit der Bezahlung der Ware, die sie abholten, wie der Ruedi. Er, Marti, könnte dann durch das Jahr hinaus manchen Franken an Bleistiften sparen, die er sonst fürs Aufschreiben verbrauche, und wo man trotz allem Aufschreiben am Ende seinem Geld hinterher müsse wie der Mistbub den Rossfuhrwerken. Nichts als Unfrieden bekomme man mit der Kundschaft, mit dieser ständigen Gegenrechnerei und Aufschreiberei. Am Ende habe man noch des Teufels Dank und eine böse Nase davon, zu verdienen sei auf diesem Weg rein nichts mehr, und nur den Leuten zum Gefallen zu arbeiten, dazu fehle ihm die Lust erst recht. Was nun den Ruedi betreffe, müsse man sich freilich nicht wundern, wenn man den Lappi eines Winters irgendwo zusammenlese, entweder im Suff erfroren oder sonst in ein Bachtobel hinuntergestolpert. Da hätte die Gemeinde dann die Kosten für Beerdigung und Sarg. Nur so geradehin verlochen wie ein unzeitig Kalb, das werde man ihn denn doch nicht können, und wär's nur der Leute wegen

und was sie darüber reden möchten. Aber solange es nur bei dieser Aussicht bleibe, wolle die Gemeinde schon zufrieden sein, und es werde hoffentlich keinem Kalb einfallen oder keinem Esel, dem Rüedu etwa den Floh hinters Ohr zu setzen, er könnte sich eigentlich auch auf Gemeindekosten im Gemeindespittel verkriechen und es sich wohlsein lassen. Das Recht dazu hätte der Rüedu nämlich, von Gesetzes wegen.
So malte dieser Rüedu einen Buchstaben nach dem andern auf das schlichte Holzkreuz, hielt auch ab und zu seine Schnapsflasche hoch und schien Nachschau halten zu wollen, ob Sonne, Mond und Sterne noch alle an ihrem Platze seien, so lang jedenfalls hielt er die Flasche gen Himmel wie ein Astronom sein Fernrohr. Eine Vorlage für seine Malerei hatte er zwar auf dem Behelfstisch vor sich liegen. Er brauchte sie aber nicht und schaute auch nicht darauf. Er wusste auch so, wessen Namen er da auf dieses Kreuz zu malen hatte, das morgen auf den frischen Grabhügel gesetzt würde, bis der Bildhauer im Unterdorf den Grabstein fertig hätte: Lina Graf-Hänggi, das würde auf dem Querbalken stehen und darunter, schön eingemittet, auf dem Stammbalken die Jahreszahlen: 1930–1984. Man hätte schon sehr genau hinschauen müssen, um zu sehen, dass dem Ruedi bei dieser Arbeit von Zeit zu Zeit eine Träne über die Wangen lief. Eine Träne, die er alsbald mit seinem ledergegerbten Handrücken abwischte. Es gab einen leisen Ton wie Schmirgelpapier, das sachte über Holz geführt wird. Die Tränen vermischten sich mit dem Priemsaft. Zusammen mit den eisgrauen Bartstoppeln und der trockenen Lederhaut, die sich über Ruedis hageres Gesicht spannte, über die breiten Wangenknochen und über die hohe Stirn, ergab das beinahe das Aussehen eines erdverkrusteten Totenschädels, wie sie die Totengräber ab und zu beim Grabaushub auf der Schaufel hatten.
Hinten im Gräberfeld rief Loosli irgend etwas. Ruedi nahm zuerst einmal einen langen Schluck aus der Flasche, ehe er dazu entschlossen war, zu verstehen, was Loosli von ihm forderte: Eine Leiter. Ruedi legte den Pinsel hin, trat aus

dem Schuppen, misstrauisch in den Nieselregen hinausäugend. Dann hängte er unter dem Vorsprung des Schuppendachs die dort an zwei Eisenkrampen aufgehängte Leiter ab und ging mit den taumelnden, wiegenden Schritten des ständig leicht Betrunkenen zum Grab, die Leiter zwischen zwei Sprossen über die linke Schulter gehängt. Unten im Grab stand Loosli, stopfte sich seine Tabakspfeife und murmelte dabei, eher könne man nach dem Tod schicken als nach dem Wagner-Rüedu und einer Leiter. Ob er etwa seine Bätziflasche bereits wieder vor dem Neunuhrbrot ausgesoffen habe?
Ruedi liess wortlos die Leiter zum Totengräber hinuntergleiten. Der nahm die Pfeife zwischen die Zähne, nachdem sie endlich brannte und Atem bekam, warf die Schaufel aus dem Grab auf einen der beiden hohen Erdhaufen daneben, und dann schickte er sich an, Sprosse um Sprosse die Leiter hochzuklettern. Ruedi hielt die Leiter oben fest, damit sie nicht rutschen konnte, und deshalb musste Loosli ihm ins Gesicht sehen, bevor er seinen linken Fuss auf den Kiesweg setzen konnte. Dem Totengräber wäre beinahe die Pfeife aus dem Mund gefallen. Zum ersten Male in seinem Leben, seit er den Ruedi überhaupt kannte, sah er in diesen sonst so gutmütigen Augen einen unbändigen Zorn. Es war, als würden diese Augen vor Hass lodern, das alles sah aus wie ein Aufschrei, der nur noch über diese verschmierten Lippen brechen müsste, um in der Friedhofsruhe zu explodieren wie ein Gefäss unter Überdruck. Loosli sah wohl die Tränenspuren in diesem verwüsteten Gesicht. Die Schnapswolke aus Ruedis jetzt so weit geöffneten Mund (als müsse er ein für allemal den letzten Atem vor der Ewigkeit holen) traf ihn wie ein Fausthieb mitten ins Gesicht, es war, als wolle Ruedi losbrüllen, und die Knöchel der Fäuste, mit welchen der alte Wagner die Leiter festhielt, waren schneeweiss. Loosli merkte sofort und mit einem inneren Schauder, dass es nicht diese verdammt feuchte Novemberkälte war, die den Rüedu schüttelte. Das herannahende Quietschen der Schubkarre schreckte den Totengräber aus seinen Gedanken auf. Hinter der Schubkarre trottete der vom Arbeitsamt zugeteilte Ge-

hilfe, und plötzlich kippte der mit einem gewaltigen hölzernen Holterdipolter seine Bretter- und Bohlenladung mitten in den Kiesweg. Es hörte sich einen Augenblick an, als hätte jemand auf einem überdimensionalen Xylophon eine kurze, aber dissonante Tonfolge gespielt. Das Gepolter war so laut, dass Loosli hinter den Fenstern im ersten Stock des Pfarrhauses, dort, wo früher das Studierzimmer des längst verstorbenen alten Pfarrers war, von dem er jeweils die Anordnungen für die Beerdigungen auf diesem Friedhof bekommen hatte, eine Bewegung wahrzunehmen glaubte. Hinter diesen Fenstern sass jetzt dieser Dichter oder Schriftsteller, der genauso wie früher der Pfarrer seine Nase in alles steckte. Wozu sonst hätte er ihn gestern, als er mit dem Grabaushub begann, fragen müssen, für wen denn dieses Grab vorgesehen sei. Er habe geglaubt, dieser Friedhof sei aufgegeben worden. Loosli hatte kurzen Bescheid gegeben. Was gingen diesen Zugelaufenen die Dorfgeschichten von Gilgenburg an, ganz besonders jene, die ihre Wurzeln in weit entfernter Vergangenheit besassen. Man war in Gilgenburg nicht gewohnt, seine schmutzige Wäsche in der Öffentlichkeit zu waschen, schon gar nicht vor einem Auswärtigen. Was ging den das Lineli Graf-Hänggi an, des Schuhmacher Hänggis Lineli?
Dennoch fuhr Loosli den ihn verständnislos anglotzenden Mann an, was ihm eigentlich einfalle, auf einem Gottesacker einen solchen Heidenlärm zu vollführen, dass die Toten darob erwachen möchten? Er schätze es gar nicht, wenn auf dem Kirchhof gelärmt werde, so ungefähr als sei das Jüngste Gericht angebrochen. Und jetzt ab zum Schuppen, befahl Loosli, seine Tonart wechselnd. Es wird Zeit, dass wir etwas Warmes in den Bauch bekommen. Diese Novembertage sind die Schlimmsten und taugen mir überhaupt nichts mehr. Komm du auch, Rüedu, obwohl mir scheinen will, du habest deine innere Wärme heute schon ausgiebig aus der Flasche gezapft.

6

Morgenegg schien nicht sonderlich begeistert, als ihm Marianne eröffnete, sie würde in der nächsten Zukunft, wenigstens solange Fabian wieder schreibe, dem Verlag weniger zur Verfügung stehen. Sie sei aber jederzeit bereit, Hauslektorate zu übernehmen. Ich denke, sagte Morgenegg trocken, Sie werden in dieser Zeit vollauf mit Kessler beschäftigt sein. Was schreibt er denn? Die Neugier frass Morgenegg beinahe auf. Vier Jahre, verdammt nochmal! Das brachte, bei der heutigen Buchproduktion, einen Autor glatt aus den Mäulern, aus den Zeitungsspalten der Rezensenten und schliesslich auch noch aus den Buchhandlungen. Damit ist einem Verleger nicht gedient. Was es werden soll, kann ich noch nicht beurteilen, sagte Marianne diplomatisch. Hat er denn kein Exposé gemacht? Die Idee so ungefähr dargelegt? Das schon, erwiderte Marianne. Aber ich bin damit, offen gestanden, nicht ganz klar gekommen. Liegt denn bereits etwas vor, fragte Morgenegg hoffnungsvoll. Haben Sie bereits etwas davon zu Gesicht bekommen? Gelesen? Das schon, sagte Marianne. Na und? Wird es was – oder bleibt es wieder einmal bei einem sehr hoffnungsvollen Versuch, der in einem ausgewachsenen Katzenjammer endet? Aufgeregt ergriff Morgenegg Mariannes Arm. Sehen Sie, Marianne: Ich meine es gut. Ich meine es sogar ehrlich, und das kann man weiss Gott noch lange nicht von jedem Verleger behaupten. Ich halte den Kessler für einen guten Schriftsteller. Aber diese vier Jahre als Hausmann – was zum Teufel sollte das denn werden? Das kann er sich doch nicht leisten und ich mir noch viel weniger. Ausserdem ist es idiotisch. Sie brauchen ihm das ja nicht gleich brühwarm weiterzuerzählen. Von mir aus kann er zu seinem Vergnügen sogar Kochrezepte erfinden und sie dann aufschreiben. Nichts dagegen einzuwenden. Er kann sogar ein Kochbuch verfassen, bitte schön. Aber dafür soll er sich dann gefälligst einen anderen Verleger suchen. Was ich jetzt von ihm brauche, das ist ein handfester Roman, etwas, woran ich mich halten kann. Etwas, das ich den verschiedensten Leuten verkaufen kann, die er als Lesepublikum hat. Dem schuldet er doch, verdammt noch einmal, auch etwas. Wie wohl fühlt sich der Kerl denn in seinem Elfenbeinturm? My home is my castle, wie? So stellt er sich das doch wohl vor, was? Aber das können Sie ihm bestellen, Marianne: In absehbarer Zeit – und damit, Marianne, meine ich: In sehr kurzer Zeit – will ich Papier sehen. Brauchbares Papier, sonst kann er von mir aus den Rest seines Lebens als Hausmann verbringen. Ich übrigens, setzte er mit einem schiefen Lächeln hinzu, ich werde dann wahrscheinlich Schornsteinfeger oder Strassenkehrer. Ich habe soviel in diesen Kessler investiert, dass ich die grössten Schwierigkeiten bekomme, wenn der Kerl mich jetzt im Stich lässt. Vielleicht kann ich dann sogar meinen Laden mehr oder weniger zumachen.

Als Marianne nach Hause fuhr, war sie froh, Morgenegg nichts davon gesagt zu haben, dass sie selbst das Gefühl habe, Fabian sei wieder einmal dabei, alles auf den Kopf zu stellen. Sogar zu mogeln. Selbst Fabian hatte sie nichts davon gesagt, dass sie hinter seine Schliche gekommen war. Und vor allem: wie und warum. Dass Fabian vermutlich schlicht und einfach aus den schwarzen Heften abschrieb, die sie einmal zufällig hatte herumliegen sehen. Wie zum Teufel sonst käme Fabian denn auf den Gedanken, aus diesem Wagner, den es ja im Dorfe wirklich gab, diesen Umgänger und Allesaufschreiber zu machen? Der war doch gar nicht so. Und die Geschichte, an der Fabian da «schrieb», die war im Dorfe wirklich geschehen, das stand fest. Das erfasste ein Blinder mit seinem Krückstock, ausserdem hatte Fabian so etwas selbst angedeutet. Dass er von diesem Wagner eine Menge Informationen bekommen hatte, das wusste sie. Da war doch vor nicht ganz einem Jahr, im letzten Herbst, diese letzte Beerdigung auf dem alten Friedhof gewesen, und am Vorabend dieser Beerdigung hatte sie selbst mit eigenen Augen diesen Wagner bei Fabian im Arbeitszimmer sitzen sehen, mit der Calvadosflasche dazwischen, und der Morgen hatte schon gegraut, als Fabian ins Schlafzimmer kam, mit einer Schnapsfahne wie eine Husarenschwadron. Und die paar Wochen

darauf – da war er ständig unterwegs gewesen. In Zeitungsarchiven, hatte er gesagt, und auf dem Pfarramt II in Gilgenburg – das wusste sie von der Frau des Pfarrers, die ebenfalls im Gemeinnützigen Frauenverein Gilgenburg tätig war. Ausserdem hatte sie durch einen Anruf, den sie entgegengenommen hatte, auch vernommen, dass er ebenfalls bei seinem alten Freund gewesen war, der als Kommissär bei der Polizei arbeitete und der ihm schon einmal für ein Kriminalstück beratend geholfen hatte – das waren doch alles seltsame Geheimnistuereien, wenn das Ganze dann doch nur darauf hinauslief, dass er die Wachstuchhefte des alten Wagner abschrieb. Was wohl der dazu sagen würde, wenn er das wüsste? Dass die beiden nun dicke Freunde waren, darauf war sie ebenso zufällig gekommen, wie auf alles andere, und ausserdem noch mit Hilfe von Fabian zwo.
Jetzt zerbrach sich Marianne wirklich den Kopf darüber, welche von allen diesen Geschichten denn nun eigentlich die war, die Fabian schreiben wollte, und wie viele Geschichten er deshalb fallengelassen hatte. Er hatte ihr doch von diesem Lied erzählt und auch von Recherchen, die er deswegen unternommen hatte. Von den Kindern wiederum wusste sie auch, dass Fabian mehrmals mit ihnen nach Guggisberg und in den Rüschegg-Graben gefahren war. Fabian zwo hatte nämlich erheblich gemault, es sei nicht unbedingt lustig, immer an denselben Ort zu fahren. Er habe diese alte Kirche und den blöden Vrenelibrunnen vor der Kirche jetzt schon viermal gesehen. Wenn sie wenigstens noch Pilze gesucht hätten – die Wälder dort droben seien nämlich voll davon gewesen. Aber nein! Einmal seien sie sogar auf einen Felsen hinaufgeklettert, auf den eine Holztreppe geführt habe. Das sei jetzt das Guggershörnli, habe Papa erklärt, und dort unten, in den dichten Wäldern, die man sich noch viel grösser vorstellen müsse, weil inzwischen sehr viel Wald gerodet worden sei, in diesen grossen Wäldern also hätten die Fahrenden gelebt. Man habe sie zwar manchmal auch Räuber genannt. Aber als sie sich alle, endlich, darauf gefreut hätten, nun würde es spannend und sie würden Räubergeschichten zu hören bekommen, sei wieder nichts daraus geworden.

Papa habe wieder von diesem Vreneli angefangen. Sie hätten schon gar nicht mehr zugehört, sondern angefangen, auf eigene Faust im Wald Heidelbeeren zu essen, bis Papa von seinem blöden Felsen wieder heruntergekommen sei. Und dass Fabian mehr Kontakte zu Wagner hatte, als er ihr erzählt hatte: Dieses Wissen verdankte sie ebenfalls Fabian zwo. Sie hatte hinter dem Haus auf dem Hausplatz Wäsche zum Trocknen aufgehängt. Die Kinder waren wie immer in ihre Indianerkostüme geschlüpft und hatten das Weite gesucht. Um den Mühlenbach, der zur «terra interdicta» erklärt worden war, machten sie seit Cornelias Unfall einen weiten Bogen. Plötzlich aber hörte Marianne Gesang. Zuerst war es Fabian zwo, der vorsang, und dann Marius und Cornelia, die sich bemühten nachzusingen. Marianne lächelte und hörte zunächst gar nicht richtig hin, aber der Gesang wurde lauter und lauter, und nun erinnerte sich Marianne auf einmal, dieses Lied auch schon einmal gehört zu haben – und zwar unter keinesfalls sehr stubenreinen Umständen. Sie legte den Leinensack mit den Wäscheklammern auf den Boden und schlich sich um die Hausecke zum Garten. Im kleinen Gartenpavillon am Ende der Gartenmauer sassen die drei, und sie hörte Fabian zwo, der das Ganze dirigierte, eben kommandieren: So wird das nichts. Also – das Ganze nochmal von vorn. Und dann hörte sie die drei grölen, wobei Fabian zwo weitaus am meisten Lungenkraft investierte:
Wir lagen vor Madagaska-a-a-r
Und hatten die Pest an Bord.
In den Säcken verfaulte das Wasser -
Und täglich ging einer über Bord.
Ahoi, Kameraden, ahoi, ahoioioi.
Ahoi, Kameraden, ahoi, ahoi!
Kameraden, wir haben die Welt gesehn,
Paris und das Heilige Land.
Wir haben unsre Seelen in das Meer gekotzt -
Bei Australien, da schwimmen sie noch.
Marianne fuhr unter die überraschten Sänger, ehe diese Gesangsübung (wie sie wusste) bei der splitternackten Perserin im blauen Himmelbett anlangen konnte. Die Sänger

hatten ihre Mutter im Waschhaus, im Lärm der Waschmaschine und sich deshalb in Sicherheit geglaubt, und nun war sie unter sie gefahren wie der Habicht in den Hühnerhof. Das unverzüglich angestellte Verhör ergab für Marianne folgende Tatbestände: Die drei waren, zusammen mit ihrem Vater zuerst und später dann auch immer wieder allein, beim Wagner im alten Schulhaus zu Besuch gewesen. Das Lied, das sie eben gesungen hatten, das habe ihnen der alte Mann beigebracht, von dem Fabian zwo übrigens restlos begeistert schien: Mama, der Mann ist mit einem wirklichen Schiff, mit einem richtigen grossen Schiff auf dem Meer gefahren. Er ist schon überall gewesen. Er hat uns erzählt: von den Chinesen, von den Indianern und . . .
Weiter stellte sich heraus, dass Wagner ihnen vom nächsten Wurf ein paar Kaninchen versprochen hatte und dass Papa dazu bereits seine Einwilligung gegeben habe. Papa und der alte Mann würden sich duzen und sässen immer in der kleinen Stube oder in der warmen Küche beisammen. Eine schwarze Katze sei auch da, und vor sich hätten Papa und der alte Mann immer Papiere liegen und schwarze Schulhefte. Nun wusste Marianne Bescheid. Als sie aber Fabian darauf ansprach, lächelte er sie bloss an. Wir wohnen noch nicht lange genug im Dorf, Marianne, sagte er. Wir kennen noch lange nicht alle Dorfgeschichten. Wagner aber ist eine lebende Dorfchronik und weiss einfach alles. Lass mich nur machen. Und was, fragte Marianne, was wird aus deiner ursprünglichen Idee? Im Zusammenhang mit diesem Lied? Alles das, wovon du mit mir gesprochen hast? Da wurde Fabian böse. Marianne, sagte er. Du weisst, dass ich immer volles Vertrauen zu dir gehabt habe. Ich habe dich alles lesen lassen, weil du den Mund gehalten hast. Wenn das sich nun plötzlich ändern sollte, dann wirst du von mir kein einziges Manuskript mehr zu Gesicht bekommen, bis das Ganze fertig ist. Und bei Morgenegg würde ich dann darauf bestehen, einem andern Lektor zugeteilt zu werden. Ich will nicht, dass meine Arbeit 'allmählich zu deinem Privatbetrieb wird. Du hast dich um das Ergebnis zu kümmern. Wie ich zu diesem Ergebnis komme, das geht dich einen feuchten Staub an.

Marianne sah ihn bekümmert an. Auch dann nicht, wenn du abschreibst? fragte sie.
Fabian explodierte.
Was soll denn das jetzt? Hat mir schon je einmal jemand einen ähnlichen Vorwurf machen können? Konnte mir jemals jemand vorwerfen, meine Recherchen würden nicht stimmen oder kämen gar aus unlauteren Quellen? Nein? Also, dann wollen wir es auch in Zukunft dabei belassen. Sonst muss ich, wie gesagt, andere Saiten aufziehen. Und merke dir eines: «Du» hast vom alten Wagner im Zusammenhang mit den Kindern so gesprochen, als würde er sie geradewegs verderben. Als handle es sich bei Wagner um einen wüsten, alten Kindlifresser. Dabei hat der Mann mehr Verstand und vor allem mehr Herz als das gesamte übrige Dorf, alle miteinander.
Mich wohl eingeschlossen, wie? fragte Marianne schüchtern und versuchte zu lächeln. Ein versöhnliches Lächeln.
Dich manchmal eingeschlossen, sagte Fabian kalt. Besonders in solchen Fällen. Wenn du versuchst, Morgeneggs Papagei zu spielen. Oder seinen Jagdhund. Oder beides zusammen. Morgenegg und seine Aufpasserin! Dass ich nicht lache.
Wütend schmetterte Fabian die Türe seines Arbeitszimmers hinter sich zu.
Das war, soweit Marianne sich zu erinnern vermochte, der schlimmste Streit, den sie während ihrer ganzen Ehe bisher hatten, um so mehr, als Fabian nicht nur die Tür zuschmetterte, sondern sich in seinem Arbeitszimmer einschloss und sogar dort übernachtete. Das aber war noch nie vorgekommen, und als sie seinerzeit bei ihrem Einzug ein Bett in sein Arbeitszimmer gestellt hatten, von dem er sich nicht hatte trennen können (oder wollen), rissen sie darüber noch dumme Witze. Dies, so hatte Fabian damals gesagt, dies ist mein Schmollwinkel. Dorthin werde ich mich zurückziehen, wenn ich dich mit Liebesentzug bestrafen muss.
Soweit hatten sie es anscheinend jetzt gebracht.
Sie hörte Fabian in seinem Arbeitszimmer herumgehen, ein Glas klirrte zu Boden, er führte Selbstgespräche. Trotz der Traurigkeit, die Marianne erfasst hatte (oder gerade deswe-

gen, sie hatte sonst nicht die Gewohnheit, stundenlang vor sich hinzuweinen), schlief sie ein. Sie schreckte hoch, als sie aus dem Arbeitszimmer wütendes Schreibmaschinengeklapper hörte, das die Nacht durchdrang. Sie sah auf die Uhr. Es war vier Uhr morgens.
Als Fabian den Schlüssel von innen umgedreht hatte, bebte er immer noch vor Zorn. Dieser Druck, den man da auf ihn auszuüben versuchte, erzeugte in ihm zweierlei Gefühle: erstens Trotz und zweitens einen Fluchtinstinkt. Augenblicklich zu gehen. Für immer. So weit und wohin seine Füsse ihn tragen mochten. Ich muss mich beruhigen, murmelte er. Er untersuchte sein Büchergestell nach seiner privaten Calvados-Reserve, suchte die Gläser. Noch immer zitterte er, ein Glas fiel zu Boden. Eines der schönsten, aus dem Pays d'Auge, aus dem Calvados-Land. Ein Geschenk von Marianne aus einem Urlaub in der Normandie. Natürlich fiel das Glas neben den Teppich, der seinen Fall gedämpft hätte. Das Glas fiel auf das Hartholzparkett und zerbrach. Fabian goss sich ein anderes Glas ein, setzte seine Pfeife in Brand und warf sich in einen der Sessel unter der Stehlampe. Hier hatte in jener Nacht der alte Wagner gesessen, ihm gegenüber, in diesem Sessel dort, ein Glas in der Hand, die Flasche zwischen ihnen auf dem kleinen Tisch. Wagner hatte erzählt. Er hatte Fabian mit Loosli zusammen belauscht. Oh, nicht mit Absicht, natürlich. Er war einfach ganz in der Nähe gewesen. Ob ihn, Herrn Kessler, wirklich diese Tote interessiere, die morgen begraben würde? Nun ja, hatte Fabian geantwortet, es ist ja sicher ganz ungewöhnlich, wenn plötzlich auf einem stillgelegten Friedhof wieder eine Beerdigung stattfindet.
Das ist es in der Tat, hatte Wagner gesagt und dann aus den weiten Taschen seiner Pelerine einen Stapel schwarze Wachstuchhefte auf den Tisch zwischen ihnen gelegt. Da drin, sagte er, steht alles aufgeschrieben. Bis zum letzten Detail. Fabian hatte ihn verwundert angesehen. Er war überhaupt sehr verwundert gewesen, an jenem Novemberabend im letzten Jahr. Er hätte den alten Wagner nämlich beinahe nicht erkannt. Er hatte ihn anders in Erinnerung, wenn er ihm zufällig im Dorf begegnet war oder wenn er ihn auf dem

Friedhof hatte arbeiten sehen. Er hatte eines der Hefte genommen, drin geblättert. Eine kleine, aufrechte Schrift, ein bisschen altväterisch, aber wie gestochen.
Seither waren sie Freunde geworden. Wagner stellte nur eine Bedingung: Fabian dürfe verwenden, was ihn gutdünke – aber seinen, Wagners, Namen wolle er damit in keinerlei Zusammenhang gebracht wissen. Sonst müsse er verlangen, dass Fabian bis zu seinem Tod mit einer möglichen Veröffentlichung warte. Aber, hatte Wagner hinzugefügt, er wisse doch, dass Schriftsteller ihre Bücher verschlüsseln könnten. Er habe selber genug Erfahrung im Umgang mit Büchern, hatte er bescheiden hinzugefügt. Damals hatte Fabian schon nicht mehr gestaunt, und je mehr er den Wagner-Ruedi kennenlernte, je mehr verwandelte sich die anfängliche Verwunderung in einen tiefen Respekt vor diesem Menschen, ja – in Zuneigung. Und da musste Marianne mit ein paar schnellen, dummen Worten das beinahe zerstören.
Fabian starrte vor sich hin, durch die Stille der Nacht hörte er die kleine Cornelia husten, aber als er sich erheben und leise nachsehen wollte, war alles wieder still. Cornelia war recht empfindlich, aber darauf nahmen die beiden Lausebengel ja nie Rücksicht.
Die Örtlichkeiten sind dir vertraut, Fabian, sagte er endlich, und wie zur eigenen Ermunterung, goss er sich nochmals einen kleinen Schluck ins Glas. Du sitzt hier im selben Arbeitszimmer, in dem der verstorbene Pfarrer ein Leben lang gesessen und von wo aus er wahrscheinlich seinem Friedhofsgärtner und Totengräber die Anweisungen für die Beerdigungen und Trauerfeiern gegeben hat. Du hast selbst in den Friedhof hinübergesehen, als sie Linelis Grab aushoben. Du kennst den Pfarrer aus Wagners Aufzeichnungen – ihn und seine Familie.
Versuche dir, setzte Fabian sein Selbstgespräch fort, versuche dir doch einmal vorzustellen, wie es dem Pfarrer hätte zumute sein müssen, wäre ihm die Aufgabe zuteil geworden, hier, in diesem Arbeitszimmer die Grabrede zu verfassen – er, der doch alles vom Leben dieses Lineli gewusst hatte, und noch viel mehr als die anderen Gilgenburger wussten, und

das war bereits nicht wenig. Er, der von Lineli in dessen letzter Not aufgesucht worden war und nichts Besseres zu raten wusste, als mit Rücksicht auf...

Aber so wollte Fabian wiederum nicht vorgehen. Wenn das alles wirklich erzählt werden sollte, musste er versuchen, der Reihe nach vorzugehen. Sonst würde ihm Morgenegg wieder einmal erzählen, er, Fabian, sei der geborene Story-Killer, der seinen Lesern immer die Pointe zum voraus erzähle. Aber diesmal würde Morgenegg wohl staunen. Er, Fabian, hatte für eine erfundene Erzählung über das Schicksal des Vreneli vom Guggisberg eine Bestätigung im tatsächlichen Leben gefunden. Das passiert manchem Schriftsteller einmal im Leben – andern gar nicht. Diese Aussicht erfreute Fabian und ermutigte ihn. Mit einer neu gestopften Pfeife setzte er sich beinahe vergnügt hinter seine Schreibmaschine und begann zu schreiben. Mehr noch: Er begann sich zu vergessen.

7

Der Pfarrer

November 1984

Wenn der Pfarrer aus dem mittleren Fenster seines Arbeitszimmers im oberen Stock des alten Pfarrhauses von Gilgenburg blickte, dann konnte er, wenn er nur ein wenig den Kopf hob, über den Pfarrgarten hinweg auf den Kirchhof sehen. Dieses Arbeitszimmer lag auf die Gartenseite hinaus. Von Mittag an fiel, je nach Jahreszeit, die Sonne schräg ins Zimmer, im Sommer manchmal bis nach acht Uhr abends. Die grossen Fenster spiegelten dann feuerrot den untergehenden Sonnenball ins Dorf hinunter. Kirche und Pfarrhaus standen auf einem Hügel, dem früheren Galgenberg, wie die Sage zu berichten wusste, und die Sage hatte wie die meisten solcher Geschichten einen realen Hintergrund: Galgenburg war Hochgericht gewesen, das die Deutschritter-Komturen von Sumiswald innehatten. Der Hügel beherrschte das ganze Dorf Gilgenburg. Die grosse Eiche auf der Hügelkuppe liess vermuten, dass schon zu vorchristlichen Zeiten hier eine Kultstätte der Galgenburger gewesen sein musste, als alemannische Eroberer das Dorf gegründet hatten: das eigentliche Dorf der grossen Fahrstrasse entlang, das Vorderdorf am Glaubenbach, das Unterdorf am Mühlenbach, und dort, wo die beiden Gewässer sich vereinigten und fortan den gemeinsamen Namen Lättbach trugen, befand sich das Hinterdorf. Wahrscheinlich deutete der Name des Baches auf die vielen Blautonvorkommen hin, die mittlerweile Gilgenburgs Porzellan bekannt gemacht hatten.

Ausser diesen alten Quartieren gab es noch eine ganze Reihe von stattlichen Aussenhöfen, die alle noch zum Gemeindebann von Gilgenburg gehörten. Aus einem der Hügel, die den Gilgenburger Talboden abgrenzten, ragte aus dem dunklen Plenterwald, nackt und beinahe gelb, eine Sandsteinfluh dreissig Meter in die Höhe. An diesen Felsen geduckt standen ein paar frühere Taglöhnerhäuschen, die jetzt als Kleinbauernwesen galten. Der Boden war mager und schattseitig, es wohnten da die so genannten Rucksackbauern, die zum grössten Teil in der Tonwarenfabrik Häusler & Co. AG arbeiteten. Nur ganz wenige fuhren mit dem frühen Morgenbus in die nahe Kreisstadt, gingen dort einer andern Arbeit nach und kehrten am Abend ins Dorf zurück.

Das alte Pfarrhaus, in dem der Pfarrer jetzt sass, war im sogenannten Berner Landhausstil erbaut worden und in seinen Ursprüngen mehrere hundert Jahre alt. Die Gilgenburger Dorfkirche auf dem Hügel besass das für die Gegend typische Walmdach und einen romanischen Turm, dem man in späteren Jahren einen Turmhelm aus Holz aufgesetzt hatte. Die Kirche war als Pfründe der Ritter vom Deutschen Orden, als Sitz eines Komturs und eines Zehntenvogts, eines sogenannten Kirchmeiers (von dem sich heute noch ein Gilgenburger Geschlecht Kirchmeier ableitet), bereits seit dem 11. Jahrhundert urkundlich nachgewiesen.

Im Pfarrhaus aus dem 17. Jahrhundert war in der Zwischenzeit ebenfalls eine ganze Menge verändert worden. Anselm Gehrig war der letzte Gilgenburger Pfarrer, der noch im alten Pfarrhaus wohnte. Hier hatte er viele Gilgenburger getauft, konfirmiert, getraut – und auf dem Gottesacker die Toten begraben, unter anderen der Reihe nach auch seinen eigenen Sohn und seine eigene Frau. Als er als junger Pfarrer seinen Vater ablöste, waren die Bauleute eben daran, die Küche im Pfarrhaus zu erneuern. Das alte Küchengeschirr aus Kupfer hing jetzt nur noch als Zierat im Küchenvorraum und im Vestibül, in der Küche nutzlos an den frisch gekalkten Wänden, in der Durchreiche zum Esszimmer, im grossen Salon mit der getäfelten Decke und dem Kreuzparkett, über dem neuen Kamin. Dieser Kamin war anstelle des grossen, von der Küche aus beheizbaren Sandsteinofens errichtet worden, auf dem Generationen früherer Amtsvorgänger – oder vielmehr deren Köchinnen – die Äpfel- und Birnenschnitze getrocknet hatten, die aus Pfarrgarten und Pfarrhofstatt stammten. Den Pfarrhof bewirtschaftete seit Generationen dieselbe Familie. Die Pächtergenerationen folgten sich genauso aufeinander wie die Pfarrergenerationen: In der Familie des Pächters übernahm ein Sohn die Pacht vom Vater und im Pfarrhaus folgte ebenso der Sohn auf den Vater, nachdem er einige Jahre als Vikar anderswo und hier hatte die Sporen abverdienen, die Hörner abstossen müssen. Meist war es so, dass Pfarrkinder und Pächterkinder ungezwungen miteinander aufwuchsen, bis sich später der Bestimmung gemäss ihre Wege trennten. Die Pfarrer lebten dadurch seit jeher viel näher an ihrem Pfarrvolk, sie waren nicht selten mehr Bauern als eigentliche Pfarrherren und hatten deshalb in vielen Fällen ein besonderes Herz für die Nöte und Sorgen, aber auch für die ländlichen Freuden der Bauern. Diese Landzuteilung an das Pfarrhaus (aus ferner fränkischer Zeit stammend) brachte es aber auch mit sich, dass im Pfarrhaus dann eben Landesprodukte aller Art anfielen, die verarbeitet werden wollten. Den grünen Kachelofen in der Stube hatten die Architekten an seinem Ort belassen, mit einem gröblichen Betrug zwar, weil sie dem Hafner weisgemacht hatten, er müsse diesen Kachelofen auf eine elektrische Speicherheizung umrüsten, ohne ihn äusserlich verändern zu dürfen. Zur Begründung meinten sie, es sei heute wahrhaft bös, überhaupt noch Reisigwellen zu bekommen und wenn, dann wüssten diese Bauernknubel nicht, wieviel sie dafür verlangen wollten. Auch das alte Waschhaus wurde so umgebaut, mitsamt dem dazugehörigen Holzschuppen. Der grosse hölzerne Badebottich verschwand genauso wie das Plumpsklosett auf der Düngergrube. Badezimmer und Wasserspülung ersetzten diese alten Einrichtungen, mit denen frühere Generationen ausgekommen waren. Ins Waschhaus kamen Waschmaschine mitsamt Trockenschleuder und zwei Bügelmaschinen. Der grosse kupferne Waschkessel, den frühere Waschfrauen der Pfarrfamilie noch um vier Uhr in der Frühe mit sogenanntem Stockholz anfeuern mussten, wurde ebenso herausgerissen wie die grossen steinernen Spültröge. Das Waschgerät – Waschbrett, Reiben, Kellen, Stopfer und Schöpfer in allen Formen und Grössen – verschwand zunächst. Der Bauunternehmer liess alles eines Morgens mitsamt Bauschutt und Gerümpel, wie er sagte, auf einen Lastwagen laden und wegfahren. Alles das tauchte erst einige Zeit später in den Antiquitätenläden der Bezirksstadt, gar in Bern wieder auf, wurde gekauft und zierte jetzt rustikale Wohnstuben. Die grossen Laugenbottiche, in welchen früher die Leintücher mit Blaustein gebleicht wurden, dienten jetzt als Blumenbehälter für Geranien, Fuchsien und Petunien in den Vorgärten der neuen Einfamilienhäuser.

Gegen eine gewisse Bequemlichkeit hatte der Pfarrer schon um seiner Frau willen nichts einzuwenden gehabt. Andererseits war er ein beinahe zärtlicher Liebhaber alter Sitten und Gebräuche. Er hatte auch schon in mühevoller Kleinarbeit eine reich illustrierte Dorfchronik von Gilgenburg verfasst. Er wolle das tun, sagte der Pfarrer immer, bevor durch die wilde Bautätigkeit Gilgenburg sein ganzes ehemaliges Gesicht unwiederbringlich verloren habe. Als daher die Modernisierer ihr Augenmerk auf die alten Täfelungen, auf alte Balken und Türen, auf handgeschmiedete Türschlösser und vor allem auf die alten Kreuzparkette aus zweifarbigen Hartholzriemen zu richten begannen, da war der Pfarrer beinahe rabiat geworden. Er konnte seinen Willen, nicht zuletzt dank einer alten Studienfreundschaft mit einem Architekten der Denkmalpflege, schliesslich doch durchsetzen. Er galt dafür bei den am Umbau tätigen Architekten, von denen einer im Kirchgemeinderat sass, nicht mehr sehr viel. Die Kirchgemeinderäte hielten ihren Herrn Pfarrer für einen Eigenbrötler. In ihren eigenen Häusern hatten sie alle radikal erneuert und mit der zunehmenden Mechanisierung ihrer Bauernhöfe viel altes Gelump den überall im Lande herumziehenden Antiquitätenhändlern um ein Butterbrot verkauft. Zuerst hatten des Pfarrers Presbyter und Bauern nicht übel Lust verspürt, gleich auch die alte Dorfkirche noch abzureissen. Aber da hatte sich, dem Himmel sei Dank, die gesamte Denkmalpflege des Kantons quergelegt, und zwar gleich so energisch, dass nicht einmal an der Fassade des alten Pfarrhauses etwas geändert werden durfte. Lediglich die um einen Meter aus dem Boden ragenden Fundament- und Ecksteine aus gelbem Muschelkalk wurden von erfahrenen Steinmetzen geputzt, die Zwischenräume des Fachwerks frisch gekalkt. Das Fachwerk selbst wurde in einem satten Weinrot frisch gestrichen. Dabei hatte der Pfarrer einen ständigen Kampf mit den Malergesellen zu bestehen, um das Pastorenbirnenspalier, das sein Urgrossvater auf der Gartenseite in altväterlich aussehender Kandelaberweise gepflanzt hatte, vor dem Untergang zu bewahren.

Die Architekten durften sich dann freilich schadlos halten, sobald mit dem weiteren Wachstum des Dorfes und mit Gehrigs bevorstehender Pensionierung zwei neue Pfarrer bestellt werden mussten. Man hatte beschlossen, das Dorf in zwei Pfarrämter aufzuteilen, dazu kam mit dem Zuzug vor allem italienischer und spanischer Fremdarbeiter noch ein katholischer Kaplan. Dafür ging es dann gleich im grossen Stil los. Im Neuquartier, wo die beiden Bäche sich vermählen und drei Strassen sich kreuzen, wurde eine neue Kirche gebaut. Das neue Bauwerk unten auf dem Platz des neuen Dorfzentrums – Dorfplatz war ihnen als Begriff zu altmodisch geworden und nicht mehr gut genug – war für den alten

Pfarrer der zu Beton erstarrte Alptraum eines Architekten. Er hatte Mühe, in diesem Bauwerk ein Gotteshaus zu sehen, und er konnte sogar die vorwitzigen Unterweisungsschüler verstehen, die das neue Gebäude sofort gnadenlos mit einem Spitznamen versehen hatten, einem ziemlich respektlosen dazu: Seelensilo nannten die Jungen die neue Kirche. Aber in allen Zeitungen konnte Gehrig nachlesen, wie sehr doch das Ganze gelungen sei, wie harmonisch sich doch die neue Kirche in das Dorfzentrum mit Bankfiliale und Supermarkt, mit neuer Post, Gemeindeverwaltung und dem Sekundarschulhaus einfüge. Gehrig hatte dabei nur seufzend daran gedacht, wie Christus die Händler und die Wechsler aus dem Tempel des Herrn gepeitscht hatte – und nun dies ...
Gehrig selbst hatte dort niemals gepredigt, nicht predigen wollen, und seit er im alten Pfarrhaus auf dem Altenteil sass, auf seinen Tod wartete, brauchte er in der neuen Kirche auch gar nicht mehr zu predigen. Die neuen Pfarrwohnungen waren der Bequemlichkeit halber – die alte Kirche auf ihrem Hügel lag offenbar zu abgelegen – in das neue Gemeindezentrum eingefügt worden, man redete im Kirchgemeinderat nur noch davon, das alte Pfarrhaus wolle man zu gegebener Zeit vermieten – ganz so, als ob er bereits nicht mehr am Leben sei. Ab und zu verirrte sich noch ein Hochzeitspaar aus der Stadt in die alte Kirche, das wohl ein bisschen Romantik auch bei der kirchlichen Trauung geniessen wollte. Ansonsten blieb die Kirche verschlossen und der Schlüssel in der Verwahrung des Gemeindeschreibers, der ihn an die verschiedenen Kommissionen und Kunstexperten der Denkmalpflege herauszugeben hatte, die ihren Kollegen aus anderen Kantonen die Kirche vorführen wollten. Dem alten Pfarrer hatte man keinen Schlüssel überlassen. Man fand es offenbar nicht der Mühe wert, und der Pfarrer war zu alt und zu müde, im Umgang mit dieser Gemeinde wohl auch zu verbraucht, um sich daran noch zu stossen. Einmal hatte er an einer Schulweihnacht in der neuen Kirche teilgenommen, nicht etwa als geladener Gast, sondern als reichlich stiller Zuhörer. Er hatte sich über den kalten Klang der modernen Orgel entsetzt. Beinahe als Wunder betrachtete er schon, dass überhaupt

noch eine Orgel und nicht einfach so eine Juke-Box in die Kirche gestellt worden war, aber das konnte ja noch kommen. Im neuen Kirchgemeindehaus, im sogenannten Gemeinderaum, der auch den Jugendlichen zur Verfügung stehen sollte, dröhnte so ein Ding so lange, bis man die Jugend in den Keller verbannte, in die sogenannten Zivilschutzräume. Die Stimme seines predigenden Amtsbruders hatte bei dieser Weihnachtsfeier durch die überall angebrachten Lautsprecher und Verstärker geklungen wie getriebenes Blech. So ungefähr mussten die Trompeten von Jericho beschaffen gewesen sein ...

Vor dem Pfarrer auf dem Schreibtisch lagen beschriebene Blätter kreuz und quer durcheinander, im schweren Aschenbecher kringelte eine Brissago ihren blauen Dunst gegen die getäfelte Decke aus Kirschbaumholz. Der Pfarrer schien sie vergessen zu haben. Ausserdem hatte ihm sein Freund, der alte Landarzt Dr. Merkofer – der auch nicht mehr praktizierte, zum alten Eisen gehörte – das Rauchen mehr oder weniger streng untersagt. Doktor Merkofer hatte seine Praxis seinem Sohn abgetreten. Der hatte zunächst einmal das ganze Haus umgekrempelt und eine ganze Reihe chromblitzender Apparaturen in die Praxis gestellt. Ein Sündengeld habe das gekostet, klagte Merkofer seinem alten Freund, dem Pfarrer. Sie sassen manchmal bei einer Partie Schach im Pfarrhaus und trauerten gemeinsam den alten Zeiten nach.

Aber Pfarrer Gehrig konnte es nicht lassen: Zumindest brennen musste eine Brissago, wenn er arbeitete oder auch nur so vor sich hin meditierte. Das durfte so wenig fehlen wie das Glas mit dem schweren Burgunder, das vor ihm stand. Morgen wäre nun also diese Beerdigung, wohl die letzte, bei der er noch einmal seines Amtes walten würde: Auf ausdrücklichen Wunsch der Verstorbenen, die er konfirmiert und seinerzeit auch noch getraut, deren Mann und Sohn er beerdigt hatte. Und nun also auch noch das Lineli selbst. Er sah das Mädchen noch vor sich: Im hochgeschlossenen, schwarzen Konfirmandinnenrock mit dem weissen Kragen, die geflochtenen blonden Zöpfe wie eine Krone hochgesteckt, die Beine in schwarzen Wollstrümpfen, während die Füsse in hochge-

schnürten, derben und breiten Halbstiefeln steckten. So war sie gewesen, des Schuhmacher Hänggis Lineli. Er dachte auch zurück an den Kampf, den es ihn gekostet hatte, eben diesem Lineli nur wenige Jahre später den unehelichen Sohn zu taufen. Der ganze Kirchgemeinderat hatte sich dagegen gestemmt, bis das Luder wenigstens den Namen des Kindsvaters preisgeben würde. So konnten sie auch sein, seine Gilgenburger. In dieser Beziehung arbeitete der Kirchgemeinderat eng mit dem Gemeinderat zusammen, der darauf bedacht war, den allfälligen Unterhalt für dieses Uneheliche von der Gemeinde auf den Kindsvater abschieben zu können, ja nicht in die Kosten zu kommen. Und dann war da noch einmal ein Tag in seinem Studierzimmer, und der war wahrscheinlich der Grund, warum er jetzt mit dieser seiner Leichenrede nicht fortkam. Aber was hätte er denn sonst raten sollen? Hatte er doch die Gilgenburger gekannt, und Lineli doch ebenso. Und dann ein Italiener! Zwei völlig verschiedene Welten. Er hatte doch nur seine Pflicht als Seelsorger getan, als er Lineli auf die Unmöglichkeit einer solchen Verbindung hinwies, als er warnte, das komme nicht gut. Das hatte er doch schon zu oft erleben müssen. Und dann: ausgerechnet Sizilien! Und endlich – mit allem Takt und mit aller Diskretion – der Altersunterschied. Die Konfession. Aber dass dann . . .
Der Pfarrer seufzte. Er hob wiederum den Kopf und sah aus dem Fenster. Es war November, beinahe schon Dezember, Christmonat, sagten die Bauern in Gilgenburg noch immer auf ihre altväterliche Weise. Sie waren eben wirkliche Alemannen geblieben, diese Gilgenburger, und unter einem dünnen Verputz von Christentum waren sie gewaltige Heiden.
Bereits einige Male hatte am Morgen die Luft kräftig nach Schnee gerochen. Sobald der jetzt in den entlaubten Bäumen hängende Nebel sich verflüchtigen würde, war der erste Schnee fällig. Darin kannte er sich aus, schliesslich war er in Gilgenburg geboren. Von den Obstbäumen im Pfarrgarten tropfte es aus dem Nebel. Die Rosenrabatten beidseits des breiten Mittelweges waren bereits sauber mit Tannenreisig

abgedeckt. Auf den Vater Loosli konnte er sich verlassen, seit ihm selber die schwerere Gartenarbeit Beschwerden machte. Auch die Rosenbeete warteten auf den Schnee, der grobe Kies auf den Wegen war zu schubkarrengrossen Haufen zusammengerecht, das tote Laub der Bäume war ebenfalls zusammengenommen und auf den Komposthaufen im Friedhof gekarrt worden. Nie hätte Loosli ihm dafür eine Rechnung gestellt, wie sehr der Pfarrer ihn auch anhielt, er solle doch für seine Arbeit den angemessenen Lohn fordern. Lassen Sie das nur gut sein, Herr Pfarrer, pflegte der alte Friedhofsgärtner nur zu sagen. Man hat es Ihnen übel genug gemacht, mit dieser neuen Kirche und allem anderen, und ich wäre manchmal lieber aus der Haut gefahren, als dem Ding einfach so zuzusehen. Aber von Ihnen nehme ich nichts. Ich weiss, was meine Christenpflicht ist. Und wenn Sie mir, fügte er ernsthaft zu, an meinem Tage die Totenrede halten, dann ist mir das Lohn genug. Der Pfarrer hatte schmerzlich gelächelt. Ja freilich, die Totenrede, hatte er geantwortet. Ich - der ich bald in die Achtzig gehe. Loosli hatte darauf nichts gesagt, sondern nur verlegen seine Kappe in den Händen herumgedreht.

Frost hatte es noch keinen gegeben. Ein paar vergessene Winterastern mit bräunlich gewordenem Laub, das traurig an den Stengeln herunterhing, mühten sich noch um eine letzte spärliche Blüte, im Nebel tropfend auch sie. Nacktfingrig hoben sich Stämme und Äste der Aprikosenspaliere von der hohen, hellen Gartenmauer ab, die den Pfarrgarten auf der rechten Seite gegen die Strasse, auf der Schmalseite mit dem kleinen Gartenpavillon gegen die Schafweide seines Nachbarn Begert und auf der linken Seite gegen den Gottesacker abgrenzten. In die Mauer war auf dieser Seite gegen den Friedhof eine kleine Pforte eingelassen, die ständig in den schweren Angeln knarrte und quietschte, so oft auch immer der Friedhofsgärtner sie schmieren mochte. Jenseits der Gartenmauer, auf der Friedhofseite, unter ein paar mehrstämmigen hohen Thujabäumen verborgen, häufte sich der Kompost in mehreren langen Mieten, die der Friedhofsgärtner und Totengräber Loosli angelegt hatte. An der Mauer selbst war

ein Wasserhahn angebracht und unter diesem ein halbrunder Brunnentrog aus demselben gelben Muschelkalk, aus dem auch das ganze übrige Mauerwerk errichtet worden war. Seine Frau und ihre Haushalthilfe pflegten die Garten- und Küchenabfälle durch diese Pforte auf den Kompost zu schaffen. Im Gegenzug holten sie dann dunkle Komposterde in den Pfarrgarten. Daneben hatte seine Frau selig auch nie mit dem Stallmist gespart, obschon sie mehr als einmal zu ihm sagte, sie frage sich, wieviel der reiche Begert für seinen Mist noch verlangen wolle, jedenfalls alle Jahre mehr für eine Karre oder zwei, zuletzt werde man ihm wohl den Mist noch mit reinem Gold aufwiegen müssen. Als ob es diesem Grossbauern auf ein Füderchen Mist mehr oder weniger ankommen würde, vom Geld nicht zu reden. Das komme doch bei dem ins Haus wie durch ein Stiefelrohr hinab. Der Pfarrer hatte geseufzt. Seit die Kirchgemeinde den Pachthof verkauft hatte – dem ehemaligen Pächter, nota bene – musste für alles und jedes bezahlt werden. Das waren eben früher doch andere Zeiten. Seine Frau hatte noch gemeint, ihn überreden zu können, er solle den Begert und seinen Mist, sein Geld und seine Unverschämtheit, gepaart mit Geiz, einmal so richtig aufs Korn nehmen in der Predigt, und zwar so, dass alle Leute es merken müssten. Vielleicht würde es dann besser und die andern Bauern könnten auch gleich noch eine Prise von diesem Schnupf gebrauchen. Gehrig hatte nur gelacht und seiner Frau erklärt: Hör, Babette, von den Reichen musst du das Sparen lernen, nicht von den armen Teufeln in der Fluh drüben, die selbst nichts zu beissen und zu brechen haben. Das hat mir schon mein Grossvater immer gesagt, und der Grossmutter sagte er dasselbe, wenn sie zu klagen anfangen wollte, wie doch beinahe tagtäglich alles teurer werde und sie eine immer grössere Kunst aufwenden müsse, um etwas auf den Tisch und die vielen Mäuler satt zu bekommen. Der Pfarrer nahm einen Schluck von seinem schweren Burgunder. Wohin er auch blickte, blieben ihm immer nur diese Erinnerungen, und immer mehr sehnte er den Tag herbei, an dem er Feierabend machen konnte.
Um diese Jahreszeit bot auch der Pfarrgarten nicht den

gewohnten Trost. Alle Farben waren vergangen, selbst das Grün, bis auf die Herbstastern und ganz hinten an der Mauer ein Beet mit schmutziggrünen Lauchstengeln, die draussen überwintern sollten, weil sie erst durch die Fröste den Geschmack bekommen, der einem richtigen Lauchgemüse mit Waadtländer Wurst wohl ansteht. Der Pfarrer schwärmte für dieses Gericht, wenn auch Dr. Merkofer es immer für zu fett hielt. Seine alte Pfarrköchin hatte es in der Zubereitung dieses Gemüses zu einiger Meisterschaft gebracht. Allerdings verfiel jetzt auch sie zusehends, und es sah aus, als ob sie kurz vor dem Stillstand wäre wie ein langsam auslaufendes Mühlenrad. Im Friedhof drüben sah der Pfarrer zwischen den Zypressen – es waren allerdings nur die bei uns üblichen Scheinzypressen und dazwischen ein paar Säuleneiben – und dem übrigen kahlen Geäst von Blutbuchen und Trauerweiden, Flieder und Pfeifensträuchern eine Bewegung. Hinter einem dunklen Erdhaufen in der letzten Gräberreihe erschien mit der Regelmässigkeit eines Uhrpendels die Schaufel des Totengräbers, die Schaufel entleerte sich auf den immer höher werdenden Erdhaufen. Vom Totengräber selbst sah der Pfarrer nur ab und zu den zerbeulten Wetterhut und die Fäuste, welche den Schaufelstiel umklammert hielten. Aus einem Seitenweg kam ein junger Mann mit einer Schubkarre angetrottet. Den Jungen hatte der Pfarrer noch nie gesehen, aber das war in den letzten Jahren immer mehr die Regel geworden: Er kannte seine Gemeinde nicht mehr so wie früher. Er hatte den Überblick verloren. Allerdings wusste er aber von den Schwierigkeiten Looslis, überhaupt Gehilfen zu bekommen. Auf die Schubkarre waren Bretter und Bohlen gestapelt. Der Mann balancierte seine Schubkarre wie ein Zirkusartist auf dem hohen Seil seine Balancierstange. Man sah sofort, dass der Mann mit einem solchen Gerät keinerlei Übung besass. Die Schubkarre quietschte herzzerreissend. Wahrscheinlich handelte es sich bei dem jungen Mann wieder um einen der Arbeitslosen aus dem Vorderdorf, aus der Uhrenfabrik in der Mühlenmatte, die vor ein paar Monaten in Konkurs gegangen war und sämtliche Arbeiter entlassen hatte. Er wusste auch, warum der

Totengräber ausser dem alten Wagner schon seit geraumer Zeit keinen festen Gehilfen mehr bekam. Der Totengräber hatte sich bitter genug bei ihm darüber beklagt. Die haben Angst vor den Totenbeinen, Herr Pfarrer, sagte Loosli. Die kommen einem eben manchmal auf die Schaufel, der ganze Friedhof ist doch auf Grabstellen längst vergangener, vielleicht sogar noch heidnischer Zeiten errichtet worden. Manchmal befinde sich dann eben ein ganzer Schädel auf der Schaufel, der einem dann vor die Füsse rolle. Wer doch den Lebenden gegenüber, Herr Pfarrer, ein gutes Gewissen hat – der braucht sich vor den Toten nicht zu fürchten. Der Pfarrer hatte dazu nur seufzen können und Loosli ermahnt, über solche Funde jeweils Meldung zu machen. Er, der Pfarrer, müsse diese Meldungen dann an den archäologischen Dienst der Universität Bern weiterleiten. Die machten dann ihre Messungen an den alten Knochen, ehe man sie im Beinhaus zur hoffentlich endgültig letzten Ruhe betten könne. Der alte Friedhof war nun völlig belegt: Noch dieses letzte Grab für Lineli und dann noch sein eigenes, das er sich vorbehalten und sicherheitshalber gleich gekauft hatte, als seine Frau und sein Sohn gestorben waren. Dann würde auf diesem Friedhof endlich für alle Toten, auch für die aus längst vergangenen Zeiten, die ewige Ruhe einkehren, die auch von keinen Archäologen mehr gestört würde. Vermutlich würde der Friedhof geschlossen und mit der Zeit werde wohl, wie aus der Plattform beim Münster zu Bern, eine öffentliche Grünanlage daraus entstehen.
Der Totengräbergehilfe kippte seine Ladung neben das frisch geöffnete Grab und das dumpfe Gepolter drang durch die Doppelscheiben seiner Fenster. Die Köchin hatte bereits zusammen mit Loosli weissgestrichene Vorfenster anbringen lassen, zwischen denen sie ihr Blumenzeug überwinterte. Der Pfarrer stand auf, ging zum Fenster, verschob den Vorhang ein bisschen. Vor dem Grab stapelten sich jetzt die Bretter und Bohlen, als habe sie jemand zu einem riesigen Mikado-Spiel hingeworfen, der alte Wagner stand daneben, hielt eine Leiter neben dem frischen Grab, und der Totengräber gestikulierte mit seinem Gehilfen, der dastand, als habe er das Öl

verschüttet. Der Pfarrer liess den Vorhang behutsam wieder zurückgleiten und kehrte an seinen Schreibtisch zurück.
Noch nie war ihm eine Leichenrede so schwergefallen, und auf einmal verspürte er ein unangenehmes Kältegefühl, das nichts mit dem Wetter draussen und mit der Novembernässe zu tun hatte, mit dieser Novembernässe, deren Kälte in die Häuser schlich wie ein Dieb und die damit auch das alte Pfarrhaus nicht verschonte. Sie setzte sich im alten Mauerwerk fest und sogar, wie der Pfarrer oft bemerken konnte, in den Bettlaken, die sich klamm und steif anfühlten wie Leichentücher. November war ihm schon immer ein Greuel gewesen. Der Nebel verschluckte das bisschen Licht, das die Sonne noch abgab. Dem Pfarrer wollte es immer vorkommen, als sei die lebenspendende Sonne selbst am Sterben, die Felder leer, tot und dürr, der Wald dunkel und schwer, mit Bäumen, die aussahen wie die Totenbäume, die man aus ihnen zimmerte.
Es war nicht die klirrende Winterkälte, die Eisblumen an die Fenster zauberte, die einem dann das Wärmegefühl vermittelten, das man hatte, wenn man eine geheizte Stube besass, um behaglich darin zu sitzen und bessere Tage abwarten zu können. Durch des Pfarrers lange Beziehung zu Schuhmacher Hänggis Lineli und dessen Familienschicksal, durch seine genaue Kenntnis der Verhältnisse in Gilgenburg, fühlte er sich plötzlich auf eine klägliche Weise mitschuldig an dem, was geschehen war – an dem, was niemals hätte geschehen dürfen, was aber niemand verhindert hatte. Dutzendemal hatte er sich schon gefragt, ob er nicht doch damals ... Nein! Diesmal durfte er sich nicht mit einer Leichenrede von der Art begnügen, wie er sie schon zu Hunderten verfasst hatte: Mit den üblichen Tröstungen, die Hinterbliebene nun einmal von einem Pfarrer verlangten, weil sie gleichzeitig darauf zählten, dass der Pfarrer doch nicht etwa – in der Kirche und auf dem Friedhof am offenen Grab – damit anfinge, die schmutzige Familienwäsche an den Zaun zu hängen und öffentlich sichtbar zu machen. Er hatte einen Lebenslauf. Den hatte ihm Ruedi Bättig, ein Cousin der Verstorbenen, ein Bauernsohn, jetzt Fuhrunternehmer, Kiesgrubenbesitzer

und Gemeinderat, widerwillig genug gebracht; das war Bättig anzusehen.

Nichts für ungut, Herr Pfarrer, hatte Bättig gesagt, aber ich hab's eilig. Ich muss zur Gemeinderatssitzung, und mit dem da – Bättig hatte mit dem Kinn auf die vor dem Pfarrer liegenden Blätter des Lebenslaufes gewiesen –, mit dem machen Sie eben, was Sie für gut halten. Wäre es nach mir gegangen und wenn es am Ende nicht doch um die ganze Familie ginge, der man es natürlich ankreiden würde, sollte sie es an etwas fehlen lassen, dann, Herr Pfarrer, dann wäre uns eine stille Beerdigung gerade das Rechte gewesen. Wir waren den Leuten mit der Lina, Gott habe sie meinethalben selig oder auch nicht, das wird er wohl machen, wie er will, schon genug in den Mäulern. Dann war Bättig mit dem selbstbewussten Tritt des Mannes, der sich seiner Redlichkeit, vor allem aber seiner Gewichtigkeit und seiner Wichtigkeit vollauf bewusst ist, aus dem Studierzimmer gestapft und die Treppe hinuntergepoltert. Der Pfarrer hatte den Lebenslauf, den ihm der Verwandte zusammen mit seinen Bemerkungen gebracht hatte, beiseitegelegt, nachdem er ihn flüchtig gelesen hatte. So also stellte sich das der Bättig und mit ihm seine ganze Sippe vor. So also hätte er das darzustellen. De mortuis nil nisi bene! Das konnte diesmal niemand von ihm verlangen. In diesem Falle müsste er über die Überlebenden genauso viel reden wie über die Tote – wenn nicht mehr. Nachrufe waren sonst keine allzu schwierige Aufgabe, obwohl man dabei natürlich immer unter Zeitdruck stand. Vorschriften erliessen eben das Zivilstandsamt, die Gesundheitspolizei, das Friedhofsamt. Meist blieben dann dem Pfarrer, vom Todestage an gerechnet, drei Tage, dann hatte der Leichnam – normale Umstände vorausgesetzt – unter dem Boden zu sein. Menschen schienen, erst einmal zu Leichen geworden, noch gefährlicher zu sein, als sie es zu Lebzeiten je sein konnten, wenn auch in diesem Falle lediglich aus Gründen der Hygiene, der guten Ordnung. Im Falle der Lina Graf geborene Hänggi traf das allerdings nicht zu: Vierzehn Tage lag sie im gerichtsmedizinischen Institut der Universität Bern, ehe man – vor ein paar Tagen – die Leiche endlich zur Bestattung freigegeben hatte. Ein Verbrechen, so das Polizeicommuniqué, könne mit Sicherheit ausgeschlossen werden – eine Selbsttötung sei nicht (oder nicht mehr) nachzuweisen. Darüber konnte der Pfarrer nur grübeln. Wie viele Verbrechen werden doch begangen, die niemals von einem Staatsanwalt und deshalb auch nie von der Strafjustiz verfolgt werden, weil sie nach dem Buchstaben des Gesetzes als Verbrechen nicht erkennbar sind. Über den genaueren Befund hatte Cousin Bättig sich nicht auslassen wollen. Der Pfarrer konnte sich seine Sache aber denken. Der Dorfklatsch war auf verschlungenen Wegen auch bis zu ihm gelangt. Er wusste also nicht nur das, was er in den Zeitungen gelesen hatte. Eine Standrede wäre zu halten, dachte der alte Pfarrer mit Ingrimm. Eine Standrede, wie man sie in früheren Zeiten bei der Hinrichtung eines armen Sünders auf der Richtstätte gehalten hatte – dem Sünder zum Trost und den umstehenden Gaffern (vielleicht) zur Ermahnung. Diese Lina Graf-Hänggi war von diesem Dorf Gilgenburg regelrecht hingerichtet worden, davon war der Pfarrer überzeugt, wenn auch ohne Spruch und Urteil. Es war schon eher ein Fall von Rufmord. Dumme Vorurteile und Sprüche hatten da, nebst sauberen Ehrenmännern und habgierigen Verwandten, vollauf genügt. Wie aber sollte er eine selbstgerechte Trauergemeinde dazu bringen, am offenen Grabe – im Novemberwetter – über die übliche Zeit hinaus so lange auszuharren, bis er mit seiner Standrede zu Ende gekommen wäre? Wie sollte er ihnen in so kurzer Zeit ein Unrecht nahebringen, das sie zu Lebzeiten der jetzt Verstorbenen als solches nicht zu erkennen vermochten? Er war bei der Lektüre der Bezirks-Zeitung ordentlich hochgefahren, als er in der Lokalrubrik unter Gilgenburg die kurze Meldung las, man habe rein zufällig in einem der grossen, neuen Wohnblöcke im Hinterdorf die Leiche einer Frau – es handle sich um Frau Wwe. Lina Graf geb. Hänggi von Gilgenburg – entdeckt. Nachbarn hätten – alarmiert vom eigenartigen Geruch – die Polizei angerufen. Eine Zeitlang hätten sie an irgendeine technische Panne gedacht und einfach die Entlüftungsklappen in ihren Wohnungen geschlossen, um dem

Geruch zu entgehen. Dies ergaben übrigens die Recherchen einer ebenfalls eiligst herbeitelefonierten grossen Tageszeitung, die ihre Leser täglich dazu aufforderte, Reporter zu spielen, und es dank der ausgeschriebenen Belohnung schaffte, öfters noch vor der Polizei informiert zu werden und am Ort des Geschehens aufzukreuzen. Die Polizei habe dann die Wohnung aufgebrochen und die vorläufige Untersuchung habe ergeben, dass die Frau schon mindestens seit sechs Wochen in ihrer Wohnung liegen müsse. Tot. Das war alles. Es gab offensichtlich nur noch vereinzelte Berichterstatter, für die der stille Tod einer einsamen Frau, der erst nach Wochen überhaupt entdeckt wurde, mehr als eine Meldung von einigen wenigen Zeilen wert war. Unter dieser Meldung in der Bezirks-Zeitung folgte bereits ein längerer Bericht mit Bildern über einen Verkehrsunfall auf dem neuen Postplatz von Gilgenburg in allen Einzelheiten mitsamt der geschätzten Summe der Schäden an den beteiligten Fahrzeugen. Menschen gibt es eben alle Tage. Autos muss man kaufen. So dachte der alte Pfarrer.

8

Längst hatten Fabian und Marianne sich wieder ausgesöhnt. Marianne widerstand dem Drängen von Morgenegg, der immer dringlicher Papier sehen wollte. Es wird schon werden, sagte sie einfach. Ich sitze ja sozusagen an der Quelle. Fabian schreibt gegenwärtig keine Zeile, die ich nicht zu Gesicht bekäme. (Das allerdings war nun eine krasse Unwahrheit, weil Fabian und Marianne sich stillschweigend darüber geeinigt hatten, dass es Fabian sein würde, der den Zeitpunkt bestimmte, wann Marianne mit der Lektüre beginnen könne, aber das brauchte Morgenegg ja nicht unbedingt zu wissen.)
Fabian, sagte sie, lehnt es einfach ab, dass etwas davon das Haus verlässt, bevor er alles bewältigt hat. Ausserdem ist es

jetzt zu einer Unterbrechung gekommen, mit der niemand gerechnet hat, Fabian am allerwenigsten. Morgenegg war alarmiert, wurde misstrauisch. Soso, murmelte er, ohne seine Pfeife aus dem Mund zu nehmen. Soso, ist der Anfall von Arbeitswut schon vorbei? Ganz, wie ich das vermutet habe! Unfair finde ich nur, setzte er verletzt hinzu, dass Sie, Marianne, ihn bei diesem Spiel jetzt auch noch decken. Ich brauche einfach dieses neue Buch – und lange kann ich nicht mehr warten. Sie müssen mir vertrauen, wenn Sie schon Fabian nicht vertrauen, sagte Marianne. Sie wissen genau, was Fabian leisten kann, wenn er an der Arbeit ist. Bei seinen letzten Büchern hat er manchmal gleichzeitig an einem Hörspiel, an einem Theaterstück und manchmal noch an einem Filmdrehbuch gearbeitet. Ich finde das jedenfalls gescheiter von ihm, als einfach wie der Tiger im Käfig in der Gegend herumzurennen, wenn er irgendwo steckenbleibt und nicht an die Schreibmaschine zurückkehrt, weil er ein Problem irgendwelcher Art hat. Ich weiss nur, dass die andere Arbeit eng mit dem neuen Roman zusammenhängt. Das eine wird dem andern keineswegs schaden, das kann ich Ihnen versichern und Sie müssen mir das einfach glauben.
Fabian hatte zunächst fleissig weitergearbeitet und Marianne hatte das gelesen, was er ihr brachte, sich dazu ihre Notizen gemacht, sich aber gehütet, den Fortgang der Dinge, etwa Handlung oder Personen, durch Äusserungen welcher Art auch immer zu stören. Sie hatte nicht vergessen, was er ihr einmal angedroht hatte, auch wenn das mittlerweile vergessen und vergeben schien. Jeder kann einmal heftig werden, hatte sich Marianne gesagt. Bei mir kommt es ja schliesslich oft genug vor und dann gar noch den Kindern gegenüber. Und trotzdem fühlte sich Fabian durch Mariannes Schweigen irritiert. Ist etwas an dem Roman nicht in Ordnung? fragte er, dabei das Wort «Roman» eigentümlich betonend, wie ein Kind, das allen Widerständen zum Trotz auf etwas besteht und nicht nachlässt. Warum sagst du nichts? Marianne blieb vorsichtig. Ich sehe noch nicht klar, Fabian, sagte sie. Wie ist es? beharrte er. Marianne lächelte ihn an. Ich habe gesagt, meinte Fabian, dass ich heute das Abendessen kochen will,

damit du Zeit hast, etwas zu lesen. Ich habe einige Dinge, die du lesen musst. Ich habe heute morgen eine Antwort auf einen Brief bekommen, den ich vor drei Monaten geschrieben habe. Während ich koche, kannst du das alles lesen. Wir müssen das unbedingt besprechen. Wenn Morgenegg das unter die Nase bekommt, wird er wieder meinen, ich habe mein Projekt fallengelassen. Davon kann aber überhaupt keine Rede sein. Es muss zu schaffen sein, beides zu realisieren, das heisst, fügte er seufzend hinzu, wenn es dabei nicht zuviel Ärger gibt. Mit meinem alten Freund, dem Regisseur, komme ich schon klar. Aber wenn das Fernsehen sich an der Realisierung beteiligen möchte – dann kann es Ärger geben. Der ist dann schon vorprogrammiert. Und Marco, der Regisseur, ist bei der Finanzierung fast zwangsläufig auf das Fernsehen angewiesen. Filme macht man nicht wie Bücher. Für das Budget eines einzigen Spielfilms macht ein Autor gleich mehrere Bücher und lebt erst noch gut davon. Aber wer macht denn heutzutage schon noch reine Spielfilme, nur für das Kino? Früher oder später wird dann doch das Fernsehen jede Produktion übernehmen und das zu zum Teil lächerlichen Tarifen. Weisst du, dieser Moloch Fernsehen frisst und frisst – wenn du dir nur ausrechnest, wie viele Stunden Sendezeit die «täglich» produzieren müssen. Hier gäbe es Arbeit für sämtliche Schweizer Autoren – wenn die beim Fernsehen nur nicht so «Beamte» wären, die meinen, sie seien die «einzigen», die etwas können. Dabei sitzen die meisten nur in ihren gehobenen Positionen, weil sie von Anfang an dabei waren, beim Dampf-Fernsehen, sozusagen, und weil damals das Fernsehen «jeden» genommen hat, der das Risiko nicht scheute, an einem Experiment teilzunehmen, dessen Erfolg überhaupt noch gar nicht feststand. Dann ist eben geschehen, was nicht hätte geschehen dürfen: Statt dass das Fernsehen seine Chance genutzt hätte, seine Zuschauer zu Bildung und Kultur geführt hätte, liess es sich von einem undefinierbaren und unbestimmten Publikumsgeschmack leiten. Die Sendungen wetteifern miteinander um Einschaltquoten. Sie gebrauchen diese als Argumente, um möglichst viel Präsenz und Sendezeit am Bildschirm zu ergattern. Das hat alle in gleicher Weise mitgerissen, das Flüchtige und Oberflächliche feiert Urständ, die Inkompetenz der Verantwortlichen verschlimmert die Sache noch. Anstatt die Gestaltung von Filmen den erfahrenen Filmern zu überlassen, wird mittels Produktionsbeiträgen kräftig mit- und vor allem dreingeredet. Da kommt dann eben Mist heraus, knüppeldick. Marianne grinste. Das war ja ein ausgewachsener Vortrag, sagte sie. Was kann man aber gegen das alles tun? Fabian zuckte die Achseln. Die Karrengeleise, in denen da gefahren wird, sagte er, sind schon so tief, dass kaum Hoffnung besteht, es werde sie einer verlassen und sich in absehbarer Zeit etwas ändern. Meine bisherigen Erfahrungen gehen jedenfalls eher in diese Richtung. Fabian bückte sich in seinem Schreibstuhl, zog eine Schublade seines Tisches hervor und übergab Marianne einen ansehnlichen Korrespondenzordner. Da, sagte er. Darin kannst du dich vertiefen. Und lache bitte nicht zuviel über meine komischen Ideen und Entwürfe. Marco jedenfalls scheint daran Gefallen zu finden. Mit ihm bin ich immer klargekommen. Und jetzt werde ich mich an die Arbeit machen und euch allen meinen weltberühmten Spezialsalat hinzaubern, vorausgesetzt natürlich, dass sich in diesem Hause irgendwo ein paar Scheiben fetten Specks finden lassen. Müsste da sein, sagte Marianne abwesend. Sie blätterte bereits das Dossier durch. Es war, ganz nach Fabians Art, chronologisch geordnet. Sie begann mit dem ersten Brief:

Herrn Dr. Marco R. Spälti,
Chronos-Film-Productions,
Kulmweg 21, Zürich.

Lieber Marco

Endlich habe ich wieder einmal etwas für uns beide ausgeheckt, und ich möchte Dich unverzüglich darüber informieren. Bestimmt hast Du schon vom sogenannten «Guggisberger Lied» gehört. Ich schreibe Dir hier den Text in der Röseligarte-Version von Walo von Greyerz auf, und Du wirst selbst erkennen können, was für ein Filmstoff in diesem unscheinbaren Lied steckt. Ich werde Dir aber anschliessend Erläuterungen geben. Hier zunächst einmal der Liedtext:

's isch äbe-ne Mönsch uf Ärde – Simelibärg::
Und s Vreneli ab em Guggisbärg
Und Simes Hansjoggeli ännet em Bärg
's isch äbe-ne Mönsch uf Ärde
Wo-n-i möcht byn-em sy.

Und mag er mir nid wärde – Simelibärg::
Und s Vreneli ab em Guggisbärg
Und Simes Hansjoggeli ännet em Bärg
Und mag er mir nid wärde
Vor Chummer stirbe-n-ii.

Dert unde-n-i der Töifi – Simelibärg::
Und s Vreneli ab em Guggisbärg
Und Simes Hansjoggeli ännet em Bärg
Dert unde-n-i der Töifi
Dert dräit es Mühlirad.

Und stirbe-n-i vor Chummer – Simelibärg::
Und s Vreneli ab em Guggisbärg
Und Simes Hansjoggeli ännet em Bärg
Und stirbe-n-i vor Chummer
So leyt me mi i-ds Grab.

I mynes Büeblis Garte – Simelibärg::
Und s Vreneli ab em Guggisbärg
Und Simes Hansjoggeli ännet em Bärg
I mynes Büeblis Garte
Da stöh zwöi Böimeli.

Das eine treit Muschkaate – Simelibärg::
Und s Vreneli ab em Guggisbärg
Und Simes Hansjoggeli ännet em Bärg
Das eine treit Muschkaate
Das ander Nägeli.

Muschkaate, die sind süessi – Simelibärg::
Und s Vreneli ab em Guggisbärg

Und Simes Hansjoggeli ännet em Bärg
Muschkaate, die sind süessi
Und d Nägeli, die sind räss.

I gabs mym Lieb z versueche – Simelibärg::
Und s Vreneli ab em Guggisbärg
Und Simes Hansjoggeli ännet em Bärg
I gabs mym Lieb z versueche
Dass-i dyner nid vergäss.

Ha di no nie vergässe – Simelibärg::
Und s Vreneli ab em Guggisbärg
Und Simes Hansjoggeli ännet em Bärg
Ha dyner nie vergässe
Ha immer a di dänkt.

Es sind nunemeh zwöi Jahre – Simelibärg::
Und s Vreneli ab em Guggisbärg
Und Simes Hansjoggeli ännet em Bärg
Es sind nunemeh zwöi Jahre
Dass-i mi ha a di ghänkt.

Dert unde-n-i der Töifi – Simelibärg::
Und s Vreneli ab em Guggisbärg
Und Simes Hansjoggeli ännet em Bärg
Dert unde-n-i der Töifi
Da dräit es Mühlirad.

Das mahlet nüt als Liebi – Simelibärg::
Und s Vreneli ab em Guggisbärg
Und Simes Hansjoggeli ännet em Bärg
Das mahlet nüt als Liebi
By Tag und auch by Nacht.

Das Mühlrad isch gebrochen – Simelibärg::
Und s Vreneli ab em Guggisbärg
Und Simes Hansjoggeli ännet em Bärg
Das Mühlrad isch gebrochen
Das Lied, das het es Änd.

Das Lied, lieber Marco, hebt sich aus dem übrigen Volksliedergut seltsam heraus. Die Melodie wirkt mit ihren Molltönen fast fremdartig. Vermutlich ist der Text in der vorstehenden Form erst viel später dazugekommen. Diese unglückselige Liebesgeschichte zwischen dem «Vreneli ab em Guggisbärg» und dem Burschen «Simes Hansjoggeli ännet em Bärg» muss irgendeinen historischen Hintergrund haben, aber welchen? Selbst intensivste Nachforschungen haben mich zu keinem genauen, mich befriedigenden Ergebnis geführt. Geschichtlich ist eben zuwenig überliefert, schriftlich schon gar nichts.

Man ist auf Spekulationen angewiesen, und hier bewege ich mich ja, lieber Marco, auf einem Terrain, das mir vertraut ist, und wo zwei und zwei eben nicht immer vier ergeben. Dass im Dorf Guggisberg selbst auf dem im 20. Jahrhundert errichteten Vreneli-Brunnen (Fremdenverkehr) das Vreneli als ein sittsames Bauernmädchen dargestellt ist, hat wohl eher mit dem Geschmack und dem Selbstverständnis der Brunnenstifter und der für die Errichtung zuständigen Behörden zu tun, unter Umständen vielleicht noch mit der fehlenden Eigenwilligkeit des Künstlers, aber ganz sicher nicht mit historischen Tatsachen, die als solche überprüfbar wären. Es hat also für uns weiter überhaupt nichts zu bedeuten.

Näher kommt man der Sache schon eher, wenn man vom Wortlaut des Liedes ausgeht und sich dabei in der Geographie und in der Topographie der Gegend umsieht. Dass die Melodie einen jiddischen Ursprung haben könnte, ist nur ein interessanter Teilaspekt, auf den ich im Zusammenhang mit den «Fahrenden» noch kommen möchte. Dies nur am Rande. Um das Ganze für Dich nicht allzusehr zum Vexierbild zu machen, versuche ich, Schritt für Schritt so vorzugehen, wie sich der Denkprozess bei mir selbst abgespielt hat. Das Guggisbergerland ist ein hochgelegenes, durch die Erosion der vielen Flüsschen und Bäche (die aber zu Unwetterzeiten zu respektablen Wildwassern werden können, die alles beiseitefegen, was sich ihnen in den Lauf stellt, sei das nun Weg oder Steg, Brücke oder Mühle – ich habe das selbst erlebt, während meiner Recherchierarbeit), durch viele Gräben wild zerklüftetes Bergland, das heute noch – trotz relativ zahlreicher und guter Strassen – im Verkehr der einzelnen Täler und Geländekammern untereinander auf die wenigen Brücken über die zum Teil sehr tief eingeschnittenen Tobel angewiesen ist. In der Herrschaft Grasburg sind historisch nur zwei Brücken über den Grenzfluss Sense nachgewiesen, und das Überqueren eines dieser Tobel ohne Brücke ist für einen Fussgänger ein beinahe unmögliches, auf jeden Fall alpinistisches Unterfangen. So gewinnt der Liedsatz «ännet em Bärg» eine ganz andere, neue Bedeutung, nämlich die der fast unüberwindlichen Hindernisse, der Trennung. Und da, lieber Marco, regte sich meine Phantasie, und ich neige nun dazu, diese Trennung und diese Hindernisse nicht nur wörtlich zu nehmen, als reale Hindernisse wie Berge und Täler, sondern eben auch als abstrakte Begriffe wie: Gesellschaftsschichten, ökonomische Unterschiede reich/arm, Grundbesitzer/Fahrender, Herr oder Knecht.

Nähme man nun geographisch gesehen dieses «ännet em Bärg» südlich von Guggisberg an (Guggisberg liegt auf dem Südhang), käme dazu noch ein konfessioneller Graben. Die Sense macht in diesem Bereich (mit Ausnahme des bernischen Brückenkopfes Albligen, der auf der linken Senseseite in den freiburgischen Sensebezirk hineinragt und bei der «Ruchmühli» einen Brückenübergang über die Sense besitzt) die Grenze zwischen dem katholischen Kanton Freiburg und dem protestantischen Kanton Bern. Dabei spielt es keine oder doch nur eine untergeordnete Rolle, dass beide Kantone zur Alten Eidgenossenschaft gehörten und ebenfalls beide eine aristokratische Regierung hatten. Das Guggisbergerland als Bestandteil der alten Herrschaft Grasburg wurde von den beiden Kantonen sogar als «Gemeine Herrschaft» verwaltet, das heisst, der bernische und der freiburgische Landvogt lösten einander im Turnus im Schloss Schwarzenburg ab. Dass dies bei der späteren Reformation keine entscheidende Rolle zu spielen vermochte, zeigt das Beispiel des ebenfalls als Gemeine Herrschaft verwalteten und später an Freiburg gekommenen Seebezirks (Stadt und Herrschaft Murten), der, genau wie das Schwarzenburgerland, heute noch mehrheitlich protestantisch ist. Linguistisch stehen die Schwarzenburger und die Guggisberger den Freiburgern im Sensebezirk näher als den übrigen Bernern. Beim Murtenbiet ist es genau umgekehrt.

Hoffentlich, lieber Marco, langweile ich Dich nicht mit diesem historischen Exkurs, aber Du weisst ja: Ich möchte Dir immer so gut wie möglich pfannenfertige Exposés liefern, damit man nachher bei der eigentlichen Drehbucharbeit nicht über dem historischen Quatsch brüten muss.

Die beiden aristokratischen Regimes von Bern und Freiburg waren sich immer dann am einigsten, wenn es darum ging, aufmüpfige, vielleicht gar revolutionäre Erhebungen oder auch nur die Ansätze dazu bei ihren gemeinsamen Untertanen zu bekämpfen und zu unterdrücken. Ansonsten war es mit ihrer Eintracht nicht eben weit her. Die beiden Partner suchten sich, genau wie die übrigen «Lieben und Getrüwen Miteydgenossen» aus Partikularinteressen nach Strich und Faden über die Ohren zu hauen. Wer dem anderen Rivalen in die Suppe spucken konnte, ohne Gefahr zu laufen, dass ihm das schlecht bekäme, der tat es mit Vergnügen, und die andern rieben sich bei solchen Händeln die Hände. Bern war in dieser Dualität der potentere Partner, und so kommt es wohl, dass die Gemeinen Herrschaften eher bernisch geprägt wurden als freiburgisch. Das gilt ganz besonders in Glaubenssachen. Hingegen wäre eine Eheschliessung – ja, auch nur eine Liebesbeziehung – über die Grenzen hinweg wohl ein Ding der Unmöglichkeit gewesen und fast auszuschliessen. Die reformierte Kirche der Republik Bern war ein Instrument der aristokratischen «Gnädigen und Fürsichtigen, Frommen und Wohledelfesten Herren von Bern». Sie fungierte als Staatskirche, und die «Prädikanten» wachten im Auftrag der Gnädigen Herren zusammen mit den Chorgerichten auch über die politische Einstellung der Untertanen nebst der «Sitte und Moral», wozu auch die richtige Glaubenslehre gehörte und viele andere Zwänge, die von der Obrigkeit per Mandat verkündet wurden. Es gab Kleiderreglemente, Tanzverbote, Aufhebung der Fastnacht, des Kiltgangs, der Älplerfeste usw., also wurde alles reglementiert, was dem Volk Gelegenheit gegeben hätte, sich «zusammenzurotten» und auf dumme Gedanken zu kommen, gar gegen die Obrigkeit zu konspirieren.

Auf der katholischen Seite, der Freiburger Seite, war der Fall ebenso klar. Mischehen waren auszuschliessen. Sie zu verhindern, war eine wesentliche Aufgabe der Dorfpfaffen, die ansonsten von einer selbst für diese Zeit bemerkenswerten Ignoranz waren.

Im Lied heisst es nun aber beharrlich und immer wieder: «ännet em Bärg». Wir müssen uns deshalb zwangsläufig dem Nordosten zuwenden. Dort, ennet dem Guggershörnli, zieht ein tiefer Graben sich nordostwärts. Jetzt ist dieser Graben freilich durch Strassen erschlossen. Noch im 17. und 18. Jahrhundert aber – also zur mutmasslichen Entstehungszeit des Liedes – war dieser Rüschegg-Graben ein unzugängliches, isoliertes, reich bewaldetes, düsteres und nicht eben fruchtbares Tal. Und hier mag eine mögliche Lösung des Rätsels liegen: Hier täte sich zwar kein konfessioneller Graben auf – dafür ein Graben ganz anderer Art, was zu beweisen ich versuchen werde. Rüschegg und das Waldland des dazugehörigen Grabens gehörten unter die Herrschaft der Gnädigen Herren von Bern, die es dem einstigen Kloster Rüeggisberg abgeluchst hatten (wie, das spielt in unserem Zusammenhang keine Rolle); der Beginn der Herrschaft war jedenfalls zunächst eine Art Schutzherrschaft, ein Patronat, das im Laufe der Zeit zur Herrschaft «tout court» wurde, besonders dann, als im Zuge der Reformation die kirchlichen Güter säkularisiert und dem Staate (mithin den Gnädigen Herren) zugeschlagen wurden. Reiche Bauern und Sennen waren es kaum, die den Rüschegg-Graben bevölkerten. Die waren im Guggisberg schon eher zu finden. Der Liedtext bezeugt Mühlen in der «Töifi», also in den tiefen Tobeln, wo die Wasserkraft der Bäche ausgenutzt wurde. Tatsächlich gab und gibt es in diesen Tobeln unweit von Guggisberg Mühlen an den Wassern der Bäche. Wo sie im Laufe der Zeit verschwunden sind, sprechen noch heute Flurnamen und Ortsbezeichnungen eine deutliche Sprache. Das Vorhandensein von Mühlen aber deutet auf Kornbau hin, auf sesshafte

Ackerbauern also. Im Rüschegg-Graben dagegen finden wir Stampfen (Walkmühlen zur Ledergerberei, was auf Tierzucht hinweist) und Hammerschmitten, daneben Flurnamen und Ortsbezeichnungen, die einen Zusammenhang mit Chole, Chol, Kolleren, Kollen haben, aber auch Rüttenen und Schwenten, was auch die Anwesenheit der Hammerschmitten erklärt. Holzkohle wurde damals unter anderem zur Eisen- und Stahlherstellung benötigt, das dadurch notwendige Köhlergewerbe aber konnte kein sesshaftes sein, weil ja die Meiler von Holzschlag zu Holzschlag, von einer Schwende und Rütte zur andern neu angelegt werden mussten, die Köhler sich die wohl eher primitiven Hütten in unmittelbarer Nähe der gerade tätigen Meiler errichteten. Die Herstellung von Holzkohle wiederum gibt einen Hinweis auf den dichten Waldbestand des Tales. Dazu kommt, dass die Köhler mit ihren russverschmierten Gesichtern einem zufällig daherkommenden Wanderer schon wie Teufel vorkommen mochten und ihnen einen Schrecken einjagten. Es ist auch anzunehmen, dass die Köhler diese Furcht ab und zu dazu benutzt haben, ebensolche Wanderer um ihre Barschaft und manchmal auch um ihr Leben zu bringen. Alles das, deutet auf die Verschiedenheit der beiden Gegenden diesseits und jenseits – ännet! – dem Berg hin, und verschieden waren deshalb auch die Menschen, die da hausten. Hier Bauern und dort Hirten, Holzfäller, Köhler, Schmiede. Köhler und Schmied aber waren schon zu keltischer Zeit Berufe, denen das Unheimliche, das Dämonische anhaftete: des Umgangs mit der Göttergabe des Feuers wegen, den sesshafte Bauern mit ihren vollen Scheunen und Ställen zu jeder Zeit besonders gefürchtet haben.

Dass sich im Laufe der Jahrhunderte eine gewisse Scheu, wenn nicht gar offene Feinseligkeit im Verkehr der beiden Gegenden untereinander entwickelte, ist wahrscheinlich. Liebschaften sind daher eher unwahrscheinlich – oder sie waren dann eben zur Heimlichkeit, zum Scheitern, zum Unglück verurteilt! Womit wir wieder beim Lied angelangt sind, nun aber eine logisch klingende Erklärung dafür haben, warum diese ländliche Romeo-und-Julia-Geschichte einen unglücklichen Ausgang nahm. Es war kein konfessioneller Graben, der sich da aufgetan haben muss, sondern ein – gesellschaftlicher.

Das alles, lieber Marco, ist nun natürlich auf dieser Welt schon millionenfach dagewesen, was soll's also? Ich werde Dir die Erklärung für meinen ungewöhnlichen Eifer und den ebenso ungewöhnlichen Schreibfleiss gleich liefern: In der Zeit, in der das Lied vermutlich entstand, geschahen in Europa grosse politische Umwälzungen, die auch die Eidgenossenschaft und damit das aristokratische Bern – mitsamt diesem Landstrich rings um das Guggershörnli – berührten und heftig erschütterten. Der Französischen Revolution folgt auf dem Fuss der Untergang des aristokratischen Regimes. Der Untergang der Alten Eidgenossenschaft beendete aber in Tat und Wahrheit einen obrigkeitlichen Willkür- und Polizeistaat schlimmster Prägung.

Der Schatten, der dann allerdings über der auf die Aristokratie folgenden Helvetischen Republik lag, war der Schatten der Fremdherrschaft, des französischen Diktats. Immerhin, die den französischen Verfassungsartikeln angepassten helvetischen Grundgesetz-Artikel der Freiheit und der Gleichheit waren mehr als nur ein unwillig angenommenes ausländisches Diktat. Einem bisher mehr als nur verachteten Volksteil kam diese Verfassung mit dem in ihr verankerten Recht auf freie Niederlassung als Erlösung aus einem jahrhundertealten Albtraum vor. Das muss näher erläutert werden.

Weitab von der üblichen geschichtlichen Glorifizierung der «Alten, freien Eidgenossenschaft» vollzog sich nämlich, natürlich bereits beginnend mit der «Landnahme» der Alemannen mitsamt ihrem Sozialsystem, das sie in Freie, Halbfreie und Unfreie gliederte (aus der sich die spätere Gliederung der bäuerlichen Bevölkerung in «Burger» und «Hintersassen» entwickeln konnte), und dann immer schneller, im 18. Jahrhundert eine schon beinahe rasant zu nennende wirtschaftliche Umwälzung. Dieser Prozess hatte schon sehr früh zu einer allgemeinen Verbreitung der Armut geführt. Die «Bekämpfung» des Übels entsprach den barbarischen Sitten der Zeit. Förmliche Treibjagden, die sogenannten

«Landjeginen», wurden veranstaltet. Das Vaterland, für dessen Grösse und Heldenruhm man heute noch zitternde Ehrfurcht aufbringen soll, scheute sich z.B. im Jahre 1646 (und auch später immer wieder) nicht, durch den Mund der bernischen Obrigkeit per Mandat die Ermächtigung – praktisch an jedermann – erteilen zu lassen, «das überlästige und gefährliche Bettler- und Diebesgesindel entweder auszutreiben oder es niederzumachen, sich desselben mit Prügeln oder mit Erschiessen zu entledigen». Diese Landjeginen wurden veranstaltet mit dem Bestreben, die Armen – und nun darf wohl füglich der Begriff der «Landlosen», der «Fahrenden» gebraucht werden, um damit unter Umständen ein Licht auf den Ursprung und auf die Entstehung des den meisten so seltsamen Volkes der «Jenischen» zu werfen – entweder niederzumachen oder aber über die nächste der in reichem Masse vorhandenen Herrschafts- und Landesgrenzen zu jagen, wo sich dann das Spiel nach Belieben wiederholen und fortsetzen konnte – ad infinitum.

Die Verarmung war nicht nur eine Folge der Verschiebung in den Besitz- und Eigentumsverhältnissen und schon gar nicht hängt sie mit «Arbeitsscheu, Faulheit oder Verwahrlosung» zusammen, wie man das nur zu gerne glauben machen wollte. Vielfach wurden geeignete Güter einfach von den herrschenden Geschlechtern aufgrund zweifelhafter Zinsherrschaft allmählich den rechtmässigen Eigentümern enteignet. Unzumutbare Zinslasten halfen den landgierigen Gnädigen Herren dabei, säumige Zahler alsdann auszutreiben und die Güter um ein Nichts an sich zu bringen. Man darf hierbei niemals vergessen, dass es in der ursprünglichen alemannischen Gesellschaft nur Freibauern gab und die Allmend als Genossenschaftsland bewirtschaftet wurde. Erst der durch die unzähligen Kriege der fränkischen Oberherrschaft allmählich aufkommende Feudalismus, das Ritterwesen mit Landverleihungen und Erblehen, machte diesem Sozialgefüge ein Ende. Als Vorwand für die Enteignung und Zuteilung von mehreren Rechten an die aufkommenden Ritter diente also, wie schon so oft in der Geschichte, der Krieg als Vater aller Dinge. Ob diese Kriege immer für das christliche

Abendland geführt wurden, wie das behauptet wird, ist fraglich. Es begann nämlich damit die finsterste Zeit des Mittelalters. Die angeblich den Westen bedrohenden Araber standen kulturell haushoch über allen diesen «Kreuzfahrern» – aber diese Tatsache, lieber Marco, bereitete den Geschichtsschreibern nie Kopfzerbrechen.

Zurück zur Eidgenossenschaft: In den sogenannten Untertanengebieten war es noch schlimmer. Dort wurde nach dem Prinzip verfahren, das die Welt später unter dem Namen Kolonialismus perfektionierte und das uns heute die Probleme mit der Dritten Welt verschafft. Es herrschte eine erbärmliche Raubwirtschaft der Landvögte, die ihr Amt erkauften und sich nun mit Hilfe übler Kollaborateure innerhalb ihrer relativ kurzen Amtszeit schadlos zu halten suchten, nicht ohne angemessenen Profit, versteht sich. Nach zeitgenössischen Schilderungen hatten die Dörfer in der Waadt und in den Welschen Vogteien im Tessin ein erbärmliches Aussehen. Die Häuser waren baufällig und schmutzig, die Felder waren nur mit dem Allernotwendigsten bestellt. Die Kinder tummelten sich halbnackt auf den Strassen. Schulen gab es fast keine. Die Kleider der Erwachsenen waren von äusserster Dürftigkeit. In obrigkeitlichen Mandaten und Erörterungen wird immer und immer wieder auf die «zunehmende Räuberplage» hingewiesen, die sich breitmache und die gottgegebene Ordnung (des legalen Raubes durch die Landvögte?) gänzlich zu zerstören drohe. Die Räuberbanden im Jorat (Waadt, keltisch: Kohlberg) und am Ceneri (Tessin, romanisch: Aschenberg) sind aktenkundig. Die Verhörprotokolle und die Folterberichte ihrer Prozesse sind in den Staatsarchiven in Lausanne bzw. in Bellinzona als stumme Ankläger wohlverwahrt (aber auch vergessen) und einzusehen. Nun musst Du Dir das vorstellen, Marco: Ganze Sippen werden von ihrem Grund und Boden vertrieben, aus ihrer ursprünglichen Heimat fortgejagt, von einer Grenze zur andern gehetzt, vogelfrei und bettelarm im buchstäblichen Sinne des Wortes, sich dann wohl auch, der Not gehorchend, die bekanntlich kein Gebot kennt, zu grösseren, weil wehrhafteren Verbänden (jedes übrige Sozialgefüge war ja zusammengebrochen) zusammenschliessend: Menschen verschiedener Herkunft, Kultur und Sprache. Das mag einen Hinweis auf die Entstehung einer eigenen, aus den verschiedensten Elementen zusammengesetzten Sprache ergeben, einer Sprache auch, die den Verfolgern und Peinigern unverständlich blieb und deshalb eine Schutzfunktion erfüllen konnte. Mit zwei anderen Volksgruppen teilten diese Fahrenden fortan dasselbe Schicksal: mit den Juden, die ebenfalls keinen Grundbesitz haben durften und die deshalb auf den Handel mit beweglichen Gütern – sogar mit Geld – auswichen (um sich später prompt dem Vorwurf des Wuchers auszusetzen), und mit den aus dem indischen Subkontinent bei uns heraufziehenden Zigeunern, die, ebenfalls gehetzt und gejagt, auf ambulante Gewerbe umstiegen, als Geiger zum (verbotenen) Tanz aufspielten, sich die Mystifikationen um ihre Herkunft nutzbar machten und Wahrsagerei, vermutlich aber auch (verbotene) Heilkunst (inklusive Geburtenregelung und Abtreibung!) ausübten für Mensch und Vieh, bei den Alphirten wohlgelitten waren, weil sie ihnen die Kenntnisse der Kräuter und Drogen überliessen.

Die letzteren beiden Gruppen hatten aber den Fahrenden eines voraus (auch wenn es wahrscheinlich ist, dass Zigeuner sich einzelner Personen oder Gruppen von Fahrenden angenommen und sie möglicherweise sogar in ihre Stammesverbände aufgenommen haben): Die «Juden» hatten ihre religiöse Organisation, die ihre Gesellschaft regelte, ihnen sozialen Rückhalt gab. Armenpflege, Unterricht sowie die übrigen Gesetze des menschlichen Zusammenlebens wurden von ihren Rabbinern gemäss der Überlieferung und des Talmuds geregelt, was freilich die jüdischen Gemeinden nicht stärker machte gegen den äusseren Feind. Sie waren nicht wehrhaft im Sinne einer starken Gemeinde- oder Sippenorganisation, von Stammesorganisation nicht zu reden. Sie waren den Pogromen, die regelmässig über sie hereinbrachen, ebenso hilflos ausgeliefert wie die Fahrenden den Landjeginen, im Gegenteil: Die Fahrenden griffen da schon eher ab und zu zur Gegengewalt.

Die «Zigeuner» wiederum hatten ihre festen Sippenverbände

mit genau festgelegten hierarchischen Strukturen nach dem patriarchalisch-monarchischen Prinzip – was nicht etwa heissen wollte, dass die Frauen rechtlos gewesen wären, im Gegenteil. Gegen Verfolgungen verstanden die Zigeuner sich mit Mitteln zu wehren, die es den abergläubischen Verfolgern ratsam erscheinen liessen, die Zigeuner tunlichst in Ruhe zu lassen. Die Fahrenden, die «Fecker», waren zum Zweckverband ohne jeden inneren Zusammenhalt geworden, wenn man von der alle gleichermassen erfassenden Angst vor den Landjeginen absieht. Auch sie mussten wie die beiden anderen Volksgruppen zu allerhand ambulanten Gewerben ihre Zuflucht nehmen. Scherenschleifen, Korbmachen, Kessel- und Kachelflicken, Kräuter- und Drogenhandel, Hausiererei und Ehevermittlung, oft auch Wahrsagerei, Karten- und Handlesen, daneben freilich auch Diebstahl und Raub, wenn die Gelegenheit sich ergab, was man verstehen muss: Für den ausserhalb des Gesetzes Gestossenen gibt es eben kein Gesetz mehr, das er anerkennt, ausgenommen dasjenige seiner eigenen Sippe. Die Landjeginen liessen ihnen ja keine Ruhe, keinen Frieden, kein Fortkommen auf «ehrliche» Weise, den Kindern keine Schulbildung. Ein ganzes Volk entstand auf diese Weise, mit eigener Sprache und mit eigenen Gesetzen, mit eigenen Glaubensvorstellungen; und der Bestand dieses Volkes vermehrte sich laufend durch neue Elendsgestalten aus dem In- und Ausland, eine Rassenmischung, die von der schlechtesten gewiss nicht sein kann, wenn man an das mühsame und gefährliche tägliche Überleben denkt.

Und nun, Marco, können wir getrost zum Ausgangspunkt, zu meiner Geschichte vom Vreneli ab em Guggisbärg, zurückkehren. Was lag denn näher, als dass sich diese Verfolgten in möglichst unzugängliche Grenzgebiete zurückzogen, von wo aus sie im Falle einer drohenden Gefahr (und das war fast immer der Fall) schnell über eine Grenze wechseln konnten, von einem Herrschaftsbereich in den anderen, um nach bestandener Gefahr ihre geheimen Wohnstätten in den dichten Wäldern wieder aufsuchen zu können? So polizeistaatlich die einzelnen Orte in der Eidgenossenschaft auch organisiert waren, so wenig gab es – nach dem Prinzip des Heiligen Sankt Florian – eine eidgenössische Polizei oder gar Rechtspflege. Das einzige Dokument, das einen Ansatz dazu enthält, ist das berühmt-berüchtigte Stanser Verkommnis, das man zu guter Letzt dann auch noch dem daran vollkommen unschuldigen Bruder Klaus auflud – ein Herrenpakt zur Verewigung der Knebelung und Unterdrückung der Untertanen auf immer und ewig. Aber sonst? Die paar Landjäger konnten auch nicht überall gleichzeitig sein, zudem waren es meist verkommene, schlecht ausgebildete und höchst bestechliche Individuen, die sich für einen solchen Polizeidienst hergaben. Zudem haben die Fahrenden vermutlich über einen gut ausgebauten Nachrichtendienst verfügt. Wurde einmal eine grössere Landjegi angesagt und musste dazu (die viel gefährlichere) Miliz aufgeboten werden, so verbreitete sich der Mobilmachungslärm wahrscheinlich schnell genug, um die auf allen Wegen wandelnden Fahrenden zu warnen. Es kommt nicht von ungefähr, dass zwei besonders gefragte und bekannte Stützpunkte der Fahrenden in unzugänglichen Grenzregionen lagen: in der Region von Vaz/Obervaz mit ihren hundert Tälern und dichten Wäldern, mit ebenso unübersichtlichen wie komplizierten Herrschafts- und Gerichtsbarkeitsverhältnissen, und der Rüschegg-Graben im dichten Waldgebiet des Üechtlandes, im Dreiländereck der Herrschaften Grasburg, Bern und Freiburg.

Es ist gewiss auch kein Zufall, dass viele Fahrende heute noch diese beiden Gemeinden als ihren Heimatort ausweisen. Das hängt mit dem erwähnten Zusammenbruch der «alten Ordnung» (1798) zusammen. Die Helvetische Republik hob alle Vorrechte der Geburt, des Standes und des Besitzes auf, und so wurde mit der freien Niederlassung und mit der Freizügigkeit jedes Menschen das Unglück der Fahrenden mit einem Federstrich aus der Welt geschafft – auf dem Papier. Keine Behörde konnte nunmehr die Fahrenden immer wieder dem Nachbarkanton zuschieben. Die Kompetenzen der Kantone waren weitgehend aufgehoben, die Grenzen spielten nurmehr eine unwesentliche, verwaltungstechnische Rolle. Das Armenrecht wurde neu geregelt. Die

Burger mit Anteil am säkularisierten Allmendland hatten nun die Armenpflege zu übernehmen, was ihnen aber gar nicht passte. Sie waren wohl bereit, bei dieser demokratischen Landverteilung die Beutel freudig aufzuhalten, nicht aber, aus diesen Beuteln dann wieder etwas loszulassen. Sie, die jetzt von Zinsen und Zehnten und Grundlasten befreit waren und so zu den eigentlichen Nutzniessern der «Revolution» wurden, spielten bald einmal ein neues Spiel, als es darum ging, nun auch die Armenpflege und andere Staatsaufgaben zu übernehmen: Auf einen Stichtag bestimmte nämlich der helvetische Innenminister, dass jede Gemeinde die am Stichtag sich auf ihrem Territorium aufhaltenden Fahrenden (im Gesetz wurden sie nun «Heimatlose» genannt) in ihr Bürgerrecht aufzunehmen hätten (allerdings nur ins Munizipalbürgerrecht, ohne jeden Anspruch auf Burgernutzen oder Allmend). Wohl wird die eine oder die andere Gemeinde vor dem Stichtag versucht haben, die altbewährten Methoden fortzusetzen und die Fahrenden kurzerhand dem Teufel zuzujagen, sich dieser überraschenden und unerwünschten Vermehrung der Burgergeschlechter mit allen Mitteln zu erwehren. Manchmal wird's wohl auch geholfen haben, manchmal eben nicht, in Vaz und in Rüschegg jedenfalls ist die Konzentration dieser Geschlechter, denen zunächst auch noch ein Geschlechtsname «verpasst» werden musste, auffallend hoch. Auf einen Schlag wurden nun die Hausierer und Schirmflicker, die Scherenschleifer und Korbmacher, die Kesselflicker, die Köhler und Kaminfeger Rüschegger Bürger, die das Recht hatten wie jeder andere auch, z.B. Land zu besitzen, ein Haus zu bauen, Vieh zu halten – kurz, in der Theorie hätten sie nun sesshaft werden können. (Vom Burgernutzen allerdings sind sie bis zum heutigen Tag ausgeschlossen.) Plötzlich hätten nun sie, die ewig Gehetzten und Verjagten, die zudem über geringe oder gar keine Fertigkeiten oder Kenntnisse sesshafter Gewerbe verfügten – von einer Schulbildung nicht zu reden –, die Tugenden der Sesshaftigkeit entdecken sollen. Den Glauben an Recht und Gesetzestreue übernehmen sollen, die fortan für alle Menschen gleich sein sollten. Sie, die eine eigene Sprache sprechen mussten, eine Geheimsprache, die sie schützen sollte vor den allgegenwärtigen langen Ohren einer gnadenlosen Obrigkeit, die trotz alledem als fromme und fürsichtige Gnädige Herren angeredet sein wollte? Sie, die vom Christentum nur eine oberflächliche Tünche bekommen hatten, weil sie wenig Gnade kennengelernt hatten und wenig Nächstenliebe, die dafür ihren eigenen Mythen anhingen und die Blutrache kannten? Fremdartig aussahen? Das konnte so nicht gut gehen. Bald wurden die Fahrenden den Eingesessenen wieder zum Dorn im Auge. In den neuen Gemeinderäten sassen grösstenteils die alten Vorurteile. Man begann, auf die Fahrenden wieder erbarmungslos eine «Zucht und Ordnung» anzuwenden, wie sie schon immer bestanden hatte, bigott und selbstgerecht. Die Armengesetze und das Vormundschaftswesen des sich festigenden neuen Staates lieferten die notwendigen gesetzlichen Handhaben dazu, denn legal sollte es nunmehr zugehen, Lynchjustiz war ungesetzlich. Arbeitsscheu wurde zu einem Delikt erhoben, was immer das hiess, Vagantentum, Liederlichkeit, Trunksucht, so lauteten die neuen, ach so alten Anklagen, dazu kamen die alten Verdächtigungen: Wer lügt, stiehlt; wer nicht arbeitet, stiehlt; wer stiehlt, mordet auch, das ist doch selbstverständlich. Wer herumvagiert, ist sittlich gefährdet, treibt vermutlich auch Unzucht. Nun konnte wieder «vorgegangen» werden. Familien wurden auseinandergerissen, Eltern (getrennt) in Arbeitsanstalten eingewiesen, eingesperrt unter dem grimmen Motto der ach so arbeitsamen und tugendhaften Gemeindeväter: Wenn wir schon für das Pack zahlen sollen, so hiess es, dann muss das Pack auch arbeiten und nicht in der Welt herumvagieren, im Schatten musizieren, dieweil die anderen an der heissen Sonne im Heu schwitzen. Kinder in die Welt setzen (und etwa noch Spass an der Liebe haben), kein Mensch weiss wie viele, für die wir dann später auch wieder aufzukommen haben werden, kurz: Man hätte sie am liebsten ausgerottet unter dem Deckmantel der Nächstenliebe, der «Erziehung zu wertvollen Menschen». (Für wen wertvoll? Cui bonum?) Hier sind jahrzehntelang Dinge geschehen, die dem Zuschauer die Zornesader schwellen lassen. Das ging von behördlich angeordneten Kindesentführungen, von Zwangssterilisationen bis zu effektivem Kindesraub – anders wird wohl kaum jemand die «Aktion Kinder der Landstrasse» der Pro Juventute nennen wollen. Neugeborene Kinder den Müttern wegzunehmen und zur Adoption freizugeben – das ist ein trübes Kapitel schweizerischer Rechtspflege und Geschichte. Verbohrte Vormundschaftsbehörden, Gemeinderäte, Ämter und Beamte aller Art haben hierbei tätige Hilfestellung geleistet, und noch heute suchen Opfer dieser «humanitären Aktion» ihre wirklichen Eltern, und noch immer weigert sich die Pro Juventute, die Akten zu öffnen, die Dossiers endlich herauszugeben. Die Fahrenden sind sich in der Zwischenzeit endlich ihrer Existenz als eigener Volksgruppe bewusst geworden, sie sind stolz auf ihre eigene Kultur, und sie werden allmählich auch zu ihrem Recht kommen. Was ihnen dabei vielfach noch abgeht, ist die Kenntnis der historischen Zusammenhänge, der gesellschaftlich-sozialen Umstände ihrer Herkunft. Es ist nicht blindes Schicksal, was an ihnen geschehen ist, sondern ein geschichtliches Unrecht.

Daran können auch die Beamten nichts ändern, die alles hintertreiben möchten, weil sie wissen, dass ihre eigenen Unterschriften heute noch am Schluss der kompromittierenden Dokumente stehen – und dass man sie, wenn auch kaum juristisch, so doch historisch-moralisch zur Rechenschaft ziehen kann. Wer weiss denn, ob der fromm augenaufschlagende Mensch neben dir auf der Kirchenbank nicht einer dieser Menschenverächter war? Lieber Marco – siehst Du: Ein einfaches Lied aus dem Volksgut löst solchermassen eine Lawine von Gedanken und Fragen aus; dass sich daraus ein Filmstoff ergeben kann, liegt doch auf der Hand, oder etwa nicht? Ich erwarte mit Spannung Deine baldige Antwort und verbleibe Dein Fabian Kessler.

PS. Falls das ein Kriterium sein sollte: Ich habe Zeit. Ich weiss, dass es immer eine langwierige Sache ist, bis man bei einem Film von den Formalitäten endlich zum Kreativen übergehen kann.

Uff! sagte Marianne. Da hast du dir ja einiges vorgenommen,

du meine Güte. Ja, sagte Fabian. Ich weiss. Aber irgend jemand muss es einmal tun. Wir leben in einem Zustand der Selbstgerechtigkeit und der Selbstzufriedenheit, dass wir zu glauben beginnen, bei uns sei immer alles in bester Ordnung. Zu kritisieren gebe es allenfalls bei den andern, wenn überhaupt. Noch lieber hat man es offenbar bei uns, wenn überhaupt nicht kritisiert wird, weder an uns noch an andern. Mit der Pro Juventute, sagte Marianne, hast du dir eine der heiligsten Kühe zum Schlachten vorgenommen, die es bei uns gibt. Du verletzest da ein ungeschriebenes Gesetz.
Ich weiss, antwortete Fabian gehässig. Der Milchpreis, die Armee, das Rote Kreuz – und es gibt noch ein paar andere, die allerdings eher das Format von Rindviechern haben, nicht von ausgewachsenen heiligen Kühen. Von mir aus. Aber leider – und ich muss leider sagen, denn gelüstet hätte es mich, darauf kannst du zählen. – Leider spielt die Pro Juventute in der Filmgeschichte, wie ich sie mir vorstelle, nur eine sehr untergeordnete Rolle. Mich interessiert hauptsächlich der historische Aspekt der Geschichte.
Tja, sagte Marianne. Man kann auch mit historischen Stoffen den Teufel am Schwanzhaar ziehen, und das hat der Teufel gar nicht gern. Sie werden dich in den Zeitungsspalten teeren und federn, wenn du ihre Kitzligkeit gerade in historischer Beziehung herausforderst. Du weisst: Der Väter Heldenkampf im Pulverdampf, so steht es in den Geschichtsbüchern. Was hat denn Marco darauf geantwortet? Fabian wies auf das Dossier und begann, den Tisch abzuräumen. Ist auch dort drin, sagte er. Aber es war nur eine kurze Antwort. Ich soll ein brauchbares Treatment verfassen, meint er. Der Stoff an sich sei so gut wie gekauft, allerdings hätte ich in meinem Brief vom eigentlichen Stoff des Films sehr wenig geschrieben, dafür eine Menge Theorie, die ihm allerdings bei der leidigen Geldbeschaffungsfrage sehr nützlich sein werde. Diesmal werde es kaum ohne Fernsehen gehen. Immerhin, die Drehbuchkosten übernehme er, wie auch früher immer, auf eigene Kasse und eigenes Risiko. Gott sei Dank wird es aber nicht unser Fernsehen sein, sondern ein ausländischer Sender. Das beruhigt mich.

Und du glaubst, fragte Marianne, dass du diese Arbeit auch noch bewältigen kannst? Ihre Stimme liess eine gewisse Skepsis durchschimmern. Du siehst sehr müde aus, und eigentlich wollte ich mit den Kindern auch noch wegfahren. Ein paar Tage nur, ehe die Ferien ganz vorbei sind. Mein Vater ruft beinahe jeden Tag an. Dir wollte ich vorschlagen, mitzufahren – ein paar Tage heraus aus alledem. Vater würde mich noch mehr aufregen, als meine ganze Arbeit hier, sagte Fabian sarkastisch. Und dann der Garten? Wie stellst du dir das denn vor? Ich habe den alten Wagner gefragt, Fabian, antwortete Marianne mit leiser Stimme. Er würde es tun – nach dem Rechten sehen, meine ich. Und auf den kannst du dich doch verlassen.
Wie kommst du denn . . .? Fabians Gesicht war voller Misstrauen. Ich wette, erwiderte Marianne, du hast die Kaninchen der Kinder noch gar nicht gesehen. Wir haben sie letzte Woche schon geholt, und bei dieser Gelegenheit habe ich mit dem alten Wagner sprechen können. Du hattest recht, Fabian. Der Mann ist wirklich aussergewöhnlich.
Fahrt ihr nur weg, sagte Fabian. Ich möchte jetzt die Arbeit nicht unterbrechen. Wir können im Herbst wieder einmal alle zusammen irgendwo hinfahren. Nur bitte – jetzt nicht. Ach Gott, Fabian, seufzte Marianne. Wer weiss, was du im Herbst wieder für verrückte Ideen hast. Oder ist das Spanienbuch mittlerweile nicht mehr aktuell? Doch, sogar sehr, sagte Fabian. Und das ist es ja gerade. Ich bin in Cordóba und Sevilla noch nicht ganz zu Ende mit den Recherchen, ich habe auch noch eine Verabredung mit Professor Portillo. Wäre das nichts, Marianne? Wir fünf im Herbst in Andalusien? Zu schön, um wahr zu sein, sagte Marianne. Und was soll daran Spass machen, wenn du den ganzen Tag in den Universitätsbibliotheken herumsitzest? Was soll ich dann den ganzen Tag mit den Kindern machen? Ach, weisst du, Marianne, in Andalusien beginnt das eigentliche Leben doch erst nach drei oder vier Uhr nachmittags – und dann sind die Bibliotheken bereits seit zwei Stunden geschlossen. Die arbeiten dort nur vormittags. Am Nachmittag kannst du den Professor als Kassierer in der Stierkampfarena oder weiss der

Teufel wo antreffen. Das ist so in Spanien. Jeder Beamte –
bei den geringen Gehältern – hat irgendeinen Zweitberuf,
von dem er wirklich lebt.
Das werden wir ja sehen, sagte Marianne. Fahrt ihr nur weg,
wiederholte Fabian. Wenn du das ganze Dossier durchgelesen hast, Marianne, dann weisst du auch, warum ich jetzt
nicht unterbrechen möchte. Das Screenplay ist so gut wie
geschrieben, bis auf die Dialoge, selbstverständlich – aber da
warte ich ohnehin immer, bis Marco mir grünes Licht gibt.
Bis er die Finanzierung gesichert hat. Ich mache mir auch
nicht gerne unnütze Arbeit, und zudem – wenn er erst einmal
die ganze Produktion auf die Beine gestellt hat, dann kann er
auch die Schauspieler engagieren. Ich schreibe die Dialoge
viel lieber, wenn ich weiss, welcher Schauspieler oder welche
Schauspielerin für welche Rolle engagiert wurde. Dann hast
du also doch die ganze Zeit, von der ich glaubte, du habest
eine Ladehemmung, die Vreneli-Sache bearbeitet? Geschrieben? In Briefform mit deinem Regisseur? Das ist ja allerhand. Fabian grinste und gab ihr einen Kuss auf die Nasenspitze. Auch der besten Lektorin und Ehefrau, sagte er
immer noch grinsend, darf ein Autor nicht alles auf die Nase
binden, auch wenn es die reizendste Nase der Welt ist. Nimm
das Dossier mit – ich benötige es im Augenblick nicht – und
fahre mit den Kindern zu deinem Vater. Ich werde schon
zurechtkommen. Ich bin ja nicht das erstemal in meinem
Leben allein. Du musst mir nur versprechen, dass der alte
Griesgram das Dossier mit keinem Auge zu sehen bekommt,
nicht einmal mit einem Hühnerauge. Nicht einmal durch ein
Versehen oder durch eine Nachlässigkeit. Ich kenne die fast
schon krankhafte Neugier des Alten. Als er zum Urlaub hier
war, hatte er ständig die Nase ungeniert in allen herumliegenden Papieren. Und der – mit seinen Freunden überall, der
würde womöglich irgendwo einen Warnpfiff ertönen lassen.
Und jetzt komm! Wir wollen die Kinder rufen und endlich
diese Kaninchen kennenlernen. Wo hausen die denn? In
einer Badewanne? Müsste ich aber gesehen haben.
Marianne lachte. Fabian zwo und Marius haben ihnen einen
Stall gebaut, sagte sie stolz. Und die kleine Cornelia hat

ihnen dabei die Nägel zugereicht. Fabian war schon bei der Tür. Er drehte sich nochmals um. Ich hatte die Hoffnung bereits aufgegeben, sagte er, dass die Kerle zu etwas anderem taugen, als ihren armen Vater mit ihren Streichen frühzeitig ins Grab zu bringen. Wie man sich doch immer wieder täuschen kann! Kichernd ging er die Treppe hinunter und rief mit lauter Stimme nach Fabian zwo.

9

Lineli Graf geborene Hänggi

November 1984

Der Tod von Schuhmacher Hänggis Lineli war keine Sensationsmeldung wert gewesen. Das Opfer war still und unbedeutend – aber das war durchaus nicht immer so gewesen. Im Pfarrer kam das Gefühl auf, dieser Tod sei vor allem seiner Lästigkeit wegen für die Nachbarn ein Ärgernis gewesen, der – mit Verlaub – Gestank der Leiche hatte sie dazu gebracht, endlich die Polizei zu rufen und nicht etwa die Sorge um eine Nachbarin, mit der sie nun seit Jahren Tür an Tür lebten – unter demselben Dach zumindest. Sie riefen die Polizei auch erst, als sie der geschlossenen Lüftungsklappen wegen in ihrem eigenen Mief zu ersticken drohten. Hinterher hatte natürlich jeder seine Mutmassungen und seinen Kommentar bereit. Genau wie sie früher auch Mutmassungen und Kommentare bereit hatten, als es darum ging, der (doch noch recht jungen, man bedenke!) Witwe nachzuspionieren, ihr Kommen und Gehen und vor allem das Kommen und Gehen ihrer Besucher zu überwachen, zu kommentieren und – gegebenenfalls – am richtigen Ort zu melden. Aber eine solche Belästigung hatte man denn doch nicht voraussehen können: Einfach so mir nichts, dir nichts zu sterben und dann in der Wohnung zu stinken. Ekelhaft, so etwas. Sie empfanden alle einen ähnlichen Ekel, wie ihn jemand empfindet, der in der Cervelat, die er gerade angebissen hat, eine tote Maus oder gar die abgeschnittene Fingerkuppe des Metzgerburschen entdeckt. Ekelhaft. Ja – und sogar strafwürdig ist so etwas, wenn man es ganz genau nimmt. Das verletzt doch jede Ordentlichkeit. Diese morgen zu beerdigende Tote allerdings konnte kein Hauswart und keine Hauswartsfrau, die sonst in Abwesenheit ihres Mannes ihr strenges Regiment führt, mehr ermahnen, mit aller Deutlichkeit natürlich und mit einem barschen Unterton in der Stimme (Mietwohnungen sind rar, Mietwohnungen sind kündbar, Mieter sind zu ersetzen, mithin auch zu erschrecken – so kann man schon immer eine leichte Drohung durchschimmern lassen) ermahnen, wie man zu sterben habe, ohne mit seinem Gestank friedliche Bürger vom Horrorvideo aufzuschrecken, ohne die geheiligte Hausordnung zu verletzen, kurz: Seine Mitbürger zu belästigen. Anständige Tote gehören binnen einer Frist von drei Tagen unter den Boden. So will es das Reglement – wo käme man sonst hin? Tote werden verwaltet, gehören zu Grabe getragen, ob mit oder ohne Trauergemeinde ist doch wohl unerheblich – aber sie bleiben nicht einfach wochenlang so daliegen. Zustände sind das. Wo doch jedermann weiss, dass er Ordnung zu halten hat im Leben, warum dann nicht im Tod? Selbst die Gräber auf dem neuen Friedhof, so dachte der Pfarrer, sind genormt. Die Gräber und die Grabsteine. Wildwuchs und Phantasie werden im Tode sowenig geduldet wie im Leben. Deshalb können ungenormte Grabsteine auch nicht toleriert werden. Man weiss viel über ein Volk, murmelte der Pfarrer, wenn bekannt ist, wie dieses Volk mit seinen Aussenseitern, mit seinen Minderheiten umspringt. Noch viel aufschlussreicher ist indessen der Totenkult. Von uns beispielsweise könnten spätere Generationen denken, seufzte der Pfarrer, wir hätten wohl ausgezeichnet gelernt, in Reih und Glied zu gehen, im Falle der Friedhöfe also: zu liegen. Der Pfarrer hatte in jungen Jahren die Friedhöfe der Berber in der Grossen Kabylei gesehen: Am höchsten Aussichtspunkt, von dem aus er die Stätte seines Lebens, Liebens und Leidens immer fast in Rufweite vor sich hatte, wurde ein alter Berber begraben; andere Gräber gruppierten sich darum herum, zwanglos, ein lebendiges Totendorf, von keinerlei Zwängen oder Vorschriften gehemmt oder eingeengt. Ist nicht der Tod allein schon der schlimmste Zwang, der den Menschen von ihrem Schöpfer auferlegt wurde? So fragen die Berber den Neugierigen. Keinerlei Vorschriften gibt es auch über den zulässigen oder unzulässigen Grabschmuck – das eine Angelegenheit, die nur die Sippe des Toten etwas angeht. Wenn der Tote beispielsweise zu Lebzeiten angeordnet hatte, er möchte entweder im Hof seines Hauses oder auf seinem Lieblingsacker begraben werden, dann sorgten seine Söhne dafür, dass diesem Wunsche nachgekommen wurde. Ihr Respekt für den Vater reichte eben über den Tod hinaus in die Ewigkeit hinüber. Überall in den Weiden, Wiesen und Feldern, mitten in einem Acker zuweilen, konnte man diesen Gräbern begegnen, mitten unter den auf den Feldern arbeitenden Nachkommen. Zwei Steine bezeichneten das Grab eines Mannes, drei ein solches einer Frau – die Frauen, so die Berber, haben auch im Leben immer die grössere Last getragen.

Vielleicht werden spätere Forscher von uns denken, wir hätten eine pflichtbewusste Brüderlichkeit bei der Verteilung des knappen und kargen Bodens geübt, was von viel Sinn für Gleichheit zeuge. Von unseren Bodenpreisen würden solche späteren Archäologen natürlich keine Ahnung haben.

Der Pfarrer entzündete die erloschene Brissago neu, aber sie brannte schief und wollte ihm überhaupt nicht schmecken. Er legte sie auf den Aschenbecher auf dem Schreibtisch zurück. Auf dem Tischblatt lagen immer noch die Entwürfe und die Notizen zu dieser Leichenrede nebst dem Lebenslauf, in den der Bättig geschrieben hatte (aus welchem Familienehrgeiz auch immer), die Verstorbene habe, nach dem frühen Tod ihres Mannes, eine Vertrauensstellung in der (mittlerweile Pleite gegangenen) Uhrenfabrik bekleidet, die sie mit grösster Hingabe ausgefüllt habe. Tja. Einmal abgesehen von dem miserablen Deutsch, in dem Bättig diesen Spruch zu Papier gebracht hatte, stimmte er ja wohl so. Sorgfältig war es immer gewesen, das Lineli. Er erinnerte sich an das schöne, blonde Mädchen mit den blauen Augen und den langen, schlanken Beinen, das sich bereits zur Unterweisungszeit in seiner Klasse zu einer richtigen Jungfrau entwickelt hatte, während die gleichaltrigen Buben sich noch aufführten wie richtige kleine Lausbuben. Es hiess im Dorf, die Lina müsse dem Schuhmacher Josi den Haushalt führen und die jüngeren Geschwister erziehen, seit die Mutter – so früh schon, aber es ist ihr wohl ergangen, sagten die Leute, die alles so gut wissen hinterher, sie hat sich manchen Kummer erspart, die gute Martha – seit die Mutter also gestorben war. Damals redeten die Leute anders. Sie mache das einer gestandenen Frau z Trutz, die Lina, sagten sie. Auch später war nur Gutes zu vernehmen gewesen. Das Mädchen hatte es trotz dieser Belastung im väterlichen Haushalt geschafft, beim Müllermeister und Futtermittelhändler Neukomm eine kaufmännische Lehre zu machen und diese – anders wäre es wohl kaum zu erwarten gewesen – mit Erfolg und mit der Maximalnote abzuschliessen. Das Kaufmännische, so hatte der Fuhrhalter und Kieswerkbesitzer Bättig, der Bruder der verstorbenen Mutter, dem alten Schuhmacher die Sache schmackhaft gemacht, sei für Lineli eine todsichere Sache. Wenn sie einmal ausgelernt habe, könne sie bei ihm im Geschäft das Büro übernehmen. Er ziehe jemanden aus der Verwandtschaft einer Wildfremden vor, der man nicht genug Lohn geben könne, ihr dafür aber auch keine fünf Minuten über den Feierabend hinaus etwas zumuten dürfe, und ihr erst noch nicht trauen könne, hinten nicht und vorne nicht. Der Fuchs dachte dabei hauptsächlich an den Lohn. Eine Verwandte, dazu noch eine Halbwaise, sagte er zu Hause am Tisch, könne wohl froh sein, dass sich jemand ihrer annehme, sich um ihr Fortkommen kümmere. Der alte Schuhmacher Josi nuckele lieber im «Löwen» an seinem Härdöpfler, als sich gross darum zu kümmern, was aus dem Lineli werden solle. Der Lehrer hätte es auch gelobt, das Lineli. Es sei überaus geschickt. So eines aus der Verwandtschaft, dazu noch aus einer solchen Verwandtschaft, werde sich dann hoffentlich wohl kaum getrauen, etwa viel Lohn zu verlangen. Das wäre dann doch nicht brav von dem Mädchen – aber

Undank sei meistens der Welt Lohn. Zur Lehre begehre er es zwar nicht gerade. Das verdammte Ausbilden von Lehrlingen sei eine leidige Sache und nur mit Kosten verbunden. Ehe die so viel gelernt hätten, dass sie auch langsam etwas rentierten, sei die Lehre vorbei, und der Jungvogel flöge aus. Die lange Nase habe dann der Lehrmeister, der die Opfer gebracht habe. Und wie der alte Bättig, der Onkel, so dachte auch der Junge, der Cousin (und jetzige Gemeinderat), der seinerseits Automechaniker lernte, damit das Geschäft Bättig und Sohn später einen solchen im Fuhrhof einsparen konnte. Er war durchaus einverstanden mit der Spekulation seines Vaters, ausserdem, wer weiss – da war doch vom Bättig-Grossätti her noch ein Schübeli Geld, das beim frühen Tod seiner Tante, des Schuhmachers Martha, an Lineli und die andern Geschwister gegangen war. Die Kinder hatten ja damals alle einen Beistand bekommen, und das Geld wurde jetzt bis zu Linelis Volljährigkeit vom Waisenvogt verwaltet – mit anderen Worten: es war noch da! Und hübsch war sie auch, die Lina, und für dasselbe Geld hätte mancher eine viel Wüstere nehmen müssen, sagte der junge Bättig, und wegen der Verwandtschaft, he nun, das wäre nicht das erstemal, dass Cousin und Cousine geheiratet hätten, schon gar nicht in Gilgenburg, wo nahezu jeder jedem irgendwie verwandt war, wenn man es ganz genau nahm. Die Gilgenburger waren dafür bekannt, das Geld womöglich in der Familie am Haufen zu lassen und es nicht in alle Winde hinaus zu vererben. Lineli aber hatte seinen eigenen Kopf und seine eigenen Pläne. Den Bättig Rüedu kenne sie von der Schule her und auch sonst, sagte Lina zu ihrem Vater, als der einmal mit ziemlich Öl am Hut und nicht eben viel Zartgefühl auf den Busch klopfen wollte, wie es ihm sein Schwager im «Löwen» aufgetragen hatte, nachdem er ihm das Gemüt mit ein paar Gläschen Härdöpfler gesalbet hatte. Diesen Grossgrind und Ruech kenne sie gut genug. Dem sei keiner zu bring und zu gering, ihn zu plagen und niederzumachen, wo er könne und möge, ohne dass es ihm auskäme. Was der einmal brauche, sei entweder eine Frau mit Haaren auf den Zähnen, die ihn meistern möge und ihm die Flausen austreibe, oder aber ein

Babi, das so vor sich hin arbeite und dem diese Flausen wurscht seien, und das seien sie ihm, Lineli, eben nicht, und für ein Babi habe es auch kein Talent. Wo andere Leute etwa ein Herz hätten, habe dieser Rüedu einen zentnerigen Brunnenstein.

Lina arbeitete nach der Lehre beim Neukomm weiter. Der hatte ihr ein anständiges Angebot gemacht: Die alte Buchhalterin, die recht eigentlich Linas Lehrmeisterin gewesen war, weil der Chef selten im Büro anzutreffen war, ging in die Siebzig und hatte genug. Lieber würde sie heute aufhören als erst morgen, pflegte sie zu sagen, und Lina kenne ja nun den ganzen Laden wirklich in- und auswendig. Was also lag näher, insbesondere da dem Schuhmacher Josi der grössere Lohn auf der Hand auch lieber war, als ein Stein im Brett bei einer Verwandtschaft, die sonst nicht eben viel nach einem fragte, weder in guten noch in schlechten Tagen. Es gab allerdings saure Mienen und böse Augen, aber das kümmerte Lineli wenig.

Ja – und dann kam diese dumme Geschichte mit dem Kind. Das Dorf stand buchstäblich Kopf, denn die Klatschtanten des Dorfes, die sonst alles wussten und über jede Liebschaft und über jeden heiratsfähigen Jüngling und jede noch ledige Tochter im weiten Umkreis bestens im Bilde waren, konnten für einmal nur mit Mutmassungen aufwarten, diese dafür dann aber um so handlicher. Allen anderen hätte man das zugetraut, waren die Dorfmatronen sich einig, nur nicht gerade dem Schuhmacher Hänggi-Josis Lineli, obschon, wie sie sofort beifügten, sie immer ein bisschen eigen gewesen sei und dann eben – hoffärtig wie sonst kaum eine. Der Pfarrer wischte sich den kalten Schweiss von der Stirn, der ihm plötzlich ausgebrochen war, als hätte er bald den Ausbruch einer Grippe zu befürchten. Diese Dorfmatronen. Wenn ein Mädchen in Gilgenburg sich mehr als einmal die Woche das Gesicht wusch und dabei den Hals nicht vergass, wenn es seine Strümpfe stopfte, und sie nicht abwechslungsweise als Strümpfe oder als Salatsieb brauchte, wenn es die Züpfen nicht nur einmal des Jahrs aufliess und sie durchstrählte – dann galt so ein Meitschi eben als Hoffartsnarr. Kuhdreck an den Schuhen oder an den Holzpantinen galt als vornehm, hatten doch die Armen keine Kühe, sondern bestenfalls Ziegen und somit auch keinen Kuhdreck an den Schuhen. Das Gerede im Dorf war unbeschreiblich gewesen und der Skandal riesengross, besonders als das Lineli vor dem Gemeinderat, vor den es zitiert wurde (als Vormundschaftsbehörde war das sogar die Pflicht des Gemeinderates), den Kindesvater hätte angeben sollen. Aber die Frauen Gemeinderätinnen warteten selben Tags vergebens auf ihre Hausväter, um ihnen nach alter Gewohnheit die Würmer aus der Nase ziehen zu können, um das Allerneueste und das Allerwichtigste vom Ratstisch ofenfrisch zu vernehmen, insbesondere jetzt im Fall Lineli Hänggi. Lineli habe sich standhaft geweigert, brummten die Ratsherren nur über den Tisch hinweg, den Vater ihres Kindes zu verraten. Verdacht sei – siehe die Dorftanten – auch keiner vorhanden, dem man handfest hätte nachgehen können, aber das sei wohl nicht das Neueste. Ihr gesamtes, immer so gerühmtes Weiberkontrollsystem habe kläglich versagt. Das vergassen die Hausväter ihren besseren Hälften nie, denen in Zukunft unsauber übers Maul gefahren wurde, wenn sie an einem Klatsch herumkauen wollten, so mir nichts, dir nichts über den Tisch hinweg. Sie hätten böse Mäuler, sagten die Hausväter, das sei bekannt. Aber dass die Gemeinde, der es drohe, in die Kosten zu kommen, kein Teufel wisse wie hoch, am Ende dann etwas von diesen bösen Mäulern hätte, wenn man von Ärger und Verdruss einmal absehe, so sei's nicht und sähe auch jetzt nicht danach aus. Sie sollten also jetzt gefälligst schweigen und lieber endlich den Schweinen geben. Die verführten einen Krach in ihrem Stall unter der Einfahrt, dass das ganze Scheuerwerk zittere. Die seien wahrscheinlich gerade dabei, die Tröge zum Voressen zu nehmen, bis etwas Besseres nachkomme.

Linas standfeste Haltung hatte zur Folge, dass die Gemeindeväter, denen nichts Gescheites mehr einfallen wollte, das Mädchen mit den Alimenten, mit dem Unterhalt und den Kosten zu erpressen begannen und androhten, die Gemeinde würde keinen Rappen bezahlen. Da kamen sie bei der Lina an die Unrichtige. In vierzehn Tagen sei sie zwanzig Jahre alt, erwiderte das Mädchen. Dann werde der Waisenvogt wohl oder übel mit ihrem Erbe herausrücken müssen, falls er nicht den Schelm an ihr gemacht habe, wessen man nie sicher sein könne, besonders bei reichen Bauern nicht. Sie begehre kein Geld von der Gemeinde, und den Namen nenne sie nicht, und damit basta. Das stach den Gemeindevätern nun doch ein bisschen in die Nasen. Der Gemeindepräsident versuchte nach bewährter Manier noch, Oberarm zu reden, aber das Mädchen liess das hohe Gremium dort sitzen, wo es war: im «Löwen»-Hinterstübli, wo die «Löwen»-Wirtin den Verhandlungen jeweils am Ofenloch zu folgen pflegte. Der alte Pfarrer wusste, warum es beim Bau des neuen Gemeindehauses beim Weibervolk so viel böses Blut gegeben hatte. Das Ofenloch war eben eine Art Ratstribüne gewesen, war ein Beweis dafür gewesen, wie öffentlich in Gilgenburg Gemeindeangelegenheiten behandelt und verhandelt wurden. Deshalb war es bei der Abstimmung ums Gemeindehaus nicht der Millionenkredit gewesen, der den Weibern in die Nasen kam wie frisch geriebener Meerrettich. Im Gemeindehaus konnte eben keine «Löwen»-Wirtin mehr den Zuhörer spielen, und so vernahmen die andern Hausmütter hinfort nur noch das, was ihnen ihre Hausväter gnädigst von sich aus mitteilen wollten, und das war, nach Meinung der Matronen, so gut wie nichts. Den Rest behielten sie für sich und scherten sich wenig darum, ob deswegen die Weiber schier zerplatzen wollten wie geladene Chuderbüchsen. Nie bekam das Lineli von der Gemeinde einen Rappen Unterstützung, ob es jemals vom geheimen Kindsvater Alimente bekommen hatte, wusste der Pfarrer nicht. Möglich war alles, aber offiziell war nichts bekannt. Was für jedermann sichtbar war: Lina arbeitete und sorgte selbst für ihr Bübchen, und noch immer war sie das stolze Mädchen, das sich nicht nur sorgfältig kleidete, sondern sich auch sonst pflegte. Die diversen Dorfsauniggel aller Kategorien und Kaliber, die sie, in Anbetracht des unehelichen Kindes jetzt als Freiwild betrachten wollten, liess sie unsanft abfahren. Das wird einer der Gründe sein – unter anderen –, warum die Männer, eben die Dorfsauniggel, keinen guten Faden am Lineli liessen, sich im Dorfwirtshaus, und nicht nur dort, brüsteten, mit der hätten sie es auch schon gehabt – aber warum nicht? So taten sie gross, einander in die Seiten stossend mit ihren groben Ellenbogen und mit den Augen zwinkernd, obschon doch jeder vom andern wissen musste, wie sackgrob er log – in Anbetracht dessen, wie es ihm selbst ergangen war. Wenn sie die einen gelassen hat, so begehrten die Sauniggel auf, so werden wir ihr wohl kaum zu gering sein, und dann ist es sowieso ein fremder Schwanz gewesen, der da vorgebohrt hat; und jetzt ist es nicht als recht und billig, dass wir auch an die Reihe kommen und sie uns auch darüberlässt, schliesslich sind wir Gilgenburger. Und ihr kann's ja jetzt gleich sein, sie hat ja schon ein Balg, und auf eines mehr oder minder wird's jetzt kaum mehr draufankommen.

Als der alte Neukomm, der Müller, kinderlos starb und seinem Göttibuben und Neffen, dem Graf-Alfred, alles hinterliess: Geschäft, Mühle und Geld und auch die junge Buchhalterin, da war Hänggi-Lineli dermassen im Geschäft eingefuchst, dass sie Buchhaltung, Einkauf und Verkauf selbständig besorgen konnte, und der Graf-Alfred ohne sie zunächst einmal völlig aufgeschmissen gewesen wäre. Aber der junge Graf war nicht von Pappe. Er kam nur aus einer andern Branche, hatte sich aber schnell eingearbeitet, wobei ihm das Lineli nach Kräften behilflich war. Und nun brachte der junge Erbe einen anderen Wind ins Geschäft seines Onkels und Götti. Die gehorteten Goldfüchse bekamen das Sonnenlicht zu sehen. Er eröffnete, zum Zetermordioverdruss der ganzen Bättig-Sippschaft, eine Fuhrhalterei und begann auch noch, mit Landesprodukten zu handeln. Die Bauern hatten bald entdeckt, dass der Graf-Alfred bar zahlte, und sie liessen alle früheren Abnehmer im Dorf kaltblütig links liegen. Bargeld ist Bargeld, sagten sie, und es müsse einer schon nicht ganz bei Trost sein, wenn er weiterhin die Ware auf den Knebel liefern wolle, wenn er beim Alfred dafür gleich mit Barem bedient werde. Ja, und als dann einmal die Gelegenheit günstig war, hatte einer seiner Bauern auf einem Acker ein Kiesvorkommen entdeckt. Graf war gut hintersetzt und kaufte den Acker – gegen Barzahlung, versteht sich, und der Bauer war zufrieden und lachte sich ins Fäustchen: Die Konzession musste der Alfred selber beschaffen – das ging ihn, den Verkäufer, dann nichts mehr an. Graf erhielt die Konzession zur Ausbeutung, obschon Bättig versuchte, ihm im Gemeinderat ein Bein nach dem andern zu stellen, mit einem ganzen Sack voll Auflagen über Lärmimmissionen, Wiederauffüllungsverpflichtungen und weiss Gott was sonst noch – alles Dinge, die dem Bättig in seinen eigenen Kiesgruben völlig unbekannt und gleichgültig waren. Er versuchte hier lediglich, mit der Durchsetzung dieser Auflagen im Gemeinderat, dem ungebetenen Konkurrenten die neue Kiesgrube so unrentabel zu machen und zu verleiden, dass der an eine Ausbeutung nicht einmal mehr im Traume denken würde. Das Spiel betrieb er so lange, bis es dem jungen Graf zu dumm wurde und er die ganze Sache an den Regierungsstatthalter weiterzog, dorthin also, wo der Bättig «mit seinem grossen Maul und seinem breiten Arsch», wie er sagte, nicht mehr mitreden konnte. Im Gegenteil. Der Gemeinderat von Gilgenburg bekam eine Rüge vom Regierungsstatthalter, weil er es unterlassen hatte, in einer so offensichtlichen Angelegenheit mit so offensichtlicher Interessenkollision (Bättigs eigene Kiesgruben!) dafür zu sorgen, dass Gemeinderat Bättig in den Ausstand getreten sei. Nun lästerte natürlich der Bättig dem Lineli hinterher: Es sei bei diesem unsauberen Handel die treibende Kraft gewesen, bloss, um die eigene Verwandtschaft zu Schaden zu bringen. Aber Undank sei der Welt Lohn und er habe damit gerechnet. Von einer solchen habe man gar nichts anderes erwarten können. Lina wusste nicht, was sie den Bättigs je zu danken gehabt hätte und schickte sich gelassen in das Geschrei, sie war es nicht gewesen, die Alfred angestiftet hatte. Der war eben selbst nicht auf den Kopf gefallen und wusste seinen Verstand und seine Glieder selbst zu gebrauchen, ohne dass ihm jemand Feuer unter den Hintern zu machen brauchte. Im Gegenteil hatte Lina eher Bedenken geäussert, weil sie wohl wusste, was dann auf sie zukommen sollte. Der Pfarrer empörte sich jetzt noch darüber, wie schlecht man Linelis

Entgegenkommen und Gutwilligkeit gelohnt hatte, und jetzt hatte dieser gleiche Bättig noch die Stirn gehabt, ihm, dem Pfarrer, mit seinem hingeschluderten Lebenslauf Vorschriften zur Abdankung und zur Grabrede machen zu wollen.
Der junge Graf entwickelte noch mehr Initiative. Nicht nur, dass er damit anfing, mit Fertigbeton zu fahren, den er in seinem Kieswerk selbst herstellte und wofür er die notwendigen Spezialfahrzeuge eine Nasenlänge früher als Konkurrent Bättig gekauft hatte, als der neue Militärflugplatz, die Autobahn und die neuen Wohnhäuser in Gilgenburg gebaut wurden. Da war er ohnehin am Drücker und Bättig geriet dadurch bös in die Klemme. Bättig hatte mit diesen Aufträgen bereits fest gerechnet – bei seinen politischen Beziehungen dachte er keinen Augenblick daran, dass ihn dieser Grünschnabel ausstechen könnte. Nein, nicht nur da bewies Alfred Initiative. Er war bereits ein reicher Mann, Lina war tüchtig und wurde ihm unentbehrlich. Zum grossen Erstaunen und zum Neid vieler anderer Töchter heirateten die beiden. Den Buben hielt er wie seinen eigenen. Es sollte nichts mehr schief gehen.

Zweites Buch

10

Das Spiel beginnt

Fabian musste allzulange und allzu intensiv auf den Priem gestarrt haben, der sich in Wagners Mund hin und her schob, wenn er sprach. Dabei spuckte er ab und zu einen Strahl von gelbem Priemsaft in den sauber gerechten Gartenkies, indem er den Strahl zwischen zwei Zähnen mit Druck aus dem Mund presste. Wagner murmelte eine Entschuldigung und machte Miene, den Priem aus dem Mund zu nehmen. Fabian winkte ab. Lass das nur, sagte er. Man gewöhnt sich daran. So? sagte Wagner nur. Marianne und die Kinder waren in den Ferien – gestern hatten sie ihm eine bunte Kitschpostkarte geschickt: «Gruss vom Bodensee», na ja. Wagner hatte einen leichten Strohhut auf dem Kopf und eine grüne Gärtnerschürze vor dem Bauch. Aus der breiten Tasche der Schürze lugte eine Gartenschere und im Gürtel hing ein Bündel Bast: Wagner war sichtlich stolz auf seine neue Rolle als Herrschaftsgärtner, eine Rolle, die er vermutlich in seinem Leben noch nicht gespielt hatte, was er auch sonst alles getrieben haben mochte und was er auch sonst alles wusste. Eben jetzt musterte er mit kritischem Blick die Obstbäume und die Spaliere im Pfarrgarten. Nicht, dass mir etwa Kritik zusteht, sagte er schliesslich vorsichtig. Aber meinst du nicht auch, dass deine Bäume ein bisschen aussehen wie Reisbesen, die man schon ein Jahr lang gebraucht hat? Und erst die Spaliere – da müsste eine ganze Menge altes Holz heraus. Hast du die auf diese Weise geschnitten? Du solltest nicht immer nur Jungholz wegschneiden, das ist doch völlig gegen die Natur. Fabian war zwar leicht gekränkt, liess sich das aber, wie er meinte, nicht anmerken. Du musst halt diesen Winter einmal ans Werk, sagte er mühsam. Wagner lachte. Das, sagte er, ist mit einem Mal nicht gutzumachen. Das ist ein bisschen wie bei verzogenen Kindern. Sind die nämlich erst einmal verzogen, dann benötigen sie Nacherziehung, und die dauert meistens länger, als wenn man die Sache gleich

von Anfang an richtig gemacht hätte. Wagner sah ihn an, und es war Fabian, als zucke leiser Spott um die faltigen Augenwinkel. Wagner spuckte wieder und wechselte dann abrupt das Thema. Kannst du Kaninchen töten? fragte er. Kaninchen töten? echote Fabian, reichlich verständnislos. Was zum Kuckuck soll das denn nun wieder? Das Problem ist, sagte Wagner, dass man ja die Kaninchen nicht gut einfach an Altersschwäche sterben lassen kann – das heisst, man könnte ja schon. Aber das wäre dann ganz gewiss kaum der Zweck der ganzen Übung. Ich habe lange gezögert, weisst du, den Kindern Kaninchen zu geben. Aber sie haben so darum gebettelt.
Na ja, da habe ich mir gesagt, was willst du, Ruedi? Die Kinder werden auch grösser, und am Ende leben sie ja auf dem Lande und waren schon mehr als einmal beim Begert da drüben an der Metzgete, wenn er eine Sau geschlachtet hat, und Fleisch essen sie auch. Wagner lachte. Und auf Wurst sind sie, wie ich zur Genüge erfahren konnte, ganz besonders scharf. Da dachte ich mir eben, nun ja, der Vater wird's schon erlauben und kann ihnen bestimmt auch die notwendige Aufklärung verschaffen, wozu man sich Kaninchen hält. Damit man nämlich ab und zu einen schönen Sonntagsbraten in der Pfanne hat – eine Abwechslung eben. Früher war's freilich auch eine schiere Notwendigkeit, weil man sonst kaum zu Fleisch gekommen wäre. Ich höre, du bist ein guter Koch. Dann müsste es dir ja eigentlich nicht schwerfallen, einen Kaninchenbraten so zuzubereiten, wie das sich gehört – mit einem zünftigen Kartoffelstock dazu, oder? Das schon, sagte Fabian. Er fühlte sich unbehaglich. Aber an das andere habe ich dabei weiss Gott nicht gedacht! Wagner nickte und lächelte trübe. Das habe ich mir beinahe gedacht, sagte er. So ist die Welt nun einmal. Gedankenlos. Ohne einen Gedanken an die Opfer. Nun sage mir aber doch einmal, fragte er plötzlich, Fabian scharf ins Auge fassend. Diese Dinge, die ich dir erzählt habe – die behältst du doch vorläufig für dich, wie? Die benutzest du doch nicht etwa dazu, um hier in Gilgenburg den Teufel loszulassen, oder? Weisst du, fügte Wagner hinzu. Das ist wie beim Kaninchenbraten. Das

Ergebnis schmeckt ausgezeichnet, gerade mit einem zünftigen Kartoffelstock. Aber dass ein Kaninchen dafür sein Leben hat lassen müssen, um zu diesem Ergebnis zu kommen –, daran denkt natürlich keiner. Du magst nun aus dem, was ich dir erzählt habe, ein Buch machen. Das Buch wird deinen Lesern sogar schmecken. Daran besteht überhaupt kein Zweifel. Ich kenne deine übrigen Bücher. Ich habe auch deine Filme gesehen. Es stimmt, Fabian Kessler. Das stimmt sogar dann, wenn du das dem alten Wagner gar nicht zugetraut haben solltest. Nur: Wie steht es mit den Opfern, Fabian? Weisst du, im Grunde fühlt man sich hier nämlich wohl, wenn man die Leute kennt und es nicht allzu genau nimmt. Und aus Gründen, die hier keine Rolle spielen, möchte ich hier auch sterben, wenn's denn einmal soweit ist. Das wird, schätze ich, nicht mehr allzulange auf sich warten lassen. Was sein muss, muss sein, und gerade du wirst das vielleicht verstehen, wenn du Kenntnis davon bekommst, was bereits von mir verschrieben und verordnet ist, wenn es soweit ist. Deshalb möchte ich nicht, dass zu meinen Lebzeiten etwas davon unter die Leute . . .
Ich hoffe, du verstehst, was ich meine! Ich habe, sagte Fabian zögernd, die ganze Geschichte einem fiktiven alten Pfarrer in die Schuhe geschoben.
Was und vor allem wie du was gemacht hast, Fabian Kessler – nicht zu meinen Lebzeiten. In seiner Stimme war Zorn zu spüren. Ich bin kein Kaninchen. Aus mir macht keiner einen Sonntagsbraten. Auch keinen in Buchform. Nicht einmal du, Fabian Kessler! Das kann ich doch von dir verlangen, ohne darum bitten zu müssen, nachdem ich dir alles Vertrauen gegeben habe. Es klang beinahe traurig. Später ja, sagte er einlenkend. Eine solche Geschichte sollte ja wohl einmal unter die Leute kommen. Damit sie ihnen eine Lehre sein könnte. Aber auch daran habe ich meine Zweifel. Die Menschen können, mit Verlaub, fressen, was sie wollen, Fabian, furzen müssen sie immer. Der eine tut es ein bisschen leiser, der andere ein bisschen lauter. Herauskommen tut's am selben Ort. Ich möchte nicht, dass diese Spürnasen und Verleumder noch über unsere Gräber hinweg ihre dreckigen

Witze machen können. Zu Lachen gibt es da nämlich überhaupt nichts, Fabian, und wenn jemals ein Mensch so etwas wie Schuldgefühle hatte, dann bin ich das! Und nun zurück zu den Kaninchen, Fabian. Du wirst sie ab und zu schlachten müssen. Ich anerbiete mich, dir das beizubringen. Du musst dann den Kindern erklären, worum es geht. Im übrigen eignen sich Kaninchen sowieso zu Spielgefährten denkbar schlecht, sieht man einmal vom Schmusen und vom Streicheln ab. Wenn du aber für die Kinder einen Spielgefährten willst, für den sie Verantwortung übernehmen können, dann schaffst du ihnen einen Hund an. Das wäre gescheiter. Die Kaninchen sind, genau wie Hühner und Schweine und alles andere Viehzeug, einfach Nutztiere, und das muss man eben wissen. Auch die Kinder. Sie verstehen dann bald einmal eine ganze Menge mehr vom Lauf dieser Welt. Vom Fressen und Gefressenwerden.

Ein Hund, wiederholte Wagner. Die Kinder wären dafür jetzt gerade im richtigen Alter. Sind sie zu klein, dann benutzen sie einen Hund als Spielzeug, und es dauert nicht lange, dann ist der Hund der Rudelchef, und er macht nur noch, was er will, und kümmert sich einen Toback darum, was andere wollen. Einen Hund muss man erziehen – und dazu benötigt man selbst ein Mindestmass an Erziehung. Ich würde den Kindern gerne dabei behilflich sein, falls du dich dazu entschliessen kannst. Ich kenne mich mit Hunden einigermassen aus, und ich darf wohl ohne zu übertreiben behaupten, dass ich auch mit den Kindern nicht allzuschlecht zu Rande komme. Ein Hund würde den Kindern auf eine natürliche Art und Weise die Kaninchensache aus den Köpfen bringen, die ihnen, so schätze ich, ohnehin bald langweilig sein wird, und ich weiss, was ich sage. Siehst du, Fabian: Jetzt sind die Kinder in den Ferien – und gerade jetzt müssten sie doch daran denken, für ihre Kaninchen Winterheu zu machen. Oder sind die Kinder bereits so verwöhnt, dass sie glauben, ihr Vater werde das Winterheu einfach kaufen? Man kann nicht alles kaufen im Leben, Fabian, und je eher die Kinder das lernen, desto besser wird es für sie sein. Und jetzt entschuldige mich bitte. Ich habe noch eine ganze

Menge zu tun, ich bin nicht gewohnt, fürs Schwätzen bezahlt zu werden. Und nichts für ungut, Fabian, wenn du das Gefühl haben solltest, ich mische mich allzusehr in Dinge ein, die mich gar nichts angingen.
Schon gut, sagte Fabian und sah dem davongehenden Wagner nach. Plötzlich schoss ihm ein Gedanke durch den Kopf. Er rief den alten Mann zurück. Ruedi, rief er. Der drehte sich halb auf dem Absatz um. Ist noch was? fragte er, und seine buschigen Augenbrauen hatten sich so zusammengezogen, dass sie über den blauen Augen nur noch einen Strich bildeten. Hast du eigentlich einen Hund zu verkaufen, Wagner, dass du vorhin so vehement...
Wagner schob seinen Hut in den Nacken, während er sich jetzt ganz zu Fabian umdrehte. Das nicht gerade, sagte er und kratzte sich im Haar. Aber ich wüsste einen, der wohlfeil zu haben wäre und trotzdem nicht einfach ein Lumpenhund ist – ich kenne die Abstammung. Natürlich ist er nicht ganz rasserein, aber das dürfte ja wohl nicht die Hauptsache sein und daneben sind Bastarde...
Schon gut, Wagner, ich weiss. Wir werden also diesen Hund kaufen. Du musst mir nur noch sagen, wann, wo und wie. In Ordnung, sagte Wagner zufrieden. Jetzt ist es noch zu früh. Die Welpen säugen noch bei ihrer Mutter – aber so in zwei Monaten...
Wagner ging jetzt eilig davon. In Ordnung, sagte Fabian ingrimmig vor sich hin. Einen Hund. Ich werde also den Kindern einen Hund kaufen. Was nämlich die Kaninchen angeht – die hängen mir buchstäblich jetzt schon zum Halse heraus.

11

November 1984

Es fängt nun doch noch richtig zu regnen an, sagte der Totengräber. Und zu seinem Gehilfen vom Arbeitsamt: Im Schuppen sind ein paar Rollen Plasticfolie. Schaffe mir die herbei. Wir wollen das Grab damit abdecken, sonst ist es nämlich morgen mit Wasser gefüllt.

Der Gehilfe zog seine Schultern fröstelnd enger um den mageren Hals und trottete zwischen den Grabreihen davon zum Geräteschuppen. Wagner Ruedi war unterdessen dabei, die kreuz und quer daliegenden Bohlen und Bretter zu einem ordentlichen Haufen zu stapeln. Er tat das ungeheissen und schweigsam. Loosli wandte sich dem Nachbargrab zu. Die hätten beim Eid auch eine Winterbepflanzung bestellen können, brummte er. Ein paar Erika oder ein Trockenkranz hätten nicht die Welt gekostet – aber eben. Tot ist tot und geerbt ist geerbt. Da kann man nichts anderes machen, als zu Lebzeiten noch in seinem Testament ein Legat auszusetzen, wenn man nicht will, dass das eigene Grab schon nach einigen Jährchen so aussieht wie dieses hier. Eine Schande – bei dieser Familie. Aber eben. Man sagt nicht umsonst, dass der Teufel immer auf den gleichen Haufen zu scheissen pflege.

Früher hatte Loosli unaufgefordert in seinem Friedhof die von den Angehörigen nicht selbst unterhaltenen Gräber bepflanzt und den Familien einfach die Rechnung zugeschickt. Aber dann war er es leid geworden, immer seinem Geld hinterherzulaufen. Er gab es auf. Die Gemeinde war nicht eben scharf darauf gewesen, ihn zu entschädigen, da ihn niemand gebeten habe, verwahrloste Gräber nach seinem Gutdünken zu bepflanzen und zu pflegen. Das hatte ihm der Gemeindeschreiber im Namen des Gemeinderates ausgerichtet. Dabei stand in seinem Pflichtenheft («Gemeinde Gilgenburg. Pflichtenheft für den Totengräber/Friedhofsgärtner. Friedhofsreglement») schwarz auf weiss, dass er für die Würde und für die Sauberkeit auf dem Gottesacker verant-

wortlich sei. Ferner stand darin ebenfalls, dass er stets für einen genügenden Vorrat an Schnittblumen und Topfpflanzen sowie auch für passenden Grabschmuck zu sorgen habe, deren Verkauf an die Interessenten ihm übertragen sei. Loosli war es recht, dass er das Amt von seinem Vater hatte übernehmen können. Es war seit mehreren Generationen in der Familie geblieben, und diese Familie besass auch eine Gärtnerei mit Treibhäusern und Anzuchtbeeten unter Glas nebst einem kleinen Blumenladen. Es war das einzige Geschäft dieser Art in Gilgenburg gewesen und hatte, wie man so sagt, während Generationen seinen Mann ernährt. Im Reglement stand auch, dass der Friedhofsgärtner bei Beerdigungen, am Totensonntag, an Advent, Ostern und Pfingsten, sowie an zwei weiteren Sonntagen im Jahr, am Friedhofeingang einen Blumen- und Pflanzenmarkt abzuhalten sowie die Interessenten bei der Instandhaltung der Gräber fachmännisch zu beraten habe. Paragraphen, die sich irgendein Schreiber ausgedacht hatte.
So zumindest sah es Loosli als Praktiker. Irgendein Schreiber, der keine Ahnung davon hat, wie schnell die Toten dieser Welt vergessen werden. Auch das war einer dieser Paragraphen: Gebeine, die bei der Auflassung alter Grabstätten oder beim Ausheben neuer Grabstellen zum Vorschein kämen, seien nicht einfach auf den Kompost oder sonstwohin zu werfen. Der Herr Pfarrer sei zu unterrichten, der dann dafür sorge, dass die Gebeine im Beinhaus einen würdigen Platz fänden, wo sie zumindest vor streunenden Hunden in Sicherheit waren. Seit Jahrzehnten pflegte Loosli nun diesen alten Friedhof – für den neuen, grossen Friedhof etwas ausserhalb des Dorfes hatte die Gemeinde gleich einen vollamtlichen Totengräber und Gärtner eingestellt, der gleichzeitig für den Unterhalt der öffentlichen Anlage beim neuen Dorfzentrum und in den Quartieren sorgte und im Winter auch den neu angeschafften Motorschneepflug zu fahren hatte. Ihren Grabschmuck aber kauften die Leute neuerdings, wenn überhaupt, ohnehin vorne auf dem neuen Postplatz im Supermarkt. Die Gräber aber hob der neue vollamtliche Totengräber mit einem kleinen Bagger aus, den

die Gemeinde ebenfalls angeschafft hatte und dessen Motorenlärm dem Friedhof alles andere als eine feierliche Würde gab, wie sie Loosli in seinem Pflichtenheft noch vorgeschrieben gewesen war. Maschinen. Motoren. Krach und Gestank auf einem Friedhof. Wenn Loosli einmal eine seiner eigenen Schaufeln zerbrochen hatte, musste er sie selbst ersetzen. Die Gemeinde zahlte daran keinen roten Rappen – und jetzt konnten es gar nicht genug Maschinen sein. Ein Krematorium hatte man auch, und eine neue Abdankungshalle, in der die Toten aufgebahrt wurden und die gleichzeitig als Kapelle für die Abdankungsgottesdienste diente. Niemand wollte mehr, wie das früher Brauch und Sitte gewesen war, seine Toten im eigenen Hause behalten, drei Tage und drei Nächte, mit einer Totenwache von ehemaligen Freunden, von Fahnendelegationen der Vereine, denen der Tote angehört hatte. Manchmal allerdings vertrieb sich die Totenwache auch im Angesicht des noch offenen Sarges die Zeit mit Kartenspiel, und es wurde auch ungeniert gevespert, auch wenn die Leiche allmählich zu riechen begann und sich die allgegenwärtigen Fliegen vom Vesperkäse auf die Nase des Toten setzten, dort ein wenig herumspazierten und sich wohl wunderten, für einmal nicht wie sonst mit einer unwilligen Handbewegung verscheucht zu werden, worauf es ihnen zu langweilig wurde und sie sich wieder zum Vesperkäse zurückbegaben, nach einer gelungenen Zwischenlandung in der Zuckerdose. Niemand wollte auch mehr den Trauergästen aufwarten, die den Totenbaum im Hause abholen kamen, um ihm durch das ganze Dorf das Geleit zu geben bis auf den Kirchhügel zum Friedhof hinauf. Blumen wurden jetzt in die Abdankungshalle geschickt, die Trauergäste im Wirtshaus abgefüttert. Das war alles freilich viel bequemer, als es früher gewesen war, ob es aber auch würdig war, daran dachte keiner. Das Aufräumen hatte der Friedhofsgärtner zu besorgen. Nur auf seinem, Looslis, Friedhof wurden noch die alten Bräuche beibehalten, und das würde so bleiben, solange er hier Totengräber war. Mit dem alten Herrn Pfarrer wusste er sich in dieser Beziehung ebenfalls einig. Nur eben – das alles würde nun wohl bald ein Ende nehmen, wenn der Friedhof geschlossen und keine neuen Grabstellen mehr angelegt würden. Die paar Felder, die noch frei waren, waren sogenannte Kauffelder von Leuten, die sich ihrer Grabstätte noch zu Lebzeiten versichert hatten, meistens neben einem bereits begrabenen Familienangehörigen. Diese Grabfelder mussten von der Gemeinde käuflich erworben werden, blieben aber dann im Eigentum des Käufers oder dessen Erben in alle Ewigkeit, sie durften also niemals aufgehoben werden – selbst wenn aus dem Friedhof früher oder später einmal eine öffentliche Grünanlage werden sollte. Eine davon, das wusste Loosli, war seine eigene, ferner gehörte eine dem alten Herrn Pfarrer beim Doppelgrab seiner Frau und seines Sohnes. Dass der alte Wagner-Ruedi gleichfalls eine Grabstelle besass, ahnte Loosli nur. Das neue Grab von Schuhmacher Hänggis Lineli befand sich an der Seite ihres früh verstorbenen Mannes Alfred Graf.

Wagner-Ruedi – Loosli sah ihn von der Seite an. Was mochte wohl alles in diesem Kopf vorgehen, fragte er sich. Ruedi hatte die Bohlen und Bretter jetzt säuberlich aufgeschichtet und stand neben der Grube, den Kopf fast auf die Brust gesenkt, den Blick irgendwie nach innen verloren. Er nestelte aus dem nicht eben sauberen Gilet ein neues Stück Kautabak und schob es in den Mund. Der jüngere Mann kam vom Schuppen über den Kiesweg zurück, auf einer Achsel schleppte er eine dicke Plasticrolle. Dem Mann, dachte Loosli bei sich, muss ich noch beibringen, dass er sich für morgen bessere Sachen anzieht. Er selbst versah sein Amt seit eh und je so, wie er das von Vater und Grossvater gelernt hatte, selbst die dazugehörige Amtstracht hatte er geerbt: Einen alten, schwarzen Bratenrock mit Speckseitenflügeln und einen schwarzen Zylinder. Weisses Hemd und schwarze Fliege waren selbstverständlich, dazu kamen blütenweisse Glacéhandschuhe und eine schwarze Schärpe, die er von der Schulter quer über die Brust trug und die am Gürtel in zwei fein posamentierten Troddeln endete. Und Wagner? Um den brauchte er sich nicht zu sorgen. Der verdrückte sich immer in den Schuppen, ehe die Zeremonien begannen und solange die Trauergemeinde sich auf dem Friedhof befand.

Später, wenn es zu Ende geläutet hatte, die Leute sich gemessenen Schrittes entfernt hatten, erschien er ohne ein Wort zu sagen bei der Grabstätte, die Schaufel auf der Achsel, und half schweigend, das Grab zuzuschaufeln, die Blumen und Kränze auf dem Grabhügel zu ordnen. Das provisorische Holzkreuz mit der weissen Inschrift brachte er ebenso wie die Schaufel mit, und wenn er die Blumen geordnet hatte, schlug er das Kreuz mit der flachen Schaufel am Kopfende des Grabes ein, besah sich das Ganze einen Augenblick, machte dann wortlos auf den Absätzen kehrt und ging davon, wohin – das wusste niemand, selbst Loosli nicht. Für ein paar Tage schien er wie vom Erdboden verschluckt; er erschien auch nicht bei den Bauern zur Arbeit. Loosli sah ihn wieder von der Seite an. Er hatte natürlich in seinem bisherigen langen Leben auch einiges gehört, was über den Wagner-Ruedi so gemunkelt worden war. Sollte Wagner also morgen etwas anderes im Schilde führen, würde er ihn ganz einfach wegschicken, in den Schuppen oder gar ganz nach Hause. Die Männer rollten nun gemeinsam die Folie aus und breiteten sie über das offene Grab. Wagner legte die schweren Bohlen, auf denen morgen der Sarg stehen würde, von allen vier Seiten so auf die Folie, dass sie auch von einem starken Windstoss nicht davongeweht werden könnte. Fertig! sagte Loosli. Jetzt wollen wir im Schuppen frühstücken. Nachher können wir noch die Sträucher zurückschneiden. Es ist überall nötig, und wenn wir schon einmal hier sind ... Zum Gehilfen sagte er, er könne nachher damit anfangen, das Laub zusammenzurechen, das überall herumliege, und es zum Kompost schaffen. Aber er solle ihm um des lieben Himmels willen vorher diese Schubkarre schmieren. Das Gequietsche kann sich ja kein Toter anhören, geschweige denn ein Lebender.
Loosli wandte sich um und marschierte zum Schuppen, wo an einem Nagel des Mittelpfostens sein Brotsack hing. Der Mann stapfte missmutig hinterher. Wagner war plötzlich verschwunden und tauchte für den Rest des Tages nicht wieder auf. Loosli zuckte dazu nur mit den Schultern. Er setzte sich im Schuppen auf eine umgedrehte Schubkarre, der

das Rad fehlte, und die zu reparieren, die Gemeinde nicht mehr für nötig hielt, jedenfalls wollte der Gemeindekassier nichts davon wissen, eine allfällige Rechnung zu bezahlen. Loosli packte seinen Brotsack aus. Der Gehilfe stand schweigend da und sah Loosli zu. Der blickte auf. Was ist los? fragte er unwirsch. Mach voran. Es wird nicht länger als eine Viertelstunde Pause gemacht. Nicht bei mir. Wir werden für die Arbeit bezahlt und nicht für die Pause. Er öffnete den Schraubdeckel der Thermosflasche, der ihm gleichzeitig als Trinkbecher diente, und schnupperte an der Flasche. Nicht schlecht, murmelte er. Meine gute alte Elsbeth weiss, was im feuchten November nottut.
Der andere stand immer noch da, sagte kein Wort, angelte schliesslich aus seiner Jackentasche umständlich einen zerknitterten Tabaksbeutel, dazu ein blaues Briefchen mit Zigarettenpapier. Er rollte sich ungeschickt eine Zigarette, zündete sie an und rauchte, während Loosli zu essen begann und ab und zu einen Schluck aus dem Becher nahm, den er von Zeit zu Zeit aus seiner Thermosflasche nachfüllte. Endlich blickte Loosli wiederum auf. Was ist? Ungeduld war in seiner Stimme. Worauf wartest du? Willst du nichts essen?
Ich habe nichts dabei, sagte der andere kurz angebunden und sah weg von diesem Essen: Brot, Fleisch, Käse und eine Wurst. Das alles hatte der andere da vor ihm ausgebreitet, dazu stieg ihm der Duft des Kaffees mit Schnaps verführerisch in die Nase. Er stiess den Rauch aus seiner Zigarette in die Luft, um den Essens- und Kaffeegeruch zu vertreiben. Die Zigarette glühte im Halbdunkel des Schuppens.
Ich konnte ja nicht wissen, dass die mich vom Arbeitsamt gleich direkt hierherschicken würden, log der Mann, sonst hätte ich mir auch andere Kleider und Schuhe angezogen. Was ging es diesen alten Krauter an, dass er auch zu Hause nichts zu essen hatte, dass er keine passenden Kleider für eine solche Arbeit besass, und dass ihm zudem die Frau davongelaufen war – ein Jahr, nachdem er arbeitslos geworden war? Was ging das diesen Kerl an, der da seine guten Sachen in sich hineinfrass und nicht einmal Rücksicht auf einen nahm, der nichts hatte?

Ich wollte ja nur stempeln, sagte der Mann. Aber auf dem Arbeitsamt wird nicht lange gefragt, was einem passt oder nicht. Wer die Arbeit nicht annimmt, die sie ihm zuweisen, der bekommt einfach kein Arbeitslosengeld mehr, basta. Ob bei der Arbeit, die einem da zugeteilt wird, auch gleich die restlichen Kleider, die man noch hat, mit zum Teufel gehen – das ist denen, die da in ihrem Büro hocken, so scheissegal wie nur sonstwas. Und erst die Schuhe! setzte er nach einer vielsagenden Pause hinzu, während der er seine Halbschuhe betrachtet hatte, die mit einer dicken Schmutzkruste bedeckt waren. Sehen Sie, sagte der Mann zu Loosli. Die Sohlen beginnen sich auch schon abzulösen. Aber ich sagte es bereits, meinte er, und er spuckte, man wusste nicht, ob ein Tabaksbröselchen von den Lippen oder seine ganze Bitterkeit: Wer stempelt, wird nicht gefragt, und wer die Entschädigung nicht verlieren will, tut besser daran, auch nicht zuviel zu antworten. Der Gemeindeschreiber muss ja nicht selbst heraus in den Dreck und in die verdammte Nässe.

Loosli streckte ihm ein mit Butter und Wurst dick belegtes Brot entgegen. Er goss den Deckel der Thermosflasche noch einmal voll. Sofort roch es im Schuppen wieder kräftig nach Schnaps. Nimm, sagte Loosli. Es ist ja genug da. Du hättest mir das Maul ja auch gönnen können, oder? Er sagte es mürrisch. Ich kann ja nicht alles erträumen; ein Paar alte Gummistiefel und ein alter Kaput hätten sich sicher auch irgendwo gefunden. Der Wagner lässt dauernd etwas herumliegen, und er hätte sicher nichts dagegen. Ist ja selber auch ein armer Teufel.

Der Jüngere schnitt eine Grimasse. Er begann zu essen, nein, er stopfte das Essen so hastig in sich hinein, als fürchte er, man werde es ihm im nächsten Augenblick wieder wegnehmen.

Wo hast du denn vorher gearbeitet? fragte Loosli.

In der Uhrenfabrik im Vorderdorf, sagte der andere. Und die waren so pleite, dass sie nicht einmal mehr die letzten Löhne bezahlen konnten – oder wollten. Die Pensionskasse ist auch futsch, und niemand hat uns bisher dafür entschädigt. Aber der Patron, der Herr Thiébaud, der fährt immer noch oder schon wieder, wer weiss das denn so genau, mit seinem Mercedes in der Weltgeschichte herum und sitzt nach wie vor in der Villa an der Mühlengasse. Es hat sogar geheissen, er habe noch eine andere Firma irgendwo in Singapur und werde demnächst im Bezirksort eine neue Fabrik eröffnen. Aber eben eine vollautomatisierte. Da braucht er uns nicht mehr. Sein Vermögen gehöre der Frau, sagt man. Da könne man nichts mehr machen. Nun ja. Das wird wohl so sein müssen auf der Welt. Loosli schwieg.

Die Uhrenfabrik, das wusste er, hatte vor einem guten Jahr dicht gemacht. Konkurs. Über hundert Arbeiterinnen und Arbeiter hatten damals, so hiess es, ihre Arbeit verloren. Auch das von Pensionskasse und Sozialabgaben, hatte man gemunkelt, die nicht abgerechnet worden seien. Selbstverständlich hinter vorgehaltener Hand. Niemand mochte sich in die Nesseln setzen, und wenn ein Straftatbestand vorliegen sollte, so war das Sache der Gerichte, dem nachzugehen und alles zu untersuchen.

Am Stammtisch im «Löwen» hatte der Kreiskaminfegermeister Abbühl aufgetrümpft. Jetzt werde ja wohl den Grossköpfen das Grosstun vergehen, sagte er. Abbühl meinte mit den Grossköpfen aber nicht den Unternehmer Thiébaud, sondern die Arbeiter, denen er politisch gar nicht gewogen war. Das wurde jedermann sehr schnell klar, als Abbühl fortfuhr: Die mit ihren neuen Autos fast jedes Jahr, mit ihren Uhrmacherferien im Ausland und ihren Säcken voller Geld, mit ihrem frühen Feierabend, ihrer Fünftagewoche und den schönen neuen Wohnungen in der Mühlenmatt. Trotz alledem waren die alle bei den Sozi und hätten am Ende noch die Gemeinde regieren wollen. Jetzt aber, freute sich Abbühl, jetzt würden die Sozis im Gemeinderat ja wohl ihre Pfeifen einziehen, nach denen schon bald das ganze Dorf hätte tanzen sollen, wenn man sie hätte machen lassen. Den andern Leuten, den Gesellen, die man ohnehin schwer genug bekomme, hätten sie auch die Grinde gefüllt, so dass jeder Lumpenbub von Geselle zetermordio geschrien habe und Zulage verlangt, wenn er einmal eine Viertel- oder Halbstunde über die Zeit hinaus etwas hätte fertigmachen sollen. Denen werde es jetzt

vergehen, deswegen einen braven Handwerksmeister vor die Arbeitsgerichte zu zerren wie einen Schwerverbrecher. Viel zu gut gegangen sei es denen alle die Jahre hindurch. Kein Mass und kein Bewenden hätten sie gehabt mit ihren Forderungen. Wenn man einem von denen den kleinen Finger gegeben habe, dann habe man gut daran getan, sofort nachzusehen, ob man den Arm noch besitze und die Jacke gleich dazu. Es sei Zeit gewesen, dass denen die Flügel gestutzt worden seien. Die konnten seinethalben jetzt zu Hause in ihrer Polstergruppe singen und die Kinder mit Fensterkitt füttern. Auf die Seite gebracht habe von denen sowieso keiner einen Rappen. Aber er sei der Meinung, dass es jetzt nicht an der Gemeinde sei, diese Vaganten mitsamt ihren Bälgern durchzufüttern. Wenn die das meinten, dann hätten sie sich den falschen Finger verbunden. Er jedenfalls überlege es sich jetzt jedesmal doppelt, einen einzustellen, der auf den Knien um Arbeit gekrochen komme, mit dem Lohn lasse er sich jetzt auch nicht mehr das Messer an die Gurgel halten, das sei lange genug so gegangen. Jetzt hätte er drei für einen und sage nur noch: Entweder du nimmst's – oder es nimmt's eben der Nächste. Ehrbare Handwerker und Bauern – Burger vom Dorf – hätten ja bald nichts mehr zur Sache sagen sollen. Hätte man die Ketzer machen lassen, dann hätte jetzt das Burgergut und das übrige Gemeindevermögen an einem kleinen Orte Platz. Die Jungen hätten die auch dem Teufel zugetrieben, die Fabrikler. Keiner habe mehr einen Beruf erlernen wollen, wie es früher üblich und auch bräuchlich gewesen sei. Von der Schulbank weg habe man jeden Schnuderbueb und jedes Tüpfimeitschi in die Fabrik geholt, und man habe sich dann von denen auslachen lassen können, wieviel mehr sie dort verdienten, als wenn sie einem dieser hundshärigen Bauern oder Handwerker den Narren, den Putzlumpen und den Kommissionenbub gemacht hätten. Als ob es je einem Lehrbuben geschadet hätte oder einem billigen Knechtlein, wenn ihn der Meister ab und zu an den Ohren genommen hat. Wir zu unserer Zeit mussten da noch ganz anders auf die Zähne beissen.
Und der alte Wegmeister Gnäggeler, der hinter dem vierten

Schoppen immer scharf national wurde, hatte nachgedoppelt: Jetzt werde man ja dann hoffentlich auch abfahren mit den Maccaroni und dem anderen Gesindel weiss Gott woher, das sich im Dorf breit gemacht habe auf die unverschämteste Art und Weise. Man sei seines Lebens und dem seiner Mädchen nicht mehr sicher gewesen. Viel hätte nicht gefehlt, so hätte man glauben können, die Lehrerin in der Unterschule solle auf italienisch Schule halten oder auf türkisch. Aber die können jetzt auch alle abfahren und sich seinethalben an ihrem «sole mio» sattessen, aber eben. Man werde sie jetzt wohl noch durchfüttern müssen mit Stempeln und mit Arbeitslosengeld, es wisse kein Mensch wieviel. Aber da habe er, der Gnäggeler, dann auch noch ein Wörtchen mitzureden, wenn nicht gar zwei, und wenn sonst beim Donner alles andere nichts nützen wolle, so müsse ihm eine Volksinitiative sein, jawohl. Man werde dann schon sehen.
Loosli leerte den letzten Rest seiner Thermosflasche und blinzelte seinen Gehilfen an. Nun, sagte er. Für heute und, wenn du nur willst, auch für morgen ist der Taglohn dir sicher – es ist manchmal so, dass die Toten die Lebenden ernähren. Bist du verheiratet? Der andere nickte. Das schon, sagte er. Die Frage ist bloss, wie lange noch. Ausgezogen ist sie bereits, und da wird wohl die Scheidung nicht lange auf sich warten lassen. Wenn man über ein Jahr lang zu Hause herumhocken muss, dann verträgt sich das schlecht mit dem Weibervolk und seinem Fahrplan. Die werden dann hässig, und man bekommt bald zu merken, dass man ihnen allenthalben im Weg herumsteht. Zu machen gibt es ja doch wenig für unsereins. Die haben ihre Tour, und werden sie erst einmal gestört, dann rennen sie im Hause herum wie ein brüllender Löwe oder wie eine besoffene Wespe oder Hornisse. In tief ausgefahrenen Karrengeleisen ist eben ein bequemes Kutschieren. Am Anfang geht das ja noch. Man denkt sich – schön und gut, dann bleibst du eben am Morgen ein Stündchen länger liegen, vertragen kannst du das allemal; man hat ja die ganzen letzten Jahre ausser den paar Feiertagen und dem bisschen Ferien nichts anderes gemacht, als jahraus, jahrein denselben Trott und dieselbe Mühle. Aufstehen,

malochen, heimkommen, fressen und wieder malochen, wieder heimkommen, wieder fressen, fernsehen und dabei einschlafen, am nächsten Morgen wieder: aufstehen, malochen und so weiter. Aber das mit dem Längerliegenbleiben ging auch nicht gut. Wer gewohnt ist, um acht Uhr die Betten zu machen, der will eben um acht Uhr die Betten machen, und da muss halt der Alte dann raus aus den Federn, sonst kommt der ganze Haushalt durcheinander. Was der Alte dann mit seiner Zeit anfangen soll, das wird nicht gefragt. Zuerst kann man ja einfach in die nächste Kneipe. Dort findet man vielleicht Kollegen in derselben Mühle und glaubt noch, das sei recht lustig, am Morgen schon mit dem Jassen anfangen zu können – bis dann auf einmal die Kohlen nicht mehr stimmen. In die Arbeitslosenkasse hat man ja gezahlt, weil man musste, ohne gross zu verstehen wozu. Das Geld hat einen noch gereut. Warum auch nicht: Wir haben doch ständig Überstunden gemacht auf Teufel komm raus. Und jeden Idioten haben die doch eingestellt, gelernt oder ungelernt, darauf kam's doch schon gar nicht mehr an. Wenn einer wenigstens bis drei zählen konnte, ohne sich dabei viermal zu irren, dann war er gut genug.

Und jetzt, wo wir stempeln, tut man so, als mache einem die Gemeinde ein Geschenk. Es ist unser Geld, das wir jetzt beziehen. Loosli erhob sich ächzend von seiner Schubkarre. In meiner Gärtnerei, sagte er, läuft es auch nicht mehr wie früher und wie es eigentlich müsste. Man hat zwar schon immer zuwenig Leute gehabt. Niemand wollte mehr in Wind und Wetter arbeiten, wie das halt beim Gärtnern nicht anders geht, obschon man immer etwas darauf geschaut hat, dass man Arbeit im Schuppen oder in den Treibhäusern hat, wenn es allzusehr «Katzen» hagelt. Aber immer geht das halt doch nicht. Wir mussten damals auch nehmen, wer kam, wenn überhaupt jemand kam. Da konntest du nicht gross nach dem Schulsack fragen, den einer mitbrachte. Hier und da gab es einen, der sonst auf die Gemeinde gekommen wäre, aber was man mit solchen Leuten schaffen kann, den Ärger gleich noch abgerechnet – da macht man die Arbeit am Ende lieber selbst. Es geht dann auch weniger zuschanden. Meistens ist es

für mich auch so gewesen: Selber machen, Loosli, das war Trumpf.
Loosli ergriff eine Heckenschere und einen kleinen Fuchsschwanz, dann hiess er den Jüngeren ihm folgen und stapfte aus dem Schuppen, ohne sich umzusehen. Im Weitergehen redete er ständig vor sich hin, so als wäre es ihm egal, ob der andere ihm überhaupt zuhöre oder nicht. Es war ja nicht das erstemal, dass Loosli den Kummer, der an ihm frass, und die Sorgen, die ihn niederdrückten, den Vögeln auf dem Friedhof geklagt hatte.
An uns selbst ist alles hängengeblieben, an mir und meiner Frau. Zu Beginn freilich auch noch an den Jungen, den zwei Buben und dem Mädchen. Aber die wollten auf einmal auch nichts mehr wissen von Wind und Wetter und vom Sich-zur-Erde-Niederbücken – dabei hätten sie es ja noch gut gehabt: Sie hätten etwas eigenes gehabt, wären ihre eigenen Herren und Meister gewesen. Aber das Mädchen hat in die Stadt geheiratet, einen Architekten, und der wird wohl auch nicht viel anderes machen, als auf das Erbe und vor allem auf das Land zu warten. Stelle dir vor, mitten im Dorf und in der Bauzone. Was man da alles aufstellen kann. Nie hätten meine Jungen für fremde Leute arbeiten müssen. Aber lieber wird es ihnen sein, überhaupt nicht zu arbeiten und das Land zu verkaufen, wie sie mich immer drängen und zerren. Das taugt doch nichts mehr, Ätti, äffte der alte Gärtnermeister einen der Jungen nach, Blumen kauft doch heute jeder im Supermarkt und noch dazu billiger. Die kommen mit dem Flugzeug aus dem Ausland – bis nach Afrika hinunter werden Blumen für unsere Supermärkte gezüchtet. Taufrisch kommen die hierher. Was ums Himmels willen willst du dich denn da noch abplagen? Verkauf dein Land – oder noch besser: stelle selber ein paar Wohnblöcke darauf. Dann kannst du nur noch die Mieten kassieren, und das Wetter spielt dabei überhaupt keine Rolle – denk an deinen Rheumatismus. Unsere Gärtnerei liegt mitten in der Wohnzone von Gilgenburg. Unsere Gärtnerei hat er gesagt, der Malefizer.
Loosli war bei einem Forsythienstrauch angekommen, der sich in der hintersten Ecke bei den letzten Grabsteinen

befand, und der Gärtner musterte den Strauch, nachdem er Halt gemacht hatte. Er begann mit der Heckenschere zu hantieren und überflüssige Zweige aus dem Strauch herauszuschneiden. Du kannst das Reisig zusammennehmen und in der Zwischenzeit mit dem Laubrechen anfangen. Und vergiss nicht, die Schubkarre zu schmieren, nörgelte Loosli. Er schnippelte weiter an seinem Strauch, ab und zu einen Schritt zurücktretend und den Busch betrachtend. Dazu legte er den Kopf schief und kniff ein Auge zu, dass man hätte meinen können, er sei ein Bildhauer und betrachte kritisch die Skulptur, die er gerade in Arbeit habe. Er überhörte – oder tat wenigstens so, was brachte Streit denn schon viel ein? – das Gefluche des anderen, das ähnlich klang wie: . . . mich doch am Arsch mit deiner himmelgottverdammten Scheissschubkarre . . ., aber der Jüngere machte sich an seine Arbeit. Er dachte dasselbe wie Loosli: Was nützt es mir, wenn ich mich mit dem alten Krauter da herumstreite?

Als er die Schubkarre geschmiert hatte und beim Forsythienstrauch das Reisig zusammenklaubte, sagte Loosli wie beiläufig: Und morgen solltest du dir etwas Rechtes anziehen. Man ist es auf diesem Friedhof gewohnt, und der Herr Pfarrer selig tat es auch nicht anders. Auch wenn jetzt nur noch dieser Dichter da drüben wohnt, stehst du mir dennoch nicht mit deiner zerschlissenen Jacke hier herum.

Der Junge fuhr auf. Ich soll mir wohl gar noch einen Frack mieten, wie? Demjenigen, der da verlocht werden soll, kann es doch wohl egal sein, oder? Ich habe mich nicht freiwillig auf diesen Scheissfriedhof gemeldet, und jedenfalls geht es dem, der da morgen in die Grube fahren darf, um einiges besser als mir. Der braucht sich um nichts mehr zu sorgen, um so weniger wird er sich einen alten Hut darum kümmern, wie meine Gewandung aussieht. Das Arbeitsamt bezahlt mir keinen Frack, verdammt nochmal, und die Miete für einen solchen auch nicht.

Loosli warf einen groben Ast mitten auf den Kiesweg. Nun, sagte er. Jeder redet, wie er den Verstand hat. Aber eine schwarze Krawatte wirst du wohl noch haben, wie? Nimm sonst die vom Militär.

Jawohl, sagte der Junge. Jetzt, wo ich froh wäre, mich im Militär drei Wochen lang wenigstens sattfressen zu können – ausgerechnet in diesem Jahr habe ich keinen Dienst zu leisten.
Anders tue ich es nicht, sagte Loosli unbeirrt. Einen schwarzen Kittel kann ich dir besorgen. Ich halte Nachschau in meinem eigenen Schrank. Die Statur könnte ja ungefähr stimmen.
Wiederum trat er ein paar Schritte zurück. So, sagte er hoch befriedigt. Jetzt macht das wieder ein einigermassen ordentliches Gesicht.
Der Jüngere trug Reisig zur Mauer. Als er zurückkam, schlenkerten seine Arme wie leere Ärmel. Die Haare waren vom Nebelregen nass geworden und hingen ihm ins Gesicht. Gut für Rheuma, sagte Loosli und wies auf den Kopf des andern. Gut für eine handfeste Gicht – in späteren Jahren. Wenn man jung ist, achtet man darauf nicht so. Aber nasse Haare, das ist Gift. Man sollte immer einen Hut tragen, wenn solches Sauwetter ist.
Der Junge zuckte die Achseln. Ich will hier ja keine Wurzeln schlagen, sagte er mürrisch. Mir reicht es nämlich jetzt schon.
Ja, seufzte Loosli. Es ist ein Kreuz. Du bist jetzt schon der fünfte oder sechste, der mir vom Arbeitsamt geschickt wird. Geblieben ist mir keiner.
Der junge Mann grinste. Es ist ja auch nicht gerade jedermanns Sache, sagte er, den einen halben Tag lang Tote zu vergraben – und den andern halben Tag Tote wieder auszugraben. Jedenfalls kann ich mir Schöneres vorstellen als heute morgen, als Sie plötzlich diesen Schädel auf der Schaufel hatten, der die Zähne bleckte. Für mich wäre das ganz sicher nichts – ich habe sowieso Hoffnung, demnächst wieder Arbeit zu bekommen. Aber nicht hier. Ich werde schon wieder umziehen müssen. Aber wenn ich es nicht mache, dann ist mit grösster Wahrscheinlichkeit binnen kurzem alles beim Teufel: Ehe, Familie, Kinder.
Die Arbeit hier wäre dir wenigstens sicher, sagte Loosli. Gestorben wird immer. Aber jetzt haben sie da unten ja auch einen neuen Friedhof und einen Gärtner. Und der Schädel

wegen? Ich mache das jetzt schon lange genug, um zu wissen, dass die keinem mehr etwas antun. So sehen wir nämlich alle einmal aus. Daran kann man nichts ändern.
Meine Grossmutter war da anderer Meinung, sagte der Junge. Auf dem Friedhof sei es nicht ganz geheuer, sagte sie zu uns, als wir noch Kinder waren. Und dabei mussten wir auf dem Schulweg jeden Tag am Friedhof vorbei. Während der Unterweisungszeit am Abend sogar dann, wenn es schon finstere Nacht war.
Loosli lachte leise.
Das ist wohl, sagte er, eine Frage des guten Gewissens. Ich jedenfalls habe keinen von denen besonders zu fürchten, die ich unter den Boden gebracht habe – und das sind jetzt weiss Gott schon beinahe alle aus dem alten Oberdorf. Allerdings habe ich bereits zu Lebzeiten keinen von denen speziell zu fürchten gehabt. Natürlich kann es in warmen Sommernächten vorkommen, dass ein Vorübergehender auf dem Friedhof etwas zu hören glaubt. Liebe kennt eben keine Furcht, und zu irgendeinem Zweck werden die Bänke da ja auch hingestellt worden sein: Die Geräusche kommen nämlich von den Liebespaaren auf den Ruhebänken.
Derweil der Pfarrer mit seiner Leichenrede nicht vorankam und sich in Erinnerungen verlor, stand der Wagner-Ruedi in der Küche seiner Wohnung im alten Schulhaus vor dem Spiegel über dem Ausguss und versuchte, sich seine Maskerade aus dem Gesicht zu wischen. Dabei blinzelte er mehrmals seinem Spiegelbild zu, und zum schwarzen Kater sagte er ein paarmal halblaut, die Leute seien doch manchmal rechte Kühe, und was wohl der Herr Pfarrer selig von dem Kuckucksei halten würde, das er den Gilgenburgern ins Nest zu legen gedachte. Er hätte es ihm gerne für die Leichenrede gebeizt, aber der Pfarrer war tot, und gedient wäre wahrscheinlich damit auch niemandem gewesen. Allerdings, Spass hätte es gemacht, dem alten Herrn zuzumuten, von vorne anfangen zu müssen. Aber er, der alte Wagner, werde den Gilgenburgern schon noch klaren Wein einschenken. Der Maudi gab keine Antwort, fuhr aber damit fort, ihm um die Beine zu streichen und nach Futter zu maunzen. Alles andere

auf der Welt war ihm – vielleicht einmal von den Mäusen abgesehen – herzlich gleichgültig. Er fragte sich nicht einmal, warum eigentlich sein Herr und Meister sich jedesmal so abscheulich zu verschmieren pflegte, wenn er ins Dorf ging, und was wohl eine am Wasserhahn aufgefüllte Schnapsflasche noch für einen grossen Wert haben sollte. Kaum Fingerbreit war zuunterst in der Flasche ein bisschen Schnaps. Diese Flasche war es dann, die der Ruedi jeweils in seine Jackentasche steckte, wenn er das Haus verliess, und zwar so, dass jedermann die Flasche sehen musste. Man könnte geradezu meinen, für den Ruedi sei das ganze Jahr hindurch Fastnacht – aber das war, wie gesagt, nicht dem Maudi sein Problem. Der Kater verstand auch nicht allzuviel von Kunst, sonst hätte er über die Bilder, die sein Meister malte, gestaunt. Nur einmal sah er sein eigenes Porträt auf einer Leinwand, die auf die Staffelei gespannt war, glaubte einen Rivalen vor sich zu haben und fing an, mit gesträubten Haaren und funkelnden Augen fürchterlich aufzubegehren. Wo hätte man denn schon gehört, dass einem der angestammte Platz so einfach streitig gemacht werden konnte. Manchmal druckte der Meister auch auf einer alten Druckerpresse, den Kopf zurückgelehnt, ein Auge verkniffen und dazu ein Lied vor sich hinpfeifend. Zu ihm kam keiner. Dennoch pflegte er immer sorgfältig sämtliche Spuren seines heimlichen Tuns zu verwischen, alles in die Schränke zu legen und abzuschliessen. Man konnte nie wissen. Vor ein paar Jahren allerdings hatte noch der Giovanni hier gewohnt, der beim Bättig als Lastwagenchauffeur arbeitete und den der Maudi sehr mochte, weil er ihm Leckerbissen nach Hause zu bringen pflegte, ausserdem angelte der Giovanni im Mühlenbach unterhalb des Mühlekanals, und Fischköpfe und Schwänze waren dem Maudi ein Festtagsmahl. Er durfte auch stundenlang in Giovannis Schoss schlafen, während der ihm das Fell kraulte. Noch jetzt schnurrte der Maudi, wenn er daran dachte. Aber den Giovanni gab es jetzt nicht mehr, und auch das Lineli war jetzt tot.
Wagner fütterte endlich den Maudi und wartete vor seiner Staffelei, bis es draussen völlig dunkel war. Dann schlüpfte er

in seine schwarze Pelerine und stülpte einen weichen, schwarzen Schlapphut auf seinen Schädel. Er verliess seine Wohnung im alten Schulhaus, ohne sich viel um das Protestgeschrei des Maudis zu kümmern, der es hasste, am Abend alleingelassen zu werden. Wagner schlug den Weg zum Kirchhügel ein und klopfte an die Tür des Pfarrhauses. Es war schon neun Uhr vorbei, als ihm von innen aufgemacht wurde, und man sah für einen Augenblick das runde Gesicht mit den krausen Haaren, dem Schnurrbart und der Brille: es war Fabian Kessler.

12

Fabian sass an der Grasböschung am Strassenrand oberhalb der ehemaligen Ruchmühli und verfluchte seine Schnapsidee, mit dem Fahrrad ins Guggisbergerland gefahren zu sein. Er war, verdammt nochmal, über fünfzig – aber das schien er glatt vergessen und sich selber masslos überschätzt zu haben. Er hatte eigentlich von Mariannes und der Kinder Abwesenheit profitieren wollen, um allein im Bereich der alten Herrschaft Grasburg herumzustreifen. Er war schon etliche Male dort herumgefahren, hatte nach möglichen Drehorten gesucht, an denen einem nicht jeden Augenblick eine Hochspannungsleitung oder Fernsehantennen in die Quere kamen. Das gehörte zwar nicht unbedingt zu den Aufgaben eines Drehbuchautors, erleichterte ihm aber, wie er aus Erfahrung wusste, die Arbeit. Er konnte sich dann beim Schreiben nicht nur die Personen, sondern auch die dazugehörige Landschaft plastisch vorstellen. Die letzten paar Male war er mit dem Auto unterwegs gewesen und nicht mit dem Fahrrad. Das Fahrrad wollte er benutzen, weil er nur so ein Gefühl von der zerklüfteten Landschaft und den Schwierigkeiten bekam, die Menschen dort gehabt haben mussten (und wohl noch haben), überhaupt miteinander verkehren zu können. Er konnte ja nicht gut zu Pferd in der Gegend herumreiten, obschon das früher wahrscheinlich das gebräuchlichste Fortbewegungsmittel gewesen sein musste, wenn man von Fussmärschen absah – aber zu Fuss wäre er mit seinen Recherchen wohl wochenlang nicht zu Ende gekommen. Nun sass er an diesem Wegrand und versuchte, seine schmerzenden Waden zu massieren, in denen ein hartnäckiger Krampf ihn zum Absteigen gezwungen hatte. Irgendwo hinter dem bewaldeten Rand der tiefen, in Sandstein eingeschnittenen Schlucht donnerte es ganz leise, und erst jetzt merkte Fabian, dass auch ein recht kühler Wind aufkam und dass der Himmel, den er im Talausschnitt über sich sehen konnte, nicht mehr so tiefblau war wie am Vormittag, als er aufgebrochen war. Das Liniment, das er vorsorglicherweise in seiner Packtasche hinten auf dem Rennrad eingepackt hatte, stank fürchterlich, als er seine Waden damit einrieb, aber offenbar musste dieser Gestank einer bestimmten Art Schmetterlinge passen: Er war in kürzester Zeit von einem ganzen Schwarm kleiner, violettblauer Falter umgaukelt, die sich ungeniert auf seine nackten Beine setzten. Fabian versorgte die Linimentflasche und begann, seine Teeflasche und die paar Sandwiches, die er ebenfalls eingepackt hatte, unter dem Regenschutz und den Ersatzreifen hervorzuziehen. Er war hungrig und müde – die nächste Wirtschaft, in der er eigentlich vorgehabt hatte zu Mittag zu essen, befand sich eine gute Stunde weiter bergaufwärts. Er begann zu essen, der Wind wurde allmählich immer stärker und vermochte jetzt schon die dünneren Äste der Bäume zu bewegen. Die Sonne verschwand immer häufiger hinter sich zu bizarren Gebilden zusammenballenden Wolken, die wie grosse Segelschiffe talauswärts zogen. Ich muss mich beeilen, dachte Fabian, der sein Brot kaute und den Himmel betrachtete. Auch das Donnergrollen schien näher zu kommen. Es wird ein Gewitter geben, und wenn es weiter hinten im Tal, im Schwarzsee- und im Gurnigelgebiet, heftig gewittert, dann können die Zuflüsse der Sense aus den verschiedenen kleineren Tälern dafür sorgen, dass der Hauptfluss binnen einer halben Stunde um einige Meter steigt – und wehe dem Fischer oder dem Wanderer, der sich dann nicht rechtzeitig in Sicherheit bringen konnte: Die Talflanken stiegen etliche hundert Meter senkrecht und glatt in die Höhe, und der angeschwollene Fluss würde alles talwärts schwemmen, was sich ihm in den Lauf stellte. Fabian griff nach der Wanderkarte auf seinem Gepäckträger und begann seinen weiteren Weg zu studieren. Der nächste sichere Ort wäre vermutlich Albligen, aber dazu müsste er zunächst die Strasse, die er mühsam genug bergauf gefahren war, wieder zurückfahren, um zur Brücke bei der Ruchmühle zu gelangen. Fuhr er hingegen weiter bergauf, käme er nach Schwarzenburg, riskierte aber dann, ein paar Stunden oder gar Tage auf dieser Talseite blockiert zu bleiben, sollte das Unwetter, das sich jetzt ernsthaft ankündigte, losbrechen. Er war zwar nicht mit grossem Gepäck unterwegs, immerhin hatte er sein Scheckheft dabei – er könnte also im Notfall in einem Gasthof Unterschlupf suchen, um so mehr, als ihn zu Hause in Gilgenburg ja niemand erwartete, wenn er einmal vom alten Wagner absah, der ihn in den letzten Tagen fast täglich aufgesucht hatte und der es jetzt übernommen hatte, im Garten nach dem Rechten zu sehen und die Kaninchen der Kinder zu füttern. Zu diesen Überlegungen kam hinzu, dass Fabian wusste: Wenn er jetzt wieder bergab fuhr, dann müsste er jenseits der Brücke auch wieder bergauf fahren, um nach Albligen oder gar nach Heitenried zu gelangen. Alsdann, murmelte Fabian vor sich hin: Auf nach Schwarzenburg, ehe es noch zu regnen anfängt. Fabian hatte diesen Gedanken noch nicht zu Ende gedacht, da krachte ein gewaltiger Donnerschlag über ihm, der die Luft, die bisher flimmernd über der asphaltierten Strasse hing, in Atome zerriss. Gleich darauf fuhr eine Sturmböe durch die Bäume und schmiss mit gewaltigem Lärm eine knapp über der bergseitigen Stützmauer hängende Eberesche quer über die Strasse, keine zehn Meter von Fabian entfernt. Jetzt war der Entschluss nur noch Logik: Die Strasse bergabwärts zur Ruchmühli war durch den Baum gesperrt, und gleich donnerte es erneut. Der Krach war ohrenbetäubend, und durch das Heulen der Sturmböen in den Bäumen war es Fabian, er höre irgendwo – noch weit entfernt – ein unheimliches Rauschen, das aber von Sekunde zu Sekunde stärker anschwoll, und als Fabian sein Rad besteigen wollte, zerplatzte ein mächtiger Regentropfen, dem bald weitere folgten, auf seinem Kopf. Von oben, aus der Richtung von Schwarzenburg, kam ein Auto gefahren. In allerletzter Sekunde vermochte der Fahrer vor der umgestürzten Eberesche zu bremsen, und noch bevor der Mann, der in dem Wagen sass, ausstieg, zerriss ein weiterer Donnerschlag die Luft. Wie eine aufgedrehte Dusche begann plötzlich der Regen niederzuprasseln. Kaum dass Fabian noch genügend Zeit verblieb, in aller Hast seinen Regenschutz aus der linken Packtasche zu zerren, aus seiner Umhüllung zu reissen und sich über den Kopf zu stülpen. Bis er es geschafft hatte, war er unter der federleichten Regenhaut aus Plastic schon tropfnass. Der Automobilist hatte in der Zwischenzeit das Pannendreieck aus dem Kofferraum seines Wagens geholt, sich einen Regenmantel und einen Südwester übergeworfen, die er ebenfalls aus dem Kofferraum gezogen hatte. Dann rannte er in dem strömenden Regen fast hundert Meter zurück, um dort sein Pannendreieck zur Warnung für nachfolgende Autofahrer aufzustellen, während der Regen immer heftiger wurde, auf der Strasse hohe Wasserfontänen aufwarf und die Strassengräben zu reissenden und tosenden Bächen machte. Dazwischen brannten immer wieder Blitze und erhellten die mitten am Tag eingebrochene Dämmerung. Der Wind bog jetzt die Bäume fast zu Boden, der den Blitzen folgende Donner liess jedes andere Geräusch minutenlang verstummen. Was Fabian aber über den talseitigen Strassenrand hinaus unten in der Tiefe des Sensegrabens erkennen konnte, war das schlagartige Ansteigen der dunkelbraunen, mit Bäumen und Tierkadavern und sonst allerhand Unrat durchsetzten Fluten, die bereits die Höhe der gemauerten Brückenjoche erreichten. Da wäre spätestens in einer Stunde auch vom jenseitigen Ufer aus kein Durchkommen mehr. Der Mann mit dem Auto blieb neben Fabian stehen, sah gleich ihm in die Tiefe. Dann nickte er. Wir müssen, sagte er, unverzüglich die Polizei benachrichtigen. Erst jetzt bemerkte er, dass Fabian völlig durchnässt war und vor Kälte mit den Zähnen zu klappern anfing. Es war sehr rasch recht kalt geworden, der heftige

Wind tat noch ein übriges, und immer stürmischer fielen die Wassermassen vom Himmel, von dem nichts mehr zu sehen war. Ich habe einen Gepäckträger auf dem Dach meines Wagens, sagte der Mann. Sie können Ihr Fahrrad da aufladen und dann mit mir nach Schwarzenburg fahren. Sie brauchen etwas Trockenes auf und dann etwas Warmes in den Leib. Das Pannendreieck lasse ich vorläufig stehen, das kann mir die Polizei dann zurückbringen. Sonst fährt doch noch einer in den umgestürzten Baum. Er half Fabian, dem die Einladung mehr als nur recht war, mit dem Fahrrad, dann wendete er vorsichtig den Wagen auf der schmalen und abschüssigen Strasse, was gewiss kein leichtes Manöver war. Fabian gab sich dabei die grösste Mühe, dem Autofahrer durch Zeichengeben von Nutzen zu sein; und als der Wagen endlich wieder bergwärts stand, öffnete der Fahrer den Wagenschlag und liess ihn einsteigen. In wenigen Minuten erreichten sie Schwarzenburg, obschon man im Regen fast nichts erkennen konnte und die beiden Scheibenwischer mit den Wassermassen auf der Scheibe schon längst nicht mehr fertig wurden. Schon von weitem sahen die beiden trotz Regen und zunehmender Dunkelheit, dass auch im Dorf Schwarzenburg nicht alles stimmen konnte. Es schien, als sei das ganze Dorf auf den Beinen. Uniformierte Feuerwehrleute regelten den Verkehr am Dorfeingang, und als die beiden mit ihrem Auto bis zum Dorfplatz vorgestossen waren, sahen sie die Bescherung. Der sonst harmlose Dorfbach, der sein schmales Bett gewöhnlich neben der Dorfstrasse hatte, kam jetzt mitten durch das Dorf geflossen wie ein Wildbach. Auf seinen Fluten trug er alles mögliche mit sich, sogar ein oder zwei Autos hatte er weggeschoben und am unteren Ende des Dorfplatzes gegen einen dicken Baum geknallt, der dort schon seit mehreren hundert Jahren stand. Das nachkommende Geschiebe zertrümmerte dann die Wagen zu nutzlosen Blechhaufen, bevor die überall herumflitzenden Feuerwehrmänner auch nur etwas tun konnten, um die Autos in Sicherheit zu bringen. Ein stämmiger Feuerwehrleutnant in einem Ledermantel hielt den Wagen an, in dem Fabian und sein Helfer sassen. Er wies sie an, auf einem Umweg zum Schulhausplatz zu fahren, der auf einem kleinen Hügel liege und vorläufig sicher sei. Sie hätten von weiter oben, von Guggisberg, Telefonanrufe bekommen, die darauf schliessen liessen, dass dies hier erst der Anfang zu einer noch viel ausgedehnteren Katastrophe werden könnte. Der Fahrer bedankte sich und gab gleichzeitig dem Leutnant Nachricht von dem umgestürzten Baum. Ich habe mein Pannendreieck dort gelassen, sagte der Mann. Damit sie nicht noch mit dem Feuerwehrauto in den Baum rasen. Der Leutnant salutierte. Ich werde das Nötige sofort veranlassen, sagte er. Ich danke Ihnen für Ihre Mühe. Wir werden die Strasse sofort sperren lassen und das über das Radio auch bekanntgeben. Die Guggersbachbrücke ist nämlich schon weg und die Sodbachbrücke musste sicherheitshalber gesperrt werden. Wir sind hier im Augenblick so ziemlich von der Umwelt abgeschnitten, weil der Bach die Eisenbahngeleise ebenfalls unterspült hat. Alles in allem, sagte er, während er sich zum Gehen wandte, alles in allem nicht gerade die Zeit, in der man im Schwarzenburgerland Ferien machen sollte. Er wies auf Fabians Fahrrad auf dem Gepäckträger des Autos und verschwand. Der Autofahrer drehte sich zu Fabian. Was wollen Sie denn jetzt machen? Am Schulhausplatz befindet sich ein Gasthof – und nicht einer der schlechtesten. Wollen Sie es dort versuchen? Ja, natürlich, sagte Fabian. Ich habe Geld und eine Garnitur Wäsche dabei. Einen Pullover und eine Hose wird man in diesem Dorf wohl kaufen können, wenn ich erst ein Zimmer gefunden habe. Alsdann, sagte der Fahrer. Nichts wie los, ehe wir hier fortgeschwemmt werden.

Ein paar Minuten später sass Fabian mit seinem Helfer in der warmen Gaststube im Trockenen, hatte seine Wäsche gewechselt und von der Wirtin einen riesigen, handgestrickten Schal bekommen, in den er sich einwickelte, während er geniesserisch den heissen Grog schlürfte, den die «Sternen»-Wirtin ihnen gebracht hatte, und es wurde ihm richtig warm und behaglich. Er versuchte noch, zu Hause in Gilgenburg anzurufen, beim Nachbarn Begert, damit der Wagner die Bestellung machen könnte, aber die Leitung war durch das Gewitter unterbrochen, und als etwas später die Wirtin das

Radio einschaltete, kam die Bestätigung dafür: Der Nachrichtensprecher sprach von der schlimmsten Unwetterkatastrophe seit vielen Jahren, die das gesamte Schwarzenburgerland heimgesucht und vermutlich Schäden in Millionenhöhe verursacht habe; noch immer regne es ununterbrochen weiter, und alle Flüsse im Einzugsgebiet stiegen unaufhörlich an, so dass gar noch nicht das ganze Ausmass der Unwetterschäden erkannt werden könne. Feuerwehr, Zivilschutz und ab morgen früh sogar Pioniereinheiten der Armee täten ihr möglichstes, das Schlimmste zu verhindern und den Schaden in engen Grenzen zu halten. Fabian war also zunächst dazu verurteilt, in seinem – allerdings sehr hübschen – Hotelzimmer bis auf weiteres auszuharren. Er beschloss, sich sobald wie möglich Notizpapier und Schreibmaterial zu besorgen, und die ihm vom Unwetter aufgezwungene Zeit dazu zu nutzen, für seinen Freund Marco einen ersten Drehbuchentwurf seines Vreneli-Films anzufertigen. Die Recherchen dazu hatte er so gut wie abgeschlossen, den Rest müsste ohnehin seine eigene Phantasie und seine Kombinationsgabe besorgen.

13

August 1777

Das Feuer war beinahe heruntergebrannt, ein Wasserkessel lag umgeleert ein paar Schritte davon entfernt auf dem Waldboden, und an einem Baum angebunden, scharrte ein Pferd. Ein paar Soldaten durchsuchten die Umgebung des Lagerplatzes. Nichts als Gerümpel, sagte einer, den die Streifen am Ärmel seiner Montur als Korporal auszeichneten. Da werden wir kaum reich werden – die haben alles mitgenommen, was sie nur tragen konnten, ehe sie über die Grenze gingen. Das Pferd ist das einzige von einigem Wert, wenig-

stens, was man in diesem schlechten Licht auf den ersten Blick erkennen kann, und wenn der Schinder nicht lahm gehen würde, dann hätten sie auch den mitgenommen.
Du hast recht, Gerber, antwortete der Wachtmeister. Ich frage mich nur, wie es das Lumpenpack immer fertigbekommt, über die Grenze zu flüchten, bevor wir zugreifen können. Da schau selber: Sogar das Lagerfeuer brennt noch. Die sind in der allerletzten Minute gegangen. Jemand warnt sie, sagte einer der Soldaten. Jedesmal greifen wir ins Leere. Er gähnte. In Zukunft sollen meinethalben die Gnädigen Herren von Bern die Landjäger aufbieten und nicht die Miliz. Ich hätte zu Hause Gescheiteres zu tun, als dem Bettelpack hinterherzurennen, das sich offenbar in Luft auflösen kann. Die können eben mehr als Brot essen, sagte der Korporal. Das kann mir keiner ausreden. Die treiben bestimmt irgendein Hexenwerk, und der Teufel selbst scheint ihnen zu flüstern, wann und wo wir auftauchen. Dummes Zeug, Gerber, sagte der Wachtmeister. Diese Fahrenden haben ihre Leute auf allen geheimen Wegen, und irgendwie erlauschen sie dann halt rechtzeitig, wann die Miliz aufgeboten wird. Das Aufgebot wird ja weiss Gott laut genug ausgetrommelt. Einer der Soldaten versetzte dem Wasserkessel einen Tritt, dass er scheppernd ein paar Schritte weiter in den Wald hineinflog. Ich möchte nur wissen, sagte er, sich zu seinen Kameraden umdrehend, woher es kommt, dass sich dieses Gesindel fast alljährlich so vermehren kann. Ich kann mich nicht erinnern, dass es früher auch so gewesen ist. Mein Grossätti sagt jedesmal, wenn ich zu einer Landjegi aufgeboten werde, was das wieder zu bedeuten habe. Früher sei es nicht so wild hergegangen mit dem Bettelvolk. Sie seien schon das eine oder andere Mal dahergekommen, das Almosen zu fordern, man habe ihnen gegeben – und dann hätten die sich wieder getrollt. Kein Mensch habe darauf geachtet, woher sie gekommen seien und wohin sie weiterzögen. Man habe aus der Schrift gewusst, dass man Almosen geben müsse so gut wie den Zehnten, darauf hätten ja die Herren Prädikanten genug geachtet, dass man dem Kaiser gebe, was des Kaisers sei, und weil wir eine Republik seien und keinen Kaiser

hätten, seien eben die Gnädigen Herren an dessen Stelle zu setzen, als eine uns von Gott verordnete Obrigkeit zu betrachten.

Sei doch einen Augenblick still, Muster, unterbrach ihn der Wachtmeister plötzlich. Habt ihr nichts gehört? Die Soldaten schwiegen und lauschten. Der Fluss rauschte gleichmässig in seinem mit Geröll und Felsbrocken übersäten Bett, das Pferd scharrte wieder, in den Baumwipfeln flüsterte der nächtliche Wind, und ganz von ferne hörte man das Klappern des Mühlrades der Ruchmühle, die sich ganz in der Nähe der Stelle befand, wo die bernischen Milizen auf ihrer Landjegi dieses jetzt verlassene Lager aufgestöbert hatten. Sonst war kein Laut zu hören, und der Wachtmeister wollte schon den Befehl geben, mit der Durchsuchung der Umgebung fortzufahren, da hörte man es wieder, und dem einen oder andern der Milizen wollte das Herz in die Hosen rutschen. Sie fassten ihre Gewehre fester in die Bauernfäuste und horchten. Da war es wieder: Ein klagender Laut, dem man anmerken konnte, dass er nur mit grösster Mühe halb unterdrückt wurde. Das kommt nicht von einem Menschen aus Fleisch und Blut, flüsterte der Soldat Grunder seinem Korporal zu. Genau so, sagte mir meine Grossmutter mehr als einmal, genau so, wie wir das jetzt hören, jammern die armen Seelen, die herumgeistern müssen, weil sie die ewige Ruhe nicht finden können.

Halt's Maul, Grunder, fuhr ihn der Wachtmeister an. Das Klagen war jetzt deutlich zu hören. Grunder begann heftig zu schlottern. Alle Mann mir nach, befahl der Wachtmeister. Wir wollen diesem Gespenst auf den Zahn fühlen. Seine Stimme war voller Spott. Dennoch zog der Wachtmeister, als er sich an die Spitze der ihm im Gänsemarsch folgenden Soldaten setzte, seine Reiterpistole aus dem Koppelzeug und spannte die Hähne der beiden Läufe. Vorsichtig und immer wieder stehen bleibend, um zu lauschen, näherten sie sich den jetzt deutlich vernehmbaren Lauten. Es war das Stöhnen eines Menschen in schlimmsten Nöten. Jetzt die Fackel, Gerber, flüsterte der Wachtmeister – und dann gehen vier Mann mit dem Korporal nach links. Ich selbst gehe mit den

übrigen vier nach rechts. Wir wollen das Gespenst einkreisen. Aber vorsichtig, schärfte er ihnen ein, von der Waffe wird nur im Notfall Gebrauch gemacht. Ich möchte mir das Gespenst nämlich ein bisschen näher ansehen.
Sehr schnell erkannten die Männer, dass das Klagen aus einem kleinen Tannendickicht kommen musste. So lautlos wie möglich umzingelten die Milizen das kleine Wäldchen, dann hob der Wachtmeister seine Fackel hoch empor, während einer seiner Männer mit dem Gewehr die Tännchen auseinanderdrückte. Der Schein der Fackel fiel auf ein schwarzhaariges Mädchen, das, wie die Männer – als gestandene Familienväter – sofort erkannten, in schweren Kindsnöten lag und das die es umgebenden Soldaten aus schreckgeweiteten, im Fackelschein dunkel aufblitzenden Augen anstarrte, bevor ihr Körper wieder von den Wehen geschüttelt wurde und sich aufbäumte.
Na ja, sagte der Wachtmeister trocken, da kommen wir ja gerade zur rechten Zeit, um Hebamme spielen zu können. Klar, das Mädchen gehört zu der Bande, die wir verfolgt haben und die sich über die Grenze davongemacht hat. Sie konnten es seines Zustandes wegen nicht mitnehmen. Nun ist mir auch klar, warum sie das Pferd zurückgelassen haben: Diese Fahrenden sind zäh, die bringen ihre Kinder so einfach zur Welt wie die Tiere im Wald, und wenn meine Vermutung richtig ist, dann wird uns dieses Mädchen hier darüber Auskunft geben können, wo sich die Bande, der sie angehört, wieder zu sammeln gedenkt, wenn wir abgezogen sind. Die haben das ja immer so gemacht. Aber diesmal wollen wir schlauer sein. Ganz in der Nähe scheint es nicht zu sein, wenn man ihr sogar einen Gaul zurückgelassen hat.
Was hast du vor, Wachtmeister? Die Stimme des Korporals klang verwundert. Du willst hier doch nicht etwa warten, bis diese Hexe ihren Bankert zur Welt gebracht hat, oder? Du weisst doch selbst am besten, wie die Befehle lauten: Es ist mit diesem Pack kurzer Prozess zu machen, ein für allemal. Worauf warten wir also? Einige der Männer murmelten zustimmend, ein paar hielten sich scheu zurück und sahen erwartungsvoll den Wachtmeister an. Sie waren Bauern, in

Miliziuniformen gesteckt von einer Obrigkeit, der sie nicht eben viel nachfragten, soweit diese Obrigkeit sich darauf beschränkte, Zinsen und Zehnten zu fordern, sie sonst aber in Ruhe ihre Felder und Äcker bestellen liess. Sie waren keine Schlächter, die sich an einer Frau so leicht vergriffen hätten, besonders nicht an einer Frau in diesen Umständen. Für die Obrigkeit sich zu versündigen, begehrten sie nicht; es stand nirgends geschrieben, dass sie dazu verpflichtet wären, und vereidiget war die Miliz nur zur Verteidigung des Vaterlandes. Sie warteten unruhig darauf, was der Wachtmeister befehlen würde – denn die Befehle gab dieser und nicht der Korporal, und das empfand mehr als einer der Männer als Glücksfall.

Vier Mann zurück zur Mühle, wo wir unsere Pferde gelassen haben, befahl der Wachtmeister. Diese vier Mann bringen uns die Pferde hierher. Und trommeln gleichzeitig die Müllerin aus dem Strohsack. Sie soll alles mitbringen, was das Weibervolk in solchen Lagen benötigt – das wird die Müllerin wohl selbst am besten wissen. Sie hat ja, soviel wir gestern gesehen haben, selbst einen ganzen Stall voll Kinder.

Aber das ist doch – fuhr der Korporal auf, wurde aber sehr ruppig unterbrochen von seinem Wachtmeister. Du hast's gehört, was ich befohlen habe. Das Denken kannst du deinem Ross anvertrauen, solange ich diese Patrouille führe. Das hat den grösseren Kopf als du. Du führst jetzt sofort diese vier Mann zur Mühle zurück und tust, wie ich gesagt habe – wenn du keinen Rapport an den Hals begehrst, wegen Insubordination.

Der Korporal trollte sich mit seiner Korporalschaft davon, aber der Wachtmeister hatte gute Ohren und hatte gehört, was der Korporal seinen Männern im Weggehen sagte: Der Herr Junker Landvogt werde dem Wachtmeister schon den Marsch blasen, wenn er die eindeutigen Befehle seiner Gnädigen Herren und Oberen missachte. Der denke am Ende gar daran, diese Hexenbrut an Kindesstatt anzunehmen. Der Wachtmeister schwieg dazu, denn das Mädchen war jetzt in ganz schlimme Nöte geraten und jammerte nicht mehr, sondern schrie aus Leibeskräften. Der Wachtmeister zog ein

grosses, zwar nicht eben sauberes Tuch aus seiner Hosentasche. Damit wischte er dem Mädchen den Schweiss ab, der unablässig von der bleichen Stirne perlte. Zu mehr fühlte er sich nicht imstande – er selber war dieser Dinge nicht mächtig. Bei den Niederkünften seiner eigenen Frau in seinem eigenen Hof und in seinem eigenen Bett in der Hinterstube hatte das Mannsvolk nichts zu suchen gehabt, vielleicht mit Ausnahme des Doktors, wenn es die ihres Amtes waltende Hebamme für notwendig hielt, was aber bei der recht robusten und resoluten Frau selten genug vorkam. Hoffentlich kann die Müllerin wenigstens so halbwegs reiten, dachte der Wachtmeister. Es scheint mir, das Ding beginnt Eile zu haben.
Er kauerte sich neben dem Mädchen nieder, das sich von immer neuen Wehen geschüttelt abmühte, ihm aber trotzdem von Zeit zu Zeit einen angstvollen Seitenblick zuwarf. Wie heisst du, fragte der Wachtmeister, mehr, um etwas zu sagen und seine immer grössere Verlegenheit, die aus seiner Hilflosigkeit genährt wurde, zu überbrücken, als dass ihn der Name des Mädchens wirklich interessiert hätte. Den würde der Gnädige Herr Junker Landvogt schon aus dem Mädchen herausbringen. Der Wachtmeister war sich, trotz seiner menschlichen Regungen, die ihn angesichts des Elends dieser jungen Frau ankamen, vollkommen bewusst, dass er seine Pflicht zu erfüllen hatte, das Mädchen festnehmen und dem Gnädigen Herrn Junker Landvogt vorführen musste. Daher war er jetzt fast ein wenig überrascht, dass ihm das Mädchen mit gepresster Stimme eine Antwort gab. Ich bin die Anna, keuchte das Mädchen. Anna, sonst noch? fragte der Wachtmeister. Das Mädchen sah ihn erneut von der Seite an. Anna, sagte es. Einfach Anna, nichts weiter sonst. Kesslers Anna, nennt man mich zuweilen, weil mein Vater...
Es hielt erschrocken inne und stöhnte erneut herzzerreissend. Die beim Wachtmeister verbliebenen Soldaten hatten sich in scheuem Respekt vor diesem Leiden etwas entfernt und flüsterten kaum hörbar miteinander. Nun trat einer von ihnen zum Wachtmeister. Ich habe davon gehört, Wachtmeister, dass man dem Mädchen da ein starkes Stück Holz geben

sollte. Zum Draufbeissen, wenn die Wehen richtig einsetzen. Wenigstens hat das die Hebamme einmal zu mir gesagt, als meine Frau in diesen Umständen war, und mir schien, es habe ihr geholfen: Das Geschrei, das vorher von der Schlafkammer aus bis in den Stall zu hören war, liess nach, und bald darauf hörten wir ein anderes Geschrei, das uns viel lieblicher vorkommen wollte.
Der Wachtmeister nickte. Schneide mit deinem Säbel einen tüchtigen Prügel – einen möglichst harthölzigen. Esche und Ahorn stehen ja da unten am Bach mehr als genug – und dann wollen wir hoffen, dass die Müllerin bald kommt. Und kaum hatte er das gesagt und der Soldat sich umgedreht, um seinem Befehl nachzukommen, hörte man das Klirren der Hufe auf dem Schottergeröll des breiten Bachbettes und das schnelle Getrappel einer sich nähernden Reiterschar. Endlich, sagte der Wachtmeister. Es wurde langsam Zeit.

14

Während der Reitertrupp anhielt, von den Pferden sprang, und die Müllerin mit einem Bündel im Arm zu dem Mädchen lief, wurde das ganze Geschehen auf der andern Seite des Flusses von zwei Augenpaaren aufmerksam verfolgt. Verflucht, murmelte eine leise Stimme. Die Spürhunde haben nicht nur das Lager und das Pferd aufgestöbert, sie haben auch die Anna erwischt. Was werden die jetzt mit ihr anstellen? Und mit dem Kind? Die Stimme klang von Angst gehetzt. Das, sagte der andere grimmig, kommt ganz darauf an, was der Wachtmeister der Patrouille im Kopf hat. Aber er wird kaum eine Ausnahme machen, da habe ich wenig Hoffnung. Er wird sie dem Landvogt vorführen, und der wird sie entweder ins Arbeitshaus stecken lassen oder . . .
Oder was? keuchte der andere. Das kommt ganz darauf an, wie die Anna sich verhält – und was man ihr alles in die Schuhe schiebt – vom unehelichen Kind jetzt einmal . . .

Wir sind rechtmässig Mann und Frau, sagte der erste zornig – und das weisst du. Nach unseren eigenen Gesetzen schon, Ruedi. Aber nur nach unseren eigenen Gesetzen. Nach den Gesetzen, die die Obrigkeit erlässt, kommt sie vor ein Sittengericht – und da ist ihr mindestens das Arbeitshaus sicher. Es ist auch schon vorgekommen, dass man sie getötet hat.
Und das Kind, Anselmo? Was ist mit dem Kind, das jetzt da in Schussweite unserer Pistolen zur Welt kommt? Mit meinem Kind? Das wird, sagte Anselmo, wahrscheinlich der Anna gleich weggenommen und irgendwo verdingt. Es wird auf irgendeine Gemeinde kommen und seiner Lebtag nichts anderes werden können als ein Knecht oder eine Dienstmagd bei einem dieser hundshärigen Bauern, die auch noch nicht gemerkt haben, dass sie von derselben Obrigkeit unterm Schuh gehalten werden wie wir auch – bloss, weil sie noch Haus und Hof ihr eigen nennen. Dabei sind sie dem Twingherrn zinspflichtig. Da geht es uns schon besser. Man jagt uns und schlägt uns tot, wenn man uns erwischt – aber Steuer und Zehnten bekommen die von uns keine zu sehen. Wir sollten doch, keuchte Ruedi, die andern herbeiholen. Wir sind unserer dreimal so viel, wie die paar Soldaten da drüben. Mit denen werden wir doch fertig, bei Gott. Wir müssen doch Anna und das Kind . . .
In diesem Augenblick ertönte über den Graben hinweg ein ganz durchdringender Schrei, dem ein dünnes Quäken folgte, das in wenigen Augenblicken zu einem richtigen Kindergeschrei anschwoll.
Jetzt, jetzt ist's auf der Welt, sagte Ruedi. Und ich werde nie wissen, ob ich einen Sohn oder eine Tochter habe – ich werde Anna nie wiedersehen, wenn wir uns jetzt nicht aufraffen und uns benehmen wie Männer und den Soldaten da drüben ihre Beute wieder entreissen . . .
Du weisst, was der schwarze Jörg gesagt hat, beschwor ihn Anselmo. Und was der sagt, ist unser Gesetz. Dem hast auch du dich zu fügen. Wenn er schon angeordnet hat, dass wir die Anna zurücklassen mitsamt einem Pferd, dann denkt der Jörg eben an uns alle. Die Sippe muss weiterbestehen, auch wenn einer oder mehrere fallen: Es muss weitergehen, sonst

sind wir, ohne Sippe, alle verloren. Und nur das zählt. Du wirst dich danach zu richten haben.
Er legte ihm die Hand auf die Schulter. Unser Leben ist hart und grausam, Ruedi. Aber so wahr es einen Gott gibt und so wahr wir hier liegen, Ruedi – so wahr ist es auch, dass es eines Tages wir sein werden, die dieser Obrigkeit ihre Köpfe vor die Füsse legen werden. Und dann, Ruedi, vergiss es nicht: Wir haben unsere Leute überall, und wir werden herausbekommen, was mit Anna und deinem Kind geschieht; da wird sich vielleicht eines Tages eine bessere Gelegenheit bieten, sie wieder zu uns zurückzuholen. Bis wir bei Anna und dem Kind wären, hätten die Soldaten beide niedergemacht. Die würden sich kaum genieren, wenn sie von uns angegriffen werden. Glaube es mir, Ruedi – es ist besser abzuwarten. Und im übrigen will mir scheinen, ich habe die dicke Müllerin von der Ruchmühle mit den Soldaten zurückkommen sehen. Die hat sich um Anna gekümmert und wird es wohl nicht zulassen, dass man die Anna gleich in diesem Zustand dem Landvogt vorführt. Sie ist bekannt als eine gute Frau, und ums Kind wird sie sich, so Gott will, auch die erste Zeit kümmern, bis der Landvogt seinen Spruch getan hat. Lass uns also jetzt zu Jörg zurückkehren, um ihm das Vorgefallene zu melden. Er hat dann zu entscheiden, was wir unternehmen sollen. Die beiden Männer standen vorsichtig auf – hatten sie es doch schon erlebt, dass sie normalerweise jenseits der Grenze in Sicherheit waren, vorausgesetzt, dass oben im Schloss der bernische Landvogt regierte. War es der fryburgische, dann konnte es vorkommen, dass die Landjäger Flüchtende auch über die Grenzen hinweg verfolgten. Jetzt, so wussten sie, war es der bernische Vogt – aber sicher ist sicher. Man konnte nie wissen, was den Milizen in den Kopf kam, wenn sie vielleicht eine Wut im Bauch hatten über die langen Nasen, die ihnen die Fahrenden wieder gedreht hatten, und sie dann unberechenbar wurden.
Der eine der Männer mochte dreissig Jahre zählen, er hatte etwas in seinem Gesicht, das eine Schätzung schwierig gestaltete. Der Ältere hatte bereits graue Haare – aber das wollte bei dem Leben, das die Fahrenden führen mussten, nicht

allzuviel bedeuten. Gewandt und lautlos verschwanden die beiden im Wald, um sich auf den Weg zu ihrem Ausweichlager zu machen.

15

Das Mädchen Anna, das die Soldaten mehr zufällig aufgestöbert hatten, schenkte mit der resoluten und sachkundigen Hilfe der Müllerin von der Ruchmühle einem Mädchen das Leben. Als es soweit war und die junge Mutter – sie mochte nur wenige Jahre über zwanzig sein – das Kind in ihren Armen hielt, kam die grosse Beratung, was nun weiter zu geschehen hätte. Der Korporal stand mit zwei, drei Männern etwas abseits von den andern. Ab und zu warf er einen hasserfüllten Blick auf das Bild, das sich seinen Augen darbot. Diesmal, so dachte er, war seine Chance gekommen. Er würde auf gar keinen Fall auf das Kopfgeld verzichten, und er hatte auch schon seinen Plan. Sollte der Wachtmeister sich hier gegen das Gesetz vergehen wollen, so war das dessen Sache. Er als Korporal und Stellvertreter brauchte dann nur noch dafür zu sorgen, dass dem Gnädigen Herrn Junker Landvogt jemand die Wahrheit über den Vorfall berichten würde – am besten wohl gleich er selbst –, dann würde vermutlich er es sein, der in Zukunft die beiden Ärmelstreifen tragen könnte. Er stellte sich schon vor, wie er seinen Leuten daheim im Emmental damit imponieren könnte. Und erst seiner Frau! Die würde sich in Zukunft dann kaum mehr getrauen, ihn mit allen möglichen zärtlichen Namen zu bedenken, wenn sie herumzukeifen begann und ihm vorhielt, er werde es seiner Lebtag weder zum Statthalter noch zum Salzvogt – begehrter Posten in der dörflichen Rangordnung – bringen und sie sich wohl auch niemals Frau Statthalterin oder Frau Salzvögtin nennen lassen könnte, den andern Weibern zum Geifer und Trutz, geschweige denn Frau Ammännin. Er sei ein Lädi und ein Tscholi, wenn nicht gar manchmal ein ausgewachsener Löl. Je weiter sich diese begehrten Titel für seine Frau zu entfernen schienen, desto öfter kamen sie in letzter Zeit diese Anwandlungen an. Die würde daher Augen machen, vor allen andern die! Frau Wachtmeister – das klingt doch auch gar nicht schlecht oder? Diesmal wollte er dem Sepp, diesem Wachtmeister von Ammanns Gnaden, schlau genug sein. Er hatte schon mehrere Landjeginen mitgemacht, immer in der Hoffnung, das Glück werde einmal auch auf seiner Seite sein. Aber eben – der hatte gut reden und handeln: Der hatte ja seine beiden Streifen, und zum Leutnant fehlte dem Sepp offenbar jeglicher Ehrgeiz.

Unterdessen schien die Anna sich ein bisschen erholt zu haben. Die Müllerin hatte ihr in einer Flasche warmen Wein mit Zucker und Zimt mitgebracht, wie man es im Kindbett zu bekommen gewohnt war, dazu geröstetes Brot, und auch ein Schälchen mit dickem Haferschleim fehlte nicht. Anna sah die gute Müllerin mit grossen, fragenden Augen an. Diese verstand sofort. Zum Wachtmeister, der immer in der Nähe geblieben war, sagte sie, er solle sich ein bisschen beiseitemachen, die junge Frau hätte ihr etwas zu sagen, was das Mannsvolk nichts angehe, noch nie etwas angegangen sei, weil das Mannenvolk davon ungefähr so viel verstünde, wie eine Kuh vom z Hochzyt geigen. Unwirsch wandte der Wachtmeister sich ab, nicht ohne zu murmeln, lange könne man dem Ding da nicht mehr Weile lassen, sie hätten am Ende auch noch anderes zu tun, als hier im Walde zu stehen und einer Kindbetterin abzuwarten. Die Sache müsse in Ordnung kommen, ob nun geritten oder gefahren oder auch nur gelaufen, darauf könnten sie wetten.

Die brave Müllerin liess sich nicht ins Bockshorn jagen, dafür war sie selbst stattlich genug und hatte zu Hause auch einen Mann, und wie ihr scheinen wollte, war der auch noch ein bisschen handfester und stellte ein bisschen mehr vor als dieser Bohnenstecken von einem Wachtmeister, habe der nun Streifen auf dem Ärmel oder nicht, und dass der eine halbwegs saubere Montur anhabe, sei vermutlich eher das Werk des Weibervolks daheim. Sie neigte ihren Kopf zu

Anna hinunter. Rede, Mädchen. Was ist's, das du mir anvertrauen willst? Die Nachgeburt, flüsterte Anna. Was ist's mit der, zum Kuckuck, fragte die Müllerin erstaunt. Die habe ich da hinten im Dickicht verlocht, wie das so üblich und Brauch ist.
Die Augen des Mädchens weiteten sich vor Furcht. Jetzt bin ich im Unglück, sagte Anna. Das will ich meinen, sagte die Müllerin trocken. Und zwar braucht es dafür die Nachgeburt nicht. Du siehst ja, dass der Wachtmeister auf dich aufpasst wie unser Hofhund auf einen Knochen. Wenn's nach dem ginge, würde er dich heute nacht noch zum Gnädigen Herrn Junker Landvogt und ins Loch schleppen. Aber da hat er nicht mit mir gerechnet. Trotzdem, sagte Anna leise. Ich hätte die Nachgeburt meiner Grossmutter geben sollen. So will es unser Gesetz, unser Brauch.
Gütiger Gott, rief die Müllerin und schlug die Hände über dem Kopf zusammen. So etwas habe ich sonst nur von Heiden und Türken sagen hören. Dann siegte die weibliche Neugier. Und? Was tut denn die Grossmutter mit dieser Nachgeburt? Sie wird sie doch nicht etwa . . .? Sie macht damit allerlei Tränke, flüsterte die junge Mutter. Zusammen mit allerhand Kräutern. Und wozu soll das gut sein? Die Müllerin schien aus dem Staunen, gemischt mit Entsetzen, nicht herauszukommen. Frauen, die keine Kinder bekommen, die müssen von diesen Tränken nehmen. Mehr weiss ich auch nicht. Nun, sagte die Müllerin und stand auf. Diese Nachgeburt jedenfalls ist so behandelt worden, wie es bei uns Sitte ist, und dein Unglück, will mir scheinen, wird dadurch kein bisschen grösser. Der Wachtmeister wird nämlich ungeduldig – du lässt am besten mich machen. Mit dem Mannsvolk komme ich zurecht, wie das sich gehört – und um Gottes willen kein einziges Wort mehr von dieser unglückseligen Nachgeburt, weder davon noch von deiner Grossmutter. Sonst wird dich der Wachtmeister nämlich fragen, wo diese Grossmutter sich jetzt gerade befindet, und ich kann mir vorstellen, dass du nicht scharf bist, ihm das unter seinen Schnauz zu binden.
Die Fackeln, sagte der Wachtmeister missmutig, sind bald

abgebrannt. Wenn wir uns auf dem Heimweg nicht die Köpfe an den Bäumen blutig schlagen wollen, müssen wir jetzt gehen. Und wie wollt ihr das da – sie wies auf Anna und das kleine Mädchen in ihren Armen – mitnehmen? Oder wollt ihr die zwei jetzt am Ende doch hierlassen? Gnade vor Recht ergehen lassen? Die Müllerin stemmte ihre nicht gerade mageren Arme in die Seiten und sah den Wachtmeister herausfordernd an. Dann wies sie auf Mutter und Kind. Gelaufen wird nicht, sagte sie bestimmt. Ihr jagt eure eigenen Weiber daheim nach der Kindbetti auch nicht gleich auf den Erdäpfelacker, soviel ist gewiss. Also? Wollt ihr sie tragen oder was? Der Wachtmeister kratzte sich unter dem Dreispitz. Das würde nie gutgehen, sagte er. Ich habe zweien meiner Männer befohlen, eine Trage zwischen zwei Pferden zu machen, mit zwei Decken, so wie man im Gefecht Verwundete oder Gefallene aus dem Feld trägt. Das wird wohl eher gehen. Wir müssen sie nur da hinauf heben, aber dafür sind ja genug starke Mannen da, wie mir scheint. So, meinst du? fragte die Müllerin spöttisch. Das ist mir dann aber eine rechte Arbeit für starke Männer, hinter diesen armen Bettelmenschen herzujagen, sie zu fangen, zu plagen oder gar zu töten, oder jedenfalls ins Schloss in den Käfig zu bringen – bloss, damit ihr ein paar Bernpfund Jägergeld dafür einsakken könnt. Du glaubst doch wohl nicht etwa im Ernst, dass ich zulassen werde, eine junge Frau aus dem Kindbett in den Käfig bringen zu lassen? Bei meiner Seele nicht, darauf kannst du zählen.

Ein gutes Maul hast, das ist wahr, mischte sich jetzt der Korporal ein, dem das alles viel zu lange dauern wollte. Du musst jetzt nur scharf aufpassen, Müllerin, dass nicht am Ende du auch geradewegs ins Schloss marschierst. Es heisst nämlich im Mandat unserer Gnädigen Herren und Oberen, es habe niemand – bei gleicher Strafe wie jenes selbst – dem Gesindel Unterschlupf zu gewähren. Du kannst es ja probieren, ob dein scharfes Maul am Ende gar den Gnädigen Herrn Junker Landvogt ins Zittern bringt, was ich aber kaum glaube.

Das kannst ja ausprobieren, du Emmentaler Holzkopf, sagte

die Müllerin resolut. Ich glaube, der Müller und die Mahlknechte hätten dazu auch noch ein Wörtchen zu sagen, von meinen Buben erst nicht zu reden. Ihre Stutzer, so ist gewiss, schiessen nicht schlechter als eure krummen Stecken, die ihr am Bandulier hängen habt, als seien sie euch mindestens die Hälfte zu schwer, und von denen man meinen könnte, ihr hättet sie aus dem erstbesten Haselhag herausgeschnitten. Und wollte einer gut nachsehen, würde er erst noch merken, dass ihr nur blindes Pulver geladen habt, weil euch eine Bleikugel das Gewehr noch schwerer machen würde und ihr dann noch viel krummer in der Allmend herumstogeln würdet, als ihr das jetzt schon tut.
Aufhören jetzt, sagte der Wachtmeister. Euer Branzen und Zanken trägt hell nichts ab. Ihr zwei da, aufladen! Und dann mir nach, marsch! Damit schnitt er der Müllerin vorläufig das Wort ab, weil diese keine eigene Fackel dabei hatte und wohl oder übel hinterher musste, wollte sie nicht in der Finsternis herumirren und sich verletzen. Wer weiss, wo ihr gut geübtes Mundwerk sie sonst noch hingebracht hätte.
Alles andere ging jetzt schnell. Das Kind hatte zu weinen angefangen, die junge Mutter weinte lautlos, und ihre Tränen konnte man im Finstern nicht sehen.
Als sie eine Weile gegangen waren, das ledige Beutepferd am langen Zügel hintennach schleifend, drehte sich der Wachtmeister um. In der Ruchmühle machen wir erst einmal Halt, rief er. Und zur Müllerin: Und deinem Müller und seinen anderen Mehlsäcken würde ich raten, sich nicht in Sachen einzumischen, die sie nichts angehen. Die Sache könnte sonst einen üblen Ausgang nehmen.

16

Das Unwetter war schlimmer geworden, als sich das überhaupt jemand vorgestellt hätte. Ganz alte Menschen, mit denen Fabian während seines Zwangsaufenthaltes sprach, konnten sich nicht erinnern, dass sich Ähnliches jemals zugetragen habe, auch aus der Erinnerung der Erzählung ihrer eigenen Grosseltern nicht. Fabian war nun wirklich blockiert: Der Bach hatte mitten im Dorf Verheerungen unvorstellbaren Ausmasses angerichtet, ganze Ladengeschäfte verwüstet, Gasthäuser bis zur Stubendecke mit Schutt gefüllt, Autos wie Spielzeug ins Unterdorf hinuntergeschwemmt, Strassen unterspült, Telefonkabel weggerissen, die Stromversorgung unterbrochen, von den Verheerungen, die in den Bachtobeln, in den Wäldern und – vor allem – an den Kulturen der umliegenden Bauernhöfe angerichtet wurden, hörte Fabian nur durch die Berichte eines übermüdeten Zivilschutz-Pionier-Offiziers, der ab und zu mit seiner Mannschaft, die anscheinend rund um die Uhr im mühevollen Einsatz war, in die Gaststube kam, um seinen Leuten einen Imbiss und eine kurze Verschnaufpause zu gönnen. Die elementare Wucht eines solchen Ereignisses erschütterte Fabian ungeheuer. Er versuchte, das Ausmass eines solchen Ausbruchs der Naturgewalt in einer technisch so hochstehenden Welt, die glaubt, alles sei machbar und die deshalb auch alles macht, in einem Brief an Marianne in Worte zu fassen. Es erwies sich als ein Ding der Unmöglichkeit. Dasselbe stellte Fabian bei den meisten der von überall her angereisten Journalisten fest, abgebrüht, wie die doch sonst waren: Hier sah Fabian sie zunächst einmal sprachlos. Die Berichte in den Zeitungen, die Fabian allerdings erst ein paar Tage später zu Gesicht bekam, weil durch die Unterbrechung der Bahn- und Strassenverbindungen die Postzustellung so lange blockiert war, bis endlich Armeehubschrauber zum Einsatz gelangten und auch Fabian seine angesammelte Post aufgeben konnte. Diese Berichte zeigten dann auch, zumindest in den Kommentaren, die Erschütterung der Journalisten. Einer davon, ein ziemlich weitgereister Mann, sagte zu Fabian, dass er solche Bilder von Zerstörung und Verwüstung sonst hauptsächlich im Ausland gesehen habe, wenn man vielleicht von den Lawinen in den Bergen absehe: Das sei eine ähnlich unheimliche Naturgewalt, die – und Fabian war erstaunt, das von einem Journalisten zu hören – den Zorn Gottes manifestiere. Nun, der Zivilschutz-Offizier sah die Sache ein bisschen prosaischer: Man habe mit der Verbauung der Bäche und besonders des Dorfbaches in enge Betonbetten selbst dafür gesorgt, dass es zu solchen und ähnlichen Katastrophen komme. Da fuhr ihm der Journalist übers Maul und sagte, was denn also an seinem Wort vom Zorn Gottes nicht stimme? Wenn der Mensch doch selber solchen widernatürlichen Blödsinn mache, dann sei das bei Gott nur normal, dass die Natur – und was sei die Natur denn anderes als Gott? – zurückschlage und den vermessenen Menschlein die Flügel schmelzen liesse wie weiland dem Ikarus und seinem Vater Dädalus. Der Zivilschutz-Offizier sah ihn von der Seite an und sagte, das sei ihm zu hoch. Das einzige, was er sehe, seien die vielen tausend Kubikmeter Schutt, die es jetzt überall wegzuräumen gelte, und dann hoffe er noch inständig, dass man vernünftig werde und mit natürlichen Massnahmen dafür sorge, dass sich das nicht alle paar Jahre wiederhole. Es gäbe schon geeignete Massnahmen, ohne Zweifel. Wenn man sie unterlasse, sagte der Mann kaltblütig, dann werde binnen weniger Jahrzehnte das ganze Ländchen unbewohnbar. Man vergesse allzuoft, dass man schon im frühen Mittelalter den ganzen Landstrich «Üechtland» genannt habe, was soviel bedeute wie «Ödland». Soviel habe er nämlich noch in der Schule gelernt. Über die Millionenschäden wolle er jetzt noch gar nicht reden, das sei noch gar nicht richtig abzuschätzen.

Fabian war dem Schicksal fast dankbar, das ihn hier festgehalten hatte. Freilich hatte er seine Unterlagen nicht dabei, er konnte an seiner Gilgenburger Dorfgeschichte vorderhand nicht arbeiten. Nun, dann würde er eben die Zeit nutzen und für Marco das Drehbuch fertigstellen. Ein Pech allerdings hatte er gehabt: Der Laden im Dorf, wo er sich Papier besorgen und gleichzeitig darum bitten wollte, man möge ihm doch eine Schreibmaschine für kurze Zeit ausleihen, war ebenfalls ein Opfer der Katastrophe geworden. Er war mit Sand, Schlamm, Kies und allerlei Unrat gefüllt. Dazwischen schwammen nagelneue Schreibmaschinen, Rechenmaschinen, ja, sogar ein Heimcomputer – das alles natürlich total unbrauchbar geworden. Der Ladenbesitzer stand dazwischen und weinte. Er bot ein richtiges Bild des Jammers. Die Versicherung, so sagte er, werde ihm freilich einen Teil des Schadens ersetzen müssen, aber was sei schon eine Versicherung? Wer denke beim Abschluss einer solchen, mit ihren hohen Prämien, denn immer gleich an solche Katastrophen? Die freundliche Wirtin half Fabian dann schliesslich mit allem aus, was er zur Arbeit benötigte. Selbst mit einigen Klamotten ihres Sohnes, der von gleicher Statur war wie Fabian, konnte sie dienen.

17

Nach einem viertelstündigen Marsch kam die kleine Gruppe in der Ruchmühle an. In der Stube brannte Licht, die Müllerin betrat die Küche und rief nach einer Magd. Der Müller, ein Berg von einem Mann, trat vor die Haustür. In der Hand hielt er eine Sturmlaterne, die er hoch erhoben trug, um besser sehen zu können, was sich da auf dem Pflaster aus Rundkieseln vom Fluss vor seiner Scheune abspielte. Er sah die zehn Dragonermilizen nicht zum erstenmal, sie hatten auf ihrer Suche nach den flüchtigen Fahrenden bei ihm die Pferde eingestellt, weil der Wachtmeister es für zu gefährlich gehalten hatte, in finsterer Nacht in Tobel und Auwald im Sattel zu bleiben. Ist das die ganze Beute? fragte der Müller den Wachtmeister und wies auf die beiden Pferde mit den dazwischenhängenden Decken, auf denen Anna mit ihrem Kind im Arm lag. Das Kind war wieder eingeschlafen, und Anna blinzelte ängstlich in das Licht der Blendlaterne, mit der der Müller ihr ins Gesicht leuchtete. Der Wachtmeister schwieg einen Augenblick und betrachtete ebenfalls seine Gefangenen. Die andern sind fort. Über den Sensegraben hinüber ins Fryburgische, sagte er. So geht das immer. Wenn man schon eine Landjegi veranstalten will, dann sollte man doch als erstes mit einer Postenkette die Grenze sperren.

Noch besser wäre es freilich, die Grenzen so zu besetzen, dass das Pack gar nicht mehr zurückkommen kann, wenn man es einmal verjagt hat – denn das Ausjagen ist ja der Zweck der ganzen Übung. Aber es würde wahrscheinlich die Gnädigen Herren zuviel kosten, die Grenzen zu besetzen, und die Milizen haben schliesslich das Jahr aus anderes zu tun, als diesen im Grunde armen Teufeln nachzujagen. Jaja, sagte der dicke Müller vielsagend. Sonst nichts. Die Müllerin war mit ihrer Magd zurückgekommen. He du, sagte sie zu ihrem Mann. Anstatt da herumzustehen und Maulaffen feilzuhalten, kannst du uns helfen, die beiden da ins obere Gaden zu bringen. Die Jungmagd soll halt heute fürs erste bei der Meisterjumpfere schlafen, das wird die beiden nicht töten, auch wenn sie für eine Nacht einander mit ihren Kiltbuben genieren sollten, wenn sie überhaupt noch wissen, was das ist, was ich aber nicht glaube. Annelisi hat bereits in der Küche angefeuert für eine Bettflasche, und dann werden die Milizen wahrscheinlich auch nichts gegen heissen Kaffee haben, wenn die endlich ihre Rosse gestallt haben. Aber das muss ihnen der Wachtmeister zuerst befehlen, ehe es einem von ihnen selbst in den Sinn käme. Man könnte nicht denken, dass es Bauern sind, die ausserdem auf ihren eigenen Rossen reiten. Wo der Schuppen ist und wo das Futter, das sollten sie ja wissen. Sie haben ja heute nachmittag schon einmal da eingestellt.

Dem Wachtmeister schien das in die Nase gekommen zu sein. Er setzte zu einer Ansprache an, aber der Korporal kam ihm zuvor. Barsch erteilte er die Befehle, die Mannschaft machte sich mit den Pferden davon, bis auf die beiden, die immer noch Anna und das Kind trugen. Nun aber kam Leben in die Müllerin. Der Magd übergab sie das schlummernde Kind, die damit über die Aussentreppe zum Gaden hinaufeilte. Der Müller und seine Frau hoben Anna von der Trage, als sei sie ein Federchen, und trugen sie ebenfalls hinauf. Im Gaden brannte ein Nachtlicht. Sie legten Anna auf das aufgedeckte Bett. Was stehst du noch da? fuhr die Müllerin den Müller unsanft an. Willst du uns vielleicht zusehen, wie wir das arme Geschöpf da ausziehen und ins Bett stecken? Mach, dass du

fortkommst und zusiehst, dass dir unten in der Stube die Milizen nicht den ganzen Schnaps aussaufen. Das ist alles, was diese Kriegsgurgeln können. Tja, sagte der Müller und blieb stehen, sich verlegen unter seiner weissen Müllerkappe kratzend. Was hast du denn eigentlich vor? Du willst doch nicht etwa...
Genau das will ich, du Tropf, der aber auch gar nichts merken und riechen kann. Mit dem Wachtmeister kann man reden, wie mir scheint, die andern aber werden den Schnaps allem anderen vorziehen. Also spare nicht damit, auch wenn's nicht gerade das letzte Fässlein zu sein braucht. Nur auf den Korporal musst du achtgeben. Der ist ein scharfer Hund und hinter dem Kopfgeld her – wenn das alles ist, was der herausschlagen will. Und jetzt in der Nacht werden sie ohnehin kaum mehr weiterwollen. Bis morgen früh kann man dann weitersehen.
Das ist alles schön und gut, Marei, sagte der Müller gemächlich. Aber es ist auch ungesetzlich, und das weisst du so gut wie ich. Und dann weisst du, dass ich selber Grichtssäss und Chorrichter bin und vereidigt.
Eben deshalb, sagte die Müllerin listig. Eine Frau im Kindbett braucht mindestens vierzehn Tage, bis sie überhaupt reisefähig ist, das wird dem Gnädigen Herrn Junker Landvogt seine eigene Frau oder doch wenigstens die Hebamme sagen können, wenn er's nicht glauben will. Das heisst aber nicht, dass sie die ganze Zeit im Bette liegen muss. Und während der Zeit nimmst eben du sie schon ins Verhör. Ich glaube kaum, dass der Amtsschreiber selbst da herunterkommen mag, und vom Gnädigen Herrn glaube ich das noch viel minder. Du gibst dem Wachtmeister ein gesiegeltes Schreiben an den Gnädigen Herrn Junker mit, du übernehmest als Chorrichter und Grichtssäss die kranke Gefangene – vom Kind schreibst du einstweilen noch gar nichts, das hat keine Eile – und ihre Bewachung, bis man sie aufs Schloss bringen könne. Und zur Bewachung hättest du, kraft deines Amtes, deine Müllerknechte als vorläufige Miliz vereidigt. Damit gewinnen wir einstweilen Zeit, bis man sehen kann, was sich machen lässt.

Himmelherrgott, fluchte der Müller. Du gehst streng ins Zeug und bringst uns noch um Haus und Hof und Mühle mit deiner Schlangenfertigkeit, aber schon die Eva hat dem Adam den Apfel...
Jetzt stellte sich die Müllerin mit blitzenden Augen vor den Müller und Chorrichter. Du bist und bleibst ein Löl, sagte sie, Chorrichter und Grichtssäss hin oder her. Wenn du mir schon mit der Religion kommen willst, dann sage mir doch einmal, wer dem Herrn Jesus und seiner Mutter Maria Unterschlupf gegeben hat! Kannst du mir das auch sagen, du hartholziger Stock? Und dabei, fuhr sie fort, kommst du noch billiger davon, als der Bauersmann, der dem Herrn Jesus seinen Stall gestellt hat. Die beiden da sind nur zu zweit, die andern damals aber hatten noch den Vater Joseph dabei.
Und was ist, sagte der Müller, aber schon viel ruhiger, wie die Müllerin befriedigt feststellte, was ist, wenn die ganze Bande der Fahrenden, zu denen die beiden da zweifellos gehören, daherkommt und sie wieder mitnehmen wollen? Was dann? Wenn sie uns für unser Gutmeinen gar noch den roten Hahn...
Pah, sagte die Müllerin. Wozu hast du deine Buben? Und deine Mahlknechte, die nichtsnutzigen Lümmel? Etwa nur, damit sie an allen Tanzsonntagen oder an Hornusseten gross angeben und jeden entzweischlagen wollen, der es mit ihnen probiert? Anna hatte bisher ohne ein Wort zugehört. Nun begann sie, eine wilde Hoffnung zu fassen. Noch war sie nicht gefangengesetzt, sie nicht und ihr Kind erst recht nicht. Wenn jetzt nur der schwarze Jörg und der Ruedi keine Dummheiten machten und vorläufig stillehielten, auch wenn das sie hart ankommen musste – dann konnte vielleicht noch alles gut werden. Was es bedeutete, ins Gefängnis gesteckt zu werden, das hatte sie schon als blutjunges Mädchen, als halbes Kind noch, erleben müssen, daheim im Werdenberg. Daheim? Nein. Daheim waren sie nirgendwo mehr. Von gierigen Landvögten waren sie verjagt worden, sie, die einmal so gut Bauern gewesen waren wie alle jene, die sie nun verfolgten und peinigten, die sie als Pack verschrieen.
Der Müller suchte keine weiteren Ausflüchte mehr. Was

seine Marei im Kopf hatte, das hatte sie nun einmal nicht sonstwo. Aber seine Lebenserfahrung und die lange Zeit, die er nun schon mit ihr verbracht hatte, hatten ihn auch gelehrt, dass keine Suppe je so heiss gegessen werden muss, wie sie gekocht wurde.

Er stapfte davon, die Aussentreppe hinunter. Die Dragoner hatten nun auch die beiden restlichen Pferde in der Scheune untergebracht und einen von ihnen als Stallwache zurückgelassen, nachdem sie ihm hatten versprechen müssen, ihn alsbald abzulösen, damit er sich auch in des Müllers Stube hinter den Tisch setzen und es sich wohlsein lassen könne. Die Milizen standen unschlüssig vor der Haustür herum. Nur die Magd hatte sie hereingerufen, und das waren sie von ihren eigenen Höfen her nicht gewohnt. Dort war es Brauch, dass der Hausvater oder doch zumindest die Hausmutter die Honneurs machte. Was so ein Knechtlein oder Mägdlein da auch immer dahersagen mochte – es zählte einfach nicht. Wo käme man sonst hin in einer solchen verkehrten Welt? Machten es nicht im Grunde die Gnädigen Herren und im Dorf der Herr Prädikant genauso? Keinem Stoffel wäre es eingefallen, im Herrenhaus, wie das Pfarrhaus genannt wurde, vorzusprechen, ohne vom Herrn dazu aufgefordert worden zu sein.

Daher waren die Soldaten auch sichtlich erleichtert, als sie die schwere Gestalt des Müllers die Treppe herunterkommen sahen. Innerlich rieben sie sich die Hände, ein paar ganz Ungenierte taten es auch äusserlich, nur das Zungenschnalzen liessen sie bleiben. Das wäre denn doch allzu unverschämt gewesen. Der Korporal hatte zwar die Gelegenheit noch einmal nutzen wollen, den Wachtmeister über die bestehenden Gesetze und Mandate aufzuklären, diesmal war er aber militärisch kurz und mit einem gewissen Unterton abgefertigt worden, der es ihm ratsam erscheinen liess, seine Pläne nicht allzu offen sichtbar werden zu lassen. Ganz dumm war der Sepp eben doch nicht. Der Korporal tröstete sich damit, dass er sich ja nichts vergab, wenn er sich vom reichen Ruchmüller und Chorrichter zu Tisch heissen liess. Solange der Wachtmeister selbst dabei war, könnte ja keiner auf den Gedanken kommen, sie etwa der Bestechlichkeit zu

beschuldigen. Und schliesslich war der Müller nicht nur reich und konnte es sich leisten, sie zu bewirten, dass es eine Art hatte, sondern er war ja gewissermassen auch ein Vorgesetzter, ein Richter, der das Gesetz ebensogut kennen musste wie nur irgendeiner von ihnen.
Alles in allem waren es nun doch fast erfreuliche Gedanken, die den Korporal bewogen, seine eigenen Pläne auf später zu verschieben und sich zunächst einmal, der endlich erfolgten Einladung des Müllers Folge leistend, mit den andern zusammen an die Fleischtöpfe Ägyptens zu begeben – und wahrhaftig hatte der Müller sich nicht lumpen lassen. Die Magd in der Küche hatte inzwischen auch nicht geschlafen, obschon sie aus dem warmen Bett geholt worden war und ungekämmt aussah wie eine Schleiereule. Da dampfte heisser Kaffee auf dem Tisch, eine Schüssel Milch – und zwar nicht etwa abgerahmte – stand daneben, für Liebhaber dazu noch eine etwas kleinere Schüssel mit Rahm, dazu kaltes Fleisch, geräuchertes und gekochtes, ein grosser Branntweinkrug stand unten am Tisch. Oben, dem Korporal hüpfte das Herz im Leibe, wo die Vorgesetzten mitsamt dem Müller ihren Platz hatten (zu denen der Korporal sich als Unteroffizier füglich zählen durfte), da oben stand eine grosse Flasche, in der der Rotwein prächtig funkelte. Das Brot auf dem Tisch war natürlich ein weisses Brot, wie es sonst selten auf Bauerntische kam, aber wozu ist ein Müller ein Müller, wenn er sich nicht weisses Brot gönnt und die Kleie den Hühnern und den Säuen. Der Korporal erinnerte sich, im Dorfwirtshaus neben dem Schloss gehört zu haben, der Ruchmüller habe nicht umsonst die dicksten Kühe mit der fettesten Milch und die glänzendsten Rosse mit talergrossen Haferbatzen auf den Kruppen, seine Hühner und Gänse und Tauben könnten alle Tage Karlishof halten im Weizen und Korn, die Müllerin habe so viele Eier, dass sie manchmal Lust bekomme, sie den Schweinen zu füttern, weil sie ihnen überdrüssig geworden sei. Wie genau es freilich der Müller mit dem Mahlmass nehme, das wisse man allerdings schon weniger gut, könne es aber selber erfahren: Man müsse nur beim Ruchmüller mahlen lassen. Der Müller säumte nicht lange und hiess nicht

zweimal zugreifen, das heisst, er nötigte keinen, gönnte zwar den Leuten die Sache, wenn sie nun einmal schon auf dem Tisch stand, dass er aber über Gebühr angehalten hätte, so war's nicht. Wer sich das Maul nicht selber gönnte und zugriff, solange etwas zum Zugreifen da war, war selber der Narr. Und so war denn eine Zeitlang nur das Mahlen der Zähne zu hören, fast wie in einem Kuhstall, und das leise Klirren der Gläser. Ausser einmal ein allgemein beantwortetes «Gsundheit» war auch vom Müller zunächst nichts zu vernehmen. Es war gut, dass die Mäuler anderweitig beschäftigt waren. Die Sache, die er da nach Mareis Willen zu mahlen hatte, war eine Sache, die selbst seinen härtesten Mühlsteinen zu schaffen gemacht hätte – und die waren gut – die oberen, harten, die sogenannten Läufer bezog er aus den welschen Vogteien, aus Bellenz. Er zahlte sie aber auch teuer genug. Die unteren, weicheren Stempel liess er von seinen Mahlgesellen im eigenen Steinbruch brechen und zuhauen. Der gröbste Hunger hielt einige Zeit vor, die Magd ging ein und aus, füllte Kaffee nach oder ersetzte leergewordene Krüge und Schüsseln. Die Gesichter der Milizen röteten sich sachte, alle waren erleichtert, als der Wachtmeister das allgemeine Zeichen gab und den obersten Haken seiner Montur öffnete, und es dabei nicht bewenden liess, sondern dem Haken auch gleich noch die obersten zwei Knöpfe folgen liess. Seine Mannschaft tat dem Beispiel auf der Stelle nach, und jetzt kam doch so etwas wie gedämpfter Lärm, wie Geselligkeit auf. Den Anfang dazu machte man unten am Tisch, wo halblaute Witze erzählt wurden, worauf dann gedämpftes Gelächter ertönte. Da endlich tat auch der Müller das Maul auf und meinte, zwischen zwei Bissen und einem langen Schluck, jetzt sei er doch überrascht, hätte er doch schon gedacht, die Emmentaler Milizen hätten ihr Maul zuhause gelassen oder aber, er sitze an einer Beerdigung, und zwar an einer, wo es nichts zu erben gäbe, weil es bei andern, nach allgemeinem Brauch und soviel er wisse, munterer zugehe. Was der Müller wollte, zeugte davon, dass er nicht zu Unrecht Grichtssäss geworden war: Er wollte, dass niemand Zeit und Ohren für das hätte, was er dem Wachtmeister

einzubleuen gedachte. Am Schnaps dafür wollte er es, Mareis Rat getreu, nicht fehlen lassen. Je weniger Zeugen von einer Sache wissen, desto besser ist es für alle. Allerdings wäre er froh gewesen, ab und zu Mareis Assistenz zu bekommen. Aber das wäre denn doch zu sehr aufgefallen. Sollte die sich jetzt oben nur um die beiden kümmern, die ihm da hereingeschneit waren. Mit seiner Sache würde er schon fertig werden, und diesen Wachtmeister neben sich einzuseifen, dürfte auch nicht allzuschwer fallen. Der Müller hatte mit seiner pfiffigen Menschenkenntnis sofort festgestellt, dass hinter diesem Wachtmeister keiner steckte, der am liebsten alle ungekocht frässe, die sich ihm in den Weg stellten. Wer weg musste, das war dieser Korporal mit seinen Fuchsaugen und langen Eselsohren, die, wenn sie auch Eselsohren waren, sich doch nichts davon entgehen lassen würden, was da verhandelt würde. Und als der Korporal einmal gerade mit dem Gefreiten, der neben ihm sass, und mit der Mannschaft unten am Tisch über irgendeinen Sauniggelwitz lachte und nicht aufpasste, gab der Müller dem Wachtmeister einen kurzen, aber klaren Wink, und siehe da . . .
Der Müller lachte innerlich befriedigt über seine Menschenkenntnis. Der Wachtmeister verstand nämlich sofort, knöpfte sich die Montur zu, setzte den Dreispitz auf den Kopf und richtete sich auf. Der Korporal, der eben noch gelacht hatte, wusste zwar nicht, was das jetzt werden sollte, aber er folgte dem Beispiel des Wachtmeisters und brüllte dann sein «Achtung!» in die gute Stube des Müllers hinaus. Augenblicklich verstummten Lärm und Gelächter. Du, Korporal, befahl der Wachtmeister, übernimmst jetzt die Wache, immer mit je drei Mann. In zwei Stunden wird abgelöst, der Gefreite übernimmt dann deinen Posten, damit ihr euch zwischendurch hier wieder atzen könnt. Der Wachauftrag ist: Patrouille um die Mühle und sämtliche Nebenbauten wie Ställe und Scheunen. Ein Posten unten an der Gadentreppe. Es ist mit allen Mitteln ein Entweichen der Gefangenen oder deren Befreiung zu verhindern. Die Gewehre sind geladen zu halten. Ausführen! Der Korporal kochte vor Wut. Natürlich hatte er gemerkt, und wie er es gemerkt hatte, dass er soeben

hereingelegt worden war. Aber in Gegenwart eines Grichtssäss eine Insubordination zu wagen, dazu war er der Mann nicht. Er nannte also die Männer, die mit ihm auf die erste Wache ziehen sollten, und dann trampelte er wutentbrannt hinaus. Das einzige, was er sich leistete, war das Zuschlagen der Stubentür hinter sich. Der Müller sagte nichts dazu, und der Wachtmeister sass nun da, öffnete seinen Kragen wieder und wartete. Nach einer Pause ermunterte der Müller die verbleibenden Soldaten, doch weiterzumachen, ehe sie selbst in zwei Stunden auch in die Nacht hinausmüssten, und bald war der Lärm in der Stube wieder gross genug, dass der Müller es wagen konnte, dem Wachtmeister seine Pläne (die eigentlich Mareis Pläne waren) mitzuteilen. Der Wachtmeister hörte zu, nickte ab und zu, sagte aber nichts, bis der Müller zu Ende war. Dann sagte er, die Sache scheine ihm rechtens, im übrigen passe es ihm, nach Hause zurückzukehren, die Arbeit verrichte niemand für ihn, wie auch niemand für ihn Abgaben und Zehnten erlege. Er habe noch manches Fuder draussen stehen, und die möchte er noch einbringen, ehe er hinter die Erdäpfel müsse. Aber er, der Müller, werde doch als Grichtssäss, mit Verlaub, nichts dagegen haben, ihm für die Gefangenen zu quittieren, damit er, der Wachtmeister, aus der Sache sei, oder? Es gebe eben immer Leute, die nur darauf warteten, einem den Strick zu drehen, und dafür sei es seiner Meinung nach noch viel zu früh.

Der Müller hatte so etwas kommen sehen. Das war gewissermassen der springende Punkt der ganzen Operation, denn vom Kind sollte er ja, Mareis Wunsch gemäss, schweigen. Er besann sich eine Weile, dann beschloss er, den geraden Weg zu gehen und diesen «Stier» gleich bei den Hörnern zu packen. Gefangen, so sagte er bedächtig, sei eigentlich nur das Mädchen. Er sehe, selbst als Chorrichter, keinen hinlänglichen Grund, ein neugeborenes Mädchen als Gefangene anzusehen, denn was bei allen Teufeln solle man einem Neugeborenen denn wohl für ein Verbrechen zur Last legen? Für seine Geburt könne es nichts, und seine Eltern habe es sich auch nicht ausgesucht. Er sehe das eher so, dass das Kind so schnell wie möglich dem Teufel entrissen, getauft und somit zum richtigen Christenmenschen gemacht werde, solches wäre auch das Urteil des Chorgerichts, hätte es darüber zu befinden. Da kenne er sich aus. Der Wachtmeister rutschte auf seinem Stuhl ein bisschen hin und her. Der Müller schenkte ihm sein Glas mit Rotem voll und trank dem biederen Bauern und Soldaten zu. Der nahm ebenfalls einen bedächtigen Schluck, dann sagte er: Nun ja, das sehe ich ein. Christenpflicht ist es allemal, das Kind zu taufen. Aber wenn ich mir das richtig überlege, braucht in diesem Falle das Kind Gevattersleute. Ohne die täte es der Pfarrer kaum, und wer zum Teufel wird einen solchen Wechselbalg wohl über die Taufe halten wollen? Ihm zu Gevatter stehen? Ob er am Ende, und jetzt lachte der Wachtmeister wie über einen guten Witz, ob er als Chorrichter das etwa selbst übernehmen wolle? Etwa noch zusammen mit seiner Alten, die zwar, was er gemerkt habe und immer mit dem nötigen Respekt, Haare auf den Zähnen habe und auch sonst handlich sei, aber doch kaum so dumm, sich bei der Obrigkeit mit einem solchen Handel, mit einer solchen Narrenposse in die Nesseln zu setzen und unbeliebt zu machen? Christenpflicht hin oder her? Warum nicht, sagte der Müller, und sonst nichts, obwohl ihn dieser «Tabak» nun doch recht in die Nase stechen wollte. Was ging denn diesen hergelaufenen Emmentaler Lümmel, und wäre er zehnmal Wachtmeister und zuhause ein Bauer, seine Alte an? Was die Haare auf ihren Zähnen? Er würgte das herunter, nicht ganz mühelos. Er musste mit Rotem nachspülen und zufüllen, anders wäre es nicht gegangen. Je nun, sagte er endlich, als er wieder reden konnte. Das wäre das Unmöglichste nicht – verdingen werde man das Kind so oder so müssen, damit ein rechter Mensch aus ihm werden könne, und auf ein Maul mehr zum Füttern käme es ihm, dem Müller, nicht an. Zu verdienen begehre er an dem Handel nichts, er vermöchte ein solches Kind auch ohne Gemeindezuschuss zu erhalten, und später, nun ja – an Mägden sei in einem solchen Wesen und Geschäft, wie's seines sei, immer Mangel, und manchmal komme es ihm vor, je länger, je mehr, es wolle perse niemand mehr dienen. Der Alten, und jetzt blitzte Spott in seiner Stimme auf, so handlich wie sie immer sein möge, traue er es durchaus noch zu, nochmals ein Kind aufzuziehen, hätte sie doch selbst vor zwei Jahren noch Kindbett gehalten, obgleich er vier erwachsene Buben habe, aber so sei das eben manchmal: Unverhofft kommt oft, und wie schon gesagt: Auf ein Maul mehr oder weniger am Tisch komme es nicht an. Der Müller lehnte sich zurück und betrachtete den Wachtmeister, den er jetzt, in aller drei Heiligen Namen, genug eingeseift hatte. Ging das Ganze etwa zu Lasten des Wachtmeisters Sache oder seiner, des Müllers? Oder ging es ihm am Ende doch um das Kopfgeld? Das wäre dann allerdings ein bisschen streng für den Chorrichter, sich dermassen zünftig verschätzt zu haben. Fast flog ein verächtlicher Zug über das runde Gesicht des Müllers. Gott, nicht dass er nicht auch auf seinen Vorteil geschaut hätte, wo er es konnte, und wo konnte ein Müller das schon nicht? Aber dass er deswegen um ein paar lumpige Berntaler ein solches Geschäft gemacht hätte, das ihm doch beinahe wie ein Geschäft mit dem Teufel vorkommen wollte, weil es doch um ein Ungetauftes ging, das man dem Herrn Jesus Christus zuführen musste – das denn doch nicht. Gut, hatte man später einen Nutzen davon und wurde etwas aus dem Mädchen, dann war es nichts als billig, wenn es seine Schuld mit einigen Dienstjahren als Magd bei der Müllerin abverdiente, aber das war ein anderes Kapitel und hatte mit dem, was jetzt zu tun war, überhaupt nichts zu schaffen. Dem Müller war die Kopfjägerei auf die Fahrenden schon immer verächtlich vorgekommen, verächtlich für die, die sie befahlen, und noch verächtlicher für die, die für die Gnädigen Herren den Jagdhund machten. Das war nicht erst seit heute so und nicht erst, seit er in seinem eigenen Hauswesen mit einem solchen Fall näher konfrontiert wurde, als nur so im Chorgericht, wo einen der arme Sünder oder die arme Sünderin, die man da zu verhören hatte, in den meisten Fällen Gott sei Dank nichts weiter anging. Endlich regte der Wachtmeister sich und sagte: He nun, der Richter solle ihm das Papier in Gottes Namen nur für die junge Frau geben. Es sei ihm so recht. Der Chorrichter werde wohl wissen, was er da mache und was er auf sich nehmen könne. Im übrigen sei da nur zu befürchten, dass der Korporal sein Maul nicht halten und die ganze Sache dem Gnädigen Herrn Junker Landvogt hinterbringen werde. Der Müller lachte. Du kannst darauf zählen, Wachtmeister, dass der Gnädige Herr Junker Landvogt einem Chorrichter und Grichtssäss mehr Glauben schenken wird, als einem hergelaufenen, kleinen Korporal, der im übrigen, wie mir scheinen will, auf deine Wachtmeisterschnüre scharf ist. Dem würde ich die Suppe versalzen, dass er noch froh sein würde, nicht gar noch selbst mit dem obrigkeitlichen Schneider Bekanntschaft zu schliessen. Weisst, Wachtmeister, ein lästerliches Wort oder gar eine Insubordination – vor Zeugen ausgesprochen –, was meinst du wohl, was der Junker Landvogt dazu sagen würde? Besonders dann, wenn der Zeuge noch ein Grichtssäss ist, der mit dem Junker beinahe auf du und du steht? Mit ihm zusammen die kurzen Hosen angehabt hat und im Felde gelegen ist und ihn dort einmal aus dem schlimmsten Feuer geholt hat? Was meinst, Wachtmeister, würde er's probieren, dein Korporal? Der Müller lachte mit seiner tiefen, selbstbewussten Stimme. Ein solches Büebli wird uns doch nicht Angst machen können oder? Dem Wachtmeister fiel ein Zentnerstein vom Herzen. Nicht – dass er den Korporal gerade in die Festung gewünscht hätte, nein, das nicht. Aber es war gut, ihm ein bisschen den Ring um den Hals zu legen, gerade so, dass es ihn immer ein bisschen am Hals würgte, wenn es ihm zu wohl werden sollte in seiner Haut und die Zunge zu locker im Maul. Gesundheit, sagte der Wachtmeister und nahm von seinem Roten. Man sollte eben nicht über die Obrigkeit lästern und auch nicht über Vorgesetzte, nicht einmal unter Freunden – geschweige denn vor Zeugen. Er blinzelte den Müller an. Jaja, sagte der Müller und tat nichts dergleichen, wie viel Spass es ihm gemacht hatte, den Wachtmeister von dem Mühlstein zu befreien, der diesem offensichtlich nicht erst seit heute am Halse hing. Ach Gott, dachte er. Aus wie weichem Holz sind wir Menschen doch alle geschnitzt. Freilich, es ist wahr, die einen sind ein bisschen härter und die andern weicher, aber im Grunde genommen ist es doch alles dasselbe. Da könnte sich von der Courage meiner Marei noch mancher ein Stück

abschneiden – es würde immer noch genug für sie selbst übrigbleiben.
Da ist aber noch etwas, sagte der Wachtmeister vorsichtig. Dem Müller, dachte er dabei, will ich immer noch schlau genug sein und zusehen, dass ich dennoch etwas aus der Sache ziehe, möge er die nun gedeichselt haben, wie immer er will, und auch für mich gedeichselt, das ist wahr. Aber mit dem nackten Hintern und mit leeren Händen kommt der Wachtmeister Sepp nicht nach Hause von einer Landjegi. Das ganze Dorf würde ja lachen, sogar die Gassenbuben. Laut sagte er also: Da ist noch etwas, Grichtssäss. Der hatte seinerseits daran gedacht, dass noch etwas kommen möchte und den Pfeffer gerochen. Oder meinte dieser Wachtmeister-Seppli gar, er, der Müller, habe das ledige Pferd nicht gesehen, das die Dragoner hintennach gezogen hatten? Aber er sagte nichts, obschon der Wachtmeister an dem, was er sagen wollte, herumzuwürgen schien wie an einem Löffel trockenen Mehls. Eben, sagte der Wachtmeister. Da ist noch das Pferd, das bei der Gefangenen gestanden hat. Willst du mir für das auch quittieren und es dann der Obrigkeit, der es rechtens zusteht, zustellen? Der Müller tat, als denke er über diesen kniffligen Fall besonders scharf nach. Nun, sagte er und stiess kräftige Rauchwolken aus seiner Tabakspfeife. Das kann ich dir schon quittieren – aber wozu holst du dir das Pferd nicht bei mir? Ohne Quittung? Wieso sollst du denn der Obrigkeit, ausser Zinsen, Zehnten und Abgaben, die du schuldig bist, ohne Not so etwas Gutes abliefern, wie es ein Pferd nun einmal ist? Und wieso sollst du mit diesen besoffenen Kerlen da unten am Tisch teilen wollen? Oder gar noch mit dem Korporal? Du bist doch der Wachtmeister oder? Ich stelle das Pferd in den Stall. Ohne Quittung. Und in ein paar Wochen, wenn genügend Gras über die ganze Sache gewachsen sein wird, kommst du und holst es dir ab. Ich werde es dir schon zurechtfüttern, und dass ich dich darum betrügen könnte, braucht dir auch keinen Kummer zu machen.
Der Wachtmeister hob beschwichtigend die Hände. So etwas würde mir nicht einmal im Traum einfallen, sagte er, sah den Müller bieder und treuherzig an. Gesundheit. Und jetzt

wollen wir ausprobieren, welcher von meinen Milizen noch stehen kann, um den Korporal und seine Männer da draussen abzulösen.
Und ich werde in die Hinterstube gehen, sagte der Müller, um dir die Papiere zurechtzumachen: Einen Siegelbrief an den Gnädigen Herrn Junker Landvogt und eine Quittung über die Übergabe «einer» Gefangenen in meine vorläufige Obhut. Die Vereidigung meiner Söhne und Knechte als vorläufige Miliz werde ich frühmorgens an die Hand nehmen.

18

Ich kann's nicht – und ich tu's nicht. Ruedi stand vor dem schwarzen Jörg, der seinen Namen wohl von seinem mächtigen schwarzen Bart hatte, der ihm bis fast auf den Gürtel hinabreichte. Das Ausweichlager befand sich im hintersten Teil einer Seitenschlucht des Sensegrabens auf der Fryburgerseite und war so unzugänglich, dass es nur vom Sensegraben her betreten werden konnte, und das auch nur durch den schmalen Engpass, den zu bewachen zwei, drei Männer völlig genügten, vorausgesetzt, man hatte die Männer und man hatte die Waffen. Jörgs Sippe hatte beides. Sie war eine der ersten solcher Sippen, die im Lande herumgejagt wurden, die es nicht nur dabei beliessen, ständig zu fliehen. Wo es Jörg verantwortbar schien, schlug er zurück. Er war aber gewandt genug, um dann zu weichen, wenn zu grosse Verluste drohten, der Feind übermächtig war, und das war meistens der Fall gewesen. Deshalb stand er jetzt vor dem verzweifelten Ruedi mit einem Ausdruck von Härte und Strenge in seinem Gesicht. Sie standen etwas abseits vom Lager in diesem von kirchturmhohen Sandsteinfelsen abgeschlossenen Talkessel. Über die Felsen toste der Zufluss der Sense in mehreren aufeinanderfolgenden kleinen Wasserfällen in ein klares Bekken, das eine ausgezeichnete Tränke für die Tiere der Fahrenden abgab, aber auch zum Wäschewaschen und als Trinkwasser diente. Jetzt, in der tiefen Nacht, war das Lager ruhig, nur ein halbes Dutzend Feuer glommen noch verdeckt rings um das Wasserbecken. Jörgs Feuer aber lag am Bach, der aus dem Becken der Sense zufloss. Wenn du jetzt auf eigene Faust etwas unternimmst, sagte Jörg eben zu Ruedi, und seine Stimme verriet, dass er das, was er sagte, durchaus ernst meinte und respektiert wissen wollte, solltest du das wirklich tun, dann muss ich dich aus der Sippe ausstossen. Es ist zu gefährlich. Die Milizen lagern in der Mühle, dazu hat der Müller selbst auch noch über ein Dutzend bewaffnete Männer zur Verfügung, von ihm selbst nicht zu reden: Der zählt alleine vier von uns. Glaube mir – die Milizen werden nicht ewig dort unten bleiben. Sollten sie also bei ihrem Abzug morgen oder wann auch immer Anna und das Kind mitnehmen, was noch lange nicht sicher ist – die Müllerin geniesst einen guten Ruf bei allen Armen weit im Lande herum –, dann ist es jedenfalls klüger und auch um einiges aussichtsreicher, ihnen am Hohlweg nach der Ruchmühli, gleich bei der Brücke aufzulauern. Dort müssen sie auf ihrem Weg ins Schloss Schwarzenburg durch – es gibt für sie gar keinen andern Weg, und dorthin müssen sie. Nur an dieser Stelle, wo sie einer hinter dem andern reiten müssen, haben wir eine Chance, sie so völlig zu überraschen, dass wir sie auf einen Schlag überwältigen können. Vermutlich werden sie zudem noch schwere Köpfe haben. Die feigen Hunde werden ihren Sieg über eine Wöchnerin und über ein Neugeborenes wohl so gefeiert haben, dass ihnen davon die Köpfe zur Brust hinunterhängen werden.

Aber das ist es ja gerade, schrie Ruedi. Wenn die jetzt saufen, sind sie leicht zu überwältigen, und wir sind aus dem Staub, bevor die überhaupt denken können, was mit ihnen geschieht. Allzuviel, sagte Jörg bedächtig, scheinst du ja im Regiment tatsächlich nicht gelernt zu haben. Erstens, du vollkommener Dummkopf, vergisst du den Müller und seine Männer: Die werden nicht besoffen sein. Und dann – wenn die Milizen besoffen sind, dann sind sie nur um so gefährlicher, weil sie dann viel leichter auf Menschen feuern, als sie es sonst tun würden. Der Schnapsteufel würde ihnen dann bei

ihrem Teufelswerk noch helfen, zähl darauf – und wie schnell ist dann deiner Anna und dem Kind etwas geschehen, was du nicht wieder gutmachen könntest. Du weisst schon sehr viel: Dass dein Weib und dein Kind leben, zum Beispiel ist etwas, was du weisst. Anselmo war dabei, als dein Kind den ersten Schrei getan hat – und dass die Anna lebt, beweist sich dadurch, dass die Milizen sie mitgenommen haben, in Begleitung der Müllerin, nebenbei gesagt. Jörg setzte sich auf einen Stein und sah zu Ruedi auf. Sein Gesicht schien jetzt auf einmal müde und übernächtig. Wir sollten uns ein paar Stunden Ruhe gönnen, sagte er. Wer weiss, was morgen sein wird und ob wir rechtzeitig den Umweg schaffen können, wieder in den Rüschegg-Graben zurückzukehren, in unsere Wälder. Viele von uns sind müde, Ruedi. Aber trotzdem habe ich Anselmo zur Mühle geschickt, um zu beobachten, was sich dort tut.
Aber, schrie Ruedi wiederum, das wäre doch an mir gewesen. Schliesslich sind es meine Frau und mein Kind, die dort gefangen gehalten werden.
Beruhige dich endlich, sagte Jörg, nun wieder mit Schärfe in der Stimme. Jetzt lasse ich dir's noch einmal durchgehen, aber merke dir dennoch eines, Ruedi: Versuche nicht wieder, mich anzubrüllen. Du weisst ganz genau, warum du und Anna, ihr alle beide, noch eine zusätzliche Gefahr für die ganze Sippe darstellt. Ich will dir's nochmals erklären: Hier gebe ich die Orders, und mir will scheinen, das habe ich bisher so gemacht, dass wir wenig Verlust gehabt haben. Erstens: den Anselmo habe ich geschickt, weil er in solchen Dingen einiges an Erfahrung mehr besitzt als du. Zweitens hat er einen kühlen Kopf und würde sich in gar keinem Fall zu Unüberlegtheiten oder gar Gewalttaten, die keinen Sinn haben, hinreissen lassen. Und drittens und zum letzten: Anselmo ist nicht steckbrieflich ausgeschrieben, so wie du und Anna. Wenn er erwischt würde – was sehr schwierig für die Milizen sein dürfte –, dann könnte er wahrscheinlich leichter entrinnen als du. Dich und Anna würden sie sofort in Eisen legen. Warum, das brauche ich dir kaum zu sagen. So wenig wie sonst die Gnädigen Herren und ihre Polizei zusam-

menarbeiten, was unser Glück ist, so wenig kennen sie Spass, wenn es sich um Blutvergehen handelt. Da wird ausgeliefert, Ruedi. Ausgeliefert! Und unter schwerer Bedeckung würde man euch nach Werdenberg führen. Wir haben nie mit den Herren etwas zu schaffen gehabt, aber du weisst: Die Sippenversammlung war nur knapp dafür, euch bei uns aufzunehmen, und das auch nur, weil ihr keine gemeinen Mörder seid, weil man Erbarmen hatte mit einem solchen Schicksal. Vielen von uns ist gleiches widerfahren, Ruedi – aber kein einziger ist steckbrieflich ausgeschrieben. Gut, du magst recht haben: Wenn sie uns an einer Landjegi erwischen und niedermachen, spielen solche Unterschiede überhaupt keine Rolle. Aber mit euch beiden ist es eben anders: Ihr lebt nur auf Kosten der ganzen Sippe. Ihr könnt nicht in die Dörfer, ihr könnt auch keinem Erwerb nachgehen. Und warum das? Ich weiss, ihr seid nicht zu faul zum Scherenschleifen, zum Kachel- oder Schirmflicken, zum Hausieren, zum Korbmachen, was du im Lager machen könntest, fehlt dir erstens das Geschick und zweitens fast eine ganze Hand.
Ruedi war hochgefahren.
Lass mich ausreden, sagte Jörg. Das sind alles Dinge, die ich dir schon lange einmal sagen wollte, und jetzt bietet sich eben eine gute Gelegenheit dazu. Ich weiss, was du sagen wolltest, Ruedi: Du arbeitest immer hart als Köhler im Rüschegger Wald, wenn wir dort sind! Und das sind wir eben nicht immer. Ich habe auch vom Köhler-Franz noch anderes gehört, wovon ich hoffe, dass es so nicht stimmt. Nun immerhin. Auch die Anna hat sich in der Sippe immer nützlich gemacht, Wäsche gewaschen, Kräuter gesammelt, Kranke gepflegt. Ich weiss das alles. Aber trotzdem fallt ihr uns zur Last, Ruedi. Und das sage ich nicht, weil wir euch verachten würden. Das würde ja gerade noch fehlen! Nein, ihr seid eine ständige Gefahr für uns, weil ihr euch nirgend blicken lassen dürft! Weil ihr vor jedem Dorflandjäger, der bei uns andern beide Augen zudrückt, weil er auch von uns profitiert, Reissaus nehmen müsst, weil dem vermutlich eure Steckbriefe bekannt sind. Das ist es, und wenn du jetzt noch anfangen möchtest, Dummheiten zu machen, dann haben wir beschlos-

sen, dir hinfort nicht mehr zu helfen. Dich aus der Sippe auszustossen. Dabei, Ruedi, kannst du ja eben gerade noch von Glück reden, dass es die Milizen sind, die Anna erwischt haben. Denen wird wohl kaum der Steckbrief bekannt und geläufig sein. Hingegen – wenn sie tatsächlich aufs Schloss gebracht würde, da wird der Junker Landvogt sich den Fang wohl kaum entgehen lassen. Also werden wir versuchen, sie morgen zu befreien, wenn sie weggeschleppt werden sollte. Aber nur dann. Sonst ist sie, wie bereits gesagt, bei der Müllerin bestens aufgehoben. Und dem Kind? Dem könnte nichts Besseres passieren. Nur eines macht mir Bedenken: Der Müller ist Grichtssäss und auch Chorrichter.
Ruedi fuhr entsetzt empor. Wer hat dir das gesagt, Jörg? Das, sagte Jörg, weiss man hier in der Gegend. In unserer Lage tut man gut daran, möglichst über alle Leute und über alle Hauswesen Bescheid zu wissen. Sonst kann es einem übel ergehen. Die Häuser werden markiert, und zwar so, dass die Hausbewohner gar keine Ahnung haben, dass ihre Häuser Marken tragen. Jeder aus unserer Zunft, der an einem Haus vorbeikommt, erkennt am Zeichen sofort, ob er in dem oder jenem Haus vorsprechen kann, wie der Bauer ist, wie die Bäuerin, wie das Gesinde – und sonst noch allerhand. Es gibt auch Häuser, die sind so markiert, dass jeder Fahrende, der das Zeichen sieht, sofort seine Beine in die Hand nimmt und macht, dass er fortkommt, und zwar möglichst ungesehen. Die Ruchmühli zum Beispiel ist als gut markiert, mit dem Zusatz, es womöglich bei der Müllerin zu versuchen und nicht beim Müller selbst. Aber der ist in Amts- und Mühlegeschäften viel unterwegs, und sonst ist er in der Mühle, und bei dem Lärm in der Mühle hört er vieles nicht, was auf seinem Hausplatz vor sich geht. Das macht mir nicht Kummer. Kummer bereitet mir lediglich: Hat ein Grichtssäss alle laufenden Steckbriefe auch in seinem Sekretär oder hat er sie nicht? Daneben muss man damit rechnen, dass der Müller als Grichtssäss und Chorrichter einige Erfahrung darin besitzt, die Leute auszufragen nach ihrem Woher und Wohin – und darin liegt eben auch eine gewisse Gefahr. Braucht nur, dass die Anna noch Fieber bekommt oder sonstwie nicht mehr

ganz bei Trost ist. Dann kann's noch schlimm werden für sie. Das ist doch ein Grund, sie zu befreien.
Abwarten, du hast gehört, was ich dir gesagt habe. Und jetzt gib Ruhe. Ich muss noch ein wenig schlafen. Und versuche ja nichts auf eigene Faust. Die Posten vorne in der Schlucht würden dich nicht durchlassen. Du müsstest schon über die Felsen hier klettern, und das würde dir kaum gelingen. Gehe du auch ein bisschen schlafen, damit du morgen ein ganzer Mann bist. Es könnte nötig werden. Der Anselmo wird uns den Bericht schon geben, Ruedi. Ich habe bereits einen Mann zur Ablösung geschickt. In der Mühle kann heute nacht keine Maus hinein oder heraus, von der wir nicht wüssten.
Damit wickelte Jörg sich in eine Pferdedecke und legte sich schlafen. Der Ruedi dagegen fand trotz der Zusprache keinen Schlaf in dieser Nacht.

19

Anna schlief ebenfalls nicht in dieser Nacht. Vor dem Fenster des Gadens, in dem sie untergebracht war, hörte sie die Sporen der patrouillierenden Dragonermilizen klirren, ab und zu vernahm man aus der Stube auch Gelächter, manchmal wurden halblaute Worte gewechselt, wenn die Wache abgelöst wurde. Dazwischen hörte sie das Klappern des Mühlrades, das auch in der Nacht nicht stillstand, das Rauschen des Mühlenkännels und des weiter entfernten Flusses. Die Müllerin war vor ein paar Stunden gegangen. Zur Nachtwache hatte sie eine Magd bei Anna gelassen, die aber jetzt in ihrem Bett schnarchte, dass die Holzwände des Gadens dröhnten. Dass die Müllerin keine Neugier an den Tag gelegt hätte, das allerdings hätte Anna nicht behaupten können, und gerade deshalb war sie sehr beunruhigt. Die Müllerin hatte zwar versprochen, sie werde schon dafür sorgen, dass der Müller und Grichtssäss alles genau so verrichten würde,

wie sie ihm das aufgetragen; aber die wilde Hoffnung, die Anna schon geschöpft hatte, war dahin. Keiner konnte ja ahnen, wie sehr sie am Ende ihrer Kräfte war, wie sehr sie alles belastet hatte, in diesen letzten Jahren der ständigen Flucht und der – Gewissensbisse. Sie wusste, dass sie reif war wie eine Frucht, wenn es nur dem Gerichtsmann da unten einfallen sollte, mit dem Ausfragen anzufangen. Sie konnte ja den Steckbrief nicht verleugnen. Selbst wenn es zutraf, dass sie zunächst noch einige Zeit mit dem Kind hier bleiben könnte – irgendeinmal würde auch der Müller wieder ins Schloss gehen, mit dem Junker Landvogt zusammenkommen – und dann war alles vorbei. Diesmal war sie nur zu einem entschlossen: Was auch geschehen würde – das Kind musste gerettet werden. Das Kind sollte leben, selbst wenn seiner Mutter nichts mehr am Leben lag, nicht an einem solchen Leben – denn der Ruedi war ja in der gleichen Lage wie sie, und niemals würden sie das Kind so aufziehen können, dass es ein Leben vor sich haben würde, das zu leben sich gelohnt hätte. Es würde so aufwachsen wie die anderen Kinder der Fahrenden, deren sie genug im Lager und auf der Flucht gesehen hatte: wild und ungebärdig, ohne Heimat und ohne Zuhause, entweder im Waldlager oder irgendwo auf der Flucht vor den Landjägern, mit fünfzehn oder früher schon das Spielzeug der Männer im Lager und dann früher oder später, meistens aber früher, selbst schon wieder Mutter und so weiter und so fort, in alle Ewigkeit würde sich das fortsetzen, wenn niemand diesen Lauf der Dinge unterbrechen konnte. Ja – wenn man nach Amerika ...
Anna wagte nicht weiter zu träumen: Nach Amerika. Sie, Ruedi und das Kind. Eine Familie sein, hauszuhalten und Ruedi auf dem Feld oder in der Werkstatt, als Grobschmied machte er sich ja auch bei den Köhlern im Wald und bei den Fahrenden nützlich. Vielleicht sogar am Sonntag zur Kirche zu gehen, zusammen mit den andern Menschen, mit den Nachbarn, die einen freundlich grüssen würden oder gar einen Schwatz mit einem halten würden über den Gartenzaun hinweg. Und im Garten würde sie die Herrin sein, mit Blumen, mit Gemüse und allerlei Kräutern, und wenn man

am Sonntag nach der Kirche ein Huhn im Topf hätte, dann wäre es ein eigenes Huhn und nicht eines, das man irgendwo «gefunden» hatte.

Aber um nach Amerika zu kommen, dazu braucht es Papiere und Geld. Das Geld – das wäre zur Not noch zu beschaffen gewesen. Ruedi hatte mehr als einmal zu ihr gesagt, auf einen Totschlag mehr oder weniger komme es in ihrer Lage jetzt nicht mehr an, wenn er damit das Geld für die Überfahrt holen könnte – und dann könnte man ein völlig neues und anderes Leben anfangen. Aber Ruedi dachte nicht an das Gewissen. Anna wusste, dass dieses Gewissen sie nie wieder in Ruhe lassen würde, und jetzt wollte sie nur noch ihre ganze Pflicht als Mutter tun. Für das Kind. Und wer weiss, mit der guten Müllerin . . .

Der Traum von Amerika hing eben nicht nur am Geld. Niemals würden sie Papiere bekommen. Nie mehr in ihrem Leben, denn in den Amtsstuben waren ihre Steckbriefe. Ruedi hatte zwar gesagt, bei seiner Desertion aus dem Regiment habe er gelernt, dass man Papiere auch kaufen könne, falsche Papiere – aber wie es ihm selber dann mit seinen falschen Papieren ergangen war, davon hatte er nie gerne gesprochen. Der erste beste Konstabler hatte die Papiere sofort als Fälschungen erkannt, damals im Schaffhausischen, und den Ruedi in Eisen legen lassen. Nur seiner Fertigkeit als Grobschmied konnte er es ja verdanken – und der Besoffenheit des Konstablers, der die Freude über sein Kopfgeld sofort begiessen musste –, dass er überhaupt noch davongekommen war. Und jetzt hätten sie gar noch das Kind. Was würde mit dem Kind geschehen, wenn man sie beide mit falschen Papieren an einer fremden Grenze stellen würde? Nein, sagte Anna fest zu sich selbst. Einmal muss doch dieser Schrecken ein Ende haben. Sie lauschte in die Nacht hinaus. Das Kind schlummerte ganz fest in einer Wiege, die von der Müllerin ins Gaden gestellt worden war. Die Magd hatte zu schnarchen aufgehört, nachdem sie sich schwerfällig in ihrem Bett herumgewälzt hatte. Um so deutlicher hörte Anna jetzt die klirrenden Sporen, und da . . .

Sie richtete sich hastig in ihrem Bett auf, stützte sich auf einen Arm und lauschte. Das war kein gewöhnlicher Waldkauz, der da schrie. Zweimal schnell hintereinander und dann noch einmal. Und jetzt wieder dasselbe. Das war das Zeichen der Sippe. Irgend jemand von der Sippe musste in der Nähe sein und die Mühle beobachten. Hoffentlich, dachte Anna entsetzt, hoffentlich ist es nicht der Ruedi, der sich da herumtreibt und etwas Unbesonnenes unternimmt. Wusste er denn nicht, wie viele bewaffnete Männer sich hier in der Mühle aufhielten? Und sogar wenn es ihm gelingen sollte, unbemerkt bis zu ihr zu gelangen – welchen Trost wollte er ihr denn zusprechen? Wollte er sie befreien? Befreien? Wohin sollte sie denn gehen in ihrem Zustand, in welchem es nicht einmal die Milizen samt ihrem scharfen Korporal übers Herz brachten, sie fortzuschleppen? Anna wusste – sie war am Ende ihres Weges angelangt. Was jetzt allein zählte, zählen durfte, das war das Kind, das dort in seiner Wiege schlief und von allem noch nichts wusste. Von der Grausamkeit der Menschen, von ihrer Habgier und Gemeinheit, die sie, Anna, zur Genüge hatte erfahren müssen. Wieder ertönte draussen der dreifache Ruf des Waldkauzes, aber die Milizen, die da um die Mühle herumgingen, achteten nicht darauf. Die würden kaum Verdacht schöpfen. Was Ruedi sich dabei gedacht hatte, als er ihr immer wieder versprochen hatte, er werde einen Ausweg aus dem ganzen Hexenkreis finden? Was glaubte Ruedi wohl, wieviel Kraft sie eigentlich noch aufbringen konnte? Aber vielleicht, fiel es Anna mit Schrecken ein, vielleicht ist es nicht Ruedi, der da draussen den Warnruf der Sippe ertönen lässt. Vielleicht ist es gar der schwarze Jörg oder der finstere Anselmo, dessen Leutnant. Und warum stossen sie den Warnruf aus? Das ist es, dachte Anna. Das ist es – die von der Sippe haben Angst, ich würde sie verraten, um mich zu retten, oder auf der Folter, oder wie auch immer – jetzt bin ich so oder so verloren. Nie werden sie mir glauben, dass ich sie nicht verraten würde. Nie und nimmer würde ich das tun, aber sie werden mir das nicht glauben – und ich weiss, wie hart und streng er sein kann, der schwarze Jörg, wenn es um die Sippe geht. Und nun war es an Anna, ganz zu verzweifeln. Wenn es nicht die Obrigkeit war, die sie aufgrund des Steckbriefes töten würde, dann wäre es die Sippe, die ihr auflauern und sie töten würde. Aus Angst vor einem möglichen Verrat. Und Anna wusste tatsächlich vieles. Angefangen von den geheimen Wegen bis zu den versteckten Lagern im Rüschegg-Graben. Von der Gemeinschaft mit den Köhlern, denen man nachsagte, sie seien nicht nur Köhler, sondern auch Räuber. Das alles wusste sie. Und sie erinnerte sich jetzt auch wieder mit Schrecken daran, wie vor einiger Zeit jemand gefangengenommen worden war, von den Landjägern aber niemals bis zum Schloss gebracht werden konnte. Damals war im Lager nur andeutungsweise davon die Rede gewesen, aber jetzt wusste Anna, was damals geschehen war. Es war das Gericht der Fahrenden, das sein Urteil gesprochen hatte, ob der Mann nun geredet hätte oder nicht – der Jörg war nicht der Mann, so etwas überhaupt zu riskieren. Und jetzt stand sicher einer seiner Abgesandten in der Nähe und wollte sie nicht warnen, sondern ihr das Urteil bekanntgeben. Sie erinnerte sich, wie die ganze Flucht begonnen hatte und wie man sie allein zurückliess, weil das Fruchtwasser abgegangen war und ihre Wehen einsetzten. Wie es Ruedi gewesen war, der darauf bestand, ihr wenigstens ein Pferd zurückzulassen. Jörg hatte Ruedi nur geringschätzig angeschaut: Das Pferd würde sie verraten.

20

So, das wär's, sagte Fabian zu sich. Er verschloss mit einem Gefühl der Befriedigung den grossen gelben Briefumschlag, in den er seine Manuskriptseiten gestopft hatte und schrieb die Adresse von Marco darauf. Seit gestern abend war bekanntgemacht worden, dass die Strassen grösstenteils wieder geräumt sein würden, und dass ab Mittag der Verkehr, zumindest reduziert, wieder aufgenommen werden könne. Fabian beschloss, in gar keinem Fall etwas zu riskieren, sein

Fahrrad auf die Bahnstation zu bringen und ein Billett zu lösen. Aus seiner Manuskriptkopie machte er ein Paket, das er bequem unter den Arm nehmen konnte. Sein Zwangsaufenthalt war zwar beendet, aber er hatte sich hier, trotz der Unwetterkatastrophe oder gerade deswegen (die Menschen waren einander näher gerückt und er wurde von den Einheimischen ohne Misstrauen aufgenommen) so wohl gefühlt, dass er der Wirtin versprochen hatte, er werde demnächst wieder erscheinen – wenn er dann vielleicht dasselbe Zimmer wieder haben könnte? Aber selbstverständlich, Herr Kessler, hatte die Wirtin gesagt und hinzugefügt, er solle aber einen Tag oder zwei vorher anrufen, damit sie sich darauf einrichten könnten. Im übrigen sei es zwar nicht so, dass sie jemals vollbesetzt seien – es sei denn, man habe gerade militärische Einquartierung im Dorf, da habe sie dann meistens die Offiziere in den Zimmern. Aber soviel sie wisse, sei dieses Jahr nicht mehr damit zu rechnen. Er solle einfach anrufen. Ob er wieder mit dem Fahrrad kommen wolle, fragte sie, mit einem feinen, kaum merklich spöttischen Lächeln. Fabian grinste. Ich werde mal zu Hause Nachschau halten, ob das Auto frei ist. Sonst muss ich mir etwas anderes einfallen lassen, um dennoch in der Gegend herumstreifen zu können. Vielleicht sogar ein Leichtmotorrad oder so etwas. Jaja, sagte die Wirtin. Man merkt's halt eben doch, wenn man nicht mehr zwanzig ist – aber dennoch, lachte sie schalkhaft: Auf das Guggershörnli muss man immer noch zu Fuss. Da hinauf gibt es noch keine Bahn, und droben gewesen sein muss man, wenn man schon hier in der Gegend ist.
Jetzt war Fabian fertig mit seinem «Gepäck» – die Sachen, sagte die Wirtin, könne er ihr entweder zurückschicken oder beim nächstenmal mitbringen. Es werde sich ja wohl doch nicht so ganz schicken, im Fahrradtrikot nach Hause zu fahren, wenn er schon den Zug nehme.
Jetzt brauchte er nur noch zu Hause anzurufen und zu hoffen, dass Marianne mit den Kindern gestern planmässig nach Hause gekommen war. Gestern waren die Leitungen immer noch nicht in Ordnung gewesen, aber ab heute mittag war wieder alles mehr oder weniger normal. Die Übermittlungs-

fachleute der Luftschutztruppe, die hier im Einsatz gewesen war, hatten ganze Arbeit geleistet.
Er ging die Treppe hinunter zur Telefonzelle, die im Durchgang zwischen Küche und Speisesaal untergebracht war, suchte nach Kleingeld, fand keines, begab sich in die Gaststube, wo bereits einige seiner «alten» Bekannten hinter ihren Morgenschoppen sassen und nicht locker liessen, bis er sich zu einem kurzen (wie sie sagten, aber Fabian kannte mittlerweile seine Pappenheimer) Abschieds-Apéritif zu ihnen setzte. Er bezahlte pflichtschuldigst eine Runde, denn er hatte sofort gemerkt, wie das Ding gemeint war. Dennoch war er bei den Gesprächen nicht bei der Sache. In seinem Kopf herrschte das Durcheinander von Gilgenburg, dem alten Wagner und seiner Geschichte, dazwischen erschienen ihm Anna, die Ruchmühle und ihre Müllersleute, dazu kam seine Sehnsucht nach den Kindern, die er doch sehr vermisst hatte und von denen er in heimlichem Ergötzen hoffte, dass sie seinem Schwiegervater das Leben so sauer wie möglich gemacht hätten. Hätte Fabian geahnt, wie sehr sie ihm demnächst das Leben sauer machen würden – er wäre nur halb so schadenfreudig gewesen. Endlich bekam er es fertig, sich zu verabschieden und die Telefonzelle anzusteuern. Viermal wählte er seine Nummer, viermal antwortete ihm mit impertinenter Beharrlichkeit das Besetztzeichen. Wer zum Teufel, fluchte er, erhängt sich da wieder an der Telefonschnur? Er probierte es nochmals. Mit demselben Ergebnis. Er konnte ja nicht ahnen, dass Marianne, davon überrascht, ihn ohne jede Nachricht, ausser einem lakonischen Zettel, er sei für zwei Tage ins Schwarzenburgerland gefahren, nicht zu Hause vorzufinden, sämtliche ihr geläufigen Bekannten und Verwandten abklapperte und so die Leitung blockierte. Fabian ging zur Gaststube zurück, wo er fröhlich empfangen wurde. Es ging schon auf halb eins, sein Zug würde um halb zwei fahren. Er bestellte sein Mittagessen, aber er hatte keine rechte Freude daran, weil er es teils kalt zu sich nehmen musste.
Als die Suppe auf den Tisch kam, war er in der Zelle, um es nochmals zu versuchen. Mit den anderen Gängen ging es ihm

ebenso. Plötzlich, Fabian stand gerade wieder in der Telefonkabine, ertönte in der Gaststube ein brüllendes Gelächter, das nicht mehr aufhören wollte. Eben hängte Fabian wütend den Hörer auf die Gabel, klaubte die zurückgespuckten Münzen wieder zusammen, nahm den Hörer wieder ab, warf die Münzen der Reihe nach wieder in die Schlitze, da ging die Tür zur Gaststube auf, und die Stammtischrunde erschien im Türrahmen, immer noch brüllend und wiehernd vor Lachen. Einer riss die Tür zur Telefonkabine auf, wollte etwas sagen, hatte aber vor lauter Lachkrämpfen ein hochrotes Gesicht und brachte nur urtümliche Laute hervor, die nach huagugagaghuagagag klangen. Im Hörer wiederum das Besetztzeichen. Aber bevor Fabian neu einwerfen und wählen konnte, riss der Mann an der Tür ihn am Ärmel, und jetzt endlich brachte er, immer noch von Lachkrämpfen unterbrochen, hervor: Du wirst gesucht, Fabian. Im Radio haben sie das soeben durchgegeben. Du wirst vermisst. Und dem verblüfften Fabian machte er das vor, die Stimme der Nachrichtensprecherin nachäffend: Vermisst wird seit Mittwoch, den 6. August, Kessler, Fabian, vierundfünfzig Jahre alt, Schriftsteller, Statur: ca. 182 cm gross, schlank, dunkelblonde, gekrauste Haare. Augen: blaugrau, Brillenträger. Zähne vollständig. Trägt schwarze Radrennfahrerhose mit Ledereinsatz, schwarze Radschuhe, weisse kurze Socken, Radtrikot blau mit Aufdruck: Radsport Gilgenburg. Führt rotes Rennrad Marke Cilo mit sich. Der Vermisste verliess sein Domizil in Gilgenburg, um sich auf eine Erkundungsfahrt im Schwarzenburgerland zu begeben. Seither fehlt jede Spur von ihm. Es wird befürchtet, dass der vermisste Kessler, Fabian – in Anbetracht der Unwetterkatastrophe, die letzte Woche das Schwarzenburgerland heimgesucht hat – sich irgendwo verirrt haben könnte oder an einem unbekannten Ort Schutz suchte. Sachdienliche Mitteilungen über den Verbleib des Vermissten, Kessler, Fabian, sind zu richten an die Kantonspolizei Gilgenburg oder an den nächsten Polizeiposten.
Die Runde brüllte erneut los vor Lachen. Fabian klaubte seine Münzen zusammen und trat aus der Kabine. Was soll der verdammte Blödsinn? fragte er. Keiner war imstande,

ihm vor lauter Lachen eine Antwort zu geben, da erschien im Türrahmen die breite Gestalt eines Kantonspolizisten. Man sah ihm an, dass er die Strecke vom Posten bis zum «Sternen» entweder im Laufschritt oder aber im Sprint mit seinem Dienstfahrrad zurückgelegt hatte. Er ruderte mit den Armen in der Luft und langte an seine Krawatte, als bekäme er zuwenig Atem. Herr Kessler, keuchte er. Es ist alles in Ordnung. Ich habe bereits mit Gilgenburg telefoniert, Ihre Frau wird sofort verständigt.
Versuchen Sie das mal, fauchte Fabian. Ich wünsche Ihnen viel Spass dabei. Ich habe natürlich, sagte der Polizist unbeirrt, sofort aufgrund Ihres ausgefüllten Meldezettels geschaltet, ausserdem haben wir ja schon zusammen Karten gespielt. Allerdings war ich da in Zivil. Schon gut, sagte Fabian. Ich danke Ihnen. Und jetzt muss ich zum Zug.
Fabian konnte den schadenfrohen Stammtischfreunden kaum entrinnen, um in aller Eile sein Mittagessen zu bezahlen.
Er handelte sich einen Rüffel des Stationsvorstehers ein, der ihm zu verstehen gab, prinzipiell und grundsätzlich – das sagte er tatsächlich – habe jeder Reisende, der ein Fahrrad oder sonstiges Gepäck als Passagiergut aufzugeben wünsche, sich mindestens zehn Minuten vor Zugsabfahrt am Bahnschalter einzufinden, und nun – er sah auf seine Goldarmbanduhr, obschon direkt über ihm die grosse Bahnhofsuhr hing – und nun sind es bis zur Abfahrt noch genau drei Minuten. Wie denken Sie sich das eigentlich? Nun war aber bei Fabian das Feuer hinreichend im Dach. Mit Ihrem Vortrag, brüllte er, haben Sie bereits zwei Minuten versäumt. Ich muss darauf bestehen, dass mein Fahrrad auf diesem Zug mitkommt und nicht auf irgendeinem andern. Wie denken Sie sich das eigentlich? Gehört eigentlich diese verdammte Bahn Ihnen, oder gehört sie mir? Zum Teil wenigstens, fügte Fabian hinzu, als er sah, dass der Vorstand nahe daran war, seinen Verstand zu verlieren. Und geben Sie mir jetzt mein Billett, sagte Fabian. Sonst steige ich ohne ein – und glauben Sie ja nicht, dass ich dann irgendeinen Zuschlag bezahlen werde.

Fabian stelzte würdevoll zum Schalter, füllte die Anhängeetikette für das Fahrrad aus, bezahlte seine Fahrkarte – all das einem plötzlich erstaunlich zahm gewordenen Vorstand gegenüber. Er erreichte mühelos den bereits wartenden Zug, der sich mit nur zwei Minuten Verspätung in Bewegung setzte. Aufschnaufend liess sich Fabian an einem Fensterplatz in das Polster fallen. Der Zug war fast leer. Im Raucherabteil, in dem Fabian sass, befand sich überhaupt kein Mitpassagier. In diesem ganzen Tohuwabohu heute mittag hatte Fabian überhaupt keine Zeit gefunden, sich um seine Anschlüsse zu kümmern. Er musste zweimal umsteigen. Zunächst einmal in Bern und dann noch einmal im Bezirksort. Von da fuhr nur noch ein Bus nach Gilgenburg. Verdammt, das verfluchte Scheissfahrrad, brüllte er laut. Insgeheim ärgerte sich Fabian, dass niemand im Abteil sass. Gerne hätte er in die dummen Gesichter jener gesehen, die ihn wohl für einen Verrückten gehalten hätten. Das bin ich im Grunde ja auch, fuhr Fabian fort, weiterhin laut zu denken. Das war bei ihm nichts Neues, das tat er in seinem Arbeitszimmer öfters, und wenn ihn Marianne dabei ertappte, wunderte sie sich schon gar nicht mehr. Das hatte sie sich schon längst abgewöhnt. Der Bus nimmt doch keine Fahrräder mit, sagte Fabian. Und ich habe wenig Lust, vom Bezirksort noch mit dem Fahrrad nach Gilgenburg zu fahren. Ich habe einen Riesenstalldrang. Die werden Augen gemacht haben, dachte Fabian, als der Polizist sie angerufen hat. Hihi.
Fabian kicherte, wie immer, wenn ihm ein in seinen Augen origineller Streich gelungen war. Aber welche Pfeife ist denn wohl auf die Idee gekommen, gleich eine Vermisstmeldung aufzugeben? Wenn das nicht die Handschrift dieses Idioten von einem Literaturprofessor und Schwiegervater gewesen war, wollte er einen Besen fressen. Natürlich, angerufen wird Marianne haben, aber der alte Esel wird sie so lange bearbeitet haben, bis sie es tat. Dabei ist nicht auszudenken, was dem Alten lieber wäre, als mich von der Bildfläche verschwinden zu sehen. Möglichst endgültig. Dann könnte er sie noch einmal verheiraten, der alte Kuppler, und diesmal standesgemäss. Er würde versuchen, von Bern aus nach

Hause anzurufen, falls ihm genügend Umsteigezeit blieb. Falls nicht, dann würde er es eben vom Bezirksort aus versuchen. Was würde ihn wohl in Gilgenburg erwarten, und was würde wohl Marianne ihm zu sagen haben, die in den Ferien wohl sein Manuskript gelesen hatte? Verdammt, fiel ihm plötzlich ein, das ist ja noch gar nichts. Was wird Marco zu seiner Vreneli-Geschichte sagen? Zu seinem Exposé und zu seinem Handlungsablauf? Und was erst die Fernsehfritzen dazu sagen würden, die ohnehin glaubten, sie würden den Musen noch täglich am Busen hängen und mit ihnen trauliche Zwiesprache halten? Fabian war entschlossen: Diesmal würde er sich von niemandem breitschlagen lassen. Die Geschichte muss so laufen, wie ich sie in meinem Kopf habe, sonst will ich lieber nichts von einem Film wissen. Fabian war so in seine Gedanken versunken, dass er gar nicht merkte, dass der Kondukteur schon eine ganze Weile vor ihm stand, ihn entgeistert anstarrte und sich dann vernehmlich räusperte. Fabian schrak hoch, suchte nach seinem Billet, der Kondukteur machte sein Loch mit der Zange und ging, immer noch kopfschüttelnd, davon, in den nächsten Wagen. In Bern rannte Fabian zum Plakatfahrplan. Er sah zur Uhr. Fast eine ganze Stunde. Diese Fahrpläne, stöhnte Fabian. Und dann erwarten die noch, dass die Leute weniger Auto und mehr Zug fahren. Zeit bedeutet denen wohl gar nichts. Bei den Telefonzellen in der unteren Bahnhofhalle das übliche Gedränge. Darauf fiel Fabian schon lange nicht mehr herein. Da er ohnehin fast eine Stunde Wartezeit hatte, und er, dank Mariannes Telefonitis, noch keinen schwarzen Kaffee gehabt hatte, um nach dem eher lauwarmen Mittagessen seine Lebensgeister ein bisschen aufzumuntern, stieg er die Rolltreppe hoch ins Terrassencafé. Dort hatte es nämlich nicht nur eine schnelle und freundliche Bedienung – dort hatte es auch, was nicht jedermann wusste, noch zwei Telefonzellen, die fast immer frei waren. Diesmal wollte er aber schlauer sein. Er würde zuerst telefonieren und dann Kaffee trinken. Auf dem Weg zu den Telefonzellen kam er am Kuchenbuffet vorbei und stellte fest, dass noch genau ein einziges einsames Stück Schwarzwäldertorte hinter dem Glas

auf dem Buffet lag und ihn mit einem freundlichen Schlagsahnebelag anlächelte. Fabian trat zur Kuchenmamsell und fragte mit einem beinahe drohenden Ausdruck auf seinem Gesicht, ob sie ihm das Kuchenstück bitte reservieren möchte. Er müsse nämlich dringend zuerst ein Telefongespräch . . .
Die Mamsell strahlte ihn an, streckte ihren hübschen Arm mit den klimpernden Talmireifen und dann den Zeigefinger aus, wies nach hinten und sagte: «Ecco il telefono, Signore.» Unwillkürlich war Fabians Blick dem ausgestreckten Zeigefinger gefolgt. Das musste irgendein andressierter Reflex sein, dann fiel sein Blick zurück auf das Kuchenstück, das immer noch einsam und verlassen dalag und nur darauf zu warten schien, dass irgendeine der alten Damen mit den Topfhüten auf dem Kopf und einem Hund auf dem Schoss, die dort im Terrassencafé ihren Kaffee zu trinken pflegten, es wagen würde, ihm dieses Kuchenstück vor der Nase wegzuschnappen – obschon die Prognose keineswegs gewagt war, dass ja dann doch der Hund den Kuchen zu fressen bekommen würde. Fabian sah noch einmal begehrlich auf das Kuchenstück, dann auf seine Uhr. Verdammt – schon wieder eine Viertelstunde vertrödelt. Also nahm er einen neuen Anlauf. Er fletschte jetzt beinahe die Zähne, als er zuerst auf sich deutete, dann auf den Kuchen, und dann eine Geste des Wegraffens machte. Dann wiederholte er: Würden Sie mir bitte dieses Kuchenstück, das hier bitte, reservieren, ja? Ich muss nur noch schnell tele . . .
Jetzt sah ihn das Mädchen schon ein bisschen verwirrter an, dann wies sie unsicher wieder nach hinten, wiederholte verbissen, während sie einer Kollegin, die hinter ihr durchging, zwischen den Zähnen zuzischte: «Ecco un pazzo! Ecco il telefono, Signore.»
Fabian zögerte. Sollte er es riskieren? Aber da nahte die Gefahr schon heran, rosaroten Topfhut auf dem Kopf mit den blaugetönten Haaren und Hund auf dem Arm, der im Vorbeigehen drohend seine Lefzen hob, die Zähne entblösste und knurrte. Im Triumph wies die Dame auf das einsame Kuchenstück, das Mädchen lächelte freundlich, Fabian einen

unfreundlicheren Blick zuwerfend, dann schaufelte die Kuchenmamsell, die eigentlich eine Kuchensignorina war, das Stück Schwarzwäldertorte auf einen Teller, überreichte der Dame den Teller, der Hund sah Fabian bösartig, aber voller Triumph an, dann wollte die Dame mit dem Kuchen abziehen. Sie hatte aber nicht mit Fabian gerechnet. Hoffentlich, sagte er, und alle Wut dieser Welt lag in seiner Stimme, die zitterte, hoffentlich schmeckt dem Hund der Kuchen, Madame. Die Dame fuhr auf ihren für ihr Alter viel zu hohen Absätzen herum, fasste Fabian fest ins Auge, schnaubte empört und fuhr ihn an: Sie Flegel, Sie! Sprach's und rauschte davon, einen verblüfften Fabian zurücklassend, der jetzt wieder auf die Uhr sah und feststellte, dass es ihm nun nicht einmal mehr zu einem Kaffee reichen würde, wenn er sich nicht beeilte und endlich zu dem verdammten Telefon gehen würde. Unterwegs aber schwor er bei allen Heiligen. Einen Hund, hat der Wagner gesagt? Jawohl, ein Hund! Ein solches Vieh kommt mir meiner Lebtag nicht unter mein Dach. Sonst springe ich zum Fenster hinaus oder tue sonstwas in dieser Preislage.

Diesmal bekam er wenigstens die Verbindung. Oh, Fabian, Liebster, flötete Marianne ins Telefon. Und dann in einer ganz anderen, nicht sehr häufigen, aber dennoch nicht ganz unbekannten Tonart, die in ihrer Freundlichkeit dem Zischen einer gefährlichen Schlange gleichkam: Wo zum Teufel hast du denn die ganze Zeit über gesteckt? Das, entschuldigte sich Fabian lustlos, habe ich doch auf einen Zettel geschrieben – und ausserdem wart ihr ja gar nicht da.

Was, nicht da, fauchte Marianne aufs äusserste gereizt. Na, wir haben auch eine nette Überraschung für dich, wenn du endlich nach Hause kommst. Die Ferien bei Papa haben genau drei Tage gedauert, und dann war Papa einem Herzinfarkt nahe. Ich habe jetzt überhaupt kein Kleingeld mehr, sagte Fabian zögernd. Es ist ohnehin das beste, wenn du mir das alles in Ruhe erzählst, wenn ich nach Hause komme. Komm nur, sagte Marianne, und der Triumph und die Bosheit in ihrer Stimme waren unüberhörbar. Komm nur, und zwar bald.

21

Also, ihr habt es alle gehört: Keinen Ton. Keinen Laut. Es soll eine wirkliche Überraschung werden für Papa. Marianne hatte ihre Rasselbande um sich versammelt. Wann kommt er denn, Mama? fragte Fabian zwo. Er hat eben angerufen. Er ist noch in Bern, fährt aber jeden Augenblick weiter. Und er will mit dem Bus kommen, von Burgdorf bis hierher – aber ich habe im Fahrplan nachgeschaut und mir den Zug notiert. Ich werde ihn mit dem Auto abholen. Und darum sage ich euch noch einmal: Wenn ich mit Papa zurückkomme – dann will ich von, na ja – ihr wisst schon: nichts sehen und nichts hören. Macht, was ihr wollt, aber wenn Papa und ich zurückkommen, dann hört ihr das Auto und stellt euch zum Empfang unter die Haustür. Ihr habt einiges auszustehen, und ich will euch dann nicht erst weiss Gott wo zusammensuchen müssen. Ist das klar? Die Kinder nickten. Ja, Ma, sagte Fabian zwo. Was ist denn das jetzt? fauchte Marianne. Bist du schon zu faul geworden, Mama zu sagen? Nee, Ma – aber alle sagen jetzt so zu ihrer Mutter. In der Schule.
Darüber, sagte Marianne, reden wir später noch ein ausführliches Wörtlein. Wie auch über einiges andere, bloss damit ihr nicht denkt, ich habe das alles einfach vergessen. Aber ich will nicht, dass Papa sich gleich über euch ärgern muss, kaum dass er wieder zu Hause ist. Und jetzt muss ich mich zurechtmachen. Was habt ihr vor? Sie sah Fabian zwo misstrauisch an, denn sie hatte gesehen, dass der soeben seinem Bruder Marius einen handfesten Rippenstoss versetzte, als der den Mund aufmachen wollte. Och, nichts Besonderes, sagte Fabian zwo. Es klang verdächtig harmlos. Marianne sann einen Augenblick nach. Ihr könntet eigentlich euren Kaninchenstall ausmisten, sagte sie endlich. Wann habt ihr das denn zum letztenmal gemacht? Die drei sahen sich gegenseitig an. Endlich sagte Fabian zwo vorsichtig: Ach, Ma, weisst du – als wir von den Ferien nach Hause kamen – da war alles schon gemacht. Der Rüedu hat das gemacht.
Der Rüedu? Marianne war entsetzt. Das ist für euch der Herr

Wagner, merkt euch das. Und warum hat er das gemacht? Hatten wir nicht vereinbart, dass ihr die Kaninchen nur bekommt, wenn ihr selber für sie sorgt? Und ausserdem, Fabian zwo, sage ich es zum letztenmal: Mit deinen idiotischen Abkürzungen und Verballhornungen kannst du mir vom Hals bleiben. Sonst setzt es etwas.

Mama, sagte Fabian zwo kleinlaut – der Wagner hat uns doch selber gesagt, wir sollen ihn einfach Rüedu nennen, er sei das so gewohnt. Und wegen den Kaninchen, dafür können wir doch nichts. Er hat es einfach gemacht. Er hat ja dem Papa auch den ganzen Garten sauber gemacht. Und was ist das: Verballung?

Verballhornungen, heisst das, sagte Marianne. Das ist etwa so, wie wenn einer deinen schönen Namen Fabian verhunzen und dich einfach Fäbu oder so ähnlich nennen würde. Der jüngere Bruder Marius prustete los. Man nennt ihn in der Schule schon längst so, sagte er. Marianne gab es auf. Vorläufig. Das schwor sie sich. Irgendwann musste man ja wohl damit anfangen, diese Kinder zu erziehen. Die Frage war dabei nur, wer das eigentlich an die Hand nehmen würde – Fabian oder sie, denn wenn beide daran gehen würden, dann schien der Krach vorprogrammiert und die Kinder, vor allem die beiden Bengel, die lachenden Dritten.

Als Fabian in Burgdorf auf den Bahnhofsplatz trat, um gegenüber im Bahnhofscafé auf den Bus zu warten, hupte Marianne und erschreckte mehrere Passanten. Sie musste es aber noch einmal tun. Fabian war in Gedanken versunken und hatte nicht darauf geachtet. Endlich merkte er es doch, hielt sich aber mit seiner Begeisterung zurück. Auseinandersetzungen im Auto waren ihm ein Greuel und er hatte ja guten Grund dazu. Beim Autofahren hat man auf die Strasse zu achten, sagte er mehr als einmal. Wenn man sich zu streiten hat, dann soll man gefälligst damit warten, bis man zu Hause ist. In dringenden Fällen kann man ja anhalten und in irgendein Restaurant gehen, obwohl kaum anzunehmen ist, dass die Wirtsleute darüber in Begeisterungsstürme ausbrechen werden. Aber Marianne zeigte sich versöhnlich, gar nicht so, wie sie zuletzt am Telefon geklungen hatte. Da bist

du ja, du Ausreisser, sagte sie. Tja, sagte Fabian. Weisst du, was der ganze Scherz kosten wird? Marianne sah ihn verblüfft an. Das ist doch wohl nicht dein Ernst, oder? Das ist wahrlich das mindeste an Dienstleistung, was wir vom Staat für unsere Steuern erwarten dürfen? Haha, lachte Fabian. Das hast du dir so gedacht. Was meinst du, was das kostet, wenn eine Hilfskolonne von Bergführern irgendwelche Trottel retten muss, die gedacht haben, auf das Matterhorn könne man auch in kurzen Hosen und Sandalen steigen? Und dann glaubst du, das bezahlt der Staat? Irrtum, Kleines. Der Scherz wird uns einige Hunderter kosten. Was machen wir übrigens mit dem Fahrrad? Können wir das nicht im Kofferraum . . .
Dann kriege ich aber den Deckel nicht mehr zu, sagte Marianne skeptisch. Und wenn du schon von Kosten sprichst – auch das würde eine Busse kosten, sollten wir das Pech haben, in eine Kontrolle zu geraten.
Ich habe aber keine Lust, das Fahrrad hierzulassen und es irgendeines Tages abholen zu müssen. Er wies auf sein Paket unter dem Arm. Ich habe irrsinnig viel zu tun in der nächsten Zeit – vielleicht muss ich sogar wieder wegfahren.
So, sagte Marianne spitz. Dann bist du ja hier richtig. Der Bahnhof – sie wies mit dem Daumen über den Bahnhofsplatz – ist da drüben. Und wer, sagte sie plötzlich in einem Ausbruch von verzweifeltem Zorn, wer, verdammt noch einmal, kümmert sich endlich um unsere Kinder? Weisst du – ich wollte ja damit warten bis zu Hause –, aber so geht das nicht mehr weiter, Fabian.
Fabian schwieg. Sein Gesicht verfinsterte sich. Ich hole das Fahrrad, sagte er kurz. Ich kann aber hier keine halbe Stunde warten, sagte Marianne. Sie war nahe daran, in eine hilflose Hysterie zu verfallen. Siehst du nicht, dass ich direkt unter einem Anhalteverbot stehe? Da, gegenüber, da hat es Privatparkplätze vom Bahnhofsrestaurant. Trinken wir halt in Gottes Namen dort einen Kaffee. Und ich, setzte er hinzu, werde wohl einen doppelten Cognac brauchen. Das, erwiderte Marianne, wird sich noch zeigen. Du brauchst dich nicht in den Alkohol zu flüchten, bloss weil ich fahre. Sonst fange ich

auch an zu saufen. Zumute wäre mir danach. Dann kannst du mich mit dem Taxi nach Hause bringen und das Auto auch noch hier stehenlassen, nicht bloss das Fahrrad.
Komm, Marianne, sagte Fabian. Sei doch friedlich. Wir können ja über alles das reden.
Das wird doch einmal mehr wieder nur ein Taubstummendialog, sagte Marianne. Ich kenne das doch. Du verschanzt dich hinter der Arbeit oder hinter der Flasche oder – was fast noch das Schlimmste ist – du lachst mir einfach ins Gesicht.
Sie richtete sich auf und strich sich die Haare aus dem Gesicht. Gut denn, sagte sie. Ich fahre da hinüber. Ich lasse den Kofferraum offen. Gummizüge zum Festmachen sollten irgendwo im Kofferraum herumliegen. Okay, sagte Fabian. Gehe du nur schon hinein. Ich werde mich beeilen. Er winkte ihr zu und eilte davon. Sein Paket hatte er auf den Sitz neben Marianne gelegt. Was war denn plötzlich in Marianne gefahren? Gewiss – um die Kinder hatte es schon Auseinandersetzungen verschiedenster Art gegeben. Aber heute tat Marianne so, als würde demnächst eine Katastrophe hereinbrechen und die Kinder allesamt im Erziehungsheim landen. Es waren doch einfach normale Kinder, die ab und zu in Gottes Namen einen Streich verübten – aber gleich so . . .
Er löste sein Fahrrad aus, das tatsächlich mit demselben Zug wie er selbst nach Burgdorf gekommen war – was durchaus nicht selbstverständlich war. Er fuhr mit dem Rad quer über den Platz, öffnete den Kofferraum, befestigte das Fahrrad und dann, behelfsmässig, den Kofferraumdeckel mit ein paar Gummizügen. Für die paar Kilometer, murmelte er, wird das wohl halten, und den Polizisten möchte ich sehen, der mich deswegen anhalten und mir eine Busse verpassen will. Das Ding hält doch fest, und solange Marianne in der Sicht nach hinten nicht behindert ist . . .
Er betrat das Restaurant. Marianne sass an einem Tisch, rührte in einer Kaffeetasse und las – in seinem Vreneli-Manuskript. Auf dem Platz ihr gegenüber stand ein grosser Schwenker mit einem augenscheinlich doppelten Cognac. Jetzt war es an Fabian, nicht zu wissen, wie er sich verhalten sollte. Einerseits bedeutete der Cognac: Waffenstillstand.

Andererseits war das Öffnen des Paketes mit seinem Manuskript einfach eine Frechheit. Er redete sich selber zu, ruhig zu bleiben. Erstens hasste er Auseinandersetzungen in der Öffentlichkeit – und die Auseinandersetzung, die hier auf sie zukam, würde vermutlich ziemlich hässlich werden.
Er machte gute Miene zum bösen Spiel, Marianne blickte nur kurz auf, als er sich zu ihr setzte. Ihr Gesicht war sogar leicht gerötet, ein Zustand, den er ebenfalls kannte. Na, sagte sie, die Nase bereits wieder im Manuskript, das sie kurz anhob, als ob sie es in der Hand wiegen wollte, gefeiert scheinst du ja wirklich nicht zu haben. Es ist gut, dass du dieses Projekt verwirklichst und daran zu arbeiten angefangen hast. Sie machte eine Pause. Dann fuhr sie fort: Weil das andere . . .
Fabian hatte eben einen Schluck von seinem Cognac genommen. Jetzt kam ihm der in den falschen Hals, er setzte hastig das Glas auf den Tisch und hustete furchterregend. Na, na, sagte Marianne erschrocken und stand auf, um ihm den Rücken zu beklopfen. Schmeckt dir der Cognac plötzlich nicht mehr? Mir, würgte Fabian zwischen dem Husten hervor, schmeckt etwas ganz anderes nicht.
Der Husten hörte endlich auf. Marianne hatte sich wieder hingesetzt und las schweigend weiter in seinem Manuskript. Einmal nickte sie, sagte aber nichts. Fabian erstickte fast an seiner Wut. Das konnte wohl nicht warten, bis zu Hause, wie? Marianne sah überrascht hoch. Dann legte sie das Manuskript vor sich auf den Tisch, faltete die Hände darüber und sagte: Ich verstehe dich nicht mehr, Fabian. Früher hättest du nicht warten mögen, mir deine neueste Arbeit vorzulegen. Alles musste ich jeweils stehen- und liegenlassen und wehe, wenn ich dir sagte, ich hätte auch noch anderes zu tun, du mögest bitte warten bis zum Abend. Und jetzt, wo ich, ich gebe das durchaus zu, vor Neugier fast zerplatze – jetzt bist du beleidigt. Was soll denn nun gelten? Sie steckte das Manuskript in den Umschlag zurück und wickelte den Umschlag in das Papier. Sie schob das Paket über den Tisch zu Fabian und stand auf. Ich warte im Auto, sagte sie kalt. Bezahle die Rechnung. Aber ich möchte nicht gerne eine halbe Stunde warten. Und im Weggehen sagte sie: Es ist wohl

besser, wenn du dir eine neue Lektorin suchst. Einen neuen Verlag kannst du dir jedenfalls suchen. Morgenegg hat nämlich die Geduld verloren, und wie ich fürchte endgültig.
Damit war sie zur Tür hinaus. Fabian sass da, wie vom Donner gerührt. Das also war die Überraschung. Ich muss schon sagen, dachte Fabian, für eine Überraschung ist sie gelungen. Dieser Schuft. Aber – und jetzt kam ihm ein absurder Gedanke – wieso so plötzlich? Und vor allem: Gestützt worauf spielte Morgenegg da plötzlich verrückt und den Wilden Mann? Er hatte ihm doch gar kein Manuskript geschickt, und Marianne hatte doch da gearbeitet und ihm Bescheid gesagt.
Sollte Marianne etwa heimlich . . .
Er rief nach der Kellnerin, bezahlte Cognac und Kaffee, dann nahm er sein Paket auf und verliess das Lokal. Marianne hatte ihre Arme um das Lenkrad geschlungen und den Kopf darauf gelegt. Sie schluchzte. Fabian vergass seinen Zorn, sein Gefühl für Marianne war stärker. Verdammt – einen Verleger fand er doch jederzeit wieder. Aber seine Ehe, das Vertrauen – die ganze Familie, die Kinder: das alles durfte nicht preisgegeben werden. Das wäre kein Buch der ganzen Welt wert. Wir werden darüber reden, Marianne, sagte er und legte ihr die Hand auf den Kopf. Er machte die Wagentür zu. Soll ich fahren, Marianne? Sie hob den Kopf und sah ihn an. Du hast einen doppelten Cognac getrunken, Fabian – und jetzt fragst du mich, ob du fahren sollst. Ja, zum Teufel – hast du denn überhaupt noch so etwas wie ein Verantwortungsgefühl? Sie schrie ihn an. Du hast keins. Das ist es. Weder für mich noch für die Kinder, noch für Morgenegg, noch für deine Arbeit, noch für den alten Wagner, noch für dich selbst. Was zum Teufel steckt dahinter? Komm mir jetzt nicht mit einer idiotischen Midlife-Crisis, sonst bekomme ich einen Lachanfall – wenn's nicht zum Heulen wäre. Dabei, sie wies auf das Paket, dabei ist das gar nicht einmal so schlecht. Es wäre zumindest wieder ein Anfang. Aber so wie ich dich jetzt allmählich kenne, wirst du auch da wieder mit dem Kopf durch die Wand wollen – mittendurch. Sonne, Mond und Sterne vom Himmel holen. Und dir nichts sagen lassen.

«Evviva la muerte!» O du unglückseliger alter Narr. Sie wischte sich die Tränen vom Gesicht und schnupfte in ihr Taschentuch. Dann sah sie ihn wiederum an. Beinahe zärtlich. Du unglückseliger, alter, lieber Narr. Ist es denn mit uns beiden schon so weit, dass du mir nichts mehr sagen kannst oder willst, wo es klemmt? Wo es nicht mehr gehen will? Sie startete den Motor und fuhr über den «Bahnhofsplatz zur Ausfallstrasse. Soll ich über den «Almosen» fahren, fragte sie auf einmal. Einmal hintenherum? Fabian sah sie erstaunt an. Warum denn? fragte er. Weil, sagte Marianne und fuhr los, das doch eine gewisse Bedeutung in deinem Buch hat, deswegen. Und auch sonst. Warum sollten wir immer auf den Heerstrassen fahren? Fabian schwieg eine Weile, während Marianne zwischen kleinen Einfamilienhäusern mit Vorgärten die Einfahrt der schmalen Strasse suchte, die von Burgdorf über den «Almosen» nach Gilgenburg führte. Meinst du das etwa symbolisch, fragte er, als Marianne die Strasse endlich gefunden hatte und nun zwischen Obstbäumen, die voller Obst hingen, und zwischen abgemähten Wiesen in rascher Fahrt dem sich in der Ferne erhebenden Gilgenburger Wald zufuhr. Du hast es erfasst, Fabian, sagte sie und legte ihm eine Hand auf den Arm. Plötzlich lachte sie leise auf. Fabian sah sie misstrauisch von der Seite an. Weisst du, sagte sie, im Grunde kannst du dich auf einiges gefasst machen. Eine Menge Leute haben auf dich eine ganz schöne Wut im Bauch. Zunächst einmal ich, aber du kennst mich ja – bei mir geht das vorüber. Bei den andern bin ich da weniger sicher.

So, sagte Fabian trocken. Und wer sind denn diese andern?
Na, zum Beispiel dein Herr Schwiegervater.
Mein Herr Schwiegervater kann mich am Arsch lecken, bellte Fabian, und das weisst du auch. Damit brauchst du mir schon gar nicht mehr zu kommen. Tja, sagte Marianne. Ich fürchte nur, dass er dir nicht am Arsch lecken wird, wie du dich so gepflegt ausdrückst. Er wird dir schlicht und einfach eine Rechnung schicken. Und so, wie ich das sehe, wird das eine ziemlich gesalzene Rechnung. Darum bin ich so froh, dass es doch aus deiner Vreneli-Geschichte etwas geben wird.

Du wirst das Geld nämlich gut gebrauchen können, und glaube ja nicht, dass diesmal ich die Zeche bezahlen werde, auch wenn ich das bequem könnte. Nein, mein Lieber. Und sollte diese Rechnung, die dich dein Geld kosten wird, gar dazu bringen, deinem Ältesten einmal so richtig – sie sah ihn von der Seite an und richtete ihren Blick sofort wieder auf die Strasse, während sie ihre Zwischenbemerkung machte: Und jetzt rede ich einmal ordinär – wenn du deinem Ältesten also so recht gottverdammt den Arsch vollhaust. Du hast ja überhaupt keine Ahnung.
Ich bin nie für Gewalt gewesen, das weisst du, Fabian. Aber gottverdammich! Sie trat auf die Bremse und hielt den Wagen am Strassenrand an. Gottverdammich, wiederholte sie so, als hätte dieser schlimme Fluch sich bei ihr aufgestaut wie Wildwasser hinter einem Wuhr und als wolle sie durch diese ungewöhnliche Flucherei Fabian auf eine bisher unbekannte Weise provozieren, ist es nicht endlich an der Zeit, dass der Bengel merkt, dass er einen Vater hat – und nicht einen Kumpel, den er übers Ohr hauen kann wie einen Tölpel? Und der das dann natürlich auch tut? Der lacht doch nur über dich und deine Erziehungsmethoden. Aber jetzt reicht es – und wenn du's nicht tust – bei Gott, Fabian: Ich schlage dem verfluchten Bengel die Knochen entzwei.
He, he, langsam, sagte Fabian. Hat er einen umgebracht? Oder das Haus des alten Herrn angesteckt? Na schön – du willst es mir nicht sagen? Nein, fauchte Marianne. Das soll er dir diesmal selbst sagen. Bei Gott, wie ich mich auf das dumme Gesicht freue, das du dann machen wirst. Hoppla, sagte Fabian, nun auch langsam munter werdend. Du könntest dich – trotz allem – ein bisschen zusammennehmen, was du mir an den Kopf wirfst. Sonst werfe ich zurück. Ich habe langsam das Gefühl, du bist auf dich selbst wütend, und du versuchst jetzt, an mir deinen Laich abzustreifen. Das kann man mit mir aber nicht machen. Du hast recht, wie immer, Fabian, sagte Marianne freimütig. Ich gebe es zu. Ich habe eine Sauwut auf mich, und ich schäme mich gleichzeitig. Das hat zwei Gründe. Die Wut habe ich, weil ich mich von den Bengeln habe erpressen lassen, ohne etwas dagegen zu unter-

nehmen. Schämen tue ich mich, weil ich nicht anders kann, als dir jetzt einfach deinen Anteil an meiner Wut an den Kopf zu werfen. Aber ich bin eben auch nur ein Mensch. Zudem eine Frau. Und was dem ganzen die Krone aufsetzt: Eigentlich bin ich eine recht verwöhnte und launische Frau. Ich weiss das alles – und doch hindert es mich nicht daran, auf dich eine Wut zu haben. Begreifst du so etwas Verrücktes? Fabian lachte. Dumme Marianne, sagte er. Ich selbst hätte dich auch schon ohrfeigen können. Dass ich's nicht getan habe, muss weniger mit meiner Erziehung zusammenhängen, als mit meiner, wie du vorhin so freundlich bemerktest, Weichheit, die mich auch davor zurückhält, beispielsweise meinem Sohn die Knochen entzweizuschlagen, egal, was er angestellt hat. Ich bin doch, jetzt mal mit allem Ernst gesagt, keiner jener Väter, die abends nach Hause kommen, sich das Sündenregister anzuhören haben, um dann gefälligst den Exekutor zu spielen. Ich werde mit Fabian reden, und ich werde ihn notfalls auch bestrafen. Aber ich werde ihn nicht verprügeln. Ich will, dass er ein aufrechter Mann wird. Ich weigere mich deshalb, ihm das junge Rückgrat zu brechen. Oder möchtest du lieber, dass er anfängt zu lügen? Kinder, die man schlägt, werden zwangsläufig zu Lügnern. Aus Selbstschutz. So clever hat die Natur sie nämlich gemacht. Nur – das bisschen Lügen wäre weiter nicht so arg, und jeder hat einmal geschwindelt, selbst du und ich. Aber wenn daraus eine gottverdammte Verschlagenheit wird – dann bekommt der Teufel seine Hände ins Spiel. Okay, okay, sagte Marianne. Ich wusste es ja. Verzeih mir bitte meine Gewalttätigkeit! Schon gut, sagte Fabian. Wie wäre es, wenn wir jetzt weiterfahren würden? Oder besteht die Gefahr, dass du gleich wieder anhalten musst, wenn du mir weitere auf mich wütende Mitmenschen aufzählen musst? Dann würde ich vorschlagen, wir stellen den Wagen in den Waldweg dort und machen einen Spaziergang. Ich bin sowieso neugierig darauf, ob es bereits Pilze gibt – obschon ich einen handfesten Stalldrang verspüre. Gut, sagte Marianne und fuhr langsam in den Waldweg. Eine halbe Stunde kann uns nicht schaden, und die Bäume lassen sich durch unser mögliches Gebrüll

kaum stören. Es muss ja nicht unbedingt Gebrüll sein, sagte Fabian boshaft. Zu meiner Zeit hat man die Waldspaziergänge aus anderen Gründen gemacht, unter anderem ...
Fabian Kessler, sagte Marianne und wurde rot. Du bist ein Satyr. Du wirst doch nicht etwa auf den Gedanken kommen, deine Frau im Walde verführen zu wollen? Womöglich stehend? An einen Baum gelehnt, in den anschliessend unsere Herzen eingeritzt werden, von Pfeilen durchbohrt und mit unseren Initialen versehen? Fabian grinste. Warum denn nicht? Das wäre doch etwas, das in unserer Sammlung noch fehlt, oder? Nur muss ich gestehen, dass ich leider, entgegen meinen sonstigen Gewohnheiten, mein Taschenmesser nicht bei mir habe.
Marianne sagte nichts darauf und zog den Zündungsschlüssel ab. Sie schickte sich an, auszusteigen, da sagte Fabian, der schon seit geraumer Zeit eigentümlich geschnuppert hatte: Du, Marianne, was stinkt eigentlich in diesem Auto so gemein? Ich rieche nichts, sagte Marianne mit einer Unschuldsmiene, jedoch ohne ihn anzusehen. Aber ich, sagte Fabian. Und wenn es nicht absurd wäre, würde ich sagen, es riecht nach einem nassen Hund.
Marianne wandte sich ab und öffnete ihre Tür. Kommst du nun, oder kommst du nicht? Bin schon da, sagte Fabian und kletterte aus dem Auto. Marianne war schon ein paar Schritte den kleinen Waldweg entlanggegangen, die Sonne durchschien ihr Kleid, ohne die geringste Scham zu zeigen. Fabian machte ein paar grosse Schritte, um sie einzuholen, nicht ohne sich vorher über die schlanke Gestalt zu freuen, die da vor ihm herschritt. Er zwinkerte der Sonne zu. Es müsste doch, sagte er zu sich, mit dem Teufel zugehen, wenn man das nicht festhalten könnte. Sie hat auch das Recht dazu, eine Wut auf mich zu haben. Wenn sie mich nicht mehr lieben würde, dann wäre sie vermutlich auch nicht mehr wütend auf mich. Er hatte sie eingeholt, und sie hakte sich bei ihm unter. Mit dieser Brille, sagte Fabian, sehe ich im Wald überhaupt nichts, dabei wollte ich ...
Lass doch jetzt die Pilze, lachte Marianne. Du wolltest doch wissen, wer sonst noch? Tja, sagte Fabian. Wenn ich jetzt so

mit dir durch den Wald gehe, bekomme ich plötzlich das Gefühl, das interessiere mich eigentlich gar nicht mehr so wahnsinnig. Es wird zu überstehen sein. Das, mein lieber Schwan, das sagst du jetzt so. Warte nur einmal ab, um was es sich handelt: Der alte Wagner scheint sich über dich aus irgendeinem Grunde furchtbar aufgeregt zu haben. Weisst du vielleicht den Grund? Fabian schüttelte den Kopf. Was hat er denn zu dir gesagt? Marianne zögerte. Er traut dir offenbar nicht mehr, sagte sie. Er hat das Gefühl, du wärst ihm gegenüber rücksichtslos. Gerade, was die Geschichte mit dem Lineli Graf angehe. Er habe dir doch mehr als einmal gesagt, dass er zu Lebzeiten nichts veröffentlicht sehen möchte. Und du habest nur geantwortet, du hättest ja die ganze Geschichte an einem fiktiven alten Pfarrer aufgehängt, und gerade das scheint ihn am meisten aufgeregt zu haben. Er will von alledem nichts wissen, und ich glaube jetzt auch den Grund dafür wenn nicht zu kennen, so doch zu ahnen. Wenn du meinst, sagte Fabian trocken, ich habe nicht geahnt, dass eine direkte Verbindung zwischen den beiden bestanden haben muss, dann täuschst du dich aber gewaltig. Fabian, sagte Marianne und blieb stehen. Ich muss dir jetzt etwas sagen – und wenn du hinterher das Gefühl hast, mich schlagen zu müssen, dann tu's. Es ist mir jetzt – zu spät – bewusst geworden, dass ich das niemals hätte tun dürfen.
Ich weiss, sagte Fabian traurig. Ich weiss, was jetzt käme – und ich weiss es schon lange. Erspare uns also bitte weitere Worte. Nur dies: Du hast dem Wagner mein Manuskript gegeben, und zwar nicht erst gestern.
Marianne sah ihn erstaunt an. Woher weisst du denn . . .
Ach Gott, sagte Fabian, jetzt doch allmählich eine Wut in sich aufsteigen spürend, die er mühsam niederzukämpfen versuchte, was seine Stimme laut machte. Zu laut. Hört doch endlich damit auf, mich für einen Narren halten zu wollen. Auch Morgenegg hat das versucht – und er wird es immer wieder versuchen. Alle versuchen es. Immer wieder. Und jetzt also auch noch du. Bei Morgenegg war es ganz besonders schlimm. Er hat mich nicht nur für einen Narren gehalten. Er hat mich schlicht und einfach betrogen. Ich habe

schon lange gemerkt, dass er meine sämtlichen Abrechnungen frisiert. Er hat sich als mein Freund gebärdet, mir dafür aber mein Geld gestohlen. Aber das macht ja nichts. Bloss, wenn er glaubt, es sei eine besondere Leistung, einen Freund zu betrügen, dann kann er das halten, wie er will.
Fabian machte kehrt.
Ich möchte jetzt nach Hause, sagte er. Ich muss ein paar Sachen packen. Marianne ging ihm nach, und nun hielt sie ihn am Arm zurück, drehte ihn zu sich herum, um ihm ins Gesicht sehen zu können. Du willst weg, stammelte sie und ihre Augen waren gross und rund. Und was soll aus den Kindern . . .
Weisst du, sagte Fabian, mit viel Bitterkeit in der Stimme. Ihr kommt mir alle so vor, wie wir früher als Kinder waren. Die eigene Schwäche versteckte man hinter einem möglichst furchterregenden Imponiergehabe. Und genauso kommen mir auch deine Wutanfälle vor. Da spielst du hinter meinem Rücken weiss der Teufel nicht was, und du hast genau gewusst, dass ich spätestens am Tage meiner Rückkehr dahinterkomme. Was also tust du? Du gehst einfach zum Angriff über, drängst mich in die Ecke. Jetzt hatte Fabian Tränen in den Augen. Und das alles nur, damit man deinen Mist nicht riechen soll. Es ist mir zum Kotzen. Aber Fabian, sagte Marianne – mit dir hat doch nichts gestimmt! Sie war verzweifelt. Du wolltest auf niemand mehr hören, dabei hättest du ruhig auf den alten Wagner hören können, und das kannst du immer noch tun. Es ist noch gar nichts verloren. Du darfst ihm nur nicht seine Geschichte einfach so wegnehmen. Das mit Morgenegg tut mir leid. Ich habe davon nichts gewusst, weil ich mit diesen Dingen im Verlag nichts zu tun gehabt habe. Und mit den Kindern – grosser Gott, ich habe das doch nicht böse gemeint, sondern ich war nur in Sorge. Und jetzt willst du einfach weg. Was soll ich denn bloss tun? Fabian war langsam weitergegangen. Jetzt drehte er sich nach ihr um. Ich will dich ja nicht verlassen, Dummkopf. Mir ist das alles einfach ein bisschen viel geworden, das ist es vermutlich. Aber du warst doch so zuversichtlich, sagte Marianne. Warum verträgst du plötzlich weder Kritik noch

Anregung? Fabian stieg ins Auto. Marianne setzte sich neben ihn ans Steuer. Nach Hause, sagte Fabian, und plötzlich lächelte er Marianne an. Allerdings war das Lächeln noch ein bisschen schief, aber es war ein Lächeln. Mal sehen, sagte er, ob das ganze Geschirr zerschlagen ist und ob überhaupt noch ein Stein auf dem andern steht. Und das mit dem Wegfahren – weisst du, eigentlich habe ich nicht daran gedacht. Aber wenn ich mir das so überlege: Warum gehst du nicht einfach mit? Ich möchte nicht mehr, dass du für Morgenegg arbeitest. Da wird es nämlich jetzt hässlich werden. Mit Rechtsanwälten und so. Freilich, sagte er und hob die Hand: Es ist dein Job, und es ist deine Sache. Aber, ob es für dich . . .
Vergiss es, sagte Marianne. Wenn ich deine Bücher nicht mehr bearbeiten kann, interessiert mich der Job auch nur noch gerade die Hälfte, wenn überhaupt. Mit dem Wegfahren allerdings – wie stellst du dir das mit den Kindern vor? Die Ferien sind bald vorbei, und dann? Es wäre vielleicht überhaupt gescheiter, ich würde endlich zu Hause bleiben und mich der Kinder annehmen. Damit du überall dorthin gehen kannst, wo du das für deine Arbeit für nötig hältst.
Fabian sagte eine Weile nichts. Okay, sagte er schliesslich. Versuchen wir, beides zu behalten: Kind und Badewanne, ohne zu verschütten. Und mit dem alten Wagner werde ich reden. Ich werde so oder so demnächst eine Menge am Hals haben. Ich habe alles das da – er hob das Paket auf seinem Schoss in die Höhe – an Marco geschickt. Die Antwort wird kaum lange auf sich warten lassen.
Unterdessen waren rechts die Fluh und die dabeistehenden Häuser zu sehen, unten im Tal das Dorf Gilgenburg, und auf der andern Seite glänzten die Fenster des alten Pfarrhauses auf dem Hügel in der Sonne.
Und doch, dachte Fabian, ohne etwas zu sagen, und doch ist es so: Hier drinnen riecht es nach nassem Hund.
Vor dem alten Pfarrhaus von Gilgenburg standen sie aufgereiht und schwenkten begeistert die Arme, als der Wagen vor die Garage fuhr. Fabian stieg hastig aus und wirbelte der Reihe nach seine Kinder herum, die sich an seine Arme hängten, als wäre er ein Karussell.

Jetzt nicht, dachte Fabian. Lasse sie die Freude noch geniessen, ihren Vater wieder zu Hause zu haben. Ich brauche ohnehin jetzt zuerst etwas zu trinken. Marianne fuhr den Wagen in die Garage, und Fabian ging ins Haus, gefolgt von den Kindern. Jetzt nicht, wiederholte Fabian. Etwas hatte ihn erschreckt: Er hatte in den Augen von Fabian zwo so etwas wie eine versteckte Furcht gesehen. Zum erstenmal. Und das machte Fabian seinerseits Angst. Er ging in den Salon, gefolgt von den Kindern. Durch die weit geöffnete Gartentür sah er in den Garten hinaus, die Rosen blühten noch in ganzer Fülle, und ihr Duft vermochte sogar in den Salon zu dringen. Fabian trat unter die Türe, sah nach den wohlbesetzten Spalieren und bemerkte, dass die Aprikosen bereits einen feinen goldenen Schimmer bekamen. Er drehte sich zum Salon um, wo die Kinder ihm erwartungsvoll entgegensahen – bei Cornelia war bereits ein kleines Anzeichen einer Miene zu bemerken, so, als ob sie im nächsten Augenblick anfangen würde zu weinen. Verdammt nochmal, dachte Fabian. Jetzt hast du doch tatsächlich vergessen, zum erstenmal vergessen, den Kindern etwas mitzubringen. Das werden sie dir nie verzeihen. Da fiel ihm der Hund ein. Mein Gott – auch sein Schwur im Bahnhof-Terrassenrestaurant fiel ihm ein. Aber wenn es sie trösten würde... Wo habe ich bloss meine Gedanken gehabt? Endlich betrat auch Marianne das Zimmer, in der einen Hand trug sie einen Champagnerkübel. Jetzt schlägt's dreizehn, dachte Fabian. Für euch, sagte Marianne zu den Kindern, ist hinten im Pavillon in der Gartenecke auch eine Überraschung bereit. Sie sagte es unschuldig. Und kaum hatte sie es gesagt, fing die kleine Cornelia an, wie eine Sirene loszuheulen. Mein Gott, sagte Marianne. Und zu Fabian: Was hat sie denn? Musst du sie gleich fortschicken? sagte Fabian mit leiser Stimme. Lasse sie doch noch ein wenig hierbleiben. Wir können mit dem andern Kram noch früh genug anfangen. Dann hob er die heulende Cornelia zu sich hoch und flüsterte ihr ins Ohr: Du meinst, ich habe euch nichts mitgebracht, nicht wahr? Heftiges Nicken mit dem Kopf. Die Zöpfchen flogen, aber sie weinte immer noch. Weisst du, flüsterte Fabian weiter. Ich

habe daran gedacht, etwas zu bringen. Aber ich kann es euch noch nicht zeigen. Es ist noch zu klein. Hast du eine Ahnung, Cornelia, was das sein könnte? Heftiges Schütteln der Zöpfchen. Soll ich es dir sagen? Weinst du dann nicht mehr? Cornelia nickte wiederum heftig und sah Fabian durch den Tränenschleier an. Ein Hund, flüsterte Fabian Cornelia ins Ohr. Ein winziger, süsser Hund.
Das Mädchen brüllte los wie am Spiess. Verstört liess Fabian die Kleine zu Boden gleiten und sah Marianne ratlos an. Geht jetzt noch ein bisschen spielen, Kinder, sagte Marianne und lächelte betreten. Ich glaube, eure Eltern haben einen Fehler gemacht und sollten den miteinander besprechen. Geht das klar? Okay, Ma, sagte Fabian zwo eine kleine Spur zu grossartig. Und zu den andern: Kommt, wir gehen in den Pavillon. Dort soll für uns eine Überraschung sein. Sie nahmen die immer noch heulende Cornelia in die Mitte, und Fabian sah, wie die zwei Brüder ihr zuredeten und dann plötzlich alle losrannten – irgendein Zauberwort musste da verwendet worden sein, dessen Bedeutung ein Erwachsener wohl kaum jemals begreifen würde. Wollen wir jetzt endlich etwas trinken? fragte Fabian. Du wirst ja nicht ohne guten Grund einen Champagner kaltstellen. Einen spezielleren Grund als deine Heimkehr gibt es nicht, antwortete Marianne. Braucht es auch gar nicht. Ausserdem war ja der Empfang keineswegs heiter. Und was dann noch kommt, ist es noch viel weniger. Mach schon die Flasche auf! Fabian öffnete die Flasche, stellte sich dabei aber ungeschickt an. Die Flasche schäumte viel zu stark. Nichts zu machen, lachte Fabian. Die Dinge müssen wohl doch zuerst vom Tisch. Marianne nickte, setzte sich in einen der bequemsten Sessel und hielt ihm ihr Glas entgegen. Fabian schenkte ein. Worauf trinken wir? fragte Fabian, mit einem Anflug einer Grimasse auf seinem Gesicht. Auf das Vreneli vom Guggisberg, sagte Marianne. Das kann wenigstens kein Unglück bringen. Fabian setzte sich ebenfalls in einen Sessel. Da ist noch etwas, Fabian, sagte Marianne und stellte ihr Glas vor sich auf den kleinen Tisch. Fabian trank sein Glas aus, schenkte nach, trank. Ich höre, sagte er steif. Wagner hat mir seine

Aufzeichnungen gegeben, sagte Marianne. Gut. In Ordnung. Fabian trank einen Schluck und sah ihr ins Gesicht. Ich finde das in Ordnung. Wieso sollte er nicht? Er hat aber eine andere Sicht der Dinge als du, Fabian. Das mag sein, antwortete Fabian. Er hat sie ja auch erlebt, diese Dinge, nicht wahr, und das ist doch etwas anderes, als wenn ich ...
Quäle dich doch nicht so, Fabian. Das bringt doch nichts – gib doch zu, dass dir das alles ganz und gar nicht recht ist. Fabian antwortete nicht. Wie in Gedanken fing er an, sich an seinem linken Bein über dem Schuh zu kratzen. Immer heftiger. Dann am rechten. Er stellte sein Glas hin und starrte auf den Teppich. Dann kratzte er sich wieder. Ich will verdammt sein, sagte Fabian verdutzt und betrachtete etwas, was er zwischen Daumen und Zeigefinger hielt. Ich will verdammt sein, wenn das kein Floh ist. Er zerdrückte das Etwas und betrachtete es dann aufmerksam unter dem Licht der Stehlampe, die er angeknipst hatte. Tatsächlich, sagte er hilflos. Kratzte sich wieder. Ein ausgewachsener Floh. Und es scheint noch mehr von den Dingern zu geben. Wie zum Henker kommen die auf meinen Teppich? Will Fabian zwo einen Flohzirkus eröffnen, und sind ihm die Artisten durchgegangen, oder was? Jetzt musste Marianne doch lachen. Du scheinst dir nicht besonders viel daraus zu machen? Sollte ich das? fragte Fabian. Sollte ich mir tatsächlich etwas aus Flöhen machen? Wo ist da der Witz? Schön, sagte Marianne. Ich will's dir lieber gleich sagen. Die Kinder haben einen Hund. Einen was, bitte? fragte Fabian ungläubig. Marianne zuckte mit den Achseln und lächelte säuerlich. In der Tat, seufzte sie. Sie haben einen Hund, und gemessen am Ärger, den er schon verursacht hat und vermutlich noch verursachen wird, ist er sogar ein ganz lieber, drolliger Kerl. Die Kinder vergöttern ihn. Fabian goss sich ein Glas voll, schenkte Marianne nach und prostete ihr zu. Nach einem kurzen Schluck stellte er das Glas auf den Tisch und begann schallend zu lachen. Was ist los? fragte Marianne erschrocken. Bist du übergeschnappt? Fabian schüttelte nur den Kopf. Sprechen konnte er nicht vor Lachen. Na, hör mal, sagte Marianne – ich denke mir, du wirst gleich lostoben, und nun lachst du mir einfach

ins Gesicht. Das ist ja nicht zum Aushalten. Was, zum Teufel, prustete Fabian los, glaubst du denn wohl, was ich mit dem alten Wagner vereinbart habe? Ich wollte doch den Hund. Als Überraschung für die Kinder. Weil Wagner fand, ein Hund sei sowohl als Spielgefährte wie auch als Erziehungshilfe für die Kinder viel besser als diese Kaninchen, die ja doch dann ich schlachten müsste – wenn's soweit ist.
Marianne sah ihn an wie einen Geist. Jetzt, sagte sie mutlos, jetzt verstehe ich nichts mehr, und ich fürchte, ich werde in dieser Familie von Verrückten überhaupt nie mehr auch nur das Geringste verstehen. Du hast also beim alten Wagner einen Hund bestellt, falls ich das richtig mitbekommen habe? Das hast du durchaus richtig verstanden, Schatz. Ich habe mit Wagner zuerst so im allgemeinen und dann über die Kinder gesprochen, und er war der Meinung, ein Hund wäre das Richtige für sie. Du siehst – ich habe mir auch Gedanken über Erziehung gemacht. Sogar mit dem alten Wagner, der eine ganze Menge davon zu verstehen scheint. Jedenfalls, sagte Marianne, besitzt er eine ganze Menge gesunden Menschenverstand. Und wo ist jetzt dieser Hund? Fabian sah sie verblüfft an. Das fragst du mich? sagte er. Du hast doch soeben von einem Hund gesprochen, den die Kinder hätten. Also dann zwei, sagte Marianne verbissen. Das kann ja heiter werden.
Fabians Augenbrauen bildeten das berühmte Fragezeichen, während er sich wieder kratzte, fast wie in Gedanken, dabei Marianne ratlos ansehend. Könnte ich jetzt, bitte, Auskunft über diesen Hund bekommen? Irgendwo hörte man die Kinder rufen, und auch ein freudiges Bellen war zu hören. Ist es – er wies mit dem Daumen zum Garten – ist es...
Das ist er, bestätigte Marianne. Und damit hängt auch der ganze Ärger und Fastehekrach, meine Wut und meine Verzweiflung, alles das hängt damit zusammen. Mit diesem Hund, dem du in unendlicher Güte demnächst ja noch einen zweiten zugesellen willst – denn der Hund, den du beim Wagner bestellt hast, ist das nicht. Kann es gar nicht sein. Weil der nicht von hier ist. Aber das wirst du ja dann der Rechnung deines Schwiegervaters entnehmen können. Was

zum Teufel hat denn der mit dem Hund zu tun? Und wieso nicht von hier? Der Hund, den ich bei Wagner bestellt habe, ist ebenfalls nicht von hier. Hat er mir gesagt. Nur – Fabian strich sich nachdenklich über das Kinn – nur: Mir hat er doch gesagt, der Hund sei noch zu klein. Wieso . . .
Es ist nicht dieser Hund, du begriffsstutziger Esel, rief Marianne aus. Merkst du immer noch nicht, dass wir die längste Zeit von zwei verschiedenen Hunden sprechen? Und damit du jetzt alles schön mitkriegst, kannst du deinen Sohn rufen, wie ausgemacht. Er soll dir doch mal seine Story erzählen, und dann kannst du vielleicht verstehen, dass ich senkrecht die Wände hochging. Du warst nicht da, und mein Vater brüllte mich an, ein Chaos, und ich allein in dem ganzen Wirbel, währenddem Monsieur Fabian sich im Hotel seinen Vreneli-Studien und der Bernerplatte widmete, wie anzunehmen ich Grund habe. Verhungert siehst du jedenfalls nicht aus, und das Scheckheft habe ich Gott sei Dank noch nicht gesehen.
Kannst du jetzt verstehen? Fabian nickte schwach. Wenn es Absicht gewesen wäre, sagte er leise und ging zum Regal, um sich einen steifen Calvados einzugiessen, dann wären deine Vorwürfe durchaus berechtigt. Aber ich habe von alledem nicht die geringste Ahnung gehabt, und ich war doch da oben blockiert. Nicht einmal das Telefon funktionierte, dieses Unwetters wegen; zudem glaubte ich euch weiss der Kuckuck wo, auf dem Schiff des Herrn Papa auf dem Bodensee oder wo auch immer. Soll ich nun eigentlich auch noch Hellseher werden, oder was? Marianne sah nach seinem Calvados. Es ist ja schon gut, Fabian, sagte sie. Man denkt doch nicht logisch, in solchen Fällen. Ich hatte nur eine Stinkwut, ich sah mich nur inmitten . . ., aber das sagte ich schon. In solchen Fällen ist man eben ungerecht – ach! Sie fiel ihm um den Hals und schluchzte. Das ist doch alles so blöd, sagte sie an seiner Schulter, so saublöd. Und ich benehme mich wie eine dumme Gans, weil ich nie, wie mich mein Vater angebrüllt hat, fremdes Brot gegessen, sondern gleich nach dem Studium geheiratet habe, wider seinen Willen, und nun vom Geld meiner Mutter lebe und und . . . Ach, Fabian, gib mir einen

grossen Calvados. Ich will mich auch besaufen. Sie liess ihn nicht los, und Fabian hatte einige Mühe, mit einer Hand das Gewünschte zu besorgen. Er entkorkte die Flasche zwischen seinen Zähnen, stellte sie dann zurück, griff nach dem Glas, schenkte es voll und hielt es Marianne unter die immer noch schnuffelnde Nase. Fein, sagte Marianne. Und wenn ich heute abend besoffen bin, dann bringst du mich zu Bett, ja? Selbstverständlich, Liebes, sagte Fabian. Nun nimm aber zuerst einen wackeren Schluck. Das wird dich wieder ein bisschen aufrichten. Für solche Gelegenheiten ist eigentlich Champagner schon ein ziemlich ödes Gesöff und sein Geld nicht wert, meinst du nicht, Marianne? Ein ganz ödes Gesöff, Fabian, stellte sie feierlich fest, sah ihn verschwommen an und kippte ihren Schnaps, als wäre es Zuckerwasser. Da drin steckt Kraft, sagte sie. Champagner ist für Snobs und für Leute, die niemals Krach miteinander haben, die dafür ein Leben führen, als wären sie bereits gestorben. Als lebten sie in einem Sarg oder im Leichenschauhaus. Ach, Fabian . . .
Ich möchte jetzt die Kinder rufen, mitsamt ihrem Hund, ehe wir beide besoffen sind, sagte Fabian. Ich will mir doch dieses Flohtaxi einmal näher ansehen. Und den Teppich, den kann man desinfizieren und dem Hund ein Flohhalsband anlegen – sonst bringt man diese lästigen Viecher nie wieder aus dem Haus. Ausserdem übertragen die jede Menge ansteckende Krankheiten. Zumindest habe ich das so gehört. Marianne setzte sich in ihren Sessel zurück, Fabian trat unter die Gartentür und pfiff durch die Finger. Sofort tauchte der Rotschopf von Fabian zwo zwischen den Rosenbäumchen beim Pavillon auf. Was ist, Papa? rief er. Kommt alle vier einmal hierher, sagte Fabian. Aber ein bisschen plötzlich. Vier? echote es zaghaft zurück. Wir sind doch nur drei.
Schon gut, Fabian, brüllte Fabian. Bringt ihn mit, diesen Köter, damit man sich ihn einmal ansehen kann. Und inzwischen kannst du dir überlegen, was du deinem Vater zu erzählen hast. Und ich würde es mir an deiner Stelle sehr gut überlegen.
Fabian zwo verschwand, im Pavillon ertönte halblautes Gezänk, und plötzlich kam durch die Mittelallee des Gartens

ein frenetisch kläffendes Bündel dahergesaust, geradewegs auf die Salontür zu, Fabian schier überrennend, durch die Tür hindurch und mit einem Satz auf das Sofa, wo es sich, den Kopf auf den beiden Vorderpfoten, anschickte, Fabian einer ausführlichen Betrachtung zu unterziehen. Himmel, sagte Fabian zu Marianne. Weisst du, welcher Rasse dieses bemerkenswerte Tier angehört? Dass es ein Hund ist, kann man zur Not gerade noch erkennen. Er wedelt nämlich, und das tun nicht viele Tiere.
Marianne schüttelte den Kopf. Das einzige, was ich weiss, sagte sie, ist, dass er meinem Herrn Papa für einige tausend Franken Louis-XV-Möbel angefressen hat, aber dafür wirst du ja eben vermutlich noch die Rechnung bekommen. Und da der Hund offiziell noch gar nicht unser Hund ist, wird sich ziemlich sicher die Versicherung weigern, auch nur einen Teil des Schadens zu übernehmen.
Die Kinder kamen zur Gartentür herein und blieben erwartungsvoll stehen, Fabian mit gesenktem Kopf. Von seiner sonstigen Keckheit war nicht mehr allzuviel übriggeblieben, das sah Fabian sofort.
Nun, junger Mann, sagte Fabian. Jetzt höre mal gut zu: Du wirst jetzt deinem Vater erklären, wie das alles vor sich gegangen ist, nicht wahr? Fabian zwo blickte auf und sah seinen Vater ohne grosse Begeisterung an. Er schwieg, und zwar schwieg er, wie es Fabian vorkommen wollte, auf eine gewisse verstockte Art und Weise, die ihm an seinem Sohn bisher fremd war.
Na, sagte Fabian. Du hast mir also nichts zu sagen? Und das da? Er wies auf den Hund, der das für eine Sympathiekundgebung hielt und zu Fabian auf den Sessel springen wollte, was wiederum Fabian nicht übermässig freute. Unwillkürlich musste er sich wieder kratzen.
Fabian zwo, sagte Fabian nun streng. Ich möchte mit dir kein Verhör anstellen – aber ich will jetzt wissen, wie dieser Hund hierherkommt und welchen Ärger es beim Grossvater gegeben hat. Sonst muss ich zu anderen Methoden Zuflucht nehmen.
Ich habe den Hund gefunden, Papa, sagte Fabian zwo. Und

die beiden andern waren auch dabei. Er sagte das so, als wolle er es von vorneherein ablehnen, nun als Alleinschuldiger dazustehen und die zu erwartende Strafe zu kassieren.
Mir ist klar, sagte Fabian, dass, was immer du machst, die beiden andern mitmachen. Das ist mir nicht neu, und es hilft dir insofern nichts, als du einfach der älteste bist – man sollte von dir also verlangen können, dass du einigermassen weisst, was Trumpf ist, nicht wahr? Ja, Papa, sagte Fabian zwo. Ich will alles erzählen.
Nach einer guten Stunde, in der Fabian noch zweimal zum Regal mit dem Calvados pilgern musste (Marianne hatte die kleine Cornelia mitgenommen und war in die Küche gegangen, um für ein Abendessen zu sorgen), hatte Fabian folgendes herausbekommen: Im Hausboot des professoralen Grossvaters war es der Rasselbande bald zu langweilig geworden. Sie – das heisst vielmehr: Fabian zwo – schnappten sich das Beiboot und gingen auf Entdeckungsfahrt. Natürlich war das Beiboot nicht einfach ein gewöhnliches Ruderboot, oh, nein! Es war eine Brigg, und die Besatzung bestand aus schrecklichen Piraten unter dem Kommando des schwarzen Korsaren (Fabian zwo), seines ersten Leutnants (Marius), und um für die kleine Cornelia eine Rolle zu finden, hatte Fabian zwo sich einigermassen den Kopf zerbrechen müssen. Als Piratenbraut eignete sie sich – handelte es sich ja um die Schwester der beiden Korsaren – schlecht. Nach langwierigen Verhandlungen mit Cornelia, die mehr als einmal an einem Tränenausbruch oder einem Wutanfall zu scheitern drohten, akzeptierte sie eine Rolle als vornehme Spanierin, die von den Piraten gefangengenommen worden war und die nun zur Auslieferung gegen Lösegeld an einen verschwiegenen Ort gebracht werden sollte; denn so stand es in den Büchern, die Fabian zwo zum Thema verschlungen hatte. Sie hatten sich aus der Bordküche des Hausbootes reichlich eingedeckt, unter anderem zählte zu Fabians Beute ein ganzes Hühnchen, das zwar noch tiefgefroren war, aber Fabian war der festen Überzeugung, dass es schon auftauen würde, bis sie einen geeigneten Platz gefunden hätten, um ihre Piratenorgie zu feiern. Dieser Diebstahl hatte den ersten Wutausbruch des

Grossvaters zur Folge, aber da die Piraten das Beiboot entführt hatten und das Hausboot gute zwei Kilometer vor dem Ufer vor Anker lag, scherte sich Fabian wenig um diesen Wutanfall. Dafür hatte Marianne den ganzen Tag einiges auszustehen – allein mit ihrem Vater auf einem weit draussen verankerten Hausboot, wobei der Vater sich weigerte, auch nur einen Fetzen Segel zu setzen oder den Motor anzulassen, um von dieser Stelle zu schippern. Dass dabei den ganzen Tag kein einziges gutes Haar an Fabian (dem Ersten) und seinen Erziehungsmethoden gelassen wurde, verstand sich von selbst.

Die Korsaren fanden wirklich einen guten Anlegeplatz, erforschten sofort die nähere und weitere Umgebung – und da, mitten in ihren Spielen, stiessen sie auf den kleinen Hund, der an einem Baum angebunden war, jämmerlich winselte und ganz offensichtlich nicht erst seit dem heutigen Tage an diesem Baum angebunden und ausgesetzt worden war. Bis dahin schien Fabian die Geschichte überaus glaubwürdig, sie amüsierte ihn sogar, für Fabian zwo vermochte er Verständnis aufzubringen. Es war Ferienzeit – und in dieser Zeit beginnen alljährlich für Hunderte, wenn nicht Tausende von Haustieren schlimme Zeiten. Und, hatte Fabian seinen Sohn gefragt, am Halsband war also keine Steuermarke? Nichts? Der Sohn hatte ihn geringschätzig angesehen. Glaubst du wirklich, Papa, sagte er und die Empörung leuchtete aus seinen Augen, dass Leute, die ein Tier loswerden wollen, ihren Namen und ihre Telefonnummer ans Halsband hängen? Unser Lehrer hat in der Schule davon gesprochen: Man solle es sich gut überlegen, hat er gesagt, ehe man sich ein Haustier wünsche. Gerade die jungen Tiere und so – ach, er hat einfach eine Menge erzählt, dass es einen dann reut, dass man nicht mehr spielen könne, so lange man wolle, weil man sich um ein Tier kümmern müsse – und der alte Wagner-Ruedi hat uns dasselbe erklärt. Und dann ging die Empörung mit Fabian durch: Aber das waren keine Kinder, Papa, die den Hümpi – so haben wir ihn getauft und der Name gefällt ihm, er mag es, so zu heissen – ausgesetzt haben. Kinder tun doch so etwas nicht. Das waren Erwachsene. Marius und ich

haben die Gegend nach Spuren abgesucht wie die Indianer, und dann haben wir gefunden, dass Hümpi mit einem Auto dorthin gekommen sein muss. Wir haben die Reifenspuren ganz deutlich am Boden gesehen. Kinder können doch nicht autofahren! Na, sagte Fabian nachdenklich. Es ist sehr wohl schon vorgekommen, Fabian, dass auch Kinder nicht gut zu Tieren waren. Aber was habt ihr dann gemacht? Den Hund einfach mitgenommen und fertig? Das weisst du aber auch, Fabian, dass man das nicht einfach machen kann.
Fabian hatte einen roten Kopf bekommen. Wir sind zur Polizei gegangen, Papa. Mit dem Hund. Der Polizist dort hat uns nur ausgelacht und gesagt, wir wären in diesem Jahr schon die vierten oder fünften, die es mit diesem faulen Trick versuchten und mit einem herrenlosen Hund angetanzt kämen. Auf diese Masche falle er schon lange nicht mehr herein. Wir sollten es im Tierheim versuchen. Und so waren dann die Kinder mit dem Hund den ganzen weiten Weg nach Kreuzlingen gelaufen, nachdem der Hümpi das in der Zwischenzeit aufgetaute Hühnchen auf einstimmigen Beschluss der Piraten zu fressen bekommen habe. Im Tierheim hätte ihnen der Mann alle die Hunde und die Katzen gezeigt, die in den nächsten Wochen eingeschläfert werden müssten, weil sich für sie einfach kein Plätzchen finde; da habe Cornelia zu weinen angefangen, und der Mann habe gefragt, wo sie herkämen, wie sie hiessen und wo sie wohnen würden; Fabian habe Auskunft gegeben, und der Mann habe gesagt, dann sollten sie doch den Hümpi behalten. Bei ihnen habe er es sicher gut. Sie seien dann zum Beiboot gegangen und hätten den Hümpi zum Schiff mitgenommen. Der Grossvater habe Fabian geohrfeigt und Mama wollte den Hund sofort zur Polizei bringen. Aber da waren wir ja schon. Der Polizist hat zu Mama gesagt, jetzt solle nicht sie auch noch kommen und es mit diesem faulen Trick versuchen. Der Grossvater hat gemeint, morgen müsse der Hund weg, er bringe ihn selbst zum Töten ins Tierspital. Da bin ich in der Nacht mit dem Hümpi abgehauen, mit Autostopp nach Gilgenburg gefahren, aber da hatte der Hümpi die Sessel eben schon angefressen gehabt und alles war nur noch schlimmer.

Übernachtet, sagte Marianne, die mit einer kalten Platte hereinkam, hat er dann mitsamt dem Hund beim alten Wagner im Schulhaus, und das ist der Rest der Geschichte: Ich bin mit Marius und Cornelia sofort nach Hause gefahren, denn der alte Wagner hat mich schon in aller Frühe bei Papa angerufen, um mich zu beruhigen – ich selbst wusste noch nicht einmal, dass Fabian weggelaufen war.
Woher hatte der Wagner denn die Nummer, fragte Fabian. Der hat doch nach Garten und Haus gesehen – in deinem Auftrag. Und da habe ich ihm die Nummer von Papa gegeben, für den Fall, dass irgend etwas passiert.
Was ja dann prompt auch geschah, sagte Fabian. Und nun zu diesem Hund: Hier im Hause will ich ihn nicht haben. Fabian zwo hat sich also schleunigst an die Herstellung einer Hundehütte zu machen. Anmelden muss man den Hund auch – und tut mir bitte den Gefallen, badet den Hund einmal und sorgt für Flohhalsbänder. Ich mag diese blutgierigen Mitbewohner nicht. Fabian schenkte sich einen Calvados ein und nahm sich von der kalten Platte ein Stück Schinken. Du könntest auch warten, bis wir uns zu Tisch setzen, sagte Marianne. Du solltest wirklich den Kindern mehr Vorbild sein. Getrunken, scheint mir, hast du jetzt auch genug. Und mit dem Hund – ist das alles, was du dazu zu sagen hast? Fabian sah sie erstaunt an. Was, bitte, soll ich sonst noch dazu sagen? Wenn Fabian deinem Vater ein Schnippchen schlägt und unter so viel eigenem Einsatz ein Tier zu retten sucht, das dein Herr Papa so quasi zum Tod verurteilt hat – noch dazu vor den Kindern –, was soll ich dazu noch sagen? Soll ich den Jungen vielleicht dafür bestrafen, dass er ein gutes Herz hat? Dass er kein Egoist ist, der nur an sich selber denkt? Fällt mir gar nicht ein. Was ich tun werde, ist schnell genug gesagt: Ich übergebe hiermit die ganze Verantwortung für den Hümpi da den Kindern – ich will keine Klagen, woher auch immer, sonst geht es an euer Taschengeld. Und wendet euch an den alten Wagner. Der hat mir einmal gesagt, dass er sich in der Erziehung von Hunden auskennt. Und Erziehung, so scheint mir, ist wohl vonnöten.
So kam die Familie Kessler auf den Hund.

22

Mir, sagte der alte Wagner-Ruedi zu Fabian, mir hat das fast alles der Giovanni erzählt, der die meiste Zeit über, die er in Gilgenburg war, bei mir gewohnt hat. Nun, damals waren harte Zeiten für die Italiener, die bei uns arbeiteten. Die meisten von ihnen wurden einfach in Baracken gesteckt, und da hat die Lina mich gefragt ...
Er hielt inne und sah Fabian schräg an. Du standest wohl in ziemlich enger Verbindung zur Lina Graf, nicht wahr? fragte Fabian. Es kommt darauf an, wie man die Sache ansieht, sagte Wagner. Wenn du meinst, ich hätte etwas mit ihr gehabt, dann bist du auf dem Holzweg. Das ist eine ganz andere Geschichte. Wenn du demnächst einmal Zeit hast, werde ich dir sie erzählen. In nächster Zeit, sagte Fabian, bin ich sehr beschäftigt.
Was tust du eigentlich in Schwarzenburg? Fabian antwortete in wenigen Sätzen. Jaja, die Fahrenden, sagte er gedankenverloren. Da könnte ich dir aus der Familiengeschichte des Wagner-Klans auch noch einiges erzählen, aber das wird wohl nicht ganz in deine Filmgeschichte passen. Uns ist das alles passiert, das braucht keiner erst zu erfinden. Aber, was ich eigentlich sagen wollte: Es wäre jetzt an der Zeit, den Mist für den Garten zu bestellen. Ich bin nicht mehr so rüstig wie früher, und da möchte ich, mit deiner Erlaubnis selbstverständlich, frühzeitig mit den Herbstarbeiten anfangen können. Ich habe ja schliesslich noch meinen eigenen Garten beim Schulhaus und dann muss ich auch dem Vater Loosli noch auf dem Friedhof helfen. Jetzt ist die Frage: Woher soll ich den Mist beziehen? Hast du da schon feste Abmachungen mit jemand? Ich will mich nicht in deine Angelegenheiten mischen.
Fabian sah Wagner erstaunt an. Du hast also tatsächlich die Absicht, für uns zu arbeiten? fragte er. Aber wir haben doch noch gar nichts abgemacht – unter diesen Umständen müssen wir das in Ordnung bringen, mit dem Lohn und so weiter. Na, sagte Wagner, das hätte nicht so pressiert. Ich habe

bisher einfach die Stunden aufgeschrieben und mir gedacht, wir würden uns dann schon einig werden. Es war für mich eigentlich nie der Brauch, ans Geld zu denken, noch bevor die Arbeit überhaupt getan ist, und zwar so getan, dass man auch seine rechte Freude daran haben kann. Ich habe gedacht, wenn wir uns so an die ortsüblichen Ansätze halten, kann nicht allzuviel schiefgehen, und dann ist da noch die Geschichte mit den Heften. Die wird dich ja jetzt vermutlich auch Geld kosten, und da will ich mich dafür gerne im Garten nützlich machen. Das ist ja doch nicht so das richtige für dich, Fabian.
Fabian kam nicht dazu, sich seine leichte Kränkung anmerken zu lassen.
Da ist noch eine Sache, sagte Wagner und kratzte sich unter der Militärmütze. Im Schulhaus, beim schwarzen Kaffee – da haben wir angefangen, uns zu duzen. Für mich ist das nichts Besonderes, weil man sich hier im Dorf sowieso duzt – aber damals warst du mein Gast und nicht mein Meister.
Das ist doch dummes Zeug, sagte Fabian. Nun ja, nörgelte Wagner. Du bist eben ein Herr. Ein Gstudierter. Zum Pfarrer sagt man ja schliesslich auch nicht einfach Jakob. Aber – der Priem wanderte ein paarmal in seinen Backen hin und her – ich will nicht so sein. Er streckte Fabian die Hand entgegen. Dann soll es meinetwegen gelten. Den Kindern habe ich es ja schon längst erlaubt. Die sollen mich einfach Ruedi nennen. Ich habe das Gefühl, ich komme so mit ihnen besser z'recht – sie sind viel zutraulicher. Sie sind in einem Alter, Fabian, wo sie lernen wollen. Sogar die kleine Cornelia kann ein rechtes Plagegeistlein werden mit ihrem ständigen Wieso und Warum. Ja, und mit dem Hund – was habt ihr da jetzt beschlossen? Sie sollen ihn behalten, sagte Fabian, unter der Bedingung, dass sie die Verantwortung übernehmen und mir damit nicht zur Last fallen. Was die Erziehung des Kläffers angeht, wäre ich froh, wenn du ihnen da Anleitung geben würdest. Ich verstehe davon sowieso nichts. Die Stunden kannst du ja aufschreiben.
Wagner sah ihn beinahe böse an. Wann lernt ihr Grünschnäbel eigentlich, dass es Menschen gibt, die etwas auch einfach

so machen – ohne immer gleich an Bezahlung zu denken? Auch nur daran zu denken, etwas dafür zu verlangen, wenn ich mich mit den Kindern abgebe – schon das macht mir recht Bauchweh. Ich habe die Kinder gern, und mich selbst dünkt es, ich könne eine ganze Menge von dem nachholen, was in meinem Leben zu kurz gekommen ist, was ich nicht geschafft habe.
Er starrte zu Boden und malte mit der Spitze des einen Stiefels Kreise in den Gartenkies. Die Rechte ist einfach nicht gekommen. Oder andersherum gesagt: Die, welche ich wollte, wollte mich nicht – und auch das Umgekehrte kam vor. Ach Gott – später, im Ausland, als ich zur See gefahren bin, da hat es freilich Weiber gegeben in meinem Leben. Aber du weisst ja vielleicht, wie das ist, nicht wahr?
Fabian nickte. Was hast du mit den Heften gemeint, Wagner, mit den Heften, die mich jetzt Geld kosten würden? Der Alte zuckte mit den Achseln. Na ja, sagte er endlich. Das habe ich Marianne ja gesagt: Ich will keine Veröffentlichung auf diese Weise. Meine Aufzeichnungen stellen gewissermassen einen Teil meines Testaments dar und sollen nicht als Vorlage für irgendeine erfundene Geschichte dienen. Schau mal. Nimm nur den Pfarrer: Dass du dich ausgerechnet hinter dem alten Pfarrer versteckst, hat mich zuerst geärgert und nachher eher zum Lachen gereizt. Dass du aus dem alten Herrn noch so eine Art liebes Dorforiginal machst, hat dem Ganzen noch die Krone aufgesetzt. Du wirst später, wenn du meine Aufzeichnungen liest, selber merken, warum. Fürs erste nur soviel: Der letzte Pfarrer, der hier im alten Pfarrhaus gewohnt hat und der auch das Lineli konfirmierte, war ein höchnäsiger Herr von altem Schrot und Korn, wie's früher die Prädikanten der Gnädigen Herren waren. In alles und überall hat er sich eingemischt, es hat nicht viel gefehlt, und er hätte das ganze Dorf in Unfrieden gestürzt – und erst seine Frau. Du meine Güte! Wenn Gott die selig haben soll, muss er aber gute Nerven haben, sonst kriegt er noch Krach mit allen seinen Heiligen. Das waren vielleicht Zustände! Und da geht so ein Schriftsteller, nimm's nicht für ungut, hin und macht aus einem . . . Ach, was soll's. Du wirst es selbst sehen.

Auch, was sein Herr Sohn für ein Früchtchen gewesen ist und was der für ein Pfarrer geworden wäre – denn Theologie studieren musste er ja, der feine Herr.
Ich bin ja richtig neugierig, sagte Fabian. Wenn er allerdings ehrlich sein wollte, war ihm ein bisschen säuerlich zumute. Wagner aber hatte einen praktischen Sinn. Was ist jetzt mit dem Mist, fragte er. Ich brauche ihn für die Rosen – die scheinen schon lange keinen mehr gesehen zu haben, und den muss man im Herbst zubringen, sonst nützt die ganze Übung einen alten Hut. Dann glaube ich, dass der ganze Garten beim Umgraben tüchtig Mist vertragen könnte.
Ich habe doch immer, sagte Fabian fast beleidigt, Mist kommen lassen. Vom Begert da drüben. Auch andere Bauern haben mir Mist gebracht. So ganz ohne alles habe ich den Garten doch nicht gelassen, auch wenn ich nicht speziell Gartenbau studiert habe. Ich will ja nichts gesagt haben, meinte Wagner. Aber irgend etwas ist da nicht gegangen, wie es hätte gehen sollen. Der Boden scheint mir ausgemagert. Also beim Begert? Und dann – wer macht den Pflanzplan? Sie – entschuldige: Du? Oder macht das Marianne? Weisst du, sagte Wagner eifrig, man kann nicht einfach den Mist gleichmässig verteilen. Es gibt Kulturen, die überhaupt keinen Mist vertragen. Und dann wieder welche, die eine ganze Menge benötigen, wenn etwas Rechtes daraus werden soll.
Das soll meine Frau machen, sagte Fabian gereizt. Ich habe keine Zeit, mich auch noch darum zu kümmern. Jetzt vor allem nicht. Ich habe heute morgen einen Brief meines Regisseurs bekommen – ich muss mich so schnell wie möglich an die Arbeit machen.
Gut, sagte Wagner. Also beim Begert. Nachdenklich kratzte er sich am Kinn. Jetzt kann ich mir denken, was da gegangen ist. Hast du, fragte er neugierig, darauf geachtet, dass der Mist, den er dir geliefert hat, gut verrottet war? Dass da nicht mehr Stroh dabei war, als etwas anderes? Zu frischer Mist ist doch Gift für den Boden, das weiss jedes Kind, und kein einziger Bauer würde selbst auf seinen Feldern solchen Mist ausbringen. Der hat dich vermutlich ein bisschen hereingelegt. Aber keine Sorge – diesmal passt der Ruedi auf, was da

kommt. Und mit Marianne werde ich den Rest besprechen, wegen der Bepflanzung und so weiter. Ich hätte nämlich noch eine ganze Menge Erdbeerableger – deine Erdbeerpflanzung ist überaltert und würde binnen kurzem keinen Ertrag mehr abwerfen.
Schon gut, sagte Fabian ungeduldig. Aber dann besprich dich auch gleich mit Marianne – der Bezahlung wegen. Ich habe meine eigenen Ansichten darüber. Mir wäre nicht wohl bei der Sache. «Les bons comptes font les bons amis.»
Da hast du freilich recht, sagte Wagner. Ich habe verstanden. Ich kann nämlich französisch, du magst es nun glauben oder nicht.

23

Der Brief von Marco war kurz und bündig gewesen. Er solle jetzt mit grösstmöglicher Beschleunigung weitermachen. Er habe gute Aussichten, das Projekt verwirklichen zu können, sollte aber in der nächsten Zeit Papier von Fabian zu sehen bekommen, womöglich den Rest der Geschichte auf einmal. Es würde dann noch genug Zeit vergehen, bis sich alle beteiligten Herrschaften auf ein gemeinsames Konzept geeinigt hätten, und anbei ein Scheck, gedacht als Drehbuchvorschuss; den ebenfalls beiliegenden Vertrag solle er ihm so schnell wie möglich zurückschicken, damit alles seine Richtigkeit habe. Fabian wusste, dass Marco in seinen Geschäften peinlich exakt war, und beeilte sich, seinem Wunsch sofort nachzukommen, um so mehr als der Vertrag einfach eine Kopie der bisher abgeschlossenen Verträge war, mit dem kleinen, aber nicht unbedeutenden Unterschied, dass Marco ihn erstmals am Einspielergebnis beteiligen wollte. Er besprach sich mit Marianne. Also – dass ich mitkomme, liegt nicht drin, sagte sie. Ich habe sogar mit deiner Mutter telefoniert, ob sie unter Umständen für ein paar Tage hierherkommen könnte. Aber sie ist mir ein bisschen an den Karren gefahren: Wir dächten in letzter Zeit auffällig oft nur noch dann an sie, wenn wir etwas von ihr wollten. Das, sagte Fabian, hätte ich dir gleich sagen können. Seit den letzten Ferien ist Vreneli sauer. Schade, aber ich «muss» da wieder hinauf. Die Frage, die es jetzt noch zu klären gilt, ist lediglich die nach dem Fahrzeug. Du kannst mich nicht mit den Kindern hierlassen und das Auto mitnehmen. Das dürfte dir doch klar sein. Oder wie stellst du dir meinen Einkauf und alles andere vor? Ausserdem – trotz allem, was du mit Morgenegg hast –, ich habe noch nicht gekündigt. Ich muss mir das wirklich gut überlegen. Ab und zu brauche ich schon aus diesem Grund den Wagen. Okay, sagte Fabian. Dass für uns ein zweites Auto nicht in Frage kommt, diktiert erstens die Vernunft und zweitens der Geldbeutel.

Letztes Mal war das Fahrrad gut genug, antwortete Marianne. Geht das jetzt plötzlich nicht mehr? Kennst du das Schwarzenburgerland, Marianne? fragte Fabian. Ein bisschen schon, antwortete sie. Na also – und ich bin nicht mehr zwanzig. Ich habe ja nicht die Absicht, in meinem Hotelzimmer zu sitzen und zu schreiben. Da könnte ich ebensogut zu Hause bleiben. Ich muss mich in der ganzen Gegend frei bewegen können. Vom Sensegraben bis in den Rüschegg-Graben, von Schwarzenburg bis Guggisberg. Und das ist mit dem Fahrrad nicht zu machen. Ein Mietwagen, sagte Marianne. Sie hatte zwar einen recht gequälten Ausdruck im Gesicht. Was meinst du, was das kosten würde, fuhr Fabian auf. Für dieses Geld kaufe ich mir unten im Dorf beim Mechaniker ein Kleinmotorrad. Nun ja, sagte Marianne. Dass du damit nicht eben zum Umweltschutz beiträgst, dürfte dir ja klar sein. Aber wenn man von der Wirtschaftlichkeit ausgeht, dann ist die Idee nicht einmal so schlecht.

Das Kleinmotorrad wurde gekauft, und am Tage darauf befand sich Fabian bereits wieder auf dem Weg ins Schwarzenburgerland. Wenn er ehrlich sein wollte: Er genoss es, diese Strecken, die er vorher mühselig mit seinem Fahrrad zurückgelegt und eine Menge Zeit verloren hatte, jetzt in angenehmem Tempo mühelos hinter sich bringen zu können. Nachdem er sich im «Sternen» wieder eingerichtet hatte –

diesmal hatte er eine Leihmaschine aus der mittlerweile von Schlamm und Schutt befreiten Papeterie geholt –, machte er sich wiederum an die Arbeit. Im Dorf und in der ganzen Umgebung hatte er immer noch Militär im Einsatz gesehen. Einige Brückenübergänge waren noch gesperrt, und der gesamte Schaden der Naturkatastrophe sollte, nach amtlichen Schätzungen, in die Millionen gehen. Das und die Frage der zu erwartenden Entschädigungen waren jeweils am Abend das Hauptthema der Jassrunde am Stammtisch im «Sternen», wo Fabian so empfangen wurde, als wäre er nie weg gewesen. Einige Spötter allerdings foppten ihn immer noch mit der Vermisstmeldung.

24

Trotz aller Angst war Anna eingeschlafen. Sie erwachte erst wieder, als das Kind in der Wiege seinen Hunger anmeldete und die Magd im Nachbarbett mit einem wilden Schreckensschrei aus ihrem Deckbett fuhr. Offensichtlich musste sie sich erst wieder durch den Kopf gehen lassen, was seit dem gestrigen Abend alles geschehen war. Sie gähnte herzhaft, streifte sich ihre Strümpfe über die Beine und trat zur Wiege, um den Säugling herauszunehmen, ihn Anna an die Brust zu legen. Wieder gähnte sie, dann sagte sie, sich ihre Geringschätzung über dieses Bettelvolk mühsam nicht anmerken lassend, weil ihr der Respekt vor der Müllerin ein- für allemal in den Knochen sass und sie es nicht darauf ankommen lassen wollte, sich tüchtige Schelte einzuhandeln: Ich habe noch niemanden gehört in der Küche. Aber ich gehe jetzt, die Jumpfere zu wecken, damit sie uns das Frühstück macht. Herrgott, habe ich schlecht geschlafen. Anna gab dazu keinen Kommentar. Der schmatzende Säugling an ihrer Brust nahm ihre ganze Aufmerksamkeit in Anspruch. Sie überhörte selbst das Sporenklirren, das auch jetzt noch ums Haus herum zu hören war. Während die Magd sich ankleidete und,

statt sich zu kämmen, einfach ein Tuch um den Kopf band, brummte sie die ganze Zeit vor sich hin. Wenn man einmal eingeschlafen gewesen sei, murrte sie, hätten einen entweder diese Maulaffen unten in der Stube mit ihrem Radau geweckt oder es hätten auch noch die Waldkäuzchen ihr Unwesen auf eine Weise getrieben, die bestimmt nichts Gutes zu bedeuten habe. Das letztemal, als sie es so gehört habe, hätte der alte Mühlknecht davon müssen, der sei doch sonst noch ganz gut auf den Beinen gewesen – aber eben: Wenn die Käuze so rufen, dann muss eines davon von dieser Welt, diese Zeichen habe der Herrgott nicht umsonst in die Welt gesetzt, schon ihre Grossmutter habe immer gesagt...
Anna war bei der Erwähnung der Waldkäuze zusammengefahren. Jawohl, eines musste aus dieser Welt, dachte sie; der Schmerz darüber und über ihr Wissen machte sie ganz krank. Die Magd hätte wohl noch lange herumgebrummt und getrödelt, da aber erschallte von unten zum Ofenloch herauf die Stimme der Müllerin. Ob sie vielleicht hinaufkommen und den trägen Dingern da oben Beine machen solle? Der Ätti sei schon mit den Buben zum Melken in den Stall, kurzum möchten die ihr Frühstück haben, dabei sei noch nicht einmal Feuer im Herd. Und in der Stube sehe es aus wie in einer Kellerschenke an der Gerberengasse in Bern, sie hätte vorerst einmal die Fenster aufgerissen, vielleicht werde die kalte Morgenluft das fertigbringen, was ihr selbst nicht gelungen sei: Die völlig besoffenen Herren Milizen wach zu bekommen. Der Wachtmeister sei nirgends aufzutreiben, und der Korporal liege unter der Einfahrt bei den Sauställen und rühre kein Glied. Der sei noch besoffener als die andern, die wenigstens noch den Weg in die Stube gefunden hätten.
Hui, wie da die Magd machte, dass sie fertig wurde, nicht ohne einen gehässigen Seitenblick auf das Bettelvolk, das im warmen Nest liegenbleiben könne, dieweil ehrbare Leute wie sie auf müssten, um den andern den Dreck wegzuräumen. Aber das werde nicht ihr Lebtag so bleiben, dafür werde sie sorgen. Sie tat, was man als System Hühnerleiter bezeichnen könnte. Den Tadel, den die Meisterjumpfere da eingefangen hatte, gab sie, in noch viel weniger gewählten Worten, an die

arme Jumpfere weiter, die nicht wusste, wie ihr geschah, auf jeden Fall aber nicht mehr lange nach einer Erklärung für diesen Morgengruss suchte, sondern machte, dass sie in die Küche kam. Anna wiegte das jetzt satte Kind sanft in ihren Armen, als die Müllerin mit schwerem Schritt die Treppe heraufgestapft kam und die Kammertür aufstiess. So, rief sie, einen ganzen Stoss Windeln auf den Tisch am Fenster legend. Hat das Jümpferli getrunken? Anna nickte. Also, dann wollen wir es erst einmal trockenlegen, auch wenn es jetzt gerade schläft. Man sollte sie eigentlich vor dem Füttern wickeln – aber das kannst du alles ja gar nicht wissen. Wer hätte es dich auch lehren sollen? Anna schwieg beklommen. Sie brachte es nicht fertig, der freundlichen Müllerin zu sagen, dass es nicht ihr erstes Kind sei. Sie hielt es für besser zu schweigen. Weil, fuhr die Müllerin mit ihrem Vortrag fort, Säuglinge nach dem Trinken sofort einschlafen. Muss man sie wieder aufwecken, dann gibt es manchmal ein entsetzliches Geplärr, und darauf, hat der Müller gemeint, sei er in letzter Zeit nicht mehr scharf. Es hätte ihm schon genügt mit den eigenen; da sollten Fremde ihm den Schlaf nicht rauben, und erst recht nicht solche, die unterm Galgen geboren worden seien oder doch in der Nähe des obrigkeitlichen Halseisens. Die Müllerin sagte das keineswegs, um Anna zu beleidigen. Vielmehr plapperte sie so vor sich hin, ohne sich viel Gedanken darüber zu machen, was eigentlich Anna dabei empfinden könnte. Anna gab der Müllerin das Kind aus ihrem Arm, ohne ein Wort dazu zu sagen. Mit Interesse sah sie zu, wie die Müllerin behutsam und doch zielstrebig machte, dass sie mit ihrer Arbeit vorankam und dann das jetzt plärrende Kind wieder zum Schlafen in die Wiege legen konnte.
Auf dem Hofplatz hörte man jetzt auch Stimmen, dazwischen das Geschepper von Milchgeschirr und das Getrappel der Pferdehufe auf dem Rundsteinpflaster. Die Pferde wurden von den Dragonern zur Tränke geführt. Über kurz oder lang, so dachte Anna, würde sich wohl ihr weiteres Schicksal entscheiden müssen. Die Dragoner waren trotz der schlechten Nacht, welche die meisten von ihnen verbracht hatten, und trotz der Kopfschmerzen, die ihnen wohl zu schaffen

machten, an einem frühen Aufbruch interessiert. Auch der Korporal schien seine Lebensgeister und damit die gewohnte Stimme wiedergefunden zu haben. Man hörte ihn auf dem Platz herumbrüllen. Nun kam auch noch die Stimme der Magd hinzu, die aus der halbgeöffneten Küchentür unwirsch zum Frühstück rief. Aha, sagte die Müllerin zu Anna. Haben die sich doch endlich die Augen wachgerieben. Gleich wirst du etwas Warmes in den Leib bekommen. Es geht halt, redete die Müllerin mehr vor sich hin als zu Anna gewandt, nichts über einen guten Kaffee und ein tüchtiges Frühstück. Sonst ist man den ganzen Tag nichts wert. Der Müller und die Buben, die früh in die Ställe müssen, haben es nicht gern, wenn sie lange auf ihr Frühstück warten müssen, bloss weil man die Mägde nicht aus ihren Betten bringt und sie auch noch eine halbe Ewigkeit kein Feuer in den Herd kriegen können, weil die Jumpfere am Abend die Glut nicht in der Asche gehäufelt hat, da sie es wieder eilig hatte mit dem Ausschwärmen, zu einem Abendsitz oder sonst einem gewöhnlichen Narrenwerk. Eigene Töchter, so die Müllerin, wären ihr deshalb lieber gewesen als das halbe Dutzend Lümmelbuben, die man die ersten zwanzig Jahre zu nichts und die andern sechzig zu nicht viel brauchen könne. Die Mädchen dagegen, kaum dass sie laufen, können der Mutter zur Hand gehen und eine rechte Hilfe sein. Und dann, mit einem Seitenblick auf Anna, fuhr sie seufzend fort, dass man das richtige Kreuz mit den Mädchen erst bekomme, wenn sie an die tausend Wochen alt würden und entweder die Buben ihnen oder aber sie den Buben nachzulaufen begännen. Da habe man auf einmal ganz unverhofft etwas Uneheliches im Haus und nichts als Verdruss, und man könne erst noch zusehen, was man mit der Schande vor den Leuten anfange. Aber nun wolle sie machen, sagte sie. Das Kind schlafe bereits wieder. Jetzt wolle sie nach dem Frühstück sehen – und mit verständnisinnigem Lächeln auf dem Gesicht: Den Hafen werde ich dir auch bald bringen müssen – man hat ja selber auch ein paar Kindbetten hinter sich und weiss, was nottut.

Mit diesen knappen Worten erledigte die Müllerin das heikle

Thema, das Anna schon lange verlegen im Sinn und dann auf der Zunge herumgewälzt hatte, ohne auf eine Lösung gekommen zu sein. Vor den kleinen Gadenfenstern begann es zu tagen, und wie Anna am Tauglitzern auf den die Mühle umsäumenden Bäumen sehen konnte, würde es wieder ein wunderschöner Tag werden, freilich auch ein heisser, und die Bremsen würden den Pferden der Dragoner zu schaffen machen. Deshalb würden die in der Frische des Morgens aufbrechen wollen. Was dann mit ihr und dem Kind geschehen würde, das lag jetzt weniger in Gottes Hand. Daran dachte Anna längst nicht mehr. Sie hatte in den Jahren des Herumwanderns und Herumhetzens gelernt, sich an die handgreiflicheren Tatsachen zu halten. Das waren eben in diesem Falle die Müllerin und der Grichtssäss. Sie wurde aus ihren Gedanken aufgeschreckt durch das Erscheinen der älteren Magd, die in einem kleinen Korb das Frühstück trug. Kaffee, Milch, Brot, dazu Hafersuppe und in einem Plättli eine goldgelbe Rösti, bei der augenscheinlich weder an Schmalz noch an Speck gespart war, keine Armleuterösti, bei der man beide Hände über den Teller halten muss, wenn jemand die Türe öffnet, weil sonst die Rösti mit dem Durchzug den Weg allen Staubes gegangen wäre. Von Schonkost für Frauen im Kindbett hielt man damals nicht viel – üppig und fett, so dachte man, müsse das Zeug sein, das gebe Milch und werde der Frau auch schnell wieder auf die Beine helfen. Dass damals ausser am Kindbettfieber die Frauen nicht auch noch dutzendweise am Schlagfluss starben, hing vielleicht mit der eben doch viel abgehärteteren Lebensweise zusammen – oder es war, ohne jede Kenntnis von Sepsis – einfach ein Wunder. Zwar machte man ab und zu einen Schoppen Rotwein mit geröstetem Brot mit Zucker und Zimt an und gab das der Wöchnerin warm zu trinken, aber so gutherzig die Müllerin war, sie wusste doch auch, welche Ordnung auf dieser Gotteswelt zu herrschen hatte, und verspürte keine Lust, sich von ihren eigenen Mägden auslachen und vom Mann anfahren zu lassen, was das geben solle, ein Bettelweib, das man zudem an einer Landjegi gefangen habe, etwa mit Weinwarm verwöhnen zu wollen. Das gäbe ja bei Gott lustige Zustände, wenn man sich von diesem Bettelvolk leerfressen lassen müsse wie die Scheunen des Pharao in den sieben mageren Jahren. Nein, die Müllerin wusste, was sich gerade noch schickte und trieb kein Narrenwerk mit ihren Gästen. Trotzdem würzte die Magd das Frühstück mit geöltem Mundwerk, dem man anmerkte, dass es mit eben derselben fetten Rösti gut gesalbt worden war; in den Maulecken und am Kinn glänzte sie noch wie ein Osterei, das man mit einer Speckschwarte oder mit einem Saunabel abgerieben hatte. Das Küchenpersonal hatte ebensowenig Servietten, wie die Meisterleute. Wer abgegessen hatte, verrichtete sein Gebet in die Kappe vor dem Gesicht und wischte den Mund mit dem Ärmel, und wenn im Sommer die Ärmel zu kurz waren, dann liess man das Abwischen ganz fallen. Anna ass und trank. Sie war mit ihren eigenen Gedanken so beschäftigt, dass sie gar nicht hörte, was die Magd daherredete, die aber brummte, so gut möchte man es auch einmal haben, dass einem das Fressen mitsamt dem Kaffee ans Bett gebracht werde; da sei auch noch der Scheisshafen. Unsereins, keifte die Magd, muss selbst im strengsten Winter hinaus und bei den Ställen aufs Örtchen über dem Mistloch und das sogar dann, wenn man Durchfall habe, siebenmal dünner als frische Bergluft, und deshalb die halbe Nacht unterwegs auf der Treppe zwischen Gaden und Häuschen verbringen müsse. Anna war nicht sehr hungrig und hätte sie auf die appetitliche Tischmusik gehört, die ihr von der Magd da gesungen wurde, dann wäre ihr wohl auch der letzte Rest von Hunger vergangen. Aber sie hörte es nicht, und der Magd lag nichts mehr daran, weiterzufahren. Sie hatte Widerrede erwartet und sich so recht darauf gefreut, was sie sagen wolle und was dann wiederum die andere, und genauso hätte sie es den Mitmägden erzählen wollen: Der habe sie die Kutteln geputzt, und dann hätte die gesagt, woraufhin wiederum sie. Das übrige Personal hätte dieser Darbietung mit aufgesperrten Mäulern und Ohren beigewohnt und dann der Meisterjumpfere geschmeichelt, so eine wie sie, sei nicht so schnell aufzutreiben. Sie hätten einmal den Mut nicht gehabt, sich mit dem Zigeunervolk einzulassen und gar noch zu widerreden – da hätte man schnell etwas weg, was einem seiner Lebtag anhänge. Die könnten bekanntlich mehr als Brot essen, und man wisse zur Genüge, es gebe da genug Beispiele von Exempeln. So um ihre Ruhmestat gebracht, verlor die Magd die Lust. Sie liess von ihrem Opfer ab, nicht ohne im Hinausschlurfen noch den letzten Trumpf auszuspielen: Sie habe sich viel gefallen lassen – aber dass sie, die Obermagd, die Meisterjumpfere, etwa dann gar den vollgeschissenen Hafen leeren möchte, das hingegen brauche Anna sich nicht einzubilden. Da solle sie sich einen andern Narren aussuchen oder sich einen hölzernen machen lassen. Für auf der Strasse aufgelesenes Bettelvolk mache sie so etwas schon gar nicht, Anna könne sich ihrethalben darauf einrichten.

25

Die Müllerin stand neben ihrem Mann im Hinterstübchen. Der Müller mühte sich mit Papier, Tintenfass und Feder ab, was ihm sichtlich mehr Mühe bereitete als das Hinaufschleppen der schweren Kornsäcke über die Mühlentreppen zum Mühlentrichter. Die Müllerin wärmte inzwischen an einem Kerzenstummel eine Stange roten Siegellack. Mit einem erleichterten Seufzer streute der Müller Sand über den Brief, den er geschrieben hatte, die Quittung für den Wachtmeister zu Handen des Gnädigen Herrn Junker Landvogts. Wie abgemacht, war in dem Dokument weder von einem Kind noch von einem erbeuteten Ross die Rede.
Das bündige Schreiben lautete:

An meinen Fürsichtigen Frommen Wohledelfesten Gnädigen Herren Junker von Tscharner, Landvogt in der Herrschaft Grasburg, im Schloss
Habe mit Kompetenz meines HH. Junker Landvogts dem Wachtmeister der Dragoner, Schwadron 12, befugt zur Landjegi wider sitten- und zuchtlos räuberisch Gesindel und

Bettelvolk, zu MGH. Handen abgenommen: Ein krank Weib, ohngefähr Jahrs 25, Namens angäblich Anna Chessler, diss zu überstellen kurzerhand MGH. bei hinlenglicher Genesung, und zur Wach derselben Weibsperson habe vereidiget MGH. Milizen, so zugegen in mynem Anwäsen genambt Ruchi Mühli, sagen myner Sühn und MGH. Gehorsamste Untertanen, geg. Ruchmühli Augstm. 1777 Jahrs Bendicht Zougg, Gr'säss u. Chorr.

Der Müller faltete den Brief zusammen und siegelte ihn mit dem Lack, den die Müllerin darauftropfen liess. Er stand auf, nahm den Brief und ging zur Tür, wo er sich halb bücken musste, um überhaupt durchzukommen. In der Tür drehte er sich nochmals zur Müllerin um. Ich bin immer noch nicht so sicher, sagte er, ob wir damit – er hob den Brief in die Höhe – das Richtige tun. Aber nun ist es geschehen, und die Milizen werden jetzt wohl ihr Morgenessen hinter sich haben und reisefertig sein. Ich will's dem Wachtmeister geben.
Gestiefelt und gespornt, Dreispitz auf dem Kopf und das Bandulier geputzt, so waren die Dragoner im Hof neben ihren Pferden angetreten, vor ihnen sass der Korporal bereits auf seinem Gaul. Der Wachtmeister wartete unter der Küchentür, sein Pferd scharrte mit übergeworfenen Zügeln ungeduldig auf dem Pflaster und warf manchmal den Kopf auf, dass das Zaumzeug klirrte. Anna stand oben am Fenster ihrer Kammer und sah die angetretenen Milizen. Gleich werden die mich holen, sagte sie halblaut vor sich hin. Die warten nur noch auf mich. Aber dann sah sie den Müller aus der Tür kommen und dem Wachtmeister einen gesiegelten Brief überreichen. Der ging damit zu seinem Pferd, steckte den Brief in die Satteltasche, dann schwang er sich in den Sattel und salutierte. Der Müller hob nur schwach die Hand, dann stülpte der Wachtmeister seine Handschuhe über und gab dem Korporal ein Handzeichen. Der setzte sich in Positur und brüllte: Aufsitzen! Die Dragoner schwangen sich auf ihre Pferde. Zu zweien mir nach abreiten. Marsch! Und wie auf dem Trüllplatz schwenkten die Dragoner immer zu zweien hinter dem Korporal auf den Weg ein, der zur Ruch-

mühlebrücke führte. Der Wachtmeister ritt mit verhängten Zügeln langsam, fast wie nachdenklich, hinterher. Bald sah Anna von ihrem Kammerfenster aus nur noch ab und zu einen Dreispitz zwischen den Gebüschen am Flussufer auftauchen und wieder verschwinden, rhythmisch im Takt der im Schritt gehenden Reittiere. Bald verklang auch das Hufgeklapper, und nun wartete Anna mit Bangen darauf, was weiter geschehen würde.

26

Genauso früh, wenn nicht früher, war es auch im Lager am Nebenfluss des Sensegrabens lebendig geworden. Jörg und Anselmo sammelten ihre Leute um sich, nachdem die Frauen in den Kesseln über den offenen Feuern heissen Kaffee gekocht hatten, den sie Gott weiss woher haben mochten. Die Pferde wurden zurückgelassen, aber schwer bewaffnet machten sich die Männer auf Schleichwegen davon, um noch vor dem Aufbruch der Dragoner in der Nähe der Ruchmühle zu sein, den Bericht des zurückgelassenen Spähers entgegenzunehmen und dann – je nachdem, wie dieser Bericht ausfallen würde – zu handeln. Es ging darum, vor den Milizen im Engpass nach der Brücke zu sein – falls die wirklich Anna mitgenommen hatten und vor den Landvogt bringen wollten. Ruedi dachte dabei an nichts anderes, als dass die Sippe alles daransetzen sollte, Anna den Milizen zu entreissen, koste es, was es wolle. Der schwarze Jörg und Anselmo, sein Leutnant, hatten darüber andere Ansichten, hüteten sich aber, Ruedi etwas von ihren Plänen mitzuteilen. Sie trauten ihm nicht mehr und fürchteten, dass er womöglich Dummheiten machen würde, gefährliche Dummheiten, die sich die Sippe in der Lage, in der sie sich befand – seit Monaten waren offenbar die Gnädigen Herren von Bern entschlossen, ein für allemal mit den Fahrenden aufzuräumen – einfach nicht leisten konnte.

Der schwarze Jörg und Anselmo näherten sich lautlos dem Späher, den sie beinahe selbst nicht gesehen hätten, so gut war er im dichten Laub einer grossen Eiche direkt am Hochwasserufer des Flusses verborgen. Aber Anselmo wusste, wo er seinen Ablöser zurückgelassen hatte und liess durch die hohlen Hände den Warnruf einer Amsel ertönen. Sofort kam aus dem Baum die Antwort. Vermutlich wäre alle diese Übervorsicht gar nicht notwendig gewesen, denn das Lärmen der Dragoner und das Gebrüll des Korporals war weithin schallend über den Fluss zu vernehmen. Dazwischen klapperte das Mühlrad und rauschte der ziemlich hochgehende Fluss, über den die Fahrenden dennoch hinüber mussten, da es für sie zu gefährlich gewesen wäre, die Brücke zu benutzen. Man konnte nie wissen, ob dort ein Posten aufgestellt worden war, der natürlich sofort Alarm geschlagen hätte. Aber die Leute des schwarzen Jörg mussten nicht zum erstenmal einen reissenden Fluss überqueren und dabei das Pulver trockenhalten. Sie hatten lange Stricke dabei; einen davon würde der erste Mann, der beinahe nackt und ohne Waffen ins Wasser ging, am erstbesten Baum befestigen und dann die Gewehre, Pistolen und Patronentaschen der andern daran hinüberziehen. Lautlos und behende wie ein Eichhörnchen glitt der Mann den Baum hinunter. Nichts Besonderes, sagte er halblaut zu Jörg, Und, sagte dieser, hast du den Warnruf ertönen lassen? Der Posten lachte lautlos. Ich glaube, sagte er, dass ich denen da drüben beinahe die ganze Nacht Angst eingejagt habe. Die Posten wagten sich kaum unter dem Dachtrauf hervor. Du weisst ja, was dieses Volk glaubt, wenn es den Ruf des Kauzes vernimmt: An den Tod glauben sie, der herumgeistert und einen der Ihren zu holen gedenkt.
Das kann heute sehr wohl geschehen, sagte Jörg. Du hast genügend Zeit da oben verbracht. Gehe jetzt ins Lager zurück und sieh zu, dass alles zum Aufbruch vorbereitet wird. Ich werde einen andern Mann da hinauf schicken. Er wies auf einen der in der Nähe stehenden Männer. Du, Balz, hinauf mit dir und sperre Augen und Ohren auf. Wir werden derweil im Uferdickicht zusehen, ob wir näher an die Mühle herankommen können. Sobald du etwas Verdächtiges oder Aus-

sergewöhnliches bemerkst, zirpst du wie eine Grille, dreimal hintereinander. Gut, Jörg, antwortete der Mann, legte seine hinderlichen Waffen am Stamm der Eiche auf den Boden und kletterte flink auf den Baum. Jörg winkte den andern, die sich hinter ihm aufmachten, das Uferdickicht vorsichtig zu durchdringen. Aber Jörg war enttäuscht, als er die letzten Äste auseinanderbog und über den Fluss spähte. Die Ruchmühle verbarg sich auf der andern Seite ebenso hinter dem Uferdickicht und dahinter stand eine Reihe hoher Bäume. Ausser dem Lärm, den die Dragoner machten, konnte er nicht erkennen, was sich drüben tat.

Balz hingegen auf seinem Baum sah die Vorbereitungen auf dem Hofplatz, er sah auch sofort, dass alle Pferde mit ihrem Reiter besetzt waren und dass das ledige Pferd, das sie am Vorabend bei Anna zurückgelassen hatten, fehlte. Er zirpte dreimal und kletterte dann sofort von seinem Baum herunter. Er kannte Jörgs Plan, er wusste, dass jetzt Eile nottat. Er musste Jörg davon unterrichten, dass die Milizen aller Wahrscheinlichkeit nach ohne Anna abrücken würden.

Jörg hielt mit seinen Mannen kurzen Rat, nachdem Balz berichtet hatte. Zur Sicherheit werden wir jemanden zur Brücke . . .

Ruedi unterbrach ihn, trotz der vielen Warnungen, die er deswegen von Jörg schon erhalten hatte. Dann, sagte er atemlos, dann können wir ja direkt zur Mühle, die Anna und das Kind befreien und uns dann in unsere Verstecke im Rüschegg-Graben zurückziehen.

Halt's Maul, sagte Jörg grob. Ich habe es dir oft genug gesagt, und jetzt ist meine Geduld mit dir am Ende. Sobald wir ins Lager zurückkommen, werde ich die Ältesten zusammenrufen um zu beraten, was mit dir zu geschehen hat. Vorsicht, flüsterte ihm Anselmo ins Ohr. Denke daran: Er kann uns so gut verraten wie die Anna, wenn wir ihn einfach laufenlassen oder aus der Sippe ausstossen. Wir müssen ihn jetzt Tag und Nacht im Auge behalten – oder gib das schwarze Holz frei! Ich erledige das dann schon. Jörg sah ihn nachdenklich an, dann den Ruedi, der vor ihm stand und plötzlich gemerkt zu haben schien, was die Uhr geschlagen hatte. Er bekam

Angst. Seine Hände wurden nass vom Schweiss. Er war kein Feigling – aber er wusste, was es bedeutete, wenn ihn die Sippe verstiess. Er wusste auch, was Jörg vorhin mit dem Warnruf gemeint hatte, nachdem er den Nachtposten auf dem Eichbaum gefragt hatte.

27

Ab und zu rief Marianne an und fragte nach dem Stand der Arbeit. Fabian glaubte, in ihrer Stimme einen leicht beunruhigten, ja fast gereizten Ton ausmachen zu können. So, als traute sie den Gründen nicht, die er für seine Abwesenheit von Gilgenburg geltend gemacht hatte. Ein leiser Verdacht kam in Fabian auf: Sollte Marianne etwa gar eifersüchtig... Das schien ihm absurd. Einen solchen Charakterzug hatte er bei Marianne wahrhaftig bisher nicht feststellen können. In den Schreibpausen fuhr er mehrmals mit seinem Motorrad nach Guggisberg hinauf, manchmal versuchte er auch, durch Feldwege und noch erkennbare frühere Fahrstrassen (wenn diese damals überhaupt diesen Namen verdient hatten) nach der andern Seite hinüber zu gelangen, nach dem Rüschegg-Graben. Er hatte sich jetzt dermassen in seine eigene Theorie verbissen, dass er sie partout auch noch beweisen wollte, obschon ihm dazu, wie er sich selbst ganz genau eingestehen musste, das Grundlagenmaterial fast völlig fehlte. Deshalb war er um so überraschter, als er einmal an einem Abend, nachdem er im «Sternen» mit seinen neuen Freunden Karten gespielt hatte (und sich dabei übrigens einen gewissen Respekt zu verschaffen gewusst hatte: seine Fähigkeit, das Gedächtnis zu gebrauchen und fast mathematisch genau einzusetzen, hatten ihm eindeutige Vorteile gegenüber den andern verschafft, die mehr mit ihrer antrainierten Schläue operierten, selten mit wirklich mathematischer Genauigkeit), vom Stationsvorstand, mit dem er sich mittlerweile ausgesöhnt hatte, auf seine eigentliche Arbeit angesprochen wurde. Dass er hier einen Urlaub verbringe, brauche er ihm nicht zu erzählen. Die Wirtin hatte offenbar geplaudert und einmal in Fabians Abwesenheit in der Gaststube verlauten lassen, der Herr Kessler im oberen Stock hämmere manchmal ganze Tage auf seiner Schreibmaschine herum. Ausserdem hatte auch der immer noch mit seinen Versicherungsproblemen befasste Schreibwarenhändler hier und dort ein Wort fallen lassen. Selbst in diesem Bezirkshauptort schien jeder jeden zu kennen, und wenn ein Fremder auftauchte, wollte man nicht locker lassen, bis man einigermassen wusste, was er trieb, und vor allem, was ihn ausgerechnet nach Schwarzenburg getrieben haben mochte. Fabian hielt sich zunächst ein wenig zurück. Es war ihm fast peinlich, an dem zu arbeiten, was in den Augen dieser einfachen Menschen hier oben einer Entheiligung ihrer Vreneli-Legende gleichkommen musste. Aber der Stationsvorstand stopfte sich eine neue Pfeife, bestellte einen neuen Halben Roten, den die Wirtin brachte und im gleichen Gang Jassteppich, Karten, Tafel und Kreiden zusammenraffte und aufräumte. Die andern Kartenspieler hatten sich bereits verabschiedet, und der Vorstand schien sich darauf einrichten zu wollen, mit breit aufgestützten Ellenbogen, Neugier im Gesicht, brennender Pfeife im Mund und einem Glas guten Roten auf dem Tisch, sich gratis eine Geschichte erzählen zu lassen. Er war selbstverständlich dahintergekommen, wer Fabian wirklich war, und hatte sich beim Schreibwarenhändler ohne Umschweife die Bücher bestellt, die dort natürlich nicht vorrätig waren. Fabian wusste somit, dass in absehbarer Zeit das ganze Ritual ablaufen würde, das er gut kannte und das ihm immer ein wenig peinlich gewesen, vom Standpunkt seines Verlegers aus aber unumgänglich war: Nun würden der Reihe nach alle möglichen Menschen aus Schwarzenburg bei ihm im «Sternen» vorbeischauen, verlegen seine eigenen Bücher hervorkramen und um eine Widmung bitten, selbst dann, wenn anschliessend diese Bücher lediglich die Bücherwand aus imitierter Eiche in der guten Stube zieren würden. Ab und zu würde vielleicht bei besonderer Gelegenheit die Bemerkung fallen: Ach ja, selbstverständlich. Diesen Schriftsteller kennen wir.

Der war einmal hier in Schwarzenburg und hat mir seine Bücher mit einer persönlichen Widmung versehen. Im übrigen – gelesen habe ich sie noch nicht, wer kommt heute schon zum Lesen, aber dafür war der Kerl stark im Jassen, das kann ich dir flüstern. Der hat uns ganz schön gestriegelt und uns manchen Fünffränkler abgenommen – der würde gescheiter sein Leben mit Jassen verdienen – wenn es einer so kann wie der. Und da der Vorstand nun schon einmal da war, einen Halben Roten bezahlt hatte und Fabian gegenüber sass, wollte er unterhalten werden. Es war wie im Partywitz vom Doktor oder vom Rechtsanwalt, von dem alle möglichen Leute gratis Konsultationen verlangen.
Der Vorstand liess nicht locker, und so erzählte Fabian in groben Zügen, was er vorhatte. Und zu Fabians Verblüffung kam er dadurch an eine Information, die er sonst niemals erhalten hätte. Tja ja, sagte nämlich der Vorstand, als Fabian geendet hatte. Da war kürzlich eine ganze Mannschaft von, von... Ach, zum Teufel, ich weiss nicht, wie man diese Kerle genannt hat: Jedenfalls haben die im Wald da droben nach den Überresten der alten Fahrstrassen gesucht, die jetzt natürlich vom Wald zugewachsen sind. Aber sie haben da offenbar ihre eigenen Methoden. Sie haben, wie es scheint, im ganzen Kanton danach gesucht. Ich habe nämlich ein paar Tage später in der «Berner Zeitung» einen grossen Artikel mit Fotos und Kartenskizzen darüber gelesen. Nicht, dass ich mich besonders für solche Sachen interessieren würde, fügte der Vorstand beinahe wie entschuldigend hinzu, aber weil die da waren und man sich gewissermassen gekannt hat...
Jedenfalls haben sie auch bei uns oben eine solche alte Strasse gefunden und vermessen. Fabian hatte aufgehorcht. Wann war denn das? fragte er. Das, sagte der Vorstand und kratzte sich am Kopf, kann ich so genau nicht mehr sagen – es war irgendwann im letzten Sommer. – Und der Artikel in der Zeitung? Fabian platzte fast vor Neugier. Das muss auch im letzten Sommer gewesen sein, sagte der Vorstand. Aber da wird man Ihnen doch sicherlich auf der Redaktion Auskunft geben können. Fabian nickte. Natürlich. Selbstverständlich. Noch morgen früh würde er nach Bern hinunter-

fahren. Das Wetter war gnädig, und mit seinem Motorrad wäre das eine Sache von knapp einer halben Stunde. Aber er «musste» diesen Artikel sehen, womöglich sogar versuchen, mit dem Verfasser oder mit einem der Historiker, denn das mussten es unzweifelhaft gewesen sein, vielleicht auch Geologen, Ethnologen oder Geographen – was wusste er, in Verbindung zu treten. Das wäre ein erster handfester Beweis, dass seine Theorie zutraf. Zur Vreneli-Geschichte meinte der Vorstand im übrigen nur trocken: He nun, warum nicht? Das kann so oder so gewesen sein, es ist eine Geschichte wie eine andere auch, und diese Dichter verstehen es ja ohnehin, aus jeder Mücke einen Elefanten zu machen, das Unterste zuoberst zu kehren, das sieht man ja an unseren Heldengeschichten, die man noch in der Schule gelernt hat und an die man glaubte wie ans Evangelium; das soll jetzt allem Anschein nach alles nur Mumpitz gewesen sein und Märchen, wenn man den gstudierten Herren glauben mag. Mir ist es gleich, ich fühlte mich recht wohl in meinem Glauben an die Geschichten von den Alten Schweizern und so, an den Steinzeitmenschen Rulaman habe ich geglaubt, an die Pfahlbauer am Moossee, und den Diviko von Hans Zulliger haben wir als Buben gelesen und haben das alles geglaubt, für bare Münze genommen, und jetzt soll es ja, so scheint's, gar keine Pfahlbauten gegeben haben. Auch der Diviko sei nur eine Legende, weil ihn der römische Cäsar in seinen Büchern nirgends mit Namen erwähnt habe – ich kann das nicht beurteilen, ich habe das nicht gelesen. Sie meinen wahrscheinlich die «Commentarii belli gallici», sagte Fabian. Der Vorstand glotzte ihn an. Hä? fragte er. Was soll denn das nun wieder sein? Schon gut, sagte Fabian und kam sich grosskotzig vor. Musste er denn, um alles in der Welt, vor diesem einfachen, wenn auch keineswegs dummen Mann mit der klassischen Bildung protzen? Bestellen wir lieber noch einen Halben, sagte der Vorstand. Und was das Vreneli anbelangt: Uns hat bis jetzt die Geschichte, der Brunnen und das Lied und alles andere gefallen, so wie es ist. Ich glaube kaum, dass jemand viel Freude daran haben wird, dass jetzt alles ganz anders gewesen sein soll. Und im übrigen: Warum kann man

eigentlich nichts, aber auch gar nichts auf sich beruhen lassen? So wie es ist und wie die Leute es gern haben? Bisher hat man sich doch darein schicken können, nicht hinter jedes Rätsel zu kommen; es war doch immer so schön, wenn der gemischte Chor das Lied gesungen hat und den Zuhörern dabei die Tränen gekommen sind.
Fabian liess es dabei bewenden. Der Mann hatte sich jetzt in aller Ehrenhaftigkeit fast ein bisschen ereifert und das Gefühl, ein Voyeur zu sein, der in fremde Schlafzimmer guckt, sich daran ergötzt, durfte in Fabian gar nicht erst aufkommen, sonst hätte er alles hinschmeissen mögen. Hätte er nun erst noch gesagt, dass die ganze Geschichte, die er sich da ausdachte, sogar noch einen Film abgeben sollte, der womöglich auch noch in Guggisberg gedreht werden sollte: Es war nicht auszudenken. Vermutlich hätte der Vorstand dazu keineswegs geschwiegen. Dann aber hätten er und Marco wahrscheinlich den guten Willen im Ländchen mit der Lupe suchen können oder ihn mühsam wiederherstellen müssen. Jetzt ärgerte sich Fabian, dass er überhaupt soviel erzählt hatte. Andererseits war er eben doch durch dieses Erzählen zu einer wertvollen Information gekommen, der er morgen früh gleich nachgehen wollte. Morgen? Was ist heute für ein Wochentag? fragte er den Stationsvorstand, der irgendwie mürrisch geworden hinter seinem Weinglas sass, ab und zu davon trank. Freitag, sagte der. Wie immer, wenn wir zum Kartenspielen kommen. Seltsam, sagte Fabian. Für einen Freitagabend gibt es hier aber sehr wenige Leute, und die andern Jasser haben sich auch sehr schnell verabschiedet. Dabei ist es noch nicht einmal halb elf. Der Stationsvorstand lachte. Da müssten Sie sich eben das heutige Fernsehprogramm anschauen, sagte er. Dann wüssten Sie Bescheid. Sie sehen wohl nicht viel fern, wie? Fabian nickte. Ich habe zwar, sagte er, schon fürs Fernsehen gearbeitet – aber ich habe auch drei Kinder. Tja, sagte der Vorstand. Meine Frau – die sitzt jetzt sicher vor dem Kasten und sieht und hört nichts anderes mehr. Mir selber sagt das nicht zu. Meine Augen, wissen Sie, die vertragen das Geflimmer einfach nicht, und alles, was ich dann davon habe, sind rasende Kopfschmerzen.

Daneben ist es freilich schon so, in den abgelegenen Höfen. Was sollten die Menschen dort denn schon machen, ohne Fernsehen? Etwa das, sagte Fabian, was sie früher auch gemacht haben. Alle Vereine jammern ja, sie bekämen keinen Nachwuchs mehr. Und viel alte Volkskultur ist uns auch verlorengegangen. Ach, wissen Sie, sagte der Vorstand und klopfte seine Pfeife aus: Mit den Vereinen war das in unserem Berggebiet auch nicht so rosig. Wenn Sie sich vorstellen, dass einer nach seinem schweren Arbeitstag im Winter den weiten Weg durch den Tiefschnee ins Dorf unter die Füsse nehmen sollte – vom Rückweg und vom frühen Aufstehen am andern Tag nicht zu reden –, da war es auch bei uns mit den Vereinen nicht so weit her. Da hat man eher zu Hause etwas angestellt, irgendeiner hat eine Handharmonika gehabt oder gar eine Geige, da hat man vielleicht ein Tänzchen gespielt, während in den Stuben die Spinnräder gesurrt haben – aber das ist natürlich alles sehr lange her. Ja, und Lieder hat man gesungen, freilich. Die Familien waren ja meistens sehr zahlreich, und vor allem hatten die Leute noch einen rechten Glauben. Man hat viel Gellert-Lieder gesungen in den Bauernhäusern. Er stand auf. So, sagte er. Ich muss auch in die Federn. Morgen steht niemand für mich auf und das erste Zügli fährt früh, obschon es, seit alle Leute Fünftagewoche haben, am Samstag den allerersten Arbeiterzug nicht mehr gibt. Eine Stunde länger könnte ich auch liegen. Aber es ist eben so: Wenn sich ein Karrengaul einmal an den Karren und an seinen Weg gewöhnt hat, kann man ihn am Maul reissen, soviel man will. Er macht keinen Schritt mehr anders. Gute Nacht alsdann, und ein andermal. Nichts für ungut, wenn ich auch ein paar Worte lang meine Meinung gesagt habe.
Fabian lachte. Da ist kein Anlass, sagte er. Im Gegenteil. Ich höre gerne, was andere über eine Sache zu sagen haben. Um so besser, murmelte der Vorstand und ging zur Tür hinaus. Die Wirtin, die bis jetzt hinter ihrem Buffet an einer Strickarbeit gesessen hatte und nur manchmal einen flüchtigen Blick auf die beiden einzigen Gäste geworfen hatte, legte die Strickarbeit beiseite und gähnte unverhohlen. Fabian kannte das. An Polizeistunden fühlte sie sich nicht gebunden. Wenn

es einmal vorkam, dass eine fröhliche Runde am Feierabend noch nicht ans Heimgehen dachte, schloss sie einfach die Türe ab und liess die Rolläden herunter. Geschlossene Gesellschaft, sagte sie dann, wenn jemals der Dorfpolizist meckern wollte. Die Leute sind meine Gäste. An andere schenke ich nichts mehr aus. Dass dann natürlich die Gäste am andern Tage ihre Zechen doch bezahlten, ging den Landjäger nichts an. Vermutlich hatte die Wirtin damit immer wieder Erfolg, weil sie eben einen Gasthof führte und Hotelgäste im Prinzip das Recht haben, Tag und Nacht zu bestellen – sofern es Personal gibt, das diese Bestellungen ausführt. Umgekehrt war es aber auch so, dass die Wirtin keineswegs einen leeren Laden hüten wollte. Waren nur noch einer oder zwei Sesselkleber in der Gaststube, dann konnte sie sehr deutlich werden. Wenn das Gähnen nicht helfen wollte, dann half sie mit bissigen Bemerkungen nach: Es dünke sie, sie hätten jetzt alle genug und wären reif fürs Bett wie sie auch. Sie sei schliesslich schon den ganzen Tag auf den Beinen; morgen sei am Ende auch noch ein Tag, an dem man ihr willkommen sei; ausserdem werde es die Frau daheims wohl kaum noch erwarten können, dass ihre Männer nach Hause kämen, und sie Feierabend machen könnte; der Ihrige hätte es seinerzeit auch so gehalten, als sie noch nicht Wirtin gewesen sei. Da habe noch ein Abendessen auf den Tisch müssen, so spät es auch gewesen sei, sonst hätte es ein Donnerwetter vom Teufel gesetzt; jetzt sollten sie also austrinken und gehen; der Sepp habe noch zwei Schoppen zu zahlen und der Christen noch einen. Dann kam sie mit ihrem dicken Geldbeutel vorbei und pflanzte sich vor den Saumseligen auf, nachdem sie alle Fenster aufgerissen und die Stühle auf den Tisch gestellt hatte, dass es in der Gaststube so gemütlich wurde wie in einer zugigen Bahnhofshalle im Winter. Fabian verstand also den Wink wohl und erhob sich. Setzen Sie das auf meine Rechnung, sagte er zur Wirtin. Ist schon recht, Herr Kessler, sagte diese. Fabian wollte eben zur hinteren Türe hinaus, die ins Treppenhaus und zu den Zimmern führte, da schrillte das Telefon auf dem Buffet. Die Wirtin nahm sofort den Hörer ab und rief Fabian zurück. Ihre Frau,

sagte sie und es klang leicht verärgert. Ich lege Ihnen das Gespräch in die Kabine im Gang, dann kann ich hier schliessen.
Wie um alles in der Welt kam Marianne bloss dazu, ihn um diese Zeit anzurufen. Er sah auf die Uhr. Gegen elf Uhr. Was mochte wohl passiert sein? Seine Stimme klang daher nicht eben freundlich, als er sich in der Kabine meldete. Wie ist das eigentlich, erkundigte sich Marianne. Wie lange soll denn das noch dauern? Könntest du nicht wenigstens einmal an einem Wochenende nach Hause kommen? Der alte Wagner hat eine Menge Fragen, die den Garten betreffen, und überhaupt denke ich nicht daran, hier alles allein machen zu müssen. Kannst du denn wirklich nicht in deinem Arbeitszimmer schreiben? Haben wir das Pfarrhaus umsonst gemietet? Dann wäre es allerdings in der Stadt für mich und, weiss Gott, auch für die Kinder mit der Schule einfacher gewesen.
Das prasselte aus dem Hörer über Fabian herab wie ein mittleres Hagelwetter, noch ehe er dazu kam, selbst auch ein Wort zu sagen. Als Marianne endlich Atem schöpfte und eine Pause machte, sagte er: Ich bin noch nicht ganz soweit. Du solltest versuchen, das zu verstehen. Er erzählte kurz, was er vom Vorstand und auch von anderen Leuten da oben gehört hatte. Dass er in Bern nach diesen Historikern und dem Zeitungsartikel forschen wolle. Das kannst du doch morgen gar nicht sagte Marianne. Morgen ist doch Samstag. Und wer weiss, wie du da oben herumläufst. Du brauchst doch bestimmt frische Wäsche. Oder möchtest du da oben selbst wie einer deiner Fahrenden herumlaufen? Ihr könntet mich ja auch einmal besuchen, schlug Fabian vor. Das wäre doch etwas für dich und für die Kinder.
Die Kinder, sagte Marianne, haben die Nase voll von deinen Ausflügen auf das Guggershörnli. Und jetzt, sagt Fabian zwo immer, gebe es in den Wäldern massenhaft Pilze.
Na also, sagte Fabian erfreut. Die gibt es doch hier oben auch. Allerdings nicht gerade hier, aber ich kenne einen Ort weiter oben, Richtung Gurnigel – das würde auch den Kindern gefallen. Dann könntest du mir die Wäsche mitbringen, und ich bestelle für die Kinder ein Zimmer.

Und die Pilze, die wir finden, darf ich dann ganz allein verarbeiten, wie? Ich finde nach wie vor, dass du es jetzt übertreibst, dass du dich um uns überhaupt nicht kümmerst. Ausser einer idiotischen Postkarte letzte Woche hat man von dir nicht das geringste Lebenszeichen vernommen, und als ich einmal telefonierte, warst du abwesend. Jetzt wurde Mariannes Stimme giftig. Wie heisst sie denn eigentlich? Vreneli, sagte Fabian trocken und setzte hinzu: Ich werde den Hörer aufhängen, Marianne. Auf diesem Niveau verkehre ich nicht mit dir. Hättest du mir noch ein paar Tage Zeit gelassen, dann wäre ich wohl nach Hause gekommen und hätte den Rest meiner Arbeit dort erledigt. Aber unter den Umständen scheint es mir, ich sollte mir die Sache noch einmal überlegen. Ausserdem hat sich Marco für nächste Woche zu einer Geländebesichtigung angemeldet.

Ich habe das doch nicht so gemeint, Fabian, sagte Marianne, und Fabian hörte durchs Telefon, wie sehr sie sich Mühe gab, nicht zu weinen. Es ist doch nur – du fehlst uns doch allen so schrecklich. Es ist gar kein Leben ohne dich, und mir scheint, dass die Buben auch nur noch das machen, wozu sie Lust haben.

Du meinst es immer hinterher nicht so, wie du es gesagt hast, Marianne, das fällt allmählich auf. Und zudem habe ich dir schon einmal gesagt: Ich komme nicht wie der Schwarze Mann nach Hause, um die Kinder zu verprügeln. Das ist mir einfach zu einfältig.

Nein, das ist es nicht, Fabian, was ich meine. Es fehlen ihnen die Ideen, die du ihnen gibst. Jetzt kommt es mir so vor, als würden sie nur noch Unsinn machen – dabei könnten sie dem alten Wagner helfen oder was weiss ich. Der kümmert sich übrigens um sie, wo er nur kann – aber er ist eben nicht ihr Vater. Ausserdem, lockte sie jetzt fast, ausserdem wirst du staunen, wie sich Wagners Geschichte entwickelt hat. Ich hätte nie geglaubt, dass dieser ...

Trottel, wolltest du wohl sagen, wie? Ich habe dir schon immer gesagt, dass der Wagner mehr wert sei, als alle anderen Gilgenburger zusammen.

Aber etwas, sagte Marianne mit einem unverkennbaren

Triumph in der Stimme, etwas hast auch du nicht gewusst: Weisst du eigentlich, wer der Tonwarenfabrik die hübschen Entwürfe macht, die du immer so bewundert hast? Der junge Häusler, natürlich, sagte Fabian. Der hat ja sämtliche Fachschulen besucht.
Eben, sagte Marianne. Genau «das» stimmt nicht. Dass der junge Häusler die Fachschulen besucht hat, das mag ja sein. Aber die Entwürfe macht ihm – übrigens um ein Butterbrot – der alte Wagner! Jetzt musste Fabian doch die Luft anhalten. Stimmt das auch? fragte er. Das stimmt ganz genau, sagte Marianne. Fabian hatte bei Wagner lediglich ab und zu auf einer Staffelei Bilder gesehen, die ihn durch ihre Aussagekraft beeindruckten, manchmal auch durch einen gewissen exotischen Einschlag. Da hatte Wagner ihm einmal erklärt und dazu mit den blauen Augen gezwinkert, er male nun im Alter die Erinnerungen seiner Reisen in ferne Länder – geradeso wie andere darüber Bücher schrieben, male er eben Bilder. Er sei viel herumgekommen, als junger Mann.
Marianne unterbrach seine Grübeleien. Schliessen wir wieder einmal einen Kompromiss, sagte sie. Wir besuchen dich dieses Wochenende – dafür kommst du nächste Woche nach Hause, so schnell du kannst. Lässt das sich hören? Majestät, fügte sie hinzu und lachte ihr junges Lachen. Meinetwegen, sagte Fabian, ich werde für die Zimmer sorgen – vielleicht benötigen wir sogar nur eines für die Kinder, wenn die Wirtin bereit ist, ein drittes Bett in ein Zimmer zu stellen, vielleicht auch nur eine Matratze – das wird Fabian zwo kaum umbringen. Er wird im Gegenteil sofort irgendein Abenteuer dazu erfinden. Ich wohne bereits in einem Doppelzimmer – für uns gibt es also keine Probleme.
Soso, sagte Marianne sarkastisch. Und wozu hast du denn ein Doppelzimmer nötig? Es klang wie die Frage des Rotkäppchens an den Wolf, und aus diesem Grunde antwortete Fabian mit ebensoviel Sarkasmus in der Stimme: Damit ich dich besser betrügen kann.
Soll ich, fragte Marianne, als hätte sie überhaupt nichts von Fabians Sarkasmus gemerkt, soll ich die Aufzeichnungen von Wagner mitbringen? Wozu? fragte Fabian. Erstens hätte ich

ohnehin keine Zeit dafür, vor allem aber keine Lust, mich von meiner gegenwärtigen Arbeit ablenken zu lassen; zweitens will ich ja mit euch Pilze suchen gehen. Nein, wenn ich nächste Woche nach Hause komme, ist es noch früh genug, mich wieder mit Wagners Geschichte zu befassen. Ich hoffe nur, dass Marco sich demnächst äussern kann, ob er die Sache machen will oder nicht. Deshalb kommt er zu einer Geländebesichtigung. Fabian sah auf seine Uhr. Du lieber Himmel, sagte er. Beenden wir dieses Gespräch. Es ist ja schon beinahe Mitternacht. Wann gedenkt ihr zu kommen? vormittags? nachmittags? Es ist wegen der Bestellung eines Mittagessens. Wir, sagte Marianne, sind reisefertig. Wir wären nämlich so oder so gekommen – ob nun mit oder ohne deine Genehmigung, mein Lieber. Wir werden also vor dem Mittagessen in Schwarzenburg sein können.

Gut, sagte Fabian, der in der Gaststube immer noch die Wirtin rumoren hörte. Ich werde Bescheid sagen. Insgeheim dachte er an die schlaflose Nacht, die ihm dieser Besuch verschaffen würde. Er konnte es sich in diesem Stadium einfach nicht leisten, die Arbeit für ganze zwei Tage liegenzulassen. Er verabschiedete sich deshalb von Marianne unwirscher und trockener, als das in seiner Absicht gelegen hatte, hängte den Hörer auf die Gabel und begab sich zur Wirtin, um alles Nötige zu veranlassen.

28

Die Dragoner waren fortgeritten. In der guten Stube der Ruchmühle wartete die Müllerin hinter einer grossen Ohrentasse mit Milchkaffee auf ihren Mann, der sich allerdings heute, wie ihr scheinen wollte, besonders viel Zeit liess. Sie hatte ihn zur Mühle hinüberstapfen sehen, wo er wahrscheinlich den Buben und den Mahlknechten die für den heutigen Tag notwendigen Anweisungen gab. Die Müllerin aber hatte sich ein Traktandum vorgenommen, von dem sie ahnte, es werde dem Mann nicht einfach so hinunterrutschen. Dabei hatte sie selbst nur eine sehr begrenzte Vorstellung davon, wie man das Ganze anpacken sollte. Wie sollte man dem Prädikanten die Herkunft des Täuflings erklären? Sich darauf zu verlassen, dass der Pfarrer sich still verhalten würde, wäre dumm. Jedermann wusste, dass der Pfarrer allgemein als der brave Jagdhund des Gnädigen Herrn Junker Landvogt galt, der keinen Augenblick zögern würde, seinem Herrn diesen Knochen zuzutragen, um dafür gestreichelt zu werden. Die Müllerin trank ihren Kaffee aus und stand auf. Sie ging ans Läuferli des Stüblifensters und spähte zur Mühle hinüber. Was der nur so lange zu regieren hatte! Die brave Müllerin dachte keinen Augenblick daran, dass es ihr sonst auch nicht gelegen kam, wenn sich das Mannsvolk nach dem Essen mehr als nötig in der Küche oder in der Stube herumtrieb, dass sie im Verein mit ihren Mägden mit Bemerkungen und Püffen nicht zu sparen pflegte, bis der letzte Mann ausser Haus und in den Ställen oder in der Mühle verschwunden war, wo sie, ihrer Meinung nach, am schönsten waren und so lange hingehörten, bis man ihnen wiederum zum Essen rufen würde. Der Müller drüben in der Mühle schien so etwas vorauszusehen. Jahrelange Übung im Umgang mit seinem Weibervolk hatten ihn zu einem Diplomaten gemacht, den man leicht im höheren diplomatischen Dienst der Stadt und Republik Bern hätte einsetzen können. Mit der Milizenvereidigung gedachte er keinen überflüssigen Aufwand zu treiben. Er nahm lediglich Bänz, seinen ältesten Sohn, beiseite. Komm mit, befahl er ihm. Ich habe mit dir zu reden. Der gute Bänz befragte sein Gewissen bis in den hinterletzten Winkel, was dem Alten wohl wieder von seinen Heldentaten zugetragen worden sein mochte. Warteten vielleicht gar schon Anschicksmänner im Stübli? Es war am letzten Tanzsonntag im Ottenleuebad nicht eben so zugegangen, wie es den Alten freuen würde. Das eine Ross lahmte auch, weil sein nicht eben nüchterner Reiter auf dem Heimweg zuwenig Verstand gehabt hatte, im steilen Kehr abzusteigen und das Ross am Zügel zu führen. Im Bädli selber waren ihnen eines Mädchens wegen ein paar Burgisteiner dumm gekommen. Bänz und seine Brüder hatten, zusammen mit ihren Mahlknechten, dafür gesorgt, dass die Burgisteiner mit blutigen Köpfen abgezogen waren. Bänz hatte zwar gedacht, dass man sie, so weit von daheim entfernt, nicht erkannt haben würde – aber gleichzeitig war ihm klar, dass des Ruchmüllers Bänz mit seiner stattlichen Schar Buben dank den Hornusseten, Schützenfesten und Garnisonen eben bekannt sein mussten im weiten Land herum. Nur gut, dass die Burgisteiner nicht zur selben Herrschaft gehörten. Der alte Junker Landvogt in Schwarzenburg stand mit ihrem Vater, dem Ruchmüller, gar gut, und es wäre peinlich genug gewesen, vor demselben Chorgericht erscheinen zu müssen, in welchem der Müller mit dem roten Mantel auf den Schultern als Chorrichter sass. Aber es war nicht das, was der Vater von ihm wollte, wie der Bänz sofort und zu seiner so grossen Erleichterung feststellte, dass er den Alten beinahe misstreu gemacht hätte, der ihn sonderbar musterte, aber einstweilen nichts dazu sagte. Diesmal hätte der Vater wohl kaum seine Goldfüchse an die Sonne geholt: Erst vor ein paar Wochen hatte er für seine Buben in einem auswärtigen Amt einen Gerichtsvergleich leisten müssen und ihnen geschworen, das nächstemal könnten sie Kriegsdienst annehmen und der Trommel nachlaufen – und mit dem Werbergeld ihre Schlägereien selbst bezahlen; das würde ihnen dann für eine Weile den Übermut austreiben und für ihn, den Müller, sei erst noch Geld gespart, weil ihn ein halbes Dutzend tüchtige Mahlknechte billiger zu stehen kämen als ein einziger seiner eigenen lüftigen Buben. Solche Windhunde begehre er nicht mehr umsonst zu füttern, darauf könnten sie zählen. Bei allen diesen Reden hatte dem Müller der Vaterstolz aus den Augen geleuchtet, dass es schier die Stube zu erhellen vermochte. Trotzdem herrschte grosse Erleichterung bei Bänz, als ihm der Vater nur bündig mitteilte, sie hätten abwechselnd dafür zu sorgen, dass die Gadentreppe bewacht werde. Er habe mit den Knechten und mit den Brüdern die Ablösung auszumachen, und dann werde es wohl kaum schaden, wenn sie allesamt wieder einmal ihre Montur und ihre Gewehre aus den Trögen und Kästen nehmen würden, sie ausklopften und kontrollierten. Man wisse nie, wann es

einem obrigkeitlichen Fecker in den Sinn komme, sie zu inspizieren. Wichtig sei vor allem, fügte der Müller hinzu, dass niemand ungesehen zum Haus oder etwa gar ins obere Gaden kommen könne. Dem Müller war klar, dass dort, wo eine Mutter und ein Kind sind, in den meisten Fällen auch ein Vater sein musste; da er wusste, dass die junge Frau da droben zu einer Bande von Fahrenden gehörte, war auch anzunehmen, dass dieser Vater nicht allein daherkommen würde. Und – schärfte er dem Bänz ein – du machst nicht lange Federlesens; das sagst du auch den andern: Bis auf zwei, die ich aussenden muss, um beim Bauern in der Lischeren Korn zu holen, gilt das für alle: Wir bleiben alle in der Nähe, entweder in der Mühle oder in den Scheunen; das Signal ist ein Büchsenschuss – es soll jeder dafür sorgen, dass er sein Gewehr in Griffweite bei sich hat, auch bei der Arbeit. Was soll denn das alles, Vater? wollte der Junge wissen. Die Anwesenheit der Dragoner hatte er wohl wahrgenommen; er hatte sogar zwischen zwei Kartenspielen, bei denen Bänz den Korporal kräftig zur Ader gelassen hatte, etwas von einem jungen Weibervolk reden hören – aber was sollte das mit ihnen zu tun haben? Frag nicht so viel! sagte der Müller unwirsch. Tu, was man dir aufträgt; es wird schon alles seine Richtigkeit haben.
Der Müller seufzte. Er würde kaum darum herumkommen, dem Buben das Allernotwendigste mitzuteilen. Der sah ihn jetzt schon so komisch an, und wer weiss, was er sich dann alles – Mögliches und Unmögliches – zusammenreimte. Er erklärte dem verdutzten Bänz in dürren Worten, was vorgefallen war, nicht ohne ihn anzuhalten, darüber mit keinem zu reden, vor allem nicht mit den Knechten, von denen man ja wisse, dass sie kaum den nächsten Samstagabend erwarten konnten, um Gesehenes und Gehörtes so schnell wie möglich unter die Leute zu bringen, und das, fügte der Müller hinzu, könnte diesmal einen schlechten Austrag nehmen. Im übrigen könne er es allen sagen: Am nächsten Samstag und Sonntag sei Ausgangssperre; er begehre den Leuten nicht in die Mäuler; Tanzsonntage gebe es noch genug, und der Samstag sei auch noch nicht aufgehoben und verboten, wenn-

schon man nie sicher sei, was den Gnädigen Herren und Oberen von Bern noch alles in den Sinn kommen möchte – er habe in seinem Sekretär kaum noch Platz für alle Mandate und Verordnungen, die er aufbewahren müsse. Seinem Sohn gegenüber konnte der Müller sich diese kleine Unbotmässigkeit leisten – anderswo hätte er sich gehütet, auch nur einen Teil davon laut werden zu lassen. Der Bänz organisierte also seine Milizen, ohne auf die verwunderten Gesichter der Knechte zu achten. Die hatten zu machen, was man ihnen auftrug, daneben hatten sie nichts zu denken. Die Fragen seiner Brüder verschob er mit zwei, drei kurzen Sätzen auf später – ihnen konnte er nicht so kommen wie den Knechten. Aber wenn der Vater gesagt hatte: Maul halten, dann hiess das eben Maul halten, und Bänz verspürte keinerlei Lust, auszuprobieren, was beim Gegenteil herausgekommen wäre. Der Müller, der entgegen seiner Gewohnheit lange gesäumt hatte, ehe er sich wie alle andern Tage zu einer Tasse Kaffee ins Hinterstübli zurückzog, um mit seiner Frau Rat zu halten, spannte nun die brave Müllerin nicht länger auf die Folter. Sie sah ihn durch das Läufterli über den Hausplatz daherkommen. Vom oberen Gaden vernahm sie das Quäken des Säuglings, der offenbar wieder wach geworden war. Obschon es die Müllerin in allen Gliedern juckte, ins Gaden hinaufzugehen und nach dem Rechten zu sehen (was hat denn so ein junges Ding schon für eine Ahnung von einem Kind?, so fragte sich die Müllerin, ganz so, als wäre sie die einzige Frau auf dieser Welt, die jemals ein Kind zur Welt gebracht hatte; aber Kindbetten sind nun einmal ein Lieblingsthema aller Weiber), beherrschte sie sich und wartete auf ihren Mann. Sie schenkte den Kaffee ein, sorgfältig darauf achtend, dass aus dem Milchkrug das Dicke obenab kam und in des Müllers Tasse plumpste. Kaum war sie damit fertig, hörte sie dessen schweren Schritt in der Stube und gleich darauf wurde die Stüblitüre aufgestossen. Der Müller setzte sich hinter seinen Kaffee, trank und schwieg eine ganze Weile, obschon er merkte, dass seine Frau geladen war wie eine Pulverbüchse und nur darauf wartete, endlich zu Wort zu kommen. Aber der Müller blieb kaltblütig, meinte endlich, er möchte noch einmal ein Stück Brot und einen Happen Käse dazu, das werde ihm den flauen Magen verbessern. Der Müllerin blieb nichts anderes übrig, als mit hochrotem Kopf nach dem Verlangten zu rufen, was sie wiederum zweimal tun musste, weil offenbar keine Magd in der Küche war. Nicht von ferne wäre es ihr eingefallen, Brot und Käse selber zu holen. Wozu hatte man Dienstboten, wenn man doch alles selber machen sollte? Sie hörte aber die Stimmen der Mägde im oberen Gaden. An diesen alten Bauernhäusern, die fast nur aus Holz bestanden, war ein Gutes, so wenigstens fand die Müllerin: In der Hinterstube gab es nichts im ganzen Haus, was den Meisterleuten nicht zu Ohren gekommen wäre: Welche Buben sich wann vom Hause wegschlichen, wann sie zurückkamen – welche der Mägde einen Kiltbuben im Gaden hatte: Alles war zu hören; notfalls half die Müllerin nach, indem sie das Ofenloch über dem Trittofen sachte aufhob und lauschte, was in den oberen Kammern vor sich ging. Diesmal allerdings benutzte die Müllerin das Ofenloch wie der Kapitän eines Schiffes sein Sprachrohr auf der Brücke. Sie stieg die Ofenleiter hoch, hob den Deckel auf und steckte ihren Kopf in das Gaden hinauf. An ihrer Stimme, mit der sie nach den Mägden rief, konnten diese unschwer erkennen, dass nicht gut Wetter war. Man hörte unten im Stübli das eilige Klappern von Holzschuhen, das Krachen einer Türe, und dann kamen die Holzschuhe samt den dazugehörigen Mägden die Aussentreppe herabgedonnert wie das wütende Heer. Es verging wirklich nicht mehr die Zeit eines Augenblicks, bis Brot und Käse vor dem Müller standen und die Müllerin mit einem vielsagenden Blick hinter der Grossmagd die Stüblitür zuschmetterte. Draussen in der Küche meinte die Meisterjumpfere zu den andern, wenn das jetzt auf die Dauer so bleiben sollte, dann könne der Teufel selbst hier dienen; sie jedenfalls möchte das nicht erleben, dass das Bettelvolk alles Recht haben sollte, die langeingesessenen Dienstboten hingegen nur noch wie Dreck behandelt würden. So werde sie es nicht einmal mehr bis zum Martinsmarkt machen, geschweige denn bis Weihnachten; brave Mägde wie sie, fänden überall Dienst; am Ende hätte man ja auch noch etwas gespart und könnte etwas anderes probieren, wennschon es einem rechten Weibervolk zuwider sei, an einen Mann auch nur zu denken; die donners Spitzbuben, die einen bloss das Ersparte die Gurgel hinunterjagen würden; aber wenn man sie recht dressiere... Und als die Jungmagd zu kichern anfing, wurde sie angefahren, sie solle machen, dass sie fortkomme zu den Hühnern; dort müsse heute ausgemistet sein, jawohl. Die andere Magd schickte sie zu den Schweinen, die unter der Einfahrt in ihren Koben einen Höllenlärm aufführten, wozu sie sich füglich berechtigt hielten. Nicht nur dass das Treiben der Dragoner sie heute früh aufgestört hatte. Nein. Auch die ganze Nacht über hatte es Lärm gegeben, und nun mussten sie – trotz alledem – auf ihr Futter warten, länger, als sie es sonst gewohnt waren. Im Sinn hatte die Meisterjumpfere nur eins, als sie das ihr unterstellte Personal hierhin und dorthin ausschickte. Sie selbst gedachte, in der Küche zu bleiben, sich am Ofen schaffen zu machen und so, durch das Ofenloch hindurch, dafür zu sorgen, dass ihr kein Wort von dem entgehen würde, was im Stübli verhandelt werden sollte. Dazu hielt sie sich für berechtigt. Sie musste lediglich aufpassen, dass sie bei der Ausübung dieses Rechts nicht von der Müllerin ertappt würde, die in solchen Dingen keinen Spass verstand, obschon sie manchmal selbst nicht genug davon zu hören bekommen konnte, was ihr die Meisterjumpfere an Personalklatsch aus der Küche zutrug. Die arme Mädi – so hiess die Meisterjumpfere – hatte natürlich keine Ahnung, dass die Müllerin ihr nur geschickt die Würmer aus der Nase zu ziehen pflegte, ihr deswegen aber nicht werter wurde, denn man hasst bekanntlich den Verräter so, wie man den Verrat liebt. Die Müllerin war gewitzt genug, um zu wissen, dass das, was Mädi an den andern verübte, diese mit Leichtigkeit auch an ihren Meisterleuten verüben würde. Wenn die Müllerin dann den Klatsch dem Müller hinterbrachte und dieser sagte, er möge davon nichts hören, pflegte sie nur spitz zu entgegnen, wenn es auf ihn ankäme, dann würden ihnen die Dienstboten auf der Nase herumtanzen und ihnen am Ende noch vorschreiben wollen, was sie sonntags und werktags in die Pfanne zu tun hätten, aber im Hause sei es eben nicht wie in seiner Mühle, wo jeder Lümmel mache, wie ihm lustig sei. Bei ihr im Hause herrsche noch die alte Ordnung. Nun war also alles für die grosse Verhandlung vorbereitet: Der Müller sass seiner Frau gegenüber behaglich am Tisch hinter seinem zweiten Frühstück, die Grossmagd spitzte am Ofenloch die Ohren. Von ihrem Kopf war fast nichts mehr zu sehen, so tief steckte er in dem Ofenloch, in dem sonst die Steinsäckchen für die Meisterleute an der Wärme lagen oder die zugedeckten Mahlzeiten für Hausangehörige, die aus dem einen oder andern Grund verspätet zum Essen kamen, weil der Müller sie irgendwo ausgeschickt hatte. Oben in der Kammer lag Anna, aber sie hörte lediglich die durch den Bretterfussboden gedämpften Stimmen des Müllers und der Müllerin, und so sehr es sie gelüstet hätte, sachte das runde Brett über dem Stubenofen anzuheben, um besser zu hören, was verhandelt wurde, traute sie sich doch nicht aus dem Bett. Der Säugling schlief in seiner Wiege und Anna sah, dass das kleine Wesen ab und zu im Schlaf bereits seine winzigen Fäuste ballte. Recht hast du, dachte Anna. Lerne nur rechtzeitig die Faust zu machen. Du wirst das in deinem künftigen Leben brauchen können.

29

Der schwarze Jörg war mit seinen Männern ins Lager zurückgekehrt. Nun drängte er mit lauter Stimme zum Aufbruch. Sofort begann ein emsiges Gewimmel; Decken wurden gerollt, Pferde bepackt mit allem möglichen, mit Decken, Kesseln und Pfannen; einige der Männer machten sich daran, mit grossen Laubwedeln, die sie von den Bäumen geschnitten hatten, die Spuren des Lagers zu tilgen. Wieder andere bedeckten die Lagerfeuer mit Sand und Erde. Ruedi stand bei seinem Pferd und tat, als würde er wie alle andern seine Habseligkeiten packen. Aus den Augenwinkeln aber beobachtete er seine bisherigen Kameraden, und er merkte wohl, dass ein paar der Männer ihn nicht aus den Augen verloren. Er schätzte die Distanz ab, die sie von ihm entfernt waren, sah auch, dass der eine oder der andere eine offenbar geladene Pistole in seinem Tuchgürtel stecken hatte, aber dieses Risiko musste er eingehen. Wenn sie ihn treffen würden, nun gut – dann war sein Leben eben «so» zu Ende. Aber Ruedi gedachte nicht zu warten, bis der schwarze Jörg seinen Bewachern das schwarze Holz übergeben würde, was dann hiess, dass er, Ruedi, aus der Sippe ausgestossen und nach den Gesetzen der Fahrenden vogelfrei sein würde; da sie alle Angst vor einem möglichen Verrat hatten, wusste Ruedi aber auch, was das wiederum bedeutete: Sie würden ihn abstechen wie einen Gockelhahn, den sie irgendwo gestohlen hatten.

Ruedi befestigte unauffällig die Zügel seines Pferdes an den Trensen und zog die Sattelgurte so straff, wie es überhaupt nur ging, obschon der Gaul leise aufstöhnte und Ruedi sah, dass einer seiner Wächter interessiert den Kopf hob, zu ihm hinüberstarrte. Er hatte also keine Zeit mehr zu verlieren. Den Gurt musste er so straff ziehen, weil er bei dem wilden Ritt, den er vorhatte, keineswegs das Risiko eingehen durfte, wegen eines gelockerten Sattels vom Pferd zu stürzen. Er packte die Zügel fester, und plötzlich schwang er sich mit einem einzigen Satz auf das Pferd, es zugleich mit einem wilden Zuruf zum äussersten anfeuernd, und ehe sich seine Bewacher von ihrer Überraschung erholten, ihre Pistolen aus den Gürteln rissen und ihm hinterherfeuerten, war Ruedi im dichten Unterholz verschwunden. Er hörte die Kugeln durch das Laub schwirren wie wütende Hornissen. Die Wache in der Talenge vorne würde jetzt auch alarmiert sein. Ruedi riss seine Pistole ebenfalls aus dem Gürtel, während sein Pferd dahingaloppierte und mehr als einmal auf dem groben Flussgeröll ins Stolpern kam. Im Lager fluchte der schwarze Jörg und befahl, sofort mit dem Feuern aufzuhören; ob sie vielleicht sämtliche Gendarmen, Landjäger und Milizen im weiten Umkreis alarmieren wollten? Ich habe euch doch gesagt, brüllte er, ihn mit dem Messer zu erledigen. Lautlos. Jetzt haben wir die Schweinerei. Man muss den Lärm bis in die Ruchmühle gehört haben.

Kaum, sagte Anselmo beschwichtigend. Wir sind hier in einem abgeschlossenen Talkessel, die Felsen und der Wald obendrauf werden den Schall geschluckt haben. Wenn jetzt nur die Wache vorne am Taleingang nicht auch noch schiesst – denn diese Schüsse würde man hören. Nichts wie weg jetzt, sagte Jörg. In kleinen Gruppen. Wir treffen uns wieder im Wald hinter der grossen Hammerschmitte im Rüschegg-Graben.

Der Wachtposten am Taleingang war klüger als seine Genossen im Lager es gewesen waren. Kaum hörte er die Schüsse und gleich darauf das Geräusch des daherpreschenden Pferdes, da zählte er zwei und zwei zusammen, legte sein Gewehr beiseite und zog den Säbel. Er schwang sich auf den untersten Ast eines niedrigen Baumes, der unmittelbar am Engpass stand, und wartete. Das Pferdegeklapper kam immer näher, und der Mann machte sich sprungbereit; als Ruedi unter dem Ast durchsprengte, sprang ihn der Mann von hinten an, und ehe Ruedi auch nur an Gegenwehr denken konnte, fuhr ihm der Säbelstahl in den Leib. Die Pistole fiel aus seiner Hand, der Mann hinter ihm auf der Kruppe fasste mit seiner Hand nach vorn und legte sie Ruedi auf den Mund. Mit einer blitzschnellen Bewegung stach der Mann noch einmal zu, während das Pferd immer noch weitergaloppierte. Diesmal sah Ruedi nur noch für Sekundenbruchteile einen roten Schimmer vor seinen Augen. Dann fielen die beiden Männer zusammen vom Pferd, das verängstigt noch ein paar Galoppsprünge tat, dann stehen blieb und versuchte, trotz der Trensen in seinem Maul die umstehenden Haselsträucher abzuknabbern.

Der Wachtposten stand auf und drehte mit der Spitze seines Stiefels den vor ihm auf dem Gesicht liegenden Ruedi um, nachdem er die Klinge mit einem Ruck aus der Wunde gezogen hatte, die kaum blutete. Der Mann vor ihm auf dem Boden, das sah der Wachtposten sofort – das Gegenteil hätte ihn gewundert und an seiner Geschicklichkeit zweifeln lassen – Ruedi war tot.

30

Während so der Vater des kleinen Kindes, das in seiner Wiege schlummerte, von aller Not und vom Elend der Fahrenden noch nichts ahnte, zwar nicht durch die Hand eines obrigkeitlichen Henkers, aber durch jene eines ehemaligen Kameraden umgekommen war, und auch Anna davon nichts ahnen konnte, wurde in der Hinterstube der alten Mühle im Sensegraben das weitere Schicksal des Kindes, ihres Kindes, beraten. Wie du dir die Taufe vorstellst, sagte der Müller zu seiner Frau – das musst du mir schon erst einmal verraten. Soll etwa «ich» den Prädikanten aufsuchen und die Taufe angeben? Das Kind muss getauft und zu einem rechten Christenmenschen gemacht werden, sagte die Müllerin. Aber bevor wir wissen, was dann zu geschehen hat, brauchen wir darüber gar nicht erst zu reden, sagte der Müller. Nun sag schon, was du wieder ausgeheckt hast.
Ich wäre dafür, sagte die Müllerin, das Kind hier zu behalten und es aufzuziehen wie ein eigenes. Als sie sah, wie der Müller die Stirn in Falten legte, fügte sie hastig hinzu: Natürlich wird man Unterschiede machen müssen, aber...
Der Müller schüttelte den Kopf. Solche Kinder, sagte er, aus dem Bettel aufgelesen! Was denkst du denn, was die alles für ungute Eigenschaften geerbt haben? Von ihren Eltern? Von fahrendem Pack, das nicht einmal eine Heimat hat, keine Gemeinde, die sie unterstützt, das seiner Lebtag kaum anderes vollbracht hat als Diebstahl und Betrug, womöglich Schlimmeres. Ich weiss schon, dass du immer ein Mädchen haben wolltest und dass uns der Herrgott nun einmal lauter Buben verordnet hat, aber das will doch nicht heissen, dass wir nicht noch einmal etwas Eigenes haben möchten; denk nur an den letzten Buben, den Nachzügler, den Nesthocker, oder meinst du etwa...
Er sah die Müllerin an, die bis unter die Haarwurzeln errötete. Man sollte meinen, sagte die Müllerin, du solltest langsam etwas gescheiter werden und nicht mehr an solches denken. Man muss sich ja seiner grauen Haare schämen. Und

stelle dir vor, was der Herr oben in der Kirche sagen würde, wenn wir immer noch wollten Kindbett halten – in unserem Alter. Ho, sagte der Müller und begab sich damit, ohne es zu merken, genau dorthin, wo die listige Müllerin ihn haben wollte, ho – der Prädikant muss uns jedenfalls die Kinder nicht füttern und wären es ihrer ein Dutzend mehr geworden. Im Gegenteil, der ist schon oft froh darüber gewesen, dass wir die Hinterschinken und Speckseiten nicht alle selber nötig haben, um nicht zu verhungern. Er hat noch nie etwas dagegen gehabt, wenn man ihm auf das Neujahr oder an der Metzgete etwas in einem Korb oder in einem Sack gebracht hat. So brauchst du mir nicht zu kommen, Marei. Wir sind keine Hungerleider, und wenn du meinst, dann kommt es auf dieses eine Maul mehr oder minder ganz gewiss nicht an.
Siehst du, sagte die Müllerin, ihren Mann unterbrechend. Ich habe es ja gewusst, dass du keiner von den hundshärigen Geizkragen bist – sonst hätte ich dich nämlich seinerzeit gar nicht genommen, damit du's nur weisst. Und jetzt höre mir zu, wie ich mir die Sache zurechtgelegt habe. Der Müller sah seine Frau misstrauisch an. Soso, sagte er, dieser ganze Mist ist also schon geführt? Hast hinter meinem Rücken alles schon ausgehandelt? Mit dem Betelweib da droben? Hast ihr das Kind am Ende gar noch abgekauft? Dass die solches nämlich machen sollen, habe ich gehört, und zwar mehr als ein einziges Mal. Dummes Zeug, sagte die Müllerin. Mit der da oben habe ich noch kein einziges Wort zur Sache geredet, im übrigen wird man sie ja wohl kaum viel fragen, so, wie die drinsteckt, wird sie sich wohl kaum lange besinnen wollen oder können. Nein, das fürchte ich nicht, und zudem musst du sie ja noch ins Verhör nehmen, oder nicht? Der Gnädige Herr Junker Landvogt würde sonst wohl kaum zufrieden sein mit dir; er ist ein Exakter, der wird das wahrscheinlich nicht einfach auf sich beruhen lassen; dann ist da immer noch dieser Korporal. Der macht mir Kummer.
Dem, sagte der Müller ruhig, ist das Maul einstweilen gestopft, der wird froh sein, wenn er über die ganze Sache nicht reden muss, es könnte ihm leicht schiefgehen; sonst hast du recht: Ich werde das Weibervolk verhören müssen,

obschon ich vermute, dass die mir höchstwahrscheinlich, ausser faustdicken Lügen, nicht viel erzählen wird. Aber rede weiter, ich hätte drüben in der Mühle nach dem Rechten zu sehen und kann nicht den ganzen Vormittag hier mit dir verplempern. Du hast doch, sagte die Müllerin, im Welschland dieses Göttikind, das Töchterchen von deinem früheren Mahlmeister, oder? Ja und? Was soll es denn damit? Nun, sagte die Müllerin – du kannst doch dem Prädikanten angeben, dein Göttikind sei ins Unglück gekommen, ein Mann habe es sitzen gelassen, und nun habest du eben das uneheliche Kind, ein Mädchen, zu uns genommen, wie es sich für einen richtigen Götti schicke und wie er es über der Taufe der Mutter habe versprechen müssen.
Du bist doch, sagte der Müller überrascht, eine der schlimmsten Schlangen. Du hättest wahrscheinlich die Schlange im Paradies überlistet und den Teufel mitsamt seiner Grossmutter. So etwas! Und – was geschieht mit der Mutter da oben, wenn das Verhör etwas ergeben sollte, das sie ins Schellenwerch bringt, was mehr als nur anzunehmen ist? Meinst du am Ende gar, die würde schweigen und dem Junker Landvogt die Wahrheit verhehlen, um die eigene Haut zu retten? Wie sässen wir dann selbst in der Klemme? Man merkt es, sagte die Müllerin, dass du ein Mannsvolk bist, das von einer Mutter keine blasse Ahnung hat. Wenn das Meitschi da oben irgend etwas auf dem Kerbholz hat, dessen es sich vor dem Gnädigen Herrn Junker Landvogt wird verantworten müssen – dann wird es als Mutter froh sein und nichts dagegen haben, sein Kind in guten Händen zu wissen. Und was deine Bedenken sind wegen dem Bettelvolk und so fort: Wenn man es an der nötigen Strenge und Gottesfurcht nicht mangeln lässt, so sollte es wahrhaftig mit dem Bösen zugehen, wenn es nicht guttun würde, und wenn es später dann unterwiesen und vom Herrn eingesegnet wird, wie es der Brauch ist, dann hat der Teufel erst recht keine Macht mehr über das Kind. Und was ist denn das, fragte der Müller, wenn man zur Erlangung der heiligen Taufe dem Herrn eine brandschwarze Lügengeschichte erzählen muss? Meinst du etwa, das werde dem armen Wurm Glück bringen? Das wird sich alles geben, sagte

die Müllerin resolut. Der Pfarrer erzählt uns auch, was ihm gefällt – denke nur an die Geschichten mit der Obrigkeit, die dir selber jeweils am Sonntag nach den Predigten schwerer im Magen liegen als siebenmal aufgewärmtes Sauerkraut, und um eine Seele zu retten, so heisst es, soll einem nichts zuviel sein, auch wenn man das ganze drehen und wenden muss, bis der Spund ins Fassloch passen will. Und wie, sagte der Müller, willst du das mit den Taufpaten machen? Ho, sagte die Müllerin. Ich selbst werde die Gotte sein, und ein Götti wird sich wohl finden lassen in einem Hauswesen wie dem unseren.

Sie sah ihren Mann fest an. Der kratzte sich unter der weissen Müllerkappe. Du meinst doch nicht etwa . . .

Ich will damit nicht mehr zu tun haben, als unbedingt sein muss, dass du's nur weisst, und es wäre mir recht, wenn du meine Buben da nicht auch noch hineinziehen möchtest.

Willst du etwa gar, sagte die Müllerin resolut, dass deine Frau, die Ruchmüllerin, zusammen mit einem deiner Mahlknechte ein Kind über die Taufe heben soll? Und wie soll der Herr die Geschichte von deinem unglücklichen Göttikind glauben, wenn du dann selbst nicht an der Taufe von dessen Kind teilnimmst? Der Müller stand auf. Du bringst uns in immer grössere Verlegenheit, sagte er. Ich habe einmal ja gesagt, als es darum ging, das Meitschi da oben vor den Milizen in Sicherheit zu bringen. Und jetzt bleibt mir nichts anderes übrig, als dein Spiel bis zum Ende mitzuspielen; am Ende werden wir es sein, die den Schuh herausziehen. Ich habe gute Lust, dem Ding ein kurzes Ende zu machen, bevor wir gegen sämtliche Verordnungen und Gesetze der Gnädigen Herren verstossen haben. Wenn das bekannt wird – dann kannst du dir vorstellen: Grichtssäss und Chorrichter bin ich dann wohl die längste Zeit gewesen, wenn's nicht schlimmer kommt. Du bist und bleibst ein Hosenscheisser, sagte die Müllerin. Wie sollte überhaupt etwas bekannt werden? Die Buben werden wohl wissen, was sie zu tun haben, und von den Diensten möchte ich keinem etwas anderes geraten haben. Also, wie ist es? Kann ich ein Pferd haben und einen deiner Knechte? Das Wägelchen bräuchte ich natürlich auch.

Ich möchte nicht wie ein Bettelweib zu Fuss zum Prädikanten. Und die Sache, fügte sie mit fester Stimme hinzu, die muss heute über Ort – man kann nie wissen, wann etwas dazwischenkommt. Gerade bei kleinen Kindern – du weisst es ja; haben wir doch selbst eins verloren und waren froh, es beizeiten getauft zu haben. Nimm gescheiter einen der Buben mit, sagte der Müller, wenn die Sache schon gezwängt sein soll. Bei den Knechten weiss man nie, woran man ist; wenn ihnen einer einen Schoppen zahlt, lassen sie sich von jedem Maulaffen die Würmer aus der Nase ziehen. Aber du wirst erst mit dieser Anna darüber reden müssen.

Kommt gar nicht in Frage, sagte die Müllerin. Getauft müsste das Kind so oder anders werden; sie kann nur froh sein, dass wir die Sache in die Hand nehmen wollen. Vor dem Stüblifenster auf dem Hausplatz erhob sich ein wüster Lärm. Einer der Mahlknechte, die ausgesandt worden waren, rannte auf das Wohnhaus zu, dabei die Arme werfend. Was ist wohl wieder geschehen, sagte der Müller im Aufstehen. Die werden doch nicht etwa die Rosse misshandelt haben. Es ist ein Kreuz. Keinem kann man etwas anvertrauen, ohne dass es zuschanden gemacht wird. Er wollte zur Tür hinaus. Die Müllerin hielt ihn am Ärmel zurück. Wie ist das nun? Kann ich dich als Götti angeben? Mach, was du willst, sagte der Müller zornig. Wenn doch alles zum Teufel gehen soll, kann ich ebensogut noch mithelfen. Das hat man davon, wenn man zu gut ist: Jeder versucht dann, einem auf der Nase herumzutanzen. Der Müller ging zur Tür hinaus, sie nicht eben sanft hinter sich zuschlagend. Was ist denn hier los, fragte er auf dem Hausplatz den aufgeregten Knecht, um den sich andere Knechte und zwei der Müllerbuben geschart hatten. Wir haben da hinten – der Knecht wies mit der Hand in eine Richtung – einen Leichnam gefunden, sagte der Knecht. Einen Toten. Allem Anschein nach erstochen, und von hier ist er auch nicht. Der Knecht sah den Müller an wie ein Jagdhund, der seinem Herrn den geschossenen Hasen vor die Füsse legt. Von hier ist er nicht, wiederholte der Knecht. Ich kenne alle Leute hier, ich komme beim Kornfassen oft genug in die Häuser. Das ist irgendein Fremder. Man müsste wahrscheinlich dem Gnädigen Herrn Junker Landvogt Bescheid sagen... Was hier zu geschehen hat, fuhr ihn der Müller an, das weiss ich selbst am besten. Wo ist der Sämi geblieben? Der ist mit dem Fuhrwerk weiter, sagte der Knecht. Wir haben uns geeinigt, er solle weiter und dann in der Lischeren zum Kornladen auf mich warten – es habe keinen Sinn, dass wir beide mitsamt dem Fuhwerk den Tag versäumen, berichtete der Knecht und war sichtlich stolz auf diesen Entschluss, den die beiden da gefasst hatten. Der Müller brummte ein paar lobende Worte, dann fragte er: Wo liegt denn dieser Leichnam? Gleich bei der Abzweigung, Meister. Wir hätten ihn wohl gar nicht gesehen, wenn uns nicht der Bäri hintennach gelaufen wäre. Der Knecht machte ein schuldbewusstes Gesicht und hob die Achseln. Ich weiss es, Meister, sagte er recht kleinlaut, dass Ihr es nicht mögt, wenn der Bäri mitläuft – aber uns folgt er in Gottes Namen nicht; er liess sich nicht zurückschicken. Und da hat eben der Hund den Toten am Bach aufgestöbert und wollte nicht mehr vom Fleck. Da bin ich hinuntergestiegen und habe den Mann gefunden. Der Müller sah sich unter seinen Knechten und Söhnen um. Zum Knecht sagte er: Führe den Simeli an den Ort, und dann machst du, dass du weiterkommst in die Lischeren. Ich will das Ding selbst in die Hand nehmen. Und zu seinem Sohn Simeli: Du gehst mit dem Johannes und wartest beim toten Mann auf mich. Ich komme mit dem kleinen Wagen nach, sobald ich kann. Ich muss noch etwas erledigen und dann in meinen Schriften nachsehen, was in solchen Fällen vorzukehren ist. Alle taten wie geheissen, ein anderer Knecht machte sich daran, den Wagen aus dem Schuppen hervorzuzerren und ein Pferd einzuspannen. Inzwischen hatte die Müllerin sich für den Besuch beim Prädikanten zurechtgemacht, nicht gerade die Sonntagstracht, das hätte hoffärtig ausgesehen, aber doch in Kleidern, in denen sie sich durchaus sehen lassen konnte. Sie war gerade dabei, die Haube mit Haarnadeln an ihren Haaren zu befestigen, als der Müller in die Hinterstube polterte. Zunächst einmal vernahm die Müllerin nur eine ellenlange Reihe von ebenso ellenlangen Flüchen, der Müller griff sogar, was sonst nur selten vorkam, ins

Gänterli oberhalb des Sekretärs und langte nach der Schnapsflasche und einem der kleinen, geschliffenen Gläschen, die ebenfalls im oberen Fach des Sekretärs standen und nur zu besonderen Gelegenheiten hervorgenommen wurden. Der Müller schenkte sich ein Gläschen voll, das er in einem Zug trank und nachfüllte, ohne sich um die verwunderten grossen Augen der Müllerin zu kümmern, die einen langen Anlauf nehmen musste, ehe sie verstört sagen konnte: Heh – was ist mit dir los? Mitten am heiterhellen Tag an die Schnapsflasche zu gehen, das ist doch sonst nicht deine Art. Was ist geschehen? Der Müller trank auch das zweite Gläschen, schenkte nach, steckte den Korken in die Flasche zurück und stellte sie an ihren Platz. Dann liess er sich in einen der geschnitzten Stühle fallen und sah, immer noch Zorn im Gesicht, seine Frau an. Da haben wir jetzt den Dreck, konnte er endlich sagen. Beinahe wäre ich erstickt an meinem Zorn – aber das sage ich dir, Marei: Jetzt ist bei mir Feierabend. Du kannst ruhig wieder deine Werktagskleider anziehen. Aus deiner Reise zum Prädikanten hinauf wird nichts: Sie haben unten am Graben einen Toten gefunden, einen Erstochenen. Und das kann ich nun dem Gnädigen Herrn nicht mehr verbergen. Es ist noch gar nicht sicher, ob da nun nicht Amtsleute herunterkommen und ihre Nasen in alles stecken werden. Soviel wie ich den Redereien von Johannes entnehmen konnte, muss es sich bei dem Erstochenen um einen von der Bande der Fahrenden handeln, zu der auch deine Anna da oben gehört. Und keiner der Dragoner hat gestern etwas davon verlauten lassen, dass sie einen erwischt oder getötet hätten, nicht wahr? Denn die hätten den ganz gewiss nicht liegenlassen, schon des Kopfgeldes wegen nicht, darauf kannst du zählen. Also liegt was nahe, Marei? Versuche einmal ein bisschen darüber nachzudenken! Der muss von seinen eigenen Gesellen umgebracht worden sein; ich kann ja noch zwei und zwei zusammenzählen. Ich habe das Gefühl, dass dieser Tote in irgendeinem Zusammenhang steht mit der Anna und ihrem Kind da droben – aber das werden wir ja herausbekommen, wenn wir erst einmal den Leichnam hierher geschafft haben. Du willst doch nicht etwa...

Genau das habe ich vor, sagte der Müller zornig. Oder glaubst du denn, ich will meinem Gnädigen Herrn Junker Landvogt noch lange auf der Nase herumtanzen? Jetzt ist ein Totschlag im Spiel, Marei; das ist keine Sache des Chorgerichts mehr. Da hört der Spass auf. Das ist Sache der Hohen Gerichtsbarkeit, des Blutgerichtes – das kann nicht einmal mehr der Landvogt allein in die Hand nehmen. Diese Sache muss nach Bern gemeldet werden. Und wie stehen wir dann da mit unserem unsauberen Handel? Die Müllerin liess sich nicht so leicht beeindrucken. Behalt du nur kaltes Blut, sagte sie zu ihrem Mann. Es wird schon einen Weg geben, und das arme Kind da oben trägt daran überhaupt keine Schuld; kein Mensch kann von dir verlangen, dass du sie zu Anna und dem Kind in die Kammer führst, noch bist du hier der Herr und Meister im Hause. Was wäre denn dein Ansehen als Chorrichter und Grichtssäss wert, wenn dahergelaufene Amtsleute hier tun könnten, als wären sie hier daheim und nicht bloss Schreiber und Hungerleider, denen die geflickten Sokken ellenlang zu den Schuhen heraushängen, und die Zunge und die Augen dazu, wenn sie irgendwo ein Stück geräuchertes Fleisch riechen können. Denen bist du noch hundertmal schlau genug, Ruchmüller und Chorrichter!

31

Marianne und die Kinder waren vor einer Stunde wieder weggefahren. Fabian sass in der Gaststube im «Sternen» und ass zu Abend. An einem Sonntagabend gab es selten viele Gäste, und so setzte sich die Wirtin zu ihm an den Tisch, nachdem sie ihm hingestellt hatte, was in ihren Augen zu einem kalten Abendessen gehörte – das war nicht wenig und Fabian konnte jeweils kaum die Hälfte davon aufessen. Die Wirtin begann, seine Frau und seine Kinder zu loben. Fabian sah sie nur zweifelnd an. Sie haben, sagte er, mit der Gabel ein Stück Schinkenspeck aufspiessend, die Bande nicht so erlebt, wie sie wirklich ist. Sie waren den ganzen Sonntag im Wald beim Ottenleue Bad gewesen und hatten mit Erfolg Pilze gesucht. Am Samstagabend hatte sich Marianne eine Zeitlang zu Fabian in die Gaststube gesetzt und ihm zugesehen, wie er mit dem Stationsvorstand und dem Kreiskaminfegermeister Karten spielte. Gegen neun Uhr war sie nach oben gegangen, um nach den Kindern zu sehen und sie zu Bett zu bringen. Am liebsten wäre es Fabian zwo gewesen, er hätte ebenfalls in der Gaststube bleiben können. Er maulte ganz erheblich, dass man ihm, dem Grössten, keine Sonderrechte gegenüber den Kleinen, wie er sich ausdrückte, einräumte. Marianne ging dann nicht mehr in die Gaststube zurück. Als Fabian nach elf Uhr in sein Zimmer kam, lag Marianne auf dem Bett und las in seinem Manuskript. Sie war damit schon beinahe zu Ende, aber sie kamen an diesem Abend nicht mehr dazu, darüber zu sprechen. Die Kinder fanden es einfach herrlich, einmal in einem Hotel zu sein, und die Wirtin tat beim Frühstück ihr Möglichstes, sie mit allem zu verwöhnen, was ihnen gerade einfallen mochte. Vergeblich versuchte Fabian zu bremsen. Beinahe hätte er sich über die Unverfrorenheit, mit der seine Bande die Gutmütigkeit der Wirtin ausnützte, geniert, aber Marianne legte ihm lachend die Hand auf den Arm und bedeutete ihm, sie doch machen zu lassen. Die kleine Cornelia war beinahe nicht von ihrem Vater wegzubringen; das änderte sich auch auf dem Waldspaziergang nicht. Sie vermisst dich sehr, sagte Marianne leise zu Fabian. Die Bengel natürlich auch – aber die halten sich schon für zu erwachsen, um das auch zu zeigen. Geduldig erklärte Fabian der kleinen Cornelia die Pilze, die sie anschleppte, und zwar mit einem wahren Feuereifer. Ich weiss jetzt, sagte Marianne dann unvermittelt zu Fabian, worin du die Parallelen zwischen deiner Vreneli-Geschichte und der Begebenheit mit Lineli Graf in Gilgenburg gesehen hast – ich habe das ganze Manuskript von Wagner gelesen. Und denke dir, fügte sie eifrig hinzu: Wagner ist damit einverstanden, dass seine Aufzeichnungen veröffentlicht werden. Ich habe mit Morgenegg darüber gesprochen. Der lässt dich übrigens grüssen und verlangt von dir, dass du ihm wenigstens eine Unterredung zugestehst. Du sähest offenbar einige Dinge reichlich falsch. Ich, sagte Marianne, ich habe dazu nichts gesagt. Das ist eine Angelegenheit, die du allein entscheiden musst. Ich habe im Augenblick andere Sorgen, sagte Fabian mürrisch. Das kann ich mir denken, sagte Marianne. Ich habe deine Geschichte gelesen. Nun? fragte Fabian. Was sagt die gestrenge Lektorin dazu? Kein Kommentar, sagte Marianne. Nur eines: Ich bin gespannt darauf, wie du den Knoten auflösen wirst. Wann kommt jetzt eigentlich Marco? Wahrscheinlich übermorgen, sagte Fabian. Er ruft mich heute abend noch an. Und morgen fahre ich schnell nach Bern, um auf der Redaktion der Berner Zeitung nach diesem Artikel und dessen Autoren zu suchen.

Ist denn das, zum jetzigen Zeitpunkt, noch so wichtig? fragte Marianne und ihre Zweifelsfalte erschien über der Nasenwurzel. Ich finde, du bist auch so auf dem richtigen Weg – und allzuviel Wissenschaftlichkeit könnte, meiner Meinung nach, dem Ganzen nur schaden. Soso, brummte Fabian, und in der nächsten Viertelstunde hatte er mit Cornelia zu tun, die ihr kleines Körbchen voll Pilze brachte. Fabian war erstaunt, wie schnell die Kleine es fertigbrachte, fast nur essbare Pilze zu sammeln. Du hast es ihr gut beigebracht, sagte Marianne. Sie lernt aber auch gut. Das ist mir schon bei anderen Gelegenheiten aufgefallen. Deine Tochter hat das Zeug zu einem kleinen Genie – oder zu einer Künstlerin.

Fabian lachte. Es ist ja auch deine Tochter, sagte er, und wenn ich bei Cornelia ein paar erstaunliche Charakterzüge feststelle, dann hat das eher mit dir zu tun als mit mir.

Mariannes Gesicht war ein einziges Fragezeichen. Nun ja, sagte Fabian. Sonst erkläre mir doch bitte einmal, wie du es geschafft hast, den alten Wagner herumzukriegen. Mich hat er nämlich beinahe gefressen, als ich ihm den Vorschlag machte, seine Aufzeichnungen zu veröffentlichen.

Na ja, sagte Marianne. Friss jetzt du bitte mich nicht, wenn ich dir meine Meinung dazu sage: Der alte Wagner hat es nur nicht sehr gemocht, dass du ihm die Geschichte, entschuldige den Ausdruck, beinahe geklaut hättest. Er ist eben selber

Künstler und hat seinen eigenen Ehrgeiz – du würdest das begreifen, wenn du die Sachen gesehen hättest, die der Wagner für die Tonwarenfabrik macht. Und im Grunde solltest du ihm eigentlich dankbar sein, dass er dich mit seinen Aufzeichnungen auf die Vreneli-Geschichte gebracht hat – es gibt wirklich erstaunliche Parallelen. Wieso? fragte Fabian. Du, sagte Marianne, ich will dir jetzt nicht die Geschichte erzählen. Ich könnte das niemals so gut, wie der Wagner sie aufgeschrieben hat. Jedenfalls: Auch die Witwe Graf liebte offenbar den falschen Mann. Zumindest in den Augen der Gilgenburger – und besonders in denen der eigenen Verwandtschaft. Na, sagte Fabian ein wenig gekränkt. Soweit bin ich ja mit meiner Version der Geschichte auch gekommen – das herauszufinden, war ja nun wirklich kein grosses Kunststück. Und nun, Fabian lachte fast ein bisschen ironisch, nun hat sich also der alte Gauner Morgenegg auf die ganze Sache gestürzt, wie der Hund auf den Knochen. Mir soll's am Ende recht sein. Ich sehe für mich selbst genug Arbeit für die nächste Zeit. Sogar mehr als genug. Aber jetzt etwas anderes: Wo zum Teufel stecken eigentlich die beiden anderen Halunken? Sie blieben stehen und lauschten. Aber ausser dem Summen der Myriaden von Insekten in den Wipfeln der Bäume über ihnen und dem Rauschen des Baches tief unten in seiner Schlucht war kein Laut zu vernehmen. Fabian pfiff schrill durch die Finger. Keine Antwort. Fabian begann zu fluchen. Marianne beschwichtigte ihn. Ich habe vergessen, sagte sie, dir zu erzählen, dass Fabian zwo den neuen Kompass mitgenommen hat, den er bei den Pfadfindern als ersten Preis beim Orientierungslauf bekommen hat. Und auch die Karte hat er dabei. Er wird jetzt mit seinem Bruder Orientierungslauf trainieren.

Aber wir haben keinen Treffpunkt vereinbart, sagte Fabian. Sollen wir jetzt hier auf die Bengel warten, oder was? Die werden zurück zum Auto gehen, sagte Marianne. Darauf kannst du dich verlassen. Fabian zwo ist wirklich erstaunlich gut mit Karte und Kompass. Das hat mir auch der Pfadfinderleiter bestätigt. Na ja, sagte Fabian geschmeichelt. Die ersten Grundbegriffe habe ja doch wohl ich ihm beigebracht.

Selbstverständlich, sagte Marianne. Selbstverständlich, grosser Häuptling Adlerauge. Jetzt erst merkte Fabian den Spott in ihrer Stimme. Er sah sie von der Seite an. Es gab nichts zu zweifeln: Marianne lachte ihn aus, und sogar die kleine Cornelia schien ihrer Mutter zuzuzwinkern. Mir wäre allerdings lieber gewesen, sagte Fabian, die beiden hätten sich an das gehalten, was wir abgemacht haben: Dass wir nämlich Pilze suchen wollen.
Ach Gott, sagte Marianne und zeigte auf die Körbe. Wir haben doch schon mehr als genug. Denke doch an die Arbeit, die ich damit noch haben werde – und ausserdem an das Gesetz, für das du dich ja selber stark genug gemacht hast: Mehr als ein Kilogramm pro Nase ist nicht mehr drin. Hast du das vergessen? Es ist immer dasselbe, sagte Fabian. Das muss mit dem ererbten Jagdtrieb zusammenhängen, den der Mensch immer noch besitzt. Wenn man so durch den Wald geht, sieht man immer noch mehr und noch schönere Pilze – es grenzt beinahe schon an Gier, was einen da packt.
Fabian schenkte sich nochmals eine Tasse Milchkaffee ein und schob seinen Teller zurück. Soll das etwa schon alles sein, was Sie essen, fragte die Wirtin mit beleidigtem Unterton in der Stimme. Ich gebe es, wie wir's haben, und wenn es Ihnen nicht schmeckt . . .
Davon kann keine Rede sein, sagte Fabian. Ich musste nur, einer alten Familientradition entsprechend, nach dem Pilzesuchen mit der Familie in ein Restaurant einkehren. Und da konnte ich eben selbst einer riesigen Portion Eis mit Himbeeren und Schlagrahm nicht widerstehen. Deshalb. Die Wirtin lachte. Die kleinen Kinder, sagte sie, die schimpft man aus, wenn sie zwischendurch, oft kurz vor dem Essen, noch naschen. Aber die Erwachsenen machen es ihnen ja ständig vor. Ich sehe es an schönen Sonntagnachmittagen draussen auf meiner Terrasse selbst: Es sind meistens die Herren Väter, die sich die zweistöckigen Eisspezialitäten servieren lassen.
Tatsächlich hatten die beiden Bengel mit einem betont blasierten Gesichtsausdruck beim Wagen gewartet, so als wollten sie sagen: Kommt ihr endlich, ihr lahmen Enten? Fabian

beschloss, keinerlei Unbotmässigkeiten einreissen zu lassen. Wo sind eure Körbe? fragte er betont streng. Wir haben doch Pilzesammeln vereinbart und keinen Orientierungslauf. Lässig deutete Fabian zwo hinter den Wagen.

32

Die Müllerin hatte sich durchaus nicht ins Bockshorn jagen lassen. Als ihr Mann mit Pferd und Wägelchen vom Hofplatz gefahren war, dachte sie keinen Augenblick daran, sich von ihrem Vorhaben abbringen zu lassen und wieder die Kleidung zu wechseln. Vielmehr stieg sie die Aussentreppe empor, um nach Anna und dem Kind zu sehen. Anna war ein bisschen eingeschlummert, der Säugling rührte sich nicht. Die junge Mutter fuhr hoch, als die Müllerin mit ihrem resoluten Schritt in die Kammer kam, ohne sich die Mühe des Anklopfens zu machen. Sie war schliesslich hier daheim, die junge Frau hatte kein Recht, auf eine besondere Behandlung Anspruch zu erheben. Die Müllerin machte keine Umstände und setzte sich auf die Bettkante. Auf dem kleinen Tisch stand immer noch das Frühstücksgeschirr. Die Müllerin seufzte. Sie würde wieder einmal gezwungen sein, den Mägden den Ton anzugeben. Was «sie» sich erlaubte, stand den Mägden noch lange nicht zu: Die hatten zu tun, was ihnen aufgetragen war. Auch wenn die Müllerin die Fremde mit einer gewissen Herablassung behandeln durfte, dann galt das in keiner Weise für die Mägde. Sie begann ohne Umschweife zur Sache zu kommen. Du wirst wissen, dass das Kind getauft werden muss, sagte sie zu Anna. Die sah sie aus ihren Kissen an und nickte dann, ohne indessen ein Wort zu sagen. Der Müller und ich, fuhr die Müllerin fort, wir haben beschlossen, dass wir das Kind über die Taufe halten wollen. Warte es ab, was ich zu sagen habe, sagte die Müllerin mit einer energischen Handbewegung, als Anna sich auf dem Kissen aufrichtete und ihr überschwenglich danken wollte. Hatte sie doch während der Nacht viel über diese Sache nachgedacht. Nun kam die Müllerin und tat, als sei das, was sie vorhabe, das Allerselbstverständlichste auf der Welt. Wir haben uns, fuhr die Müllerin fort, natürlich auch Gedanken darüber gemacht, wie alles seinen Fortgang nehmen solle, und da haben wir gedacht, das beste werde es sein, wenn sie, die Müllersleute, das Kind ganz und gar zu sich nähmen, es in Gottesfurcht und aus Barmherzigkeit grosszuziehen, es zu einem rechten Menschen zu machen, wenn das in Gottes Wille liege. Nun solle sie, Anna, sich darauf gefasst machen, dass der Müller, der immerhin ein Grichtssäss und Chorrichter sei, sie in ein scharfes Verhör nehmen werde. Sie müsse sagen – auch ihr wäre es lieb, ein bisschen mehr über das Kind und seine Herkunft, mehr auch über Anna selbst zu wissen, man könne dann sehen, wo man sich in Acht zu nehmen habe. Noch eins liege ihr am Herzen: Soviel sie, die Müllerin, wisse, habe Anna zu einer Bande von Bettelvolk gehört. Es wäre gut zu wissen, ob man vor diesem Gesindel auch seine Ruhe habe. Nicht, dass der Müller sich fürchte, das nicht, er habe genug handfestes Mannsvolk im Haus, um sich dieser Lumpen erwehren zu können. Aber was auch immer das Verhör ergäbe – wenn sie, Anna, vielleicht dableiben könnte, es käme ihr passend. Die Meisterjumpfere nämlich führe sich, ihrer Meinung nach, gerade so auf, als sei sie hier die Meistersfrau. Sie würde ihr lieber heute als erst morgen Weihnachten machen. Aber Anna werde wahrscheinlich vom Haushalt nicht allzuviel verstehen – und wieder wehrte die Müllerin mit einer Handbewegung ab, als Anna etwas sagen wollte. Wart's ab, befahl sie, und lass zuerst einmal mich reden. Du wirst schon Gelegenheit bekommen, das Wort zur Sache zu haben, und dann, wenn ich dir gut zu Rate bin, bei der Wahrheit zu bleiben. Solltest du also, sagte die Frau, hierbleiben können, weil du nichts verbrochen hast, dann ist eins ein- für allemal gesagt: Ich will hier kein Techtelmechtel sehen, hören oder sonstwie vernehmen. Du hast dich dann endgültig loszumachen von deinen früheren Gesellen – auch was das Kind betrifft. Du verstehst mich schon, wie ich's meine.

Ich werde nicht hierbleiben können, sagte Anna mit tonloser Stimme. Der Chorrichter wird das dann selbst erfahren – und es wäre auch zuviel der Güte für mich auf einmal. Ich bin doch so froh, dass ich das Kind an einem Platz wissen kann, wo es erzogen wird wie andere Leute auch, und wo es nie lernen muss, vor jedem Landjäger, ja, vor jedem Menschen überhaupt davonzulaufen. In Amerika, seufzte Anna, da wäre es wohl anders geworden. Aber wie soll unsereins nach Amerika kommen? Das wird sich alles zeigen, entschied die Müllerin. Und wenn ich dir nochmals raten soll – und ich rate dir gut: Bleib dem Müller gegenüber bei der Wahrheit, was auch immer du zu berichten hast. Er ist geschickt, der Gnädige Herr Junker Landvogt selber sagt es immer wieder: wenn er den Ruchmüller nicht hätte, würde er doppelt soviel angelogen vor dem Gericht; aber der Müller nehme die Leute beim Bein, dass sie froh wären, endlich die Wahrheit sagen zu dürfen. Und dann, sagte sie tröstlich, denn die junge Frau gefiel ihr so übel gar nicht, dann ist es ja nicht so schlimm oder? Bluttaten wirst als Weib kaum begangen haben, und dass du ein Uneheliches hast, he nun, das ist andern auch schon passiert, sogar hier, wo man es eigentlich kaum meinen sollte; aber es ist noch bei keiner ums Töten gegangen. Der Herr Prädikant ist zwar bisweilen recht streng mit solchen Mädchen, aber eigentlich meint er es nur gut und gefressen hat er noch keins, und wenn du nur recht demütig vor ihm niederkniest, so wird er es nur halb so schlimm treiben; wenn aber doch, dann ist mein Mann als Chorrichter auch noch da und weiss genau, wie man dem Herrn Pfarrer beikommt. Aber nun etwas ganz anderes: Wie soll das Mädchen denn heissen? Die Müllerin hatte sich ihre Sache schon zurecht gelegt und hoffte insgeheim, die arme Anna möchte an alles andere als an einen Namen für ihr Kind gedacht haben – denn so, wie die Müllerin nun einmal war, hielt sie das Kind bereits für ihr eigenes und hätte sich auch so verhalten, wenn ihr jemand diesen Anspruch hätte streitig machen wollen. Anna sah sie fast ängstlich an. Ich hätte schon einen Namen, sagte sie und bemerkte sofort, dass sich das Gesicht der Müllerin für einen Augenblick in die Länge gezogen hatte. Aber, sagte

Anna hastig – mir ist es so recht, wie es Euch dünkt, Müllerin. Es liegt mir ja so daran, dass das Kind in rechte Hände kommt – dann will ich nicht noch so unverschämt sein, Euch dreinzureden, welchen Namen das Mädchen haben soll. He, sagte die Müllerin befriedigt, man hat ja immer noch die Möglichkeit, einen zweiten Taufnamen zu geben. Mir würde ein Vreneli so richtig passen, es ist ein Name, der, der Kuckuck mag wissen aus welchen Gründen, bei uns ein bisschen aus der Mode gekommen ist, und ist dabei doch ein Name, den man nicht so verhunzen kann wie jedes Mädi oder Stüdi. Vreneli, wiederholte sie, als liesse sie sich ein Schlüüfküchlein auf der Zunge zergehen. He nun, dann wäre das soweit in Ordnung – und jetzt konnte sie es sich leisten, jovial und grosszügig zu sein, war es doch wieder einmal nach ihrem Kopf gegangen. Woran hättest du denn gedacht? fragte sie, und es war ein gut Teil ihrer weiblichen Neugier, die sie antrieb, diese Frage zu stellen. Meine Mutter selig, sagte Anna blass in ihrem Kissen, hat Genoveva geheissen, der heiligen Genoveva zur Ehre.
Gütiger Gott, sagte die Müllerin und schlug die Hände über dem Kopf zusammen. Ein solcher Name für so Bettelvolk. Eh, du meine Güte – da soll einer noch sagen, dass Hochmut nicht vor dem Falle komme.
Anna war jetzt ein bisschen rot geworden. Die Müllerin hielt das für Verlegenheit, aber es war Zorn, der Anna die Wangen rötete. Wir waren, sagte sie mühsam und unterdrückte den Zorn in ihrer Stimme, so gute Bauersleute, wie es sie hier hat. Mindestens so gute und brave, setzte sie hinzu und sah die Müllerin fast feindselig an. Dann werdet ihr ins Unglück gekommen sein, sagte die Müllerin, die sich etwas anderes nicht vorstellen konnte. Ihr werdet vergeltstagt sein.
Aber deswegen hättest du doch nicht gleich auf die Gasse gemusst, sagte sie streng. Warum hast du denn nicht Dienst genommen? Ich weiss von vielen, fügte sie eifrig hinzu, die in Ehren wieder zu ihrer Väter Gut gekommen sind, indem sie Dienst genommen und gespart haben, bis sie die Schulden bezahlen konnten.
Jetzt lachte Anna in ihrem Kissen so bitter auf, dass die

Müllerin erschrocken zurückfuhr. Es stimmte doch, dachte sie bei sich, dass diese Fahrenden etwas Eigenartiges haben, vor dem man sich in acht nehmen muss. Warum lacht jetzt dieses Mädchen, das doch weiss Gott keinen, aber auch keinen Grund zum Lachen hat, wenn man bedenkt, dass ihr ein strenges Verhör bevorsteht, und dann vielleicht noch das Chorgericht oder schlimmer, am Ende noch das Schellenwerk. He nun, sagte die Müllerin und stand auf. Dann will ich gehen. Der Müller musste mit dem Wägelchen fort, plapperte sie. Sie haben da unten am Bach im Gestrüpp einen Toten gefunden; vermutlich ist es sogar einer von deinen ehemaligen Kumpanen. Er ist ihn holen gegangen, und wenn es dumm gehen sollte, dann werden Amtsleute vom Schloss da herunterkommen. Es ist möglich, dass wir dich dann solange verstecken müssen. Mitnehmen werden sie dich noch kaum wollen, dafür kann der Müller schon sorgen. Aber es ist noch gar nicht gesagt, dass der Gnädige Herr Junker Landvogt den Brief vom Müller schon gelesen hat. Man kann nie wissen, und plötzlich geht die Sache dann schief.
Man hörte das Wägelchen über die Rundsteine des Hofplatzes rollen und den Müller mit lauter Stimme Befehle rufen. Das wird er sein, sagte die Müllerin. Ich muss vorwärtsmachen, damit sie den Wagen nicht abspannen. Also Vreneli Genoveva, sagte sie im Hinausgehen. Anna wartete in ihrem Bett, bis die Schritte der Müllerin auf der Aussentreppe verklungen waren, dann stand sie auf und ging ans Fenster. Zuerst konnte sie gar nichts sehen. Die breite Gestalt des Müllers stand vor dem Wagen und zwei Knechte eilten herbei, ihm zu helfen. Als Anna sah, wen sie da aus dem Wagen hoben, wollte ihr das Herz stillstehen. Sie hatte in dem leblosen Körper, den die Männer davontrugen, den Ruedi erkannt, ihren Ruedi, den Vater des friedlich in seiner Wiege schlummernden Säuglings. Nur mit Mühe konnte Anna einen lauten Aufschrei unterdrücken, dann verlor sie das Bewusstsein. Vergeblich hatte sie noch versucht, sich am Fensterbrett festzuklammern. Sie sank zu Boden...

33

Ich habe mir das anders überlegt, sagte der Müller zu seiner Frau. Den grössten Ärger können wir uns vom Leibe halten, wenn ich selber mitfahre – du kannst dann zum Prädikanten und ich liefere den Leichnam im Schloss ab. Dann bekommen wir hier unten keine Scherereien mit den Amtsleuten. Ich muss mir nur etwas Sauberes anziehen. Dann können wir fahren. Hast du eine Ahnung, fragte die Müllerin, um wen es sich bei dem Toten handeln könnte? Der Müller schüttelte den Kopf. Der Mann ist mir vollkommen unbekannt. Aber ich weiss jemanden, der ihn ganz sicher erkennen wird.
Du meinst die Anna? Der Müller nickte. Es ist fast sicher, sagte er, dass der Mann zur Bande gehört hat, mit der auch die Anna herumgezogen ist. Was meinst du, Marei – kann die Anna bis zum Wagen herunterkommen? Ich möchte ihr den Toten zeigen. Hm, sagte die Müllerin. Ein wenig früh ist das ja schon, aber ich will Nachschau halten. Eben habe ich noch mit ihr geredet – wegen dem Kind und dem Taufnamen. Der Müller mühte sich mit seinem Kragenknopf ab. Mach schon, sagte er zu seiner Frau. Ich habe heute auch noch anderes zu verrichten. Und mir ist, wir hätten uns schon über Gebühr in diese Sache hineinziehen lassen. Das muss jetzt über Ort, damit alles wieder seinen normalen Gang nehmen kann. Im Augenblick herrscht in der Ruchmühle eine Sauordnung wie noch nie zuvor seit Ättis und Grossättis Zeiten, und das muss mir jetzt ein Ende nehmen, so oder anders.
Die Müllerin eilte davon, während der Müller sich vor dem Stüblispiegel das Halstuch umband und im grossen bemalten Kasten nach dem Sonntagshut griff.
Zunächst konnte die Müllerin im Halbdunkel des Gadens, das nur ein kleines Fenster besass, die am Boden liegende Anna nicht erkennen. Sie sah nur das leere Bett und stürzte zur Wiege. Vreneli lag wach da, zum grossen Erstaunen der Müllerin, die später nicht müde wurde, jedem, der zuhören mochte zu erzählen, wie das Vreneli schon als Säugling brav gewesen sei und fast nie geweint habe. Erst jetzt sah die

Müllerin die am Boden liegende Anna und versuchte, sie aufzuheben. Sie schaffte es aber nicht allein, ging in den engen Gang zwischen den einzelnen Gaden und klopfte auf den Boden. Aus der Küche bekam sie unwirsch Bescheid von der Meisterjumpfere. Komm herauf, befahl die Müllerin, aber spute dich ein bisschen. Du musst mir helfen. Die Müllerin ging zur Kammer zurück und versuchte es mit einem nassen Tuch, das sie Anna auf die Stirn legte. Endlich schlug sie die Augen auf. Sie vermochte zuerst nichts zu erkennen und war sichtlich verwirrt. Wo bin ich? fragte sie mit leiser Stimme. Eh, du dummes Mädchen – immer noch bei uns in der Ruchmühli, sagte die Müllerin. Warum bist du denn aus dem Bett? Wenn du etwas brauchtest, hättest du doch einfach auf den Boden klopfen können. Dafür steht ja da der Stecken neben dem Bett. Anna war kreideweiss. Das fiel der Müllerin jetzt, am Fensterchen vorne, auf. Endlich polterte die Magd daher. Mit vereinten Kräften schafften die Müllerin und ihre Magd Anna wieder ins Bett zurück. Der Säugling hatte jetzt offenbar Hunger bekommen und begann zu weinen. Kannst du ihm geben? fragte die Müllerin besorgt. Anna nickte stumm. Als sie das Kind an ihrer Brust hatte und die Magd auf den Wink der Müllerin den Gaden wieder verlassen hatte, knallte auf dem Hofplatz der Müller mit seiner Peitsche. Ich muss gehen, sagte die Müllerin. Aber dass du mir brav bleibst und nicht noch einmal aus dem Bett steigst. Du kannst klopfen und der Jumpfere Bescheid sagen. Ich werde ihr das wohl noch einmal eintrichtern müssen. Übrigens – der Müller wollte, dass du hinunterkommst und dir den Toten ansiehst. Er meint, du könntest ihn vielleicht kennen und das gebe ihm dann weniger Schererein im Schloss droben. Aber ich werde ihm sagen, es gehe dir nicht gut.

Anna starrte sie aus schreckgeweiteten Augen an. Das kleine Vreneli schmatzte zufrieden und kümmerte sich um nichts anderes. Es ist nicht nötig, Müllerin, sagte Anna. Ich habe ihn gesehen, vorhin am Fenster. Es ist der Ruedi. Mein Mann. Was du nicht sagst, entfuhr es der Müllerin. Dann wäre der Tote . . .

Er ist der Vater des kleinen Vreneli, ja. Anna sprach leise

und kaum verständlich. Dein Mann? wiederholte die Müllerin ungläubig. Ihr werdet kaum in einer Kirche zusammengegeben worden sein.
Nein, sagte Anna, das besorgt bei uns...
Sie unterbrach sich erschrocken. Ja, meine gute Anna, sagte die Müllerin. Das wirst du freilich dem Müller erzählen müssen. Er wird da kaum locker lassen.
Ich werde alles erzählen. Alles! Jetzt klang Annas Stimme fester. Sie hatte sich wieder gefasst. He nun, sagte die Müllerin, so will ich jetzt zum Prädikanten, sagte die Müllerin. Alles andere wird wohl noch Zeit haben, bis du wieder wohlauf bist. Unter der Tür drehte sie sich nochmals um, als wäre ihr noch etwas eingefallen. Der Müller wird wissen wollen, wie der Tote geheissen hat. Und wenn du ihn ja gekannt hast...
Ruedi, sagte Anna. Die Müllerin kam wieder näher. Nur Ruedi wird er kaum heissen, sagte sie. Weisst du denn keinen Nachnamen? Hast du ihn denn erst in der Bande beim Bettelvolk kennengelernt? Nein, sagte Anna mit schwacher Stimme. Nein, nein. Aber das ist eine lange Geschichte, Müllerin. Eine sehr lange Geschichte. Und? Wie heisst er denn nun zum Nachnamen, dieser Ruedi? Vieli, sagte Anna. Ruedi Vieli. Und er stammt wie ich selbst aus der Grafschaft und Landvogtei Werdenberg der Herren von Glarus.
Sie zögerte einen Augenblick, dann sagte sie: Es kommt jetzt ohnehin alles ans Tageslicht. Der Ruedi war steckbrieflich ausgeschrieben vom Werdenberger Landgericht, und wir haben zusammen erst vor ein paar Jahren bei der Sippe vom Jörg Unterschlupf gefunden. Das Kind war mit dem Trinken fertig geworden. Ich habe jetzt wirklich keine Zeit mehr, sagte die Müllerin. Ich werde dir gleich die Magd hinaufschicken. Das Kind muss trockengelegt werden. Und, fügte sie hinzu, und ein dünnes Lächeln erschien auf ihrem Gesicht, mach dir keine allzu grossen Sorgen. Es wird schon alles ins Gleis kommen. Zu grämen brauchst du dich deswegen nicht. Damit war die Müllerin zur Tür hinaus.
Nicht grämen, dachte Anna. Nur gut, dass wenigstens für das Kind gesorgt ist. Jetzt wird ohnehin alles an den Tag kom-

men. Man wird mich niemals laufenlassen, schon gar nicht mit dem Kind. Man würde mir's jetzt sowieso wegnehmen. Wenn sie den Steckbrief von Ruedi finden, dann wird meiner nicht weit davon zu finden sein. Nicht grämen! Und die Angst schnürte ihr wiederum die Kehle zusammen. Sie war jetzt im Bilde: Sie konnte sich denken, was mit Ruedi geschehen war, und dasselbe würde wohl die Sippe mit ihr anstellen, sobald der schwarze Jörg oder sein Leutnant Anselmo eine Möglichkeit ausfindig machen würden, an sie heranzukommen. In Sicherheit war sie nur, solange sie sich im Schutz des Ruchmüllers und seiner handfesten Männer befand. Sollte man sie von hier wegbringen, würden die anderen schon Mittel und Wege finden, sich ihrer zu entledigen, weil sie fürchten mussten, verraten zu werden. Die Magd riss ihr das kleine Mädchen fast aus den Armen, so zornig war sie. Wenn du dir einbildest, schnauzte sie Anna an, dass ich hier als deine Kammerjungfer angestellt bin, dann täuschst du dich aber sehr. Anna gab keine Antwort. Sie hatte das Gesicht zur Wand gedreht, damit die Magd ihre Tränen nicht sehen sollte.

Drittes Buch

34

Nach der grossen Pause

Fabian kam nicht dazu, sich in Bern nach dem Artikel umzusehen. Am Montagmorgen in aller Frühe erhielt er einen Anruf von Marco, der ihm mitteilen wollte, dass er aus verschiedenen Gründen seinen Besuch in Schwarzenburg vorverlegen müsse und dass er im Verlaufe des Vormittags im «Sternen» vorbeikommen werde. Er sei nämlich bereits in Bern, warum, das werde er ihm mündlich mitteilen. Fabian solle also sehen, dass er bereit sei. Er habe nämlich, leider, nicht sehr viel Zeit. Nun sass Fabian in der Gaststube hinter seinem Frühstück und las dazu die Zeitung. Über die sommerliche Unwetterkatastrophe stand ein längerer Artikel darin: Wieviel spontane Spender von privater Seite mit Geldbeträgen ihre Anteilnahme bekundet hätten, ferner, dass mit dem regelmässigen weiteren Einsatz von Truppen zu rechnen sei, die nun auch die umfangreichen Arbeiten im Einzugsgebiet der wildgewordenen Bäche in Angriff nähmen, mit dem Ziel, dass solche oder ähnliche Katastrophen sich nicht mehr wiederholen könnten. Von einigen Bauern wusste Fabian, dass sie mit den Versicherungen in einem sich munter zur Endlosigkeit entwickelnden Disput um die Höhe der zu leistenden Entschädigungen lagen. Auf der einen Seite wurde also die Solidarität von Mitbürgern sichtbar, auf der andern Seite nahmen sich die Versicherungen das Recht, mit dem zu zögern, was das Recht der Versicherten war: die Auszahlung der Schadensummen. Darum herumkommen dürften sie allerdings wohl kaum, aber für diese Gesellschaften war jeder Tag, an dem sie die Zahlungen nicht leisteten, verdientes Geld: Solange es auf ihren Konten lag, würde es ihnen Zins tragen und sonst niemandem.
Als Marco endlich erschien, war es schon beinahe zehn Uhr. Die beiden Freunde begrüssten sich, Marco trug in seinem Aktenkoffer die Fotokopien der Manuskriptseiten bei sich; er bestellte sich einen Kaffee und warf dann eine Sichtmappe

auf den Tisch. Das sind bereits einige Ideen und Anregungen für den Film, sagte Marco. Und das Wichtigste ist: Wir werden schon bald anfangen können. Ich muss, leider, um Tempo bitten. Sonst, fügte er hinzu und schnitt eine Grimasse, kann es wieder vorkommen, dass man uns zwar nicht den Stoff, wohl aber die Idee klaut. Es wäre nicht das erstemal, wie du wohl weisst. Aber etwas musst du mir jetzt trotzdem erklären: Ich bin auf dem Weg von Bern her über die Ruchmühle gefahren, die in deinem Entwurf eine so wichtige Rolle spielt. Die Gegend ist ja schon beeindruckend und würde sich hervorragend eignen. Ich fürchte nur, dass daraus nichts wird. Von einer Mühle habe ich keine Spur entdecken können – die besteht nur noch aus einem Flurnamen auf der Karte und im Kataster. Und eine Drehgenehmigung werden wir wohl auch kaum bekommen. Das einzige, was mir da unten massenhaft begegnet ist, das waren Panzer. Du hast doch behauptet, du hättest alles recherchiert – und nun das. Wo zum Teufel willst du denn den Film drehen? Das ganze Gelände da unten ist abgesperrt und dient jetzt als Schiess- und Übungsplatz für Panzer. Ich weiss, sagte Fabian. Wir müssen eine andere Mühle nehmen. Ich habe schon eine gefunden – und wer weiss: Vielleicht bekommen wir sogar eine Ausnahmebewilligung. Dass die Ruchmühle schon lange nicht mehr besteht, wusste ich selbstverständlich. Die ist schon vor mehr als siebzig Jahren abgebrannt und niemals wieder aufgebaut worden. Einer meiner Grossväter war nämlich dort unten Müller, genau zu der Zeit, als die Mühle bis auf die Grundmauern abbrannte.

Ach so, sagte Marco. Dann hast du einfach aus reiner Nostalgie diese Mühle gewählt? Blödsinn, sagte Fabian. Du hast doch mein Exposé gelesen: Es gibt keine andere Möglichkeit, diese Erzählung anzusiedeln, weil sonst das ganze Konzept nicht mehr stimmt. Und an der ganzen Vreneli-Geschichte ist ja ohnehin kein Wort wahr. Es ist ja bloss eine Hypothese, wie es gewesen sein «könnte». Niemand hat ja im Ernst behauptet, alles habe sich genau so zugetragen.

Marco sah ihn nachdenklich an, dann gab er sich einen Ruck. Okay, sagte er. Irgendwann muss man sich für eine Variante

entscheiden. Wann rechnest du, damit fertig zu werden? Das, sagte Fabian mit einer Grimasse, liegt in Gottes Hand. Im Ernst, Marco: Die Geschichte will mir ab und zu aus dem Ruder laufen. Manchmal habe ich das Gefühl, das sei doch alles für die Katz – und dann drehe ich meine Runden um die Schreibmaschine herum. Na ja, sagte Marco. Wie gehabt. Auch das ist mir nichts Neues. Man muss dir offenbar wieder Druck dahinter machen, obschon ich das diesmal vermeiden wollte. Ich gebe dir – aus eigenem Zwang, denn bis dahin muss ich mit dem Dramaturgen der Fernsehanstalt einen Vorvertrag abschliessen, und das heisst soviel, wie eine verbindliche Zusage abgeben – noch vierzehn Tage. Allerhöchstens. Jeder Tag, den du es früher schaffen könntest, wäre für mich sehr wertvoll. Du wirst vermutlich hier oben auch viel zuviel abgelenkt. Warum zum Teufel schreibst du nicht zu Hause, dort, wo man dich notfalls auch erreichen kann? Da sitzt du in diesem idyllischen Pfarrhaus mitsamt dem Garten und musst dennoch auswärts schreiben. Das sind doch faule Ausreden. Ich habe mal einen deiner Kollegen erlebt, der von irgendwoher ein Werkjahr bewilligt bekam und mit diesem Geld ein Jahr nach Griechenland fuhr, um angeblich ein Buch zu schreiben. Er ist nach einem Jahr zurückgekommen, weil das Geld alle war – selbstverständlich ohne Buch. Der Kerl hat da unten keine Zeile, aber auch keine einzige, geschrieben.
Fabian sah Marco misstrauisch an. Er hatte einen Verdacht geschöpft. Du hast doch nicht etwa, sagte er vorsichtig, mit Marianne telefoniert, oder doch? Marco sagte zunächst nichts und trank seinen Kaffee aus. Nun, sagte er. Ich will mit offenen Karten spielen. Freilich habe ich mit Marianne telefoniert. Ich war sogar da.
In Gilgenburg? fragte Fabian ungläubig. Genau, sagte Marco. Übrigens braucht dich das überhaupt nicht zu wundern. Ich habe ja lange genug von dir kein Lebenszeichen erhalten, und so wollte ich schlicht und einfach wissen, was mit dir los ist. Und? Weisst du es jetzt? Fabian bemühte sich, den in ihm aufsteigenden Zorn hinunterzuwürgen. Ganz genau nicht, sagte Marco, das muss ich zugeben. Aber

Marianne hat mir irgend etwas von einer andern Geschichte erzählt, die dir in Gilgenburg im Kopf herumspuken soll und hinter der du herseiest – und ausserdem . . .
Ausserdem hätte ich die Story geklaut. Sag es nur gleich – es geht kürzer und schmerzloser. Marco stand auf. Komm, sagte er. Wir können im Auto während der Fahrt weiterreden. Ich will mir nun doch mit dir zusammen die Gegend ansehen. Das haben wir bisher immer so gehalten und damit gute Erfahrungen gemacht. Fabian stand ebenfalls auf. Der Kaffee geht auf meine Rechnung, sagte er zur Wirtin. Sie gingen zum Parkplatz. Schon wieder ein neuer Wagen? fragte Fabian. Dir jedenfalls scheint das Filmgeschäft gut zu bekommen. Das kann ich von mir nicht unbedingt behaupten. Alles Werbung, sagte Marco trocken, schloss die Türe auf, setzte sich hinters Steuer und öffnete dem Beifahrer die Tür. Fabian stieg ein und knallte die Tür zu. He, sagte Marco. Hau mir das Ding nicht gleich kaputt, verdammt nochmal. Das ist nicht dein 2 CV, den du mit dem Vorschlaghammer polieren kannst, ohne das Aussehen zu verändern.
Fabian grinste säuerlich. Und, fragte Marco. Wohin soll's denn nun gehen? Zunächst einmal nach Guggisberg hinauf, sagte Fabian. Und schadenfreudig fügte er hinzu: Und dort lässt du den Wagen auf dem Parkplatz beim Friedhof stehen und wirst mit mir einen Fussmarsch machen. Auf das Guggershörnli. Nur von dort hast du einen Gesamtüberblick, der dir die Augen öffnen wird. Marco sagte nichts dazu. Er wies nur mit der einen Hand stumm auf seine Füsse, die in modischen Slippers steckten. Fabian lachte. Weisst du, Marco, sagte er. Der Name Guggershörnli klingt schlimmer, als das Ganze ist. Gletscherseil, Pickel und sonstige Bergausrüstung brauchst du dazu nicht. Der Weg führt – zugegebenermassen recht steil – durch den Wald, und zuoberst steht ein nackter Nagelfluhklotz, als hätte ihn ein Riese dorthingesetzt. Auf den hinauf führen dann fünf Dutzend Holztreppenstufen. Oben gibt es eine Aussichtsterrasse. An guten Tagen kann man ohne weiteres bis nach Solothurn hinuntersehen. Aber – was für uns die Hauptsache ist: Zu unseren Füssen breitet sich das ganze Üechtland aus, und wenn auch

durch die Hofbauern und durch die Klöster recht viel gerodet wurde, kann man doch heute noch erkennen, wie wild und unzugänglich diese Gegend ist. Und wenn du dir jetzt noch die modernen Strassen und die andern Verkehrsmittel wegdenkst – das Pferd war so ziemlich das einzige, das den Menschen damals zur Verfügung stand. Oder eben ihre Beine.
Mit Landschaft allein, sagte Marco, kann man heutzutage keinen Film mehr machen.
Das nicht, sagte Fabian. Aber es ist eine ethnologische Binsenwahrheit, dass die Menschen nicht nur die Landschaft verändern, sondern dass die Landschaft auch den Menschen verändert, prägt, sozusagen.
Marco nickte. Sie fuhren jetzt ins Dorf Guggisberg hinein. Zur Rechten, neben der Kirche, steht dieser Brunnen, sagte Fabian. Willst du ihn dir ansehen? Später, sagte Marco. Versuchen wir erst einmal diese Besteigung. Wenn ich das überlebe, kann ich mir auch den Rest ansehen. Du hast zwar geschrieben, dass du von diesem Brunnen nicht eben begeistert bist.
Fabian nickte. Das Ganze sieht mir «so» zu brav aus. Es ist ein bisschen wie mit dem Winkelried-Denkmal in Stans. Man macht aus der Legende eine feststehende Tatsache, die man schlussendlich noch in den Schulbüchern herumzerrt. Und weil's dann eben in den Schulbüchern stand, kann man es am Ende auch noch zu Bronze oder Stein werden lassen.
Da, rechts, der Parkplatz, sagte Fabian. Marco bog ab und parkte den Wagen. Fabian stieg aus. Während Marco den Wagen abschloss und im Kofferraum nach seiner Fotoausrüstung suchte, sagte er zu Fabian: Im Grunde machst du natürlich dasselbe wie die Schöpfer des Denkmals. Du hast es ja vorhin selbst zugegeben: An deiner Geschichte ist so wenig ein Wort wahr wie an irgendeiner Legende. Es steckt zwar etwas dahinter. Das ist selbst bei Legenden unbestritten. Aber niemand weiss genau, was ursprünglich dahintersteckte. Ich könnte mir zum Beispiel, nur um dich zu provozieren und dich dazu zu bringen, sämtliche Möglichkeiten in Betracht zu ziehen, vorstellen, dass das Ganze auch umge-

kehrt gewesen sein könnte: Der Liebhaber, der im Lied vorkommt, wäre dann der arme Kesselflicker oder was weiss ich gewesen – und das Vreneli die reiche Bauerntochter. Na, was sagst du dazu? Das würde deine Story auf den Kopf stellen. Es sind ja dann nicht nur einfach umgekehrte Vorzeichen gesetzt, sondern man muss den ganzen Kontext sehen: Ein Bursche kann sich andere Dinge leisten, als ein Mädchen es je tun dürfte. Das war damals so, und das ist heute nicht viel anders geworden.
Mit einem süffisanten Grinsen betrachtete Fabian Marco und vor allem das, was dieser aus dem Kofferraum zutage förderte. Du willst doch nicht alles das auf das Guggershörnli schleppen? Weisst du – ich habe gesagt, dass es sich nicht um eine Hochtour handelt. Aber ich habe nichts davon gesagt, dass es ein müheloser Spaziergang wäre.
Auf dem asphaltierten Boden des Parkplatzes stand ein Leichtmetallkoffer, in dem Marco, wie Fabian wusste, ein gutes Dutzend verschiedene Objektive mit allen möglichen und unmöglichen Filtern, Zusatzringen und sonstigem mitschleppte. Fabian machte seine eigenen Fotos immer so ziemlich frei nach Schnauze und vermochte oft «den» Unterschied zwischen seinen Bildern und den Bildern anderer Fotografen nicht zu erkennen. Zu alledem schleppte Marco noch eine fast das Ausmass eines Übersee-Containers erreichende Bereitschaftstasche mit einem Seitenfach für alle möglichen Arten von Filmen. Um den Hals baumelten ihm drei oder vier Fotoapparate.
Klick, sagte Fabian. Klick – und der Hase war weg. Bis du deine Apparaturen in Stellung gebracht hast, hat sich die Erde ein paarmal um ihre eigene Achse gedreht, und du guckst in den Mond. Willst du das alles da hinaufschleppen? Marco hängte sich auch noch die Bereitschaftstasche um und wies auf den schwer aussehenden Metallkoffer. Du könntest mir ja helfen, schlug er vor. Fabian lächelte. Es war ein ziemlich gemeines Lächeln. Ich hab's im Rücken, sagte er. Und das ist kein Witz. Du kannst ja meinen Physiotherapeuten fragen. Ausserdem – was willst du mit all dem Kram da oben? Soso, im Rücken, sagte Marco. Sonst sagte er kein

Wort, nahm den Koffer auf und machte mit dem Kopf eine Bewegung zum Ausgang des Parkplatzes hin, auf dem schon etliche andere Wagen standen, fast alle mit Kennzeichen aus anderen Kantonen. Um die Reklame für diesen Film, keuchte Marco hinter Fabian, der vorausgegangen war, die Hauptstrasse überquert hatte und jetzt in den steil ansteigenden Wiesenpfad einbog, wo ein gelber Wegweiser verkündete: Guggershörnli 1 Stunde; um Reklame brauchen wir uns nicht zu sorgen. Fabian blieb beim Wegweiser stehen. Dies hier, sagte er und wies mit dem Zeigefinger auf den Text des Wegweisers, das hat nichts zu bedeuten. Das ist berechnet für jemanden, der entweder an Krücken geht oder aber alle zwei Minuten stehenbleibt, um zu fotografieren. In einer halben Stunde können wir oben sein. «Ich» werde fotografieren, sagte Marco. Und von mir aus kannst du eine halbe Stunde früher als ich da oben sein, das ist mir wurscht. Ich bin nicht hierher gekommen, um einen Spaziergang zu machen. Fabian zuckte die Achseln und stieg weiter bergwärts. Über der Gantrischkette im Osten ballten sich schwere Wolken, auf der Wiese links vom Pfad waren ein Bauer und seine Frau dabei, das auf der Wiese liegende Heu mit Holzrechen zum Pfad zu bugsieren, wo ein Ladewagen stand, vor den ein Einachstraktor gespannt war. Viel weiter oben am Hang ratterte eine Motormähmaschine und fällte das Rot der Kukkuckslichtnelken zu einem grünlichen Graubraun. Der Bauer und seine Frau grüssten die beiden freundlich, die Pause dazu benutzend, sich den rinnenden Schweiss von der Stirne zu wischen. Die Frau knotete ihr buntes Kopftuch neu. So, wollt Ihr aufs Horn? sagte der Bauer. Da müsst Ihr aber schauen, dass Ihr bald zurückkommt. Es will ein Wetter geben.
Der da oben mäht doch Heu, sagte Fabian. Der scheint dem Wetter mehr zu trauen als Ihr. Ach der, sagte der Bauer geringschätzig. Der weiss immer mehr als andere. Das ist eben kein Hiesiger. Das ist einer, der von da drüben – der Bauer wies mit dem Arm über den Berg vor ihm – hergeheiratet hat. Was soll dabei schon Rechtes herauskommen? Die Bäuerin lachte. Marco hatte seine Last auf dem Pfad abgestellt und musterte den Bauern neugierig, der ab und zu

fluchte und mit der flachen Hand auf seine blossen Arme schlug. Jaja, grinste er dazu. Die Bremsen sind bös – und das verheisst allemal schlechtes Wetter. Ich möchte fast wetten, sagte er und schaute zu dem weit oben mähenden Kollegen hinauf, sein Heu bleibt die nächsten acht Tage auf der Wiese liegen und kann verfaulen. Trocken wird das kaum noch, und wenn's doch noch trocken werden sollte, dann ist es nichts mehr wert. Es riecht verschimmelt, und dann fressen es die Kühe nicht mehr, von den Rossen gar nicht zu reden. Die sind noch wählerischer. Gerade noch so für die Schafe wird er's brauchen können. Aber dem passiert das nicht zum erstenmal. Der hat schon ganz andere Stückchen geliefert. Er ist auch immer einer der letzten, die mit einem Werk fertig werden.
Der Bauer nahm seinen Rechen wieder auf, die Bäuerin folgte seinem Beispiel. Ich jedenfalls, sagte der Bauer über die Achsel zurück, ich lade auf, was ich am Boden habe. Binnen zwei, drei Stunden fängt es an zu regnen. Das sagt mir ausser den Bremsen auch mein Knie. Fabian stieg weiter bergan, Marco folgte ihm in unregelmässigen Abständen. Vom Fuss der ersten Treppe, die durch die Wiesen steil zu einem Waldrand hinaufführte, hatte man einen prächtigen Blick auf das ganze Dorf mit der alten Kirche und dem Friedhof mittendrin, umgeben von Bauernhäusern, die zwar nicht die breite Behäbigkeit der Emmentaler Häuser hatten, aber kaum armen Bauern zu gehören schienen. Oben an der Waldecke stand eine grün gestrichene Ruhebank. Auf die setzte Fabian sich, um auf Marco zu warten, der weiter unten sein Stativ und weiss der Herrgott was sonst noch alles ausgepackt hatte und eifrig fotografierte.
Als sie trotz vieler Unterbrechungen endlich doch auf der Gipfelplattform standen, hatte das Wetter sich schon bedrohlicher aufgestockt. Kräftige Windstösse schüttelten die Baumwipfel unter ihnen. Wir hätten kurz nach dem Gewitter heraufsteigen sollen, sagte Marco. Die Sicht wäre dann wirklich fantastisch gewesen. Mir, sagte Fabian, reicht es so, wie es jetzt ist. Was ich dir für unsere Zwecke erklären will, liegt uns zum Greifen nahe. Er nahm die Karte aus seiner Brustta-

sche und erläuterte Marco mit ihrer Hilfe, was sie sehen konnten. Und das alles, sagte Marco und drehte sich nach Westen, das alles ohne Post. Ohne Telefon. Du hast immer nur von den Verkehrswegen geschrieben, Fabian. Aber die Kommunikationsmittel sind in einer solchen Gegend fast noch wichtiger. Na, na, sagte Fabian. Es gab schon eine Art Alarmsystem. Ein optisches. Man kann es heute noch erkennen: Wenn du dort zur Ruine der Grasburg hinüberschaust, siehst du noch den Standort des Höhenfeuers. Dasselbe siehst du dort auf dem Ulmizberg, auf dem Belpberg dort drüben, weiter hinten auf der Hochwacht und so fort, durch das ganze ehemalige Gebiet der Stadt und Republik Bern, hinunter in den Aargau und hinüber ins Waadtland bis an den Genfersee. Jede solche Hochwacht hatte wiederum Sichtverbindung mit der nächsten. Wenn also auf dem Münsterturm zu Bern das Feuerzeichen auflohte, steckten die nächsten umliegenden Hochwachten ihrerseits die vorbereiteten Holzstösse an, und so weiter – nach einer Art Schneeballsystem und mit einer erstaunlichen Schnelligkeit. Das heisst, dass alle diese Hochwachten ständig besetzt sein mussten und vor allem: feuerbereit, das Holz und das Stroh musste vor den Unbilden der Witterung geschützt werden. So konnte der bernische Auszug binnen einiger Stunden mobilisiert sein, um so mehr, als die Milizen ihre persönliche Ausrüstung bei sich zu Hause aufbewahren mussten. Dasselbe galt für den Landsturm. Der wurde durch das Läuten der Kirchenglocken zusätzlich aufgeboten – und es sind insgesamt nur wenige Fälle bekannt, wo diese Chutzen, wie man die Hochwachten nannte, missbraucht oder aus Mutwillen angesteckt worden wären – in dieser Sache nämlich verstanden die Gnädigen Herren von Bern überhaupt keinen Spass, und das Schellenwerk war das mindeste, was den Frevlern blühte – wenn nicht gar die Galeeren. Und eine Art Post gab es auch schon. Es wäre durchaus möglich gewesen, dass Vreneli ihrem Liebhaber Simes Hansjoggeli einen Liebesbrief hätte bestellen lassen können – oder umgekehrt. Auch durch Fahrende oder andere durch die Lande ziehende Menschen, Hausierer etwa, Kachelflicker oder Eierfrauen. Oder gar durch die offizielle

Post der Herren von Fischer zu Reichenbach. Aber was hätte eine solche Post genutzt, wo doch die allerwenigsten lesen, geschweige schreiben konnten? In den Dorfschulen wurde ausser dem Katechismus herzlich wenig gelehrt – das hat sich erst im aufkommenden 19. Jahrhundert ein bisschen geändert.

Sie schafften den Abstieg noch vor dem Regenwetter. Der obere Bauer hatte nun mit dem Mähen aufgehört, vom unteren mitsamt seinem Heuwagen war keine Spur mehr zu entdecken, der sass wohl bereits behaglich im Trockenen. Im Vorbeigehen schaute Marco sich noch den Brunnen an. Na ja, sagte er, so schlimm ist er ja nun auch wieder nicht. Die Menschen haben eben das Vreneli so dargestellt, wie sie es sich vorgestellt haben. Dabei geradezu von einer Kulturschande zu reden, wie du das zu tun geneigt bist, scheint mir nun doch ein bisschen übertrieben. Hinter ihrem Halben Roten am Tisch des Gasthofs im Dorf lächelte Marco Fabian sogar ein bisschen verschmitzt an. Wir wollen, sagte er und prostete ihm zu, doch erst einmal abwarten, was die Guggisberger zu deiner Version sagen werden.

Ich bin mit ihnen nicht schlecht zurechtgekommen, sagte Fabian. Das mag schon stimmen, erwiderte Marco und blätterte in seinen Notizen. Aber wir sind hier auch nicht im Emmental, wo du sozusagen zu Hause bist und schon deswegen nicht allzusehr als fremder «Fötzel» angesehen wurdest. Das hat uns die Arbeit an den Filmen gewaltig erleichtert. Aber hier – da müssen wir das Einvernehmen zuerst schaffen, bevor wir auch nur einen Meter Film abdrehen können.

35

September 1777

So, sagte der Gnädige Herr Junker Landvogt Emmanuel (seine Frau, eine geborene de Montmollin, nannte ihn freilich unter vier Augen nur Mäni, was die andern aber nichts anging) von Tscharner zu seinem Amtsschreiber und hielt ihm ein gesiegeltes Schreiben über den Tisch hin. Vor dem Schreibtisch hatte der Amtsschreiber Platz genommen, irgendein Junker Grünschnabel, den man ihm von Bern geschickt hatte, um als Amtsschreiber zunächst einmal das Regieren zu lernen, ehe man ihm später – vermutlich sehr viel später, wie der Junker Landvogt zu knurren pflegte – selber eine Vogtei zuteilen würde. Wie es sich gehörte, sass das Junkerlein nur auf der vordersten Kante des gepolsterten Stuhles und hielt sich kerzengerade. Trotzdem stellte der Gnädige Herr Junker Landvogt missbilligend fest, dass dem Grünschnabel die gepuderte Perücke schief auf dem Kopf sass. Zwar nur eben eine Spur, aber dem Landvogt entgingen selbst solche Kleinigkeiten nicht. Ihn quälte die Gicht. Etliche Jahre im Königlich Französischen Regiment nebst den in dieser Zeit geleerten und nicht gezählten Fässern mit schwerem Burgunder hatten ihm zu dieser Gicht verholfen, sonst hätte er wohl an diesem Vormittag den Amtsschreiber nicht zu sich ins Büro bestellt und hätte ihm nicht dieses gesiegelte Schreiben übergeben – eine Vollmacht, die den Grünschnabel ermächtigte, während der nun folgenden Wochen in der Ruchmühle im Verhör der gefangengesetzten Fahrenden namens Anna Kessler erstens dem Chorrichter und Grichtssäss Bendicht Zaugg, den meisten allerdings besser bekannt als Ruchmüller, wenn nötig (was sich der Landvogt zwar schlecht vorstellen konnte) juristischen Beistand zu leisten und zweitens das Protokoll so zu führen, dass man es hinterher auch lesen konnte (was er sich nun vom Ruchmüller weniger vorstellen konnte). Insgeheim beneidete er den Amtsschreiber und Lackaffen um diesen Auftrag, würde der sich doch für etliche Wochen an die in der ganzen Vogtei bekannten Fleischtöpfe des Ruchmüllers begeben können – ein unverdientes Glück für ein Junkerlein, das zwar zu einer der regimentsfähigen Familien gehörte, indessen aber in den Grossen Rat bei der nächsten oder übernächsten Burgerbesatzung nur hineinkommen würde, weil er eine sogenannte Barettlitochter zu heiraten beabsichtigte, eine Tochter aus regimentsfähigem Hause, die traditionsgemäss als Mitgift den in der Familie beinahe erblichen Grossratssessel einbringen würde, nämlich weil der Herr Papa keinen männlichen Nachkommen besass. So hatte der Junker, trotzdem er nicht eben ein Kirchenlicht war, wie der Landvogt des öftern seufzend festzustellen Gelegenheit hatte, trotzdem einen nahezu ebenen Weg in die Mitverwaltung des grossen Landgutes vor sich, als das die Gnädigen Herren die Stadt und Republik Bern von Rechts wegen und von Gottes Gnaden betrachteten.

Diese Fleischtöpfe und noch mehr der berühmte Weinkeller des Müllers liessen den Herrn Junker Landvogt die verdammte Gicht verfluchen, die ihn daran hinderte, selbst zur Mühle hinunterzusteigen und höchstselbst das Verhör zu führen. Er konnte die Delinquentin auch nicht einfach ins Schloss befehlen. Das hätte ihm die Kost nicht gebessert und den Wein in seinem eigenen Keller auch nicht minder sauer gemacht (fünfundsiebziger Lacote vom hinteren Spiezer Schlossberg, der im Halse kratzte wie Schuhnägel!). Ausserdem hatte er die Müllerin angehauen, als er sie am letzten Sonntag – es musste irgendeine Taufe im Müllerhaus vonstatten gegangen sein, jedenfalls hatte er die Müllerin mit einem Kind auf dem Arm in der Kirche gesehen, und des Ruchmüllers Ältester war auch dabei gewesen, aber nur in Stellvertretung, als Götti hatte der Pfarrer den Ruchmüller selbst verlesen lassen. Der Junker hatte nicht gefragt, wem das Kind gehöre. In der Ruchmühle gab es so viele Söhne, Mägde und Knechte, dass fast alle Jahre einmal, wenn nicht zweimal getauft wurde. Und der Müller selbst, so kicherte der Junker in sich hinein, dachte selbst auch noch gar nicht daran, mit dem Kindbetthalten aufzuhören. Item – er hatte die Müllerin angehauen, und die hatte wohl gemerkt, was es geschlagen hatte: Am nächsten Montag war ein riesiger Butterzopf im Schloss abgegeben worden, zusammen mit dem vom Vogt eingeforderten Bericht: Die gefangengenommene Delinquentin sei infolge zeitweilig hohen Fiebers, von dem man nicht wissen könne, ob es am Ende gar ansteckend sei – man lasse sie sicherheitshalber von einer Jumpfere versorgen und pflegen, um kein Familienmitglied zu kontaminieren –, in absehbarer Zeit kaum transportabel, um sie in den Schlosskäfig zu verbringen, und man ersuche MM. Gnädigen Herren usw. um Entsendung eines Urkundsbeamten. Kontamination war etwas, wovor der Junker Angst hatte und was er nicht gebrauchen konnte, mochte der Wein des Müllers noch so gut und noch so süffig sein. Der Vogt gedachte an dieser Welt noch eine Weile teilzuhaben. Hingegen schien es ihm um den Junker Grünschnabel nicht allzu schade zu sein, und ein irreparabler Schaden würde der Republik durch dessen Hinscheiden auch nicht entstehen, im Gegenteil: Vielleicht würde dann die Barettlitochter doch noch einen Witzigeren finden und wäre somit auch nicht ihr Lebtag mit diesem Lappi gestraft. So fürsorglich und hochpolitisch argumentierte der Gnädige Herr, als er seinem Schreiber diese schriftlichen Instruktionen an den Ruchmüller mitgab, damit der wenigstens der äusseren Form nach das Verhör so führe, wie das in seiner Vogtei der Brauch war; mochten es andere damit halten, wie immer es sie lustig dünkte – bei ihm gehörte jeder Punkt und jedes Komma an seinen Ort, und es hatte ihn Mühe genug gekostet, das diesem Esel von einem Amtsschreiber einzutrichtern. Daneben traute er dem Ruchmüller zu, einer Fahrenden wegen auch wiederum nicht über Gebühr Umstände zu machen: Die Republik hatte andere Sorgen.

Ihr werdet also in die Ruchmühle gehen, Junker, sagte der Landvogt. Und Ihr tut gut daran, Euch mit rechtem Schuhwerk zu versorgen. Solche Kavalleristen-Stiefelettchen, wie Ihr sie da trägt, mögen ja gegenwärtig in Bern am Platze und die grosse Mode unter den Lauben sein – um zur Ruchmühle hinabzusteigen, versorgt Ihr Euch am besten mit einem Paar von des Saumknechts genagelten Schuhen, oder noch besser, Ihr lasst Euch vom Schuhmacher im Wahlerendörfli gleich ein Paar machen – das hält dann eine Weile.

Der Junker Amtsschreiber rutschte ein paar Zoll auf seinem Sessel hin und her, ohne etwas zu sagen. Der Junker Landvogt lachte dröhnend auf. Haha, japste er. Ist dem Junkerlein wohl der Beutel leer, wie? Jaja, sinnierte er wie für sich selbst, aber so, dass das Junkerlein Wort für Wort hören und wohl oder übel schlucken musste. Zu meiner Zeit hat man das Geld des Herrn Papa nicht für Stiefelettchen und Jabots, für Prunkdegen mit Gehänge, mit denen nota bene ein richtiger Mann nicht einmal einer Fliege die Haut zu ritzen vermöchte, ausgegeben. Und da er so schön dabei war, dem Junkerlein ein Kapitel zu lesen, fuhr er fort: Und ans Heiraten dachten wir erst, wenn wir etwas geworden waren, etwas in Aussicht hatten: eine Vogtei oder ein Offizierspatent im Regiment – aber die Zeitläufte ändern sich eben. Der Landvogt griff zur silbernen Glocke neben dem Tintenfass und läutete. Der Gerichtsweibel, ein alter Haudegen und Kriegsinvalider, der im Regiment des Herrn Junkers Bursche gewesen war und der das mit seinem Bein bezahlt hatte, für das ihm der Tischmacher Kistler in der unteren Stadt einen Ersatz aus guter Eiche verfertigte, erschien hinkend in der Tür. Kasparius, sagte der Vogt, hole mir bei der Gnädigen Frau die Schatulle. Sie wird schon wissen, welche. Und lass dich, du verflixter Chasper, unterwegs nicht gelüsten, in die Schatulle hineinzuschauen. Sonst ziehe ich dir das Fell über die Ohren. Zu Befehl, Herr Major, sagte der Weibel, und man hörte das Tocktocktock seiner Krücke und seines Eichenbeins auf den Fliesen im Gang langsam verklingen. Zum Amtsschreiber sagte der Landvogt: Ich will Euch nochmals einen Abschlag geben – aber seid getrost: Zu Neujahr wird Euer Guthaben an einem kleinen Orte Platz haben, wenn Ihr so weitermacht. Ein Amtsträger, dozierte er, hat in unserer Republik in Ehren dafür zu sorgen, dass er auf den Sold des Amtes zu keiner Stunde angewiesen ist. Es möchten ihm sonst die Goldvögel die Augen vor der Gerechtigkeit verkleben, und das ist weder für die Gerechtigkeit noch für den Titular gut. Merkt Euch das gut, Junker, merkt es Euch gut und ein für allemal. Ich werde Euch keinerlei Abschlag mehr leisten. Sehet dann zu, wie Ihr zu Schuhen kommt, von anderem nicht zu reden.

Er sah den Amtsschreiber streng an, der in seinem Sessel zusammenzusinken schien. Diese alte Kriegsgurgel hatte gut reden und noch besser lachen. Der hatte eine Vogtei – wenn auch nicht gerade die einträglichste der ganzen Republik, hatte seine Pensionen und vor allem: Er hatte nicht ein halbes Dutzend Brüder und fast ebensoviele Schwestern, die auf das dann wohl schmale väterliche Erbe warten mussten. Ihm hatte niemand den wohlgemeinten väterlichen Rat erteilt, sich nach einer reichen Tochter umzusehen, womöglich einer Barettlitochter, weil man selber, so der Herr Papa, nicht wisse, woher man die Mitgiften nehmen solle, um wenigstens die Schwestern nach Stand zu verheiraten. Und wenn auch die Baretllitöchter nicht immer zu den Hübschesten zu rechnen seien – das lege sich mit der Zeit, dass man meine, sich an der Schönheit sattessen zu können, und am Ende seien sie dann im Alter alle gleich.

Tocktock, näherte der Weibel sich wieder, während der Junker Landvogt schweigend dagesessen und den Amtsschreiber gemustert hatte, dessen Gedanken er nur zu gut zu lesen vermeinte, und er musste mit Mühe seinen immer wieder aufsteigenden Widerwillen hinunterschlucken. Wenn das, sinnierte er, mit der Republik so weiterging, dann wusste er auch, warum alle Welt die Bücher dieser Canaille Rousseau las und den darin verbreiteten Unsinn gar noch glaubte. Selbst am Hofe von Versailles spielte man jetzt diese dämlichen Schäferspiele, und des Königs Mätressen betätigten sich als Schafhirtinnen.

Der Landvogt glaubte felsenfest nur eines: Solange das aristokratische Regiment von ehrenfesten Männern geübt wurde, die wie er selbst niemals Staatsvermögen und Privatvermögen verwechselten, im Gegenteil – denen der Staat einen Haufen Geld geschuldet hätte, hätten sie sich für geleistete Dienste und Ehrenämter bezahlen lassen, wie das andernorts scheinbar – und leider – üblich war, so lange hatten diese gefährlichen Ideen keinen Rückhalt im Volk. Der Landvogt meinte seine Bauern zu kennen; dass er sich selber an der Ausführung der Mandate und Dekrete des Rates zu Bern beteiligte, schien dem das natürlichste von der Welt. Zucht musste nun einmal sein. Er hielt die Republik und damit die Aristokraten für die Väter, die ihren unmündigen Kindern, den Untertanen, gerechte Herren und Lehr-

meister zu sein hatten. Damit war man gut über die Jahrhunderte gefahren, und es brauchte keiner zu sagen, das Volk hätte nichts zu melden: In jeder Gemeinde sorgten ein Ammann, ein Statthalter und ein paar Gemeinderäte dafür, dass alles seinen Gang ging, und dass man hierzu nicht etwa Hintersässen oder arme Schlucker aussuchte, verstand sich für den Junker Landvogt ebenfalls von selbst. Es wäre uns zu danken dafür, murmelte er, aber das tun die Bauern selten. Sie bringen das Maul nur abeinander, wenn sie die Pfeife herausnehmen und frisch einmachen wollen.
Der Amtsschreiber vor ihm mochte andere Gedanken haben. Dem Junker Landvogt war es nicht entgangen, dass die jüngere Generation anders geartet war. Die jungen Herren waren mehr auf Bällen anzutreffen, wo sie artig Händchen hielten und Menuettchen tanzten, als auf dem Fechtboden oder gar auf Feldwache in einem anständigen Regiment, wie sich das gehörte, und ihr Landvolk pflegten sie nasenrümpfend von oben herab anzusehen und zu behandeln. Wenn ihnen da nur nicht eines schönen Tages die Augen so aufgetan werden, dass sie das Zumachen nicht mehr selbst besorgen können, dachte der Landvogt. Vom beinahe verwandtschaftlichen Verhältnis der Twingherren auf ihren Landsitzen mit den Pächtersfamilien hielten sie auch nichts mehr. Wenn ihnen nur nicht eines Tages der Zins anstatt mit Dukaten mit dem Dreschflegel ausgerichtet wird. Er verscheuchte unwillig diese Gedanken, die ihn in letzter Zeit immer häufiger überfielen, und öffnete die Schatulle, die der Weibel vor ihm auf den Tisch gestellt hatte. Der Amtsschreiber sass da und betrachtete ihn mit den hungrigen Augen eines Jagdhundes. Der Vogt legte mit einem Seufzer den kleineren Beutel, den er ihr zuerst entnommen hatte, wieder in die Schatulle zurück und brachte einen etwas grösseren zum Vorschein; begleitet von einem schweren Seufzer reichte er ihn dem Amtsschreiber. So, Junker, sagte er. Und nun sputet Euch, Monsieur. Der Schuhmacher-Jos soll sich halt für einmal ein bisschen beeilen. Er wird ja keine Woche dazu benötigen, ein Paar brave Schuhe herzustellen. In acht Tagen, Ihr könnt das machen, wie Ihr wollt, will ich das erste Protokoll hier auf

meinem Schreibtisch sehen. Und nun – fort mit Euch, und richtet dem Ruchmüller meinen Gruss aus. Vom Butterzopf, für den er der Müllerin eigentlich noch zu danken gehabt hätte, sagte er dem Amtsschreiber wohlweislich nichts. Der brauchte seine Rotznase nicht in alles zu stecken.

36

Seit zwei Tagen sass Fabian wieder in seinem Arbeitszimmer im alten Pfarrhaus von Gilgenburg. Vor dem geöffneten Fenster reiften die Birnen am Spalier, und die Rosen standen in herbstlicher Blüte. Ihr Duft drang bis in Fabians Arbeitszimmer und vergrösserte nicht eben seine Lust, am Schreibtisch zu sitzen und zu arbeiten. Der Garten präsentierte sich in diesem Jahr ohnehin in einem Zustand, den Fabian selbst trotz aller Anstrengungen niemals erreicht hatte. Der alte Wagner schien etliche Jahre jünger geworden zu sein, und es wollte Fabian scheinen, als rasiere sich der Alte neuerdings sogar jeden zweiten Tag. Auch seinen Priem hatte er mit einer Tabakspfeife vertauscht. Wenn er, was öfters vorkam, mit Marianne sprach, hielt er seinen Hut in der Hand. Die Kinder hatten einen Narren an dem alten Mann gefressen. Nur zu gerne wäre Fabian ab und zu mit ihnen wie früher durch Wald und Flur gestreift, hätte mit ihnen herumgealbert, genau wie er es nur mit allergrösster Selbstdisziplin dazu brachte, sich Wagners Hefte nicht zu greifen, sich in den alten Freidhof zu begeben, sich auf eine Bank zu setzen und zu lesen – aber Marco liess ihm dazu keine Zeit. Seine Telefonanrufe liessen an Deutlichkeit kaum Wünsche offen, und auch für Fabian selbst wurde die Neugier immer stärker, wie sich denn nun wohl die von ihm geschaffenen Figuren aus der Affäre ziehen würden, in die er sie hineingestossen hatte. Er sagte manchmal zu Marianne, er komme sich vor wie ein Kartenspieler, dem plötzlich die Herzdame in der Hand mit den Augen zuzwinkere.

37

Grossen Aufwand hatten die Müllersleute mit der Taufe von Vreneli nicht getrieben. Allerdings kam auch Anna nicht zu kurz. Sie konnte bereits wieder aufstehen und der Müllerin bei kleinen Verrichtungen zur Hand gehen, was natürlich von den Mägden mit scheelen Augen angesehen wurde. Sie hüteten sich aber, offen etwas zu sagen. Sie fürchteten das böse Maul der Müllerin, wie sie behaupteten. Dennoch: Platz genug für solche Ausbünde an Tugend und Arbeitsamkeit, wie sie es seien, gäbe es überall und jederzeit auf dieser Gotteswelt, prahlten sie, hüteten sich aber doch, einen solchen Platz leichtfertig aufs Spiel zu setzen. Konnten sie dagegen ohne Gefahr für ihre eigene Haut der armen Anna eins auswischen, dann taten sie es ungeniert und mit viel natürlichem Talent. Zunächst einmal hatten sie freilich versucht, mit Anna gegen die Müllerin Pakt zu machen, wie das leider so oft in dieser Welt zu beobachten ist. In der Ruchmühle war's nicht anders: Jedes Bürzi und Tüpfi hielt an der gegebenen Rangordnung fest; die Meisterjungfer hielt sich genauso für besser als ihre Untermägde, wie es der Mühlmeisterknecht gegenüber seinen Mahlknechten tat; in Feld und Kuhstall taten es die andern Knechte; im Pferdestall mit seinen braven Mühlerossen, deren breite Hintern von Haferbatzen nur so leuchteten, hielt es der Fuhrmeister mit seinen Fuhrknechten so. Man kann sich nun mit wenig Phantasie vorstellen, auf welche Stufe der Rangordnung die arme Anna befördert wurde, nachdem sich herausgestellt hatte, dass Anna nicht willens war, mit den Dienstboten gegen die Meistersleute Front zu machen. Dem einzigen, dem es in solcherart veränderten Verhältnissen einigermassen erträglich ging, fehlte es zwar an nichts – bewahre, im Gegenteil. Es wurde gehalten und gehätschelt wie ein eigenes, und als ihr Eigentum betrachtete die Müllerin die Kleine ja auch. Gerade deswegen musste Anna die Zeit, die sie mit ihrem Kind verbringen konnte und durfte, beinahe mit Klauen und Zähnen der Müllerin entreissen. Solange sie das Kind säugte, konnte die Müllerin nicht viel daran machen. Aber es stellte sich ein böses Fieber ein, die Milch wurde krank und davon natürlich das Kind. Nach etlichem Herumdoktern mit allerlei Zeug, das irgendwo von früheren Fällen übriggeblieben war und herumstand, versiegte die Milch ganz. Damit war das kleine Vreneli der Müllerin endgültig überantwortet, und Anna wurde mehr und mehr zur Magd, die zwar den Status einer solchen hatte, nicht aber den Lohn, und weil sie die letzte war, die in den Haushalt gekommen war, teilten ihr die andern Dienstboten auch den entsprechenden Rang in dieser von ihnen gemachten Rangliste zu, ohne dass die Müllerin sich gross dagegen gewehrt hätte. Die war so sehr mit dem Kind beschäftigt, dass der Müller unwirsch wurde und brummte, wenn er gewusst hätte, was das nun für ein Getue geben sollte, dann hätte er das Bettelmensch mitsamt seinem Balg den Milizen übergeben und der Sache ihren Lauf gelassen. Er hätte nicht übel Lust, das noch nachzuholen. Anna trug das alles mit Mut. Sie hatte ihre Rechnung gemacht, mit einem dicken Strich darunter, und die Demütigungen der Mägde liefen an ihr herab wie der Regen an einem gutgedeckten Strohdach. Den Ruedi hatten sie irgendwo – sie wusste nicht einmal den Ort – auf Geheiss der Obrigkeit verscharrt (begraben konnte man es wohl kaum nennen), nachdem Anna ja hatte zugeben müssen, dass Ruedi nicht nur der Vater ihres Kindes gewesen war, sondern eben auch ein Mitglied der Fahrenden, die man vermeintlich zum Land hinausgejagt hatte. Gott sei Dank, dachte Anna, war bisher noch keiner auf den Gedanken gekommen, nach der Herkunft Ruedis zu forschen oder die in der Gerichtsstube im Schloss liegenden Steckbriefe durchzusehen. Und als dann, eines Morgens, mit frisch genagelten und gesalbten Schuhen der Amtsschreiber vor der Küchentür stand, da wusste Anna, dass ihre Zeit langsam zu Ende ging. Aber so konnte sie noch nicht von Vreneli fort, das kränklich geworden war und die Kuhmilch nicht zu vertragen schien, mit der die Müllerin das Kind ernährte. Allerdings schien es Anna manchmal doch des Guten zuviel, wenn die Müllerin meinte, sie dürfe dem Kind nur Milch zu trinken geben, die von ihr höchstpersön-

lich mit dickem, viel zu fettem Rahm verbessert wurde – aber sie kam nie dazu, ein Wort dazu zu sagen. Geh du mir nur weg, du Babe, pflegte die Müllerin zu sagen. Du hast noch keines aufgezogen – ich aber schon ein halbes Dutzend. Da lässt sich wohl leicht ausrechnen, wer von der Sache mehr versteht, du oder ich.
Hier stand nun der Herr Gerichtsschreiber, und da er trotz allem eben ein Junker und ein Gnädiger Herr war – wenn auch nur von den mindern einer, wie der Müller und Grichtssäss sagte, und: Wenn sie alle so wären, könnte es einem verleiden, noch ein Amt verwalten zu wollen; der sei doch nur so ein Büebli mit hinten nichts und vorne noch weniger –, weil er trotz dieser trefflichen Beurteilungen ein Gnädiger Herr war, musste alsogleich in der Küche Aufwand getrieben werden, dass die Mägde fluchten (aber nur, wenn niemand es hörte, ausser vielleicht noch ab und zu die Müllerin, der das so übel nicht gefiel, ging das Ganze doch über ihre Sachen und da war sie kitzlig). Das werde nun viele Tage so gehen müssen, sagten die Mägde. Fischli zum Frühstück und Krebsli zum Abendessen – von einem gebratenen Huhn, von einem leckeren, sagten sie, das rote mit der Blesse habe erst vorigen Winter mit dem Legen aufgehört und hätte vielleicht diesen Sommer wieder damit angefangen, hätte man nur den Weizen nicht sparen wollen. So zäh, wie der Herr Junker Schreiber da getan habe, dass er nur an seinem Flügel herumgeleckt habe, als sei das kein Flügel, sondern ein Saunabel zum Sägenfetten oder sonst etwas Greuliches, so habe der die Nase gerümpft, so zäh sei das Huhn nicht gewesen, und sie selbst wären froh, statt Läuse im Kraut und Fliegen an der Wand auch einmal Fleisch zu sehen, ausser trockenen Kartoffeln mit abgenommener Milch auch ab und zu etwas so Gutes auf dem Tisch zu haben, aber da könnten sie wahrscheinlich warten, bis Weihnachten und Neujahr auf denselben Sonntag fielen. So war die Stimmung in der Ruchmühle nicht gerade auf dem Höhepunkt, und an Anna sollte das nun nach Möglichkeit ausgelassen werden. Aber Anna achtete kaum darauf. Sie hatte andere Sorgen. Das Eintreffen des Herrn Gerichtsschreibers bedeutete ihr nichts Besonderes – der

vermehrten Arbeit wegen, die sie durch ihn haben würde: Dieser Besuch war für sie das Zeichen, dass in Kürze ihr Verhör beginnen würde, und darin täuschte sie sich keinen Augenblick. Anna merkte überdies, dass vom anfänglich brummigen Wohlwollen des Müllers nicht mehr allzuviel übriggeblieben war. Der sah nicht mehr so aus, als ob er im Sinn hätte, sie über Gebühr zu schonen – und wär's nur dem kleinen Kind zuliebe gewesen. Anna trug ja keine Schuld, dass es die Müllerin mit der Kleinen auf solche Weise übertrieb und der Müller deswegen zürnte – aber so geht es auf der Welt, dachte Anna. Da wird nicht lange nach den näheren Umständen gefragt.

38

Der Gerichtsmann zeigte keine grosse Lust, so schnell mit der Arbeit anzufangen, aber der Müller seinerseits hatte wieder nicht Lust, die Sache über Gebühr auszudehnen, wenn er auch ausdrücklich vom Junker Landvogt in dessen Schreiben ermächtigt wurde, seine Zeit zu verrechnen und dafür den gesetzlichen Taglohn als Grichtssäss zu nehmen. Nicht, dass die Mühle in dieser Zeit etwa stillgestanden wäre – dazu waren sowohl seine grossen Buben als auch die Mahlknechte zu gut dressiert. Aber der Schreibkram lag in des Müllers Natur nun einmal nicht, der allemal, wenn er einen Brief zu schreiben hatte, sagte, es wäre ihm lieber, ein Schock Maltersäcke die Mühleleitern hochzuschleppen, als sich mit diesem Gekafel zu plagen, das nur der Teufel ersonnen habe, um damit ehrliche und einfache Christenmenschen kuranzen und molestieren zu können. So mahnte er den Gnädigen Herrn Junker Schreiber – dass er diesem Maulaffen noch die Ehre antun müsse, sagte er am Abend im Stübli zu seiner Marei, das ersticke ihn fast. Sein Gesicht sei so weiss wie ihre Katze am Bauch, man merke wohl, dass der seine Nase nie an die Sonne habe halten müssen, weder im

Krieg noch im Frieden, und dumm reden würde er, ein Christenmensch habe die grösste Mühe, auch nur die Hälfte zu verstehen; wenn der so schreibe, wie er schwätze, dann habe man in Bern wohl die liebe Mühe mit dem Protokoll –, zu diesem Junkerlein also sagte der Müller, er wäre dafür, an die Sache zu gehen, warten werfe da nicht viel ab und verursache nur unnötige Kosten. Das war dem Schreiber, im Angesicht der vollen Platten und Schüsseln, zwar gar nicht recht, und er versuchte sich in Positur zu werfen und etwas von einem Prozedere zu murmeln, das eingehalten werden müsse, aber der Grichtssäss, der schon manchen Schreiber hatte kommen und gehen sehen, fuhr ihm übers Maul und rief nach der Marei: Sie solle ihm in Dreiteufelsnamen diese Anna ins Stübli zitieren, der Schreiber sei bereit und er auch. Mit dem Federspitzen werde sich der Herr Junker auch nicht mehr lange mühen müssen, sonst wolle er ihm gerne dabei zur Hand gehen. Da merkte selbst der Herr Junker Schreiber, dass nicht gut Wetter war im Sensegraben, und setzte sich hinter den separaten Tisch mit dem Schreibzeug. Die Marei musste nach der Anna laufen, die von der Meisterjungfrau nur so von ungefähr absichtlich zu einer Arbeit geschickt worden war, die vom Hause ablag. Und laufen musste die Marei selber, weil ebenfalls wie von ungefähr weit und breit keine der Mägde aufzutreiben war. Der Herr Schreiber zog ein langes Gesicht, weil er sich wohl vorgestellt hatte, die Müllerin würde vor Verhandlungsbeginn etwas für zwischendurch ins Stübli stellen, aber da hatte er sich verrechnet. Der Müller hatte der Marei strenge Anweisung gegeben mit dem Tenor, was ihm, dem Müller, sonst tagsüber recht sei, sei für einen solchen Stadtschlingel noch lange nicht billig; an dieser Sache arm zu werden begehre er nicht; wenn er also tagsüber einen Kaffee nötig habe, werde er sie das beizeiten wissen lassen, dann könne er ihn in der Stube trinken. In der Stube war sonst im Laufe des Jahres kaum jemand zu sehen, nur grössere Familienfeiern oder die Sichlete wurden dort abgehalten, weil die vordere Stube dafür zu klein gewesen wäre. Und der Müller fügte hinzu, er wäre dafür, dass auch beim Essen ein bisschen weniger Aufwand getrieben werde,

schliesslich sei dieser ungebackene Teigaffe noch lange kein Landvogt – wenn er das überhaupt jemals werde. Wenn dem die Dummheit weh täte, müsste man das Gebrüll weiterum hören können. So organisiert, setzte sich endlich auch der Müller hinter seinen Sekretär mit dem Schreibpult und überlas noch einmal die landvögtlichen Anweisungen zur Führung des Verhörs, nachdem er eine gute Weile vergeblich nach seiner Brille gesucht, diese endlich in der Innentasche seines Gilets gefunden hatte. Anna kam in die Hinterstube; die Müllerin blieb unter der Tür stehen und wollte sich bedeutungsvoll räuspern, damit der Müller zu erkennen vermöge, dass sie ihm etwas mitzuteilen wünsche, aber der schnauzte nur barsch, ohne aufzusehen, die Anna an, sie solle sich auf den Stuhl da vor ihm setzen und, ebenfalls ohne aufzusehen, knurrte er, von ihm aus könne man jetzt die Tür schliessen, er rufe dann schon, wenn er etwas brauche. Die Tür knallte zu, und Anna fand sich mit dem Müller, der jetzt nur noch ein Grichtssäss war, und dem Herrn Junker Amtsschreiber allein. Der Müller las von seinem Doppelbogen vor sich etwas nach, legte das Papier beiseite, lehnte sich in seinem Stuhl zurück und verschränkte die Arme über der breiten Brust, sah die Anna durchdringend an und begann mit seinem Verhör. Über die Zeit und die Umständ deiner Geburt wirst nicht viel wissen? fragte er, und er wunderte sich, dass die Anna sich aufrichtete und mit klarer und verständlicher Stimme zu antworten anhub. Sie hatte sich gefasst. Sie hatte sich für nichts zu schämen – und dem Grichtssäss würde sie ein Verhör füttern, dass der noch lange daran zu würgen haben würde.
Ich bin am 13. Heumonat 1751 geboren worden, in Sennwald, der Vogtei Werdenberg zugehörig.
Deine Eltern? Meine Leute waren Bauern. Ich war die dritte Tochter. Daneben hatte ich noch zwei Schwestern und drei Brüder.
War dein Vater ein Eigenbauer? Oder ein Lehenmann? Anna zögerte mit ihrer Antwort, der Schreiber hörte auf, mit seiner Feder über das Papier zu kratzen, und hob den Blick. Nun, sagte der Müller. Seine Stimme klang ungeduldig.

Wir waren ursprünglich Freibauern gewesen, sagte Anna. Und dann später waren wir den Gnädigen Herren von Glarus untertan, die ihren Vogt auf dem Schloss Werdenberg hatten.
So hast du bei deinem Vater gearbeitet? Auf dessen Hof?
Nein, sagte Anna. Ich war zeitlebens eine Dienstmagd, weil der Hof bei weitem nicht alle zu ernähren vermochte – vor allem seitdem die Lasten erhöht worden waren, nachdem...
Später, sagte der Müller. Alles der Reihe nach. Dann bist du also in fremden Dienst gegangen? Hast du darüber irgendein Zeugnis oder sonst etwas bekommen? Anna zögerte. Nein, sagte sie. Niemals, weil ich...
Später, wiederholte der Müller. Wann war das, als du deinen ersten Dienst antratest, und wo? Bei wem?
Meinen ersten Dienst trat ich an in den Haustagen 1767, wie ich glaube.
Also mit sechzehn Jahren, stellte der Müller fest. Und warst du damals schon unterwiesen? Erlaubt beim Herrn?
Wir waren katholisch. Ich war gefirmt.
Warum war? fragte der Müller erbost. Da hatte doch diese Schlange ihr Kind ohne weiteres von ihm und der Müllerin über die reformierte Taufe halten lassen, ohne mit der Wimper zu zucken. Darüber würde er noch ein Wörtchen zu reden haben. Im Augenblick war ihm aber dafür der Schreiber im Wege, der auch nicht alles zu wissen brauchte, was vorgegangen war. Er hoffte nur, dass seine Marei sich an seine Anordnungen gehalten hatte und der Anna eingeschärft, was sie beim Verhör nicht unbedingt auf die Trommel zu bringen habe, wolle sie ihr Kind bei ihnen in weiterer Sicherheit und Obhut wissen.
Ich bin schon lange nicht mehr zur Kirche gegangen, sagte Anna und unterbrach des Müllers Gedanken.
Also, sagte der Müller. Die erste Dienststelle mit sechzehn Jahren. Und wo war das?
Auf dem Schloss Werdenberg, sagte Anna. Als Jungmagd beim Gnädigen Herrn Landvogt.
Und wie lange bliebst du dort im Dienst?
Bis zum Herbstmonat 1773.
Und dann?

Dann wurde ich Grossmagd beim Ammann Vetsch in Grabs, ebenfalls in der Vogtei Werdenberg. Bis der Ruedi aus dem Krieg wieder zurückkam.
Von welchem Ruedi redest du jetzt, Anna? fragte der Müller und hätte sie am liebsten auf den Fuss getreten. Er begann zu schwitzen. Wenn das nur gutging. Dieses Verhör steckte seiner Ansicht nach voller Fussangeln, und der Schreiber passte auf wie ein Schiesshund.
Das war dieser Ruedi, sagte Anna ruhig – und bewies damit ihre Kaltblütigkeit –, den man nach der Landjegi hier unten tot gefunden hat.
Den kanntest du also damals schon?
Wir waren so gut wie einander versprochen, sagte Anna nur, und ein Schatten huschte über ihr Gesicht.
Du warst also mit diesem Ruedi versprochen? Wo hast du ihn denn kennengelernt?
In meiner Stellung beim Vogt, sagte Anna. Der war auch beim Vogt in Dienst. In der Rüstkammer. Er war ein Schlosser und Büchsenmacher. Und so haben wir uns im Gesindehaus kennengelernt.
Und es ist nichts daraus geworden? Weil, wie du sagst, der Ruedi in den Krieg gezogen ist. Hat er denn fremden Kriegsdienst genommen?
Anna lachte innerlich auf. So konnte man das natürlich auch nennen. Aber sie schwieg.
Meinethalben, sagte der Müller. Wir werden schon noch dahinterkommen. Wann kam er denn nun wieder ins Land, dieser Ruedi?
Im Winter 1775, im Christmonat.
So? Der Müller sah sie neugierig an, der Herr Junker Amtsschreiber raschelte mit Papier, weil er eine neue Seite anfangen musste. 1775, sagte der Müller. Und warum habt ihr dann nicht geheiratet, als er wiederum im Lande war?
Anna zögerte. Wir gingen zusammen fort, der Ruedi und ich, sagte sie endlich. Aber heiraten – das konnten wir doch nicht.
Und warum nicht?
Der Ruedi hatte doch keine Papiere, und zum Heiraten braucht es einen Heimatschein vom Pfarrer.

Das ist mir neu, sagte der Müller verwundert. Und warum ist der Ruedi da nicht flugs hingegangen zum Pfarrer und hat sich einen solchen Heimatschein besorgt? Das hätte er doch ohnehin tun müssen – wo er doch keine Papiere hatte.
Anna zerknüllte das Schürzentuch zwischen ihren Fingern und schwieg.
Dem Müller ging ein Licht auf. Es war nicht sein erstes Verhör – wenn er auch bei diesem hier selbst alle nur erdenkliche Vorsicht walten lassen musste.
Sag mir doch, Anna, fragte der Müller und beugte sich vor: Ist dieser Ruedi etwa gar ohne ehrenhaften Abschied... Er unterbrach sich. Wo war er denn überhaupt, der Ruedi?
Bei den Preussen, sagte Anna leise.
Und von dort ist er? Der Müller wog seine Worte. Von dort ist er also zurückgekommen?
Anna nickte.
Ohne Papiere? Ohne Abschied? Dann ist er also desertiert?
Ja, sagte Anna. Zusammen mit noch einem andern aus dem Toggenburg. Desertiert, wie Ihr sagt, Müller.
Ich bin hier der Grichtssäss, sagte der Müller, und so hast du mich zu nennen. Den Müller dort kannst du vorderhand vergessen, und der Herr dort – das ist der Gnädige Herr Junker Amtsschreiber. Hast du das verstanden?
Ja, sagte Anna. Ja, Grichtssäss.
Und darum also, fuhr der Müller fort, weil er desertiert war, hätte er niemals Papiere bekommen, nicht wahr?
So ist es gewesen, antwortete Anna.
War es dann nicht gefährlich, sich im Lande überhaupt blicken zu lassen?
Er ist heimlich gekommen. In der Nacht und über die verschneiten Berge aus dem Toggenburg hinüber, wo der andere zu Hause war und ihn eine Weile verbergen konnte, obschon er sich selbst auch verstecken musste. Ruedi hat dann die Strassen und Wege gemieden, um zu mir zu gelangen, und dann klopfte er plötzlich an mein Kammerfenster, und ich habe es sofort gespürt, dass er es war. Da bin ich hinausgegangen und musste dabei aufpassen, den Ammann Vetsch nicht zu wecken – und den Bankert auch nicht.

Der Amtsschreiber sah überrascht von seinem Papier auf, und der Müller sah Anna verdutzt an.
Mir scheint, sagte er endlich, wir hätten da einiges ausgelassen. Bankert? Wessen Bankert, zum Herrgottdonner? Willst du uns wohl jetzt der Reihe nach berichten, was geschehen ist, oder hast du am Ende im Sinn, uns zum Narren zu halten?
Nein, Grichtssäss, sagte Anna. Aber es hat mich niemand danach gefragt.
Also, Jungfer Anna, sagte der Müller verärgert. Nun sage uns doch, wie es kam, dass der Ruedi der Trommel nachlief und bei den preussischen Werbern Handgeld nahm? Dich allein zurückliess mit – wenn ich noch so viel Verstand habe, dass ich das richtig begreife – mit einem Kind? Er lehnte sich verdrossen zurück. Jetzt hätte er einen Kaffee nötig gehabt, um sich bei der Gelegenheit mit Marei beraten zu können.
Also nochmals von vorn, sagte der Müller. Den Kaffee und die Beratung schlug er sich vorderhand aus dem Kopf. Die Sache wurde zweifellos noch komplizierter, als sie es schon war, jedenfalls verwickelter, als er sich das gedacht hatte.
Du kamst also im Alter von sechzehn Jahren in die erste Stellung. Auf dem Schloss. Beim Landvogt. Im Haustagen 1767?
Ja, Grichtssäss. Es ist alles so, wie ich es gesagt habe.
Und in den Dienst bist du gegangen, weil ihr zu Hause nicht alle ernähren konntet. Bist du überhaupt jemals zur Schule gegangen?
Zur Schule? Anna lächelte bitter. Ihr scherzt wohl, Grichtssäss? Gerade im Firmunterricht sind wir gewesen, und das war schon alles. Wir waren für alles andere viel zu arm.
Du sagtest, der Hof habe deinem Vater gehört?
Meinem Vater schon nicht mehr, sagte Anna. Dem Grossvater noch, wie die Leute sich erzählten. Als ich Kind war, gehörte der Hof bereits den Gnädigen Herren von Glarus. Wir hatten den Zins und den grossen und den kleinen Zehnten in die Zehntenscheuer vom Schloss zu tragen, dazu noch dem Herrn Pfarrer ins Pfrundhaus, was er für nötig fand, und das war immer mehr, der Vogt hat ihm dabei geholfen.
Ausserdem, sagte Anna, jetzt tief aufschnaufend und den

Müller geradeaus fixierend: Ausserdem waren wir dem Herrn Junker Landvogt das Tagwerk schuldig für die herrschaftlichen Äcker, dazu die Fuhren und die Fronen.
Der Junker Amtsschreiber räusperte sich.
Der Grichtssäss fuhr herum. Was ist? schnauzte er den Schreiber an, besann sich aber und fügte ein widerwilliges «Gnädiger Herr» hinzu.
Mir scheint, sagte der gemessen, wir nähern uns hier einem Delictum, das in die Kompetenz Meiner Gnädigen Herren von Bern fällt, in die des Geheimen Rates. Die Malefikantin führt aufrührerische Reden.
Dummes Zeug, sagte der Grichtssäss grob. Solche Lebensumstände könnt Ihr, Gnädiger Herr, im ganzen Land erfragen, und es würde sich keiner etwas dabei denken. Das ist nun einmal so, das ist die Ordnung, wie sie gefügt ist. Ich vermag darin nichts Aufrührerisches zu erkennen.
Ich werde mir vorbehalten, sagte der Amtsschreiber gemessen, davon Actum zu nehmen.
Soll ich nun, in Dreiteufelsnamen, mit dem Verhör fortfahren, oder soll ich Unserem Gnädigen Herrn Junker Landvogt die Sache überantworten? Mir wäre es recht, sagte der Müller und liess durchblicken, dass das aber dem Landvogt kaum passen würde.
Der Amtsschreiber schwieg und strich sich mit seiner Feder sachte über die Wangen. Er würde schon aufpassen, dachte er bei sich. Was bildete dieser Grichtssäss sich eigentlich ein? In wessen Namen wohl hatte der Recht sprechen zu helfen? Aber beim Gedanken an den Landvogt war ihm doch nicht ganz so wohl. Dieser verbauerte Potentat war imstande, die Partei seines Grichtssässen zu ergreifen und ihn, den Amtsschreiber und künftigen Landvogt, kalt abfahren zu lassen, hatte er ihm doch bei der Abschlagszahlung ein Kapitel darüber gelesen, das ihn das Schlimmste ahnen liess.
So gehörte also doch der Grund und Boden nicht euch? Wart also doch Lehensleute?
Früher nicht, Grichtssäss, aber die Grossmutter...
Lassen wir die Grossmutter aus dem Spiel, sagte der Müller ungehalten. Sonst erzählst du uns am End die ganze

Geschichte bis zurück zu Adam und Eva. Sag du mir jetzt lieber: Was hattest du zu besorgen im Dienst? Als Sechzehnjährige?
Nun, sagte Anna. Ich war recht gross und stark für mein Alter. Und an Arbeit war ich gewöhnt. Wir wurden als Kinder nicht von der Arbeit ferngehalten – auch zu Hause nicht. Beim Gnädigen Herrn Landvogt aber musste ich aufwarten.
Aufwarten? Ja, Grichtssäss. Im Rittersaal, wenn die Gnädigen Herren dasassen und...
Und was? Der Müller warf einen Seitenblick auf diesen vermaledeiten Amtsschreiber, dem das wohl wieder nicht schmecken würde. Was also?
Sie zechten, sagte Anna freimütig. Und ich, ich musste den Wein heranschaffen, das Brot und den Käs, manchmal aber auch noch andere Speisen. Aber dann musste die Küchenmagd mir dabei helfen.
Jetzt war der Grichtssäss in der Zwickmühle. Er kannte die Dienstboten aus eigener Erfahrung, hatte er selbst doch jede Menge davon – und er wusste, was sie ausrichteten, wenn sie Worte oder Gebärden aufschnappen konnten, die nicht für ihre Augen oder Ohren bestimmt waren. Man musste sich in acht nehmen, weil sie sonst alles unter die Leute trugen und einen damit nicht schlecht ins Unglück bringen konnten, wenn es der Teufel darauf abgesehen haben sollte. Der Amtsschreiber sitzt auch da und macht sein dummes Gesicht, von dem er wahrscheinlich meint, er sehe damit sehr gescheit und sehr gelehrt aus, dachte der Müller. Er seufzte unhörbar in sich hinein. Diese Anna schien es aber auch geradezu darauf abgesehen zu haben, ans Halseisen zu kommen oder noch Schlimmeres. Hätte die doch einfach gesagt, sie sei Stubenmagd gewesen – kein Hahn hätte danach gekräht, am allerwenigsten der Herr Junker Landvogt. Er würde seiner Marei noch ganz anders Bescheid sagen müssen – und das bald.
Er wandte sich wiederum Anna zu.
Und nun dein – hm – Verlobter. Warum ging der nun so plötzlich in preussischen Dienst?

Das war der Vetsch, sagte Anna. Ja, der Ammann Vetsch! Wieso, fragte der Müller verblüfft. Was hat denn nun dieser Vetsch mit dem Ruedi zu tun? Du musst mir da schon etwas genauer Bescheid sagen, Jungfer Anna.
Soll ich geradeheraus reden, Grichtssäss? fragte Anna, die in sich plötzlich eine grosse Furchtlosigkeit spürte. Alles?
Nun ja, sagte der Grichtssäss. Das ist ja wohl der Zweck der Übung, oder? Was ist's also damit?
Der Gnädige Herr Junker Landvogt, sagte Anna, hat es zwar befohlen. Aber ausgeheckt hat die Sache der Vetsch. Er hat den Gnädigen Herrn gebeten, den Ruedi fortzuschicken. In den fremden Dienst oder noch besser auf die Galeeren nach Venedig. Der Ruedi sei ein Rebell und ein aufsässiger Teufel wider die Obrigkeit, es sei nichts zu machen mit ihm. So hat der Vetsch ihn beim Landvogt angeklagt.
Wieso hätte er das denn tun sollen, der Ammann? fragte der Müller ungläubig und schielte auf den Schreiber, der sich aber stillehielt und nur mitschrieb. Etwas muss doch an der Sache gewesen sein. So mir nichts, dir nichts wird sich eine Amtsperson doch nicht so an den Herrn Landvogt wenden.
Der Ammann Vetsch war, mit Verlaub, Grichtssäss, der grösste Lump in der ganzen Vogtei Werdenberg und noch ein gutes Ende darüber hinaus. Das wird Euch jeder sagen können. Der hat den Bauern in der Vogtei den süssesten Honig pfundweise um die Mäuler geschmiert, bloss, um sie hinterher beim Vogt anzeigen zu können. So hat der das gemacht.
Und doch bist du kurz darauf zu diesem Ammann Vetsch in Dienst getreten. Warum denn das?
Anna richtete sich stolz auf. Ich war ja der Preis bei dem ganzen Handel, sagte sie. Ich war der Preis, um den der Vetsch den Ruedi beim Gnädigen Herrn angegeben hat. Wie der Ruedi erst einmal ausser Landes und somit aus dem Weg war, gab der Junker Landvogt mich dem Vetschen zum Lehen, gewissermassen, wie ein Stück Land. Dazu machte er diesen auch noch zu meinem Vormund.
Um alles in der Welt, sagte der Müller. Wieso hätte der Vetsch denn das alles tun sollen? Warum sollte er seine

Mitbürger unbilligerweise angegeben haben, verraten, und vor allem, was gab es denn da überhaupt zu verraten?
Jetzt lachte Anna, aber es war ein ungutes Lachen, das weder dem Grichtssäss noch dem Amtsschreiber gefallen wollte. Im Gegenteil hatte der Müller später einmal, als die ganze Geschichte vorüber war, zu einer Tischrunde gesagt, damals habe er, der doch sonst kaum ein furchtsamer Mann sei, einen richtigen Schauer im Nacken gespürt. So habe ihn bisher nur jemand in seinem Leben angesehen: Das sei ein Mordweib gewesen, das sie oben auf dem Hubel am Galgen hätten aufhängen müssen. Die habe genauso durch ihn hindurchgeschaut, als wäre er ein Buffettürli mit Butzenscheiben. Und eben genauso habe damals die Anna selig ihn angesehen – etwas Wildes und Ungeheuerliches sei in ihren Augen gewesen. Der Schreiber, der Löl, habe Gott sei Dank damals nichts gemerkt, sonst hätte es noch verkehrter gehen können, als es dann gegangen sei.
Da, lachte Anna höhnisch, da war der Vetsch niemals in Verlegenheit. Wenn es nichts zu verraten gab, dann sorgte der Bauer Vetsch selbst dafür, dass seinen Mitbauern die Zunge allzu locker wurde. Er redete hinterm Wein Übles über die Gnädigen Herren von Glarus. Er erinnerte die Werdenberger immer wieder an ihre früheren alten Freiheiten, die sie sogar unter den alten Grafen von Werdenberg noch verbrieft gehabt hätten. Er hielt ihnen vor, sie würden vor dem Vogt ihre Kappen bis zur Erde hinab vom Kopfe reissen – und wenn halt dann diese Bauern noch ein paar Mass Sarganser vor sich stehen hatten, die der Vetsch heimlich bezahlt hatte, dann fingen auch sie an, die Mäuler so gross und so weit aufzureissen, dass die Hühner der ganzen Grafschaft darin ihre Eier hätten verlegen können, und sie hielten viel auf den Ammann Vetsch, der es doch noch so gut mit ihnen meine wie sonst keiner; dann redeten sie auch von einem alten Bundesbrief, der seit einiger Zeit verschollen sei. Um diesen Bundesbrief machten sie dann besonders viel Aufhebens.
Der Schreiber räusperte sich, aber der Müller gab ihm mit einer Handbewegung zu verstehen, er, der Grichtssäss, habe

den Pfeffer selbst gerochen und brauche keine Belehrung, wie er mit diesem Verhör fortzufahren habe.

Er kratzte sich auf dem Kopf.

Und das alles hätte dann dieser Ammann dem Landvogt hinterbracht?

Nicht nur das allein, sagte Anna. Er gab beim Gnädigen Herrn die Reden, die er selbst den Bauern ins Maul gelegt hatte, für deren eigene Reden aus. Daneben zeigte er sie auch als Holzdiebe und Wildfrevler an, obschon er es war, der den dummen Bauern, die sich so leicht fangen liessen, erläuterte, Holz und Wild gehörten rechtens und seit jeher den Werdenbergern selbst und nicht den Gnädigen Herren von Glarus – auch sonst seien sie noch um viele ihrer Rechte betrogen worden.

Und alle diese Anzeigen hast du natürlich auf dem Schloss gehört, wenn du aufwarten musstest?

Ja, Grichtssäss.

Und was geschah dann mit den Bauern?

Die wurden vom Vogt bestraft, und der Ammann erhielt einen Teil der Bussen. Aber die Bauern waren, wie gesagt, arm und konnten kaum die Abgaben bezahlen, schon gar nicht dazu noch diese hohen Bussen – und so nahm der Herr Junker Landvogt ihnen das Land weg. Sie wurden zu Lehensleuten. Viele aber wurden nicht einmal um dieses erbärmliche Leben geschont. Man verkaufte sie in fremde Regimenter oder auf die Galeeren.

Mit dem Geld wurden dann die Bussen geleistet? Die noch schuldigen Abgaben und Zinsen?

Anna sah den Müller ungläubig an, als hätte sie nicht richtig gehört. Das Geld steckte der Junker Landvogt ein, sagte sie, und manchmal bekam auch der Ammann Vetsch seinen Teil.

Woher, fragte der Grichtssäss streng, woher willst du denn das alles wissen? Mir scheint, du verleumdest da deine dir von Gott verordnete Obrigkeit und versuchst, ihr einen üblen Handel anzuhängen.

Ich könnte das alles beschwören, sagte Anna. Damals waren ja genug Werber im Land, die sich im Schloss die Tür in die Hand gaben – und ich musste ja aufwarten.

Und da hast du deine Ohren lang gemacht, sagte der Müller, und nun redest du über deine Dienstherrschaft schlecht. Aber das ist so der Brauch bei euch Volk, das meint, weil es dienen muss, sei ihm jede Schlechtigkeit seinem Dienstherrn oder dessen Familie gegenüber erlaubt.
Ich sage nichts als die Wahrheit, sagte Anna. Und mit einem dünnen Lächeln fügte sie hinzu: Was sollte es mir jetzt noch Nutzen bringen, die Wahrheit zu verhehlen? Ich bin doch so oder so verloren.
Und so waren unter diesen Werbern, wie du behauptest, auch die Preussischen? Die dann den Ruedi angeworben haben?
Angeworben? sagte Anna. Verkauft hat man ihn, den Ruedi, und von seinem Handgeld hat er keinen Batzen gesehen. Aber nicht nur die Preussen sassen beim Herrn Junker Landvogt im Rittersaal. Damals gab es im Schloss beinahe mehr Werber, als noch Jungmänner in der Grafschaft waren, die man hätte anwerben können. Und von allen Werbern nahm der Vogt das Geld, das sie ihm brachten. Grichtssäss – bei meiner Seligkeit ist es so, wie ich es sage.
Wiederum räusperte der Amtsschreiber sich vernehmlich. Aber wenn seine ausgehungerte Federfuchser-Magenuhr ihn nicht arg täuschte, ging es auf Mittag zu und damit zu den erträumten Herrlichkeiten der Tafel des Grichtssässen; da zog er es vor, einstweilen sein Maul zu halten und den Müller nicht zu erzürnen. Der könnte am Ende merken, dass ihm da einer eine unsaubere Suppe anrichten wollte, und ihn deshalb auf Kurzfutter setzen. Den weiten Weg aber wollte er nicht umsonst gemacht haben, und wenn der Grichtssäss dieses Malefizweib etwa gar decken wollte und sie nicht kurzerhand dem Henker überantworten liess, dann liefe er ihm, dem Amtsschreiber, ja auch nicht davon. Es war ja unerhört, was dieses Weib da im Verhör verlauten liess, und der Amtsschreiber war überzeugt, dass sich das Geheime Gericht in Bern solches nicht ungestraft angehört hätte – nicht einmal eine Viertelstunde lang.
Fahre fort, sagte der Müller zu Anna. Aber pass auf, was du sagst.

Er wollte der Anna so zu verstehen geben, dass der Amtsschreiber alles notieren würde und dass man das so Aufgeschriebene ihr jederzeit werde vorhalten können. Aber Anna kümmerte sich nicht mehr um solche Feinheiten. Nur einmal zuckte sie zusammen, als irgendwo in der Ferne Vrenelis Gebrüll laut wurde. Aber der Müller legte verstohlen einen Finger auf seine Lippen.
Geld nahm er mit der linken und mit der rechten Hand, der Gnädige Herr Junker Landvogt, wie es gerade kam und woher es gerade kam; es heisst, er habe es auch vom Grosstürken genommen – aber das habe ich selbst nie gesehen. Ich glaube, wenn der Gnädige Herr Junker Landvogt auf dem Rücken auch noch ein paar Hände gehabt hätte, er hätte auch mit diesen noch Werbergeld gescheffelt.
Du sagst das so, sagte der Müller, als hätte sich das alles vor deinen eigenen Augen abgespielt, und mich will doch dünken, dass ein Herr Landvogt seine Geschäfte nicht verrichtet und erledigt, wenn Knechte und Mägde ihre Hälse lang machen und dabei zusehen können.
Das war in der Tat oft genug der Fall, sagte Anna. Wenn ich aufwartete, achteten diese Herren meiner so wenig, wie man sich eines dürren Stückes Holz achten würde, dem man im Wald begegnet – wenn man nicht gerade darüber stolpert. Mehr als einmal waren die Herren am Geldzählen, wenn ich ihnen Wein nachschenken musste. Und ich kann beschwören, dass da auf dem Tisch vor ihnen nicht nur Kreuzer und Batzen lagen, Grichtssäss. Da waren Dublonen und Kronen, Louisdors und Dukaten – wie wir sie unten in den Dörfern und auch im Städtchen niemals zu Gesicht bekommen, geschweige denn jemals besessen hätten.
Gab es dafür noch andere Zeugen – ausser dir, meine ich natürlich? Die das gesehen haben, was du da erzählst? Andere Mägde etwa oder Knechte?
Wenn Ihr den Vetsch unter Eid nehmt – der war ja meistens dabei. Der führte ja die Rodel, die Bussenverzeichnisse. Der wusste ja, wen er verkaufen wollte.
Und dass der Hund noch lebt, dessen bin ich gewiss, sagte Anna hastig. So lange Zeit ist das alles noch gar nicht her.

Das hat der Gnädige Herr Junker Landvogt sicherlich längst schon veranlasst, Jungfer Anna – damals, als wir den Toten im Graben gefunden haben. Aber bis der Bescheid eintreffen wird, kann das lange dauern.
Bern hat keinen Anteil an dieser Vogtei, sagte der Amtsschreiber. Das wird die Sache hinausziehen.
Der Grichtssäss zog seine Sackuhr, die mit goldener Kette an seinem Gilet hing. Es wird Zeit, dass wir Mittag machen, sagte er. Du, Anna, kannst gehen und nach dem Essen wiederkommen.
Anna verschwand. Der Amtsschreiber war ebenfalls der Pause nicht abgeneigt. Eine kalte Suppe, sagte er und erhob sich von seinem Stuhl, macht der Köchin nur noch die halbe Ehre. So pflegt meine Frau Mama immer zu sagen.
Und damit, sagte der Müller trocken, hat sie vollkommen recht. Wir wollen uns nicht mehr säumen. Er wollte gehen.
Mit Verlaub, Grichtssäss, sagte da der Amtsschreiber. Irre ich da, oder habt Ihr die Malefikantin wirklich nicht hinter Schloss und Riegel? Sie könnte also, wenn sie nur wollte, sich aus dem Staube machen, wann und wohin es ihr nur passen würde?
Der Müller schüttelte den Kopf. Ich habe meine Buben und meine Knechte, sagte er. Die sind soviel wert wie jede andere Miliz. Ausserdem geht es der Anna mit meinen Mägden ein bisschen wie einem weissen Raben auf dem Felde, der sich in einen Haufen gewöhnlicher Raben verirrt. Er wird kaum mit dem Leben davonkommen, der weisse Rabe. Er lachte. Mein Weibervolk bewacht die besser, als es jeder Weibel droben im Schloss tun könnte. Nein, nein. Die geht nirgendwo hin. Wohin sollte sie auch?
Der Amtsschreiber machte sein gestelztes Gesicht. Immerhin, sagte er, ist nicht auszuschliessen, dass dieser Malefikantin das Blutgericht droht nach alledem, was sie bisher ausgesagt, wobei ich, mit Verlaub, nicht die Hälfte – was sage ich da – nicht ein Viertel davon glauben mag, was sie erzählt. Ihr wisst ja, Grichtssäss, wie dieses Lumpenvolk ist und womit es sich durchs erbärmliche Leben schlägt, bis es irgendwo am Galgen endet: mit List und Hinterlist, mit Lug und Trug.

Jaja, sagte der Müller bedächtig. Und jetzt wird uns trotz allem die Suppe kalt.
In der Tat hörte man nun wie im Chor die Mägde ums Haus herum brüllen: Ihr sollt zum Essen kommen, es sei angerichtet, lässt die Müllerin sagen, und wer von den Lümmeln nicht zur rechten Zeit kommen könne, solle ihrethalben kalt fressen.
Das wäre selbst einem Junker Amtsschreiber zuviel gewesen.

39

Mittagessen! scholl es auch von unten herauf in Fabians Arbeitszimmer. Es ist im Garten gedeckt. Fabian stand auf und sah zum Fenster hinaus. Am alten Brunnen an der Friedhofmauer stand der alte Wagner und wusch sich Arme und Hände. Er formte die Hände zu einem kleinen Gefäss, das er voll Wasser laufen liess, um dann sein Gesicht schnaubend und prustend hineinzutauchen. Fabian wunderte sich. Aber noch mehr wunderte er sich, als er sah, wie Wagner mit den feuchten Händen über seine grauen Haare fuhr und dann tatsächlich einen Kamm aus seiner hinteren Hosentasche zog, um sich damit so etwas wie einen Scheitel über den Schädel zu ziehen. Fabian drehte sich um und ging, immer noch vor sich hingrinsend, die Treppe hinunter. Aus der Küche kam Marianne mit einer Platte in den Händen. Die Hände hatte sie mit einem Paar riesiger, grüngestrickter Topflappen geschützt. Sie hatte ein küchengerötetes Gesicht. Heiss, rief sie, als sie ihn gewahrte. Mach bloss, dass du mir aus dem Wege kommst. Sie ging durch die offene Tür in den Salon, durch diesen hindurch und dann in den Garten, wo sie ihre Platte auf dem gedeckten, runden Tisch abstellen konnte, während Fabian sich nach rechts zum Badezimmer wandte, um sich ebenfalls die Hände zu waschen. Irgendwo von draussen hörte Fabian die Stimme der beiden Jungen, die nach Cornelia riefen.

Es kam in letzter Zeit, wie ihm Marianne mitgeteilt hatte, immer öfter vor, dass Cornelia gesucht werden musste – sei es zu den Mahlzeiten, oder sei es zu irgendeiner Verrichtung oder Besorgung für ihre Mutter. Sie verkriecht sich irgendwo in eine Ecke, meist mit einem ganzen Stoss von Büchern, und lässt die Buben nach ihr suchen; selbst dann, wenn sie diese am Bein packen könnte, Cornelia würde sich nicht rühren. Das gefalle ihr, nebst einigen anderen Auffälligkeiten, überhaupt nicht. Das werde sich wieder legen, sagte Fabian damals, zugegebenermassen ein bisschen mit der linken Hand.
Marianne hatte nicht weiter insistiert. Fabian trocknete seine Hände ab, und nun hörte er auch den Kläffer, der sich jedesmal freute wie ein Irrer, wenn draussen gegessen wurde, da ihm ja das Haus von Fabian ein- für allemal verboten worden war und die Buben so keine Möglichkeit hatten, ihn heimlich von ihren Tellern mit allerhand Leckerbissen zu füttern und ihn, den Bemühungen des alten Wagners zum Trotz, total zu verziehen. Draussen im Garten schafften sie das mit der grössten Raffinesse, aber für heute hatte Fabian sich vorgenommen, aufzupassen und beim ersten Anzeichen von Disziplinlosigkeit endlich ein Machtwort zu sprechen. Das war nötig, denn der Köter war auf dem besten Wege, ihm bei den Buben den Rang abzulaufen und sich zum Chef des Rudels aufzuschwingen, der kleine Usurpator, aus dem inzwischen ein mittelgrosser Usurpator geworden war, der mühelos den Kopf auf die Tischkante legen konnte. Endlich sassen alle um den Tisch, der alte Wagner musste, ebenfalls wie gewohnt, extra gebeten werden, ehe er sich verlegen an den Herrschaftstisch, wie er das nannte, setzte. Der hatte zuerst in allem Ernst verlangt, man möge ihm doch sein Essen im Gartenpavillon geben, er fühle sich freier dabei. Fabian hatte dem ein kurzes Ende gemacht. Wer hier arbeitet, sagte er, isst an diesem Tisch oder gar nicht. Neue Moden werden auch dann nicht eingeführt, wenn es sich um den alten Wagner handelt. Punktum.
Beim Essen herrschte zunächst, nach überlieferter Tradition, Stille. Nur Bestecke und Geschirr machten einen diskreten

Lärm. Im Salon lief nämlich der Radioapparat; die Mittagsnachrichten und die darauffolgenden Informationssendungen wollte Fabian nach Möglichkeit nicht verpassen. Meistens hatten bis dahin die Kinder gegessen, bekamen ihr Dessert und anschliessend die Erlaubnis, den Tisch zu verlassen, während Fabian und Marianne es sich mit einem Kaffee – Fabian mit der Pfeife und Marianne (sie hatte wieder zu rauchen angefangen) mit einer Zigarette – gemütlich machten. Wenn der alte Wagner im Hause oder im Garten war, wurde er selbstverständlich zu dieser Kaffeerunde eingeladen. Marianne hatte Fabian lediglich einmal gebeten, er möge dem Vater Wagner doch um Gotteswillen bei der nächstbesten Gelegenheit eine Riesendose mit englischem Tabak schenken – sie könne den Knaster, den Wagner in seiner Pfeife zu verbrennen (rauchen könne man dem beim besten Willen nicht sagen) pflege, nicht ausstehen und kriege davon regelmässig Hustenanfälle. Der gute Wagner ahnte von diesen Zivilisierungsversuchen freilich nichts und lobte noch voller Stolz seinen Tabak, den er, wie er sagte, in seinem eigenen Garten zu ziehen pflege und dann nach einem Verfahren, das er einst von einem javanischen Seemann gelernt habe, selbst fermentiere und trockne. Wagner hatte ganz verblüfft Marianne angestarrt, als die ihn einmal unverhohlen und ohne jeglichen Schalk in der Stimme – Fabian kannte das! – gefragt hatte, auf welchem Bahndamm er denn seinen Tabak zu schneiden pflege. Er hatte den Witz nicht verstanden und Fabian sich gehütet, ihn aufzuklären.

Fabian hatte Wagners Geburtsdatum mühselig genug aus dem Gemeindeschreiber herausgeholt, nachdem dieser zunächst Miene machte, dieses Datum als Staatsgeheimnis zu betrachten, dann unverhohlen dazu überging, Fabian über das Tun und Treiben des alten Mannes aushorchen zu wollen, und endlich, als das alles nichts fruchten wollte, davon sprach, dass die Gemeinde erörtere, den alten Wagner endgültig versorgen zu lassen, und Fabian unverblümt warnte. Nicht, dass bekannt geworden sei, dass er jemals etwas gestohlen hätte oder so, sagte der Gemeindeschreiber, aber wissen Sie, Herr Kessler: Bei diesen Fahrenden weiss man

das ja nie so genau, und vor allem weiss niemand, wie die sich im Alter noch verändern, man hat da schon einiges gehört, und dann trägt doch die Gemeinde die Verantwortung.
Der Gemeinde, Herr, hatte Fabian damals gesagt, ist der alte Wagner bisher reichlich gleichgültig gewesen. Von wegen Verantwortung. Solltet Ihr nicht alle vielmehr Angst davor haben, verdammt Angst sogar, was der alte Wagner alles über euch alle weiss? Und nun soll er wohl aus dem Verkehr gezogen werden, wie? Und einen Amtsarzt, der ihn für verrückt erklärt, den werdet Ihr wohl auch zu finden wissen, was? Aber macht Euch keine Sorgen. Fabian hatte dem Gemeindeschreiber ins Gesicht gelacht. Die Aufzeichnungen des alten Wagner sind gut aufgehoben, und ich muss sagen: Diese Lektüre ist manchmal sehr erheiternd. Aber nicht nur, hatte Fabian drohend hinzugefügt. Ein paar Leute haben schon gewaltig Dreck am Stecken, meint Ihr nicht auch? Das sind doch... Der Gemeindeschreiber wurde purpurrot im Gesicht.
Verleumdungen, ich weiss, sagte Fabian. Er war dann hinausgegangen, nicht ohne sich in der Tür nochmals umzudrehen. Nur sind diese Verleumdungen beweisbar, und zwar mit Leichtigkeit. Die einzelnen Teile passen vorzüglich zusammen, und gerade versteckt hat sich ja auch niemand bei diesen Machenschaften. Man wird wohl gedacht haben, solange man im Gemeinderat die Mehrheit besitze, könne man das Ganze leicht unter Kontrolle behalten.
Nun ja – Ihr könnt's ja mit ihm probieren, mit dem Wagner-Ruedi. Der wird dann aber nicht alleine dastehen, das kann ich Euch schriftlich geben.
Ein ärgerlicher Zwischenfall, dachte Fabian im nachhinein. Ärgerlich und – in einer gewissen Weise – auch sinnlos. Er fühlte sich gar nicht wohl dabei. Hatte er überhaupt das Recht gehabt, etwas über Wagners Aufzeichnungen verlauten zu lassen, einmal ganz abgesehen davon, dass das nicht sehr klug von ihm gewesen war? Das alles nur, weil Madame den Knaster des alten Ruedi beim Kaffeetisch nicht zu ertragen vermochte.
Nun – was macht die Dichtkunst? fragte an diesem Mittag der

alte Wagner, nachdem er sich aus der riesigen blauen McBarens-Dose, die ihm Fabian und Marianne zum Geburtstag geschenkt hatten, ohne den Zwischenfall auf der Gemeinde zu erwähnen, eine Pfeife gestopft hatte und nun riesige, wohlparfümierte Rauchwolken in die Gegend blies. Fabian zuckte mit den Achseln. Die Treibjagd ist eröffnet, sagte er. Das Verhör hat begonnen, und die gute Anna wird wohl für immer auf ihr Vreneli verzichten müssen. Traurig, sagte der Alte, und Fabian musterte ihn befremdend, denn ihm war, als hätte da Spott mitgeklungen. Marianne sah nervös von einem zum andern. Wollt ihr noch Kaffee, fragte sie, um abzulenken. Nun ja, sagte Wagner gelassen. Und etwas dazu, meine ich. Der Fabian wird's brauchen können.
Er lehnte sich in seinen Sessel zurück. Als Marianne aufgestanden war, um den Schnpas zu holen, zischte der Alte Fabian über den Tisch hinweg an: Kannst du eigentlich dein Maul nicht halten? Welcher Teufel hat dich denn geritten, den Gemeindeschreiber auf die Hörner zu nehmen? Und das auf meine Kosten? Und als Fabian antworten wollte, sagte Wagner: Kein Wort zu Marianne. Ich mache das mit dir aus. Die hat, so scheint es mir, genug andere Sorgen. Was ist eigentlich mit der Cornelia los? Ich komme an das Kind auch kaum mehr heran, und Marianne... Sie kommt. Komm doch heute abend wieder einmal ins alte Schulhaus – dann können wir auch den anderen Handel gleich in Ordnung bringen.

40

Der Amtsschreiber war schläfrig und konnte dem Verhör kaum folgen, denn obschon der Müller Anweisung gegeben hatte, es nicht gar zu gut machen zu wollen, war doch das Essen, das auf den Tisch gekommen war, nicht zu vergleichen mit dem, was sein ständig leerer Beutel ihm droben im Dorf am Tisch des Gastwirts erlaubte. Wenn er zu Hause oder im Hause seiner Verlobten, der Barettlitochter, speiste, getraute

er sich nicht so recht, zuzugreifen, um sich für die dazwischenliegenden langen Hungerwochen schadlos zu halten, und stocherte nur im Teller, ständig betonend, dass er fast nichts herunterbringe, wurde des Rühmens nicht müde, wie man doch auf dem Lande so gut gehalten sei, dass man richtig in Sorge um das Embonpoint geraten möchte – und die zukünftige Schwiegermutter brachte ihm dann, mit saurem Gesicht, irgendein Dessert, von dem sie behauptete, er werde auf dem Lande wenigstens «dazu» kaum kommen. Nun solle er zum mindesten das probieren, irgendein fremdes Obst, von dem man wiederum kaum wusste, wie man es essen sollte mit dem Obstmesserchen und dem Obstgäbelchen, um in den strengen Augen der Frau Ratsherr Gnade zu finden. Er hatte hinter dem Tisch unter dem Gilet heimlich die obersten Knöpfe seiner Culotte geöffnet, um wenigstens ein bisschen Luft zu bekommen, aber der Kopf wollte ihm immer wieder vorne herunter, und von einem Kaffee hatte er wohl etwas zu riechen, aber nichts zu sehen, geschweige zu trinken bekommen. Den hatte wohl der hundshärige Grichtssäss andernorts allein genossen. Das verbesserte die Laune des Amtsschreibers keineswegs, und er beschloss, dafür auf den weiteren Verlauf des Verhörs aufzupassen wie ein Luzerner Laufhund, der in der ganzen Republik beim Weibervolk berühmt und beliebt war wegen den treuherzigen Schlappohren, bei den Herren aber der guten Nase wegen.
Endlich erschien auch der Müller zusammen mit Anna, die aussah, als ob sie Kaffee bekommen hätte, wies ihr wieder ihren Stuhl an und setzte sich, anscheinend ebenso kaffeeputzmunter, an seinen Platz hinter dem Schreibtisch.
Noch einmal zurück zu den Werbern, Jungfer Anna. Woher kamen denn diese Werber?
Aus Preussen einmal ganz sicher, sagte Anna. Die erkannte ich am blauen Rock und daran, weil sie es ja waren, die den Ruedi mit sich fortführten. Dann die Venezianer, welche die Verurteilten auf die Galeeren abholten. Aber auch der Österreicher war da und der Franzos, der Holländer und der Spanier – was weiss ich denn noch, aus welcher Herren Ländern die alle kamen. Aber eines weiss ich: Gut gespickte

Börsen haben sie alle mitgebracht, und der Herr Junker Landvogt hat sie alle genommen.
Mit Verlaub, Grichtssäss, meldete sich jetzt der Schreiber. Mir scheint, das kömmt so nicht gut. Des Vagabundierens, Herumfahrens und sonstiger delicti angeklagt ist nicht die rechtmässige Obrigkeit der Malefikantin, sondern diese selbst. Der Gnädige Herr Junker Landvogt, so wage ich zu behaupten, wird an dieser Art der Verhörführung keine Freude haben. Ich würde sagen, zu allen anderen Anklagen dürfte noch die der Verleumdung, der Rebellion und des Aufruhrs kommen. Was versteht ein solches Weib von der Politik? Worein mengt sie sich da?
Der Grichtssäss seufzte. Kaum hatte man den Hungerleider halbwegs sattgefüttert, stellte der den Kamm wie ein Cholderhahn und wurde frech. Das, was dieser Stiefelwichser ihm da zu verstehen geben wollte, wusste er selbst am besten. Er hatte der Marei noch eingeschärft, der Anna zuzureden, sie solle sich nicht selbst um Kopf und Kragen reden – denn was sie einmal gesagt, das müsse ins Protokoll, und da könne er nichts mehr daran machen. Ob sie eigentlich mit aller Gewalt in den Kerker oder gar an den Galgen wolle? Und dann das Kind? Da hatte ihm die Marei den Bescheid gegeben, der Anna sei das gleich, habe sie gesagt. Sie hätte das Kind ja ihr überlassen. (Hier flunkerte die Müllerin ein bisschen, weil es Wasser auf ihre Mühle war. Sie sah keinen Grund, da sie das Kind ja nun einmal hatte, warum die Anna sich retten sollte, im Gegenteil. Möchte sie nicht doch sonst eines fernen Tages mir nichts, dir nichts das Vreneli zurückfordern, und was dann? Was sollte man dann unternehmen, nachdem man ja jetzt schon so viel gelogen und betrogen hatte?) Sie begehre nur noch, sagte die Marei weiter, sich alles von der Seele reden zu können. Sonst sei ihr an nichts mehr gelegen. Davor werde man ja einem rechten Christenmenschen nicht sein können, sein Gewissen zu erleichtern.
Der Müller hatte wiederum mörderlich geflucht und seiner Marei ein weiteres Kapitel gelesen, das so bald nicht vergessen sein würde: Das hätte er, der Grichtssäss und Ruchmüller jetzt davon, dass er ihr partout ihren Grind gelassen habe.

Anna rede vor dem Schreiber von den Gnädigen Herren und Oberen so ungeniert, wie sie selbst es kaum im Stübli unter dem Dachbett täten, und dieser Hundsfott schreibe natürlich das alles Wort für Wort auf; wenn dann später einer ihm, dem Müller, bös wolle, so brauche der nur zu sagen, der Grichtssäss habe sich diese aufrührerischen und mörderischen Reden angehört, ohne die Malefikantin zur Ordnung zu weisen oder gar zu strafen; ob er, der Grichtssäss, damit am Ende gar noch einverstanden gewesen sei und so weiter und so fort würde man ihm dann an den Karren fahren, und Grichtssäss sei er dann vermutlich die längste Zeit gewesen. Noch seien die Herren am Ruder. Was man anderes hören könne, etwa von Weinhändlern oder alten Soldaten, wie es beim Franzos draussen zugehe, dass dort kurzum eine andere Ordnung eingeführt werde – das alles glaube er erst, wenn er es mit eigenen Augen gesehen habe und wenn zum erstenmal der Landvogt vor ihm, dem Grichtssäss, zuerst den Hut ziehe. Aber noch sehe er keine Zeichen dafür, dass solches sich überhaupt je ereignen werde. Noch seien die Gnädigen Herren sehr wohl imstande, ihm den Grichtssässenhals an einem hanfenen Halsband so zu strecken, dass ihm das Luftholen dabei vergehen möchte. Sie sei, hatte er weiter losgelegt, aber eben immer dieselbe Babe; man sollte nicht meinen, dass sie ein vernünftig Weibervolk mit ein paar erwachsenen Buben sei. Wegen dieses Häufchens Elend da oben, das sowieso immer zwischen Leben und Tod hin und her mache, setze sie ihren ganzen Verstand ausser Kraft, und er habe manchmal das Gefühl, er müsse ihr denselben mit einer Handvoll Ohrfeigen wieder ins Gleis bringen, so mache sie sich selbst zum Narren. Vor dem Vater, fluchte der Müller weiter, hätte man ja einstweilen Ruhe, den habe der Teufel beizeiten genommen – aber zähl darauf, Marei: Der Teufel wird auch in dem Kind stecken. Es wäre mir neu, dass auf Ackerhohlzahn und Disteln Korn wächst; und du wirst noch an mich denken, wenn du eines Tages beinahe nichts anderes mehr kannst als plärren und weinen über das Hexenbalg, das du dir ohne Not ins Haus genommen – und dabei hat sie wahrscheinlich, sofern ich noch nicht ganz dumm bin, was ich

manchmal fast bezweifle, noch irgend etwas mit einem andern Kind zu schaffen gehabt. Sie hat darüber noch nicht im einzelnen geredet. Das wird aber schon noch kommen – und dann können wir an der Suppe ersticken, die du uns da angerichtet hast in deiner Dummheit.
Und nun sass der Müller wieder da vor dieser Anna, musste sich vom Junker Käsebleich Belehrungen erteilen lassen und dabei erst noch aufpassen, dass ihm nicht selbst noch etwas an den Hosen kleben blieb. Er erstickte fast an seinem ohnmächtigen Zorn. Und schärfer, als er wohl selbst beabsichtigt haben mochte, setzte er das Verhör fort.
Ich nehme an, sagte er, dass dieser Ruedi wie alle andern auch eines unsaubern Handels wegen der Trommel nachgelaufen ist und dass du ihn jetzt in Schutz zu nehmen trachtest, indem du über deine Obrigkeit lästerst. Oder kannst du mir vielleicht erklären, wozu die Werber sonst das viele Geld ihres Königs ausgegeben hätten, wenn es nicht etwas zu werben gegeben hätte?
Freiwillig hat sich kaum einer gemeldet, verteidigte sich Anna. Freilich gab es ab und zu einen Bauernburschen, der ins Regiment ging, um nicht seiner Lebtag ein Knecht bleiben zu müssen, und dem die Werber gar fleissig vom vielen Geld und dem kostbaren Plunder redeten, den man sich im Kriege erwerben könne, um dann als gemachter Mann in seine Heimat zurückkehren zu können. Aber das waren nur wenige, weil die meisten wussten, dass man im Krieg auch totgeschossen werden kann, und das wäre eine kuriose Art von Reichtum. Auch war etwa ein Hitzkopf darunter, der nach einer Kilbi- oder Wirtshausschlägerei befürchtete, ein bisschen gar hart zugeschlagen zu haben, und der auf diese Weise hoffte, den Anschicksmännern des Geschlagenen aus dem Wege gehen zu können. Aber den weitaus grössten Rest – das haben der Vetsch und der Herr Junker Landvogt gemeinsam gedeichselt.
Willst du etwa gar behaupten, der Landvogt, ein Herr, habe mit seinem Ammann, einem Bauern, geteilt? Willst du uns das wahrhaftig glauben machen? Das kannst du anderen erzählen, Jüngferli, aber doch nicht uns.

Das habe ich auch nicht behauptet, sagte Anna empört. Man soll mir hier nicht das Wort im Maul umdrehen. Der Vetsch war wohl selbst dem Herrn Junker Landvogt zu dumm und zu niederträchtig, als dass er sich mit ihm auf solche Händel eingelassen hätte. Der Vetsch bekam von dem vielen Gold kaum einen Heller – das hätte man in den Dörfern und im Städtchen gemerkt, wenn er's ausgegeben hätte.
Und warum, fragte der Grichtssäss, sollte der Vetsch dann ein Interesse an dem Spiel gehabt haben, wenn für ihn selbst dabei nichts herausspringen sollte? Das vermag ich nicht zu begreifen – entweder lügst du das alles zusammen, oder es ist alles ganz anders gewesen.
Ich habe nicht gesagt, Grichtssäss, dass sich der Vetsch keinen Vorteil mit dem Handel zu verschaffen gewusst hätte. Nur waren diese Vorteile anderer Art. Der Vogt hat ihm Ämter gegeben und Vollmachten über das Volk. Das war damals so gut wie bares Geld, sagte Anna.
Der Schreiber liess sich kein Wort entgehen, seine Feder kratzte so emsig über das Papier, dass dem Grichtssäss unbehaglich wurde.
Was waren denn das für Ämter und Vollmachten, Jungfer?
Nun, sagte Anna. Zunächst einmal war er ja schon Ammann. Als solcher war er auch der Hauptmann der Konstabler.
Der Grichtssäss unterbrach mit einer unwilligen Bewegung und schielte zum Schreiber hinüber. Das, sagte der, sind die Landsoldaten, Grichtssäss. Wie unsere Milizen.
Gut, sagte der Grichtssäss ungeduldig. Da befehligte er also diese Miliz. Was sonst noch?
Dadurch, sagte Anna, blieb ihm die Hälfte der Bussen, die der Gnädige Herr Junker Landvogt auf die Anzeigen des Ammanns Vetsch hin verhängte. Und wenn einer der Bauern nicht zahlen konnte oder wollte, machte der Vetsch sich eben am Handgeld des Werbers bezahlt; die warteten ja bereits auf dem Schloss. Der Gnädige Herr Landvogt nahm das Kapitulationsgeld, und dem Vetsch blieb so immerhin das Handgeld. Auf diese Weise kamen ganze Hundertschaften von Werdenberger Burschen und Männern in die fremden Regimenter.

Und so, um wieder zur Sache zu kommen, auch dieser Ruedi?
Ja, sagte Anna. Und dabei hatte der Ruedi noch Glück gehabt in seinem Unglück: Er kam in den preussischen Dienst und kam nicht auf die Galeeren nach Venedig, wie es der Vetsch eigentlich gewünscht hätte. Von den Galeeren kehrte selten einer zurück. Bei den Preussen hatte er Hoffnung, nach fünf Jahren des Dienstes ledig zu werden.
Warum wollte der Vetsch diesen Ruedi denn auf den Galeeren wissen? Und zum Schreiber gewandt sagte der Grichtssäss: Das wird auch die Prozedur um diesen Toten verkürzen, wenn wir das alles hier zu Protokoll nehmen können. Der Schreiber beeilte sich, zu nicken und weiterzuschreiben. Kafle du nur, dachte der Grichtssäss. Ich will dir dann noch lange schlau genug sein. Beim Landvogt habe ich das erste Wort und nicht du, da helfen dir auch deine Stiefeletten nicht viel.
Der Vetsch nannte den Ruedi einen Erzrebell, sagte Anna.
Das hast du bereits einmal gesagt. Aber dieser Vetsch musste dafür doch einen Grund haben? Handfeste Beweise?
Diese Gründe hat er schon gehabt, der Vetsch, sagte Anna mit verzerrtem Gesicht. Aus ihren Augen glühte bedrohlich ein bodenloser Hass. Mich wollte er nämlich haben, der Vetsch. Und da war ihm der Ruedi eben im Weg. Und Manns genug, es mit dem Ruedi selbst auszumachen – das war er nicht, dieser Vetsch, selbst dann nicht, wenn ich gezweifelt hätte, welchen von beiden ich nehmen solle. Dazu war er zu mickrig und zu gering an Kraft.
So wäre also dieser Ammann hinter dir her gewesen? fragte der Grichtssäss. Aber – der war doch bestimmt verheiratet, oder nicht? Einen solchen Kilter kann doch ein Mädchen loswerden, wenn es nur will.
Jetzt stieg der Zorn in Anna hoch.
Ja, glaubt Ihr denn im Ernst, Grichtssäss, dass irgendein Herr in der Vogtei Werdenberg eine Magd gefragt hätte, ob sie ihm herhalten wolle? Ob sie einwillige, seine Hure zu werden? Aufwarten, Grichtssäss, das war es, was eine Magd zu besorgen hatte, und zwar von Tagesanbruch bis zur Morgen-

dämmerung, das Nachtstroh war darin inbegriffen und umsonst zu haben. Und wenn dann gar der Gnädige Herr selbst ein Gelüsten verspürte, dann warf er die Magd kurzerhand auf sein Bett – und das war dann gewiss nicht aus Stroh gebettet; nach einer Einwilligung hat er gewiss nicht lange gefragt. Mach die Beine breit, Magd, hiess es dann. Dein Herr ist über dir.
Anna lachte grimmig.
Und das war dann diese von Gott eingesetzte Obrigkeit. Die Fürsichtigen und Frommen Gnädigen Herren, die zudem im Chorgericht sassen und uns Sittenmandate verlesen liessen – die ein Mädchen mit Ruten streichen liessen, wenn sie es selbst ins Unglück gebracht.
Der Schreiber hatte schon lange den Kopf gehoben und mit dem Schreiben aufgehört. Jetzt aber sprang er auf und schüttelte seine mageren Fäustchen. Das, rief er, werde ich nicht schreiben – das kommt nicht ins Protokoll, Grichtssäss. Das steht uns nimmermehr zu. Lasst diese Verleumderin sofort in Ketten legen und ins Schloss schaffen. Hier geht es um Hochverrat.
Der Grichtssäss drehte sich gelassen um. Setzt Euch nur wieder hin, Junker Amtsschreiber. Die Jungfer da vor uns redet ja von der Grafschaft und Vogtei Werdenberg, und Ihr habt selbst gesagt, dass Bern daran keinen Anteil hat. Was also soll uns kehren, wie das Gouvernement in anderen Landen gehandhabt wird? So etwas kann bei uns nicht geschehen, oder? Also kann's uns auch nicht treffen – oder doch? Daneben sind es nur Worte, im Zorn geredet von einem Weibervolk; es ist darauf wenig zu achten. Wenn hier einer in Haft zu nehmen wäre, dann dieser Ruedi, der nicht nur ein Rebell, sondern auch noch ein Deserteur zu sein gewesen scheint – aber der ist tot und hat sich demnach nur noch vor Gott zu verantworten. Aber wenn es den Junker Schreiber zu streng deucht, kann ich um einen Kaffee rufen, das könnte uns ein wenig aufmöbeln, und durstig genug dazu wäre ich eigentlich. Was meint Ihr dazu, Junker Amtsschreiber?
Oh, sagte dieser, er habe zwar noch genug vom Mittagessen,

aber wenn es denn sein müsse, so nehme er auch einen Kaffee, es sei ja noch nicht spät am Nachmittag – am Abend nehme er keinen. Er lasse ihn sonst nicht schlafen.
Bricht du mich, du Rindvieh, dachte der Grichtssäss, und laut sagte er, jaja, solches habe er auch schon gehört. Bei sich dachte er weiter, du würdest wahrscheinlich auch abends noch so gerne einen nehmen, wenn du das Geld dazu im Säckel hättest; aber auf einer abgeweideten Matte ist schlecht mähen. Zur Anna sagte er: Du hast's gehört, was anbefohlen worden ist, also säume nicht und komme bald zurück. Ich will nicht vierzehn Tage an diesem Malefizverhör vertrödeln, das kaum die Tinte wert ist, mit der es aufgeschrieben wird. Und wiederum bei sich dachte er, er habe zwar schon manchen Ton läuten hören, wie es etwa zugehen könne und wie gottlos sich die Obrigkeit manchmal aufführe – aber das hätte er vom Franzosenkönig gehört und hätte es kaum geglaubt und für möglich gehalten, und der sei doch immerhin ein König. Dass solches im Bernbiet wohl kaum geschehen könne, hätte er bis dahin geglaubt, aber er sei sich da jetzt nicht einmal mehr so sicher, sonst wäre das Junkerlein nicht so an die Decke gehüpft, denn, wenn man den Bengel in die Säue werfe, dann pflege gewöhnlich nur die Sau zu schreien, die vom Bengel getroffen worden sei, aber abah – das Mädchen wird einen Haufen dazutun zur wahren Geschichte, mir ginge es vermutlich nicht anders, wenn ich den obrigkeitlichen Hälslig schon am Kragen spüren würde; man muss darauf wirklich nicht so achten. Flink erschien Anna mit dem Kaffee und schenkte ein. Der Schreiber, der ihn eigentlich nicht haben wollte, hatte seine Tasse im Handumdrehen ausgetrunken und streckte sie Anna erneut entgegen.
Nimm dir selber auch, sagte der Grichtssäss, um einiges freundlicher, als er im Verhör zunächst gewesen war. Du kannst ihn ebensogut brauchen wie wir.
Der Junker Amtsschreiber schäumte innerlich vor Wut. Nicht nur, dass diese Verbrecherin sich hier frei bewegen konnte und gar noch würdig erachtet wurde, ihm, immerhin einem Herrn Junker, aufzuwarten – nein. Statt im finstersten Käfig bei Wasser und Brot zu sitzen, wurde ihr noch von

diesem guten Kaffee angeboten, als ob sie hier zur Familie gehören würde. Der Amtsschreiber trank seinen Kaffee dennoch, auch wenn er ihn mit einer Verbrecherin teilen musste. Aber insgeheim dachte er sich, der Grichtssäss werde wohl seine liebe Mühe haben, dem Gnädigen Herrn Junker Landvogt sein Verhalten zu erklären.

Der Grichtssäss merkte wohl, dass ihm jetzt nur zwei Möglichkeiten blieben: entweder das Verhör sofort abzubrechen und die Anna ins Schloss schaffen zu lassen, wo sich dann der Junker Landvogt selbst damit befassen konnte – oder tollkühn zu werden und damit fortzufahren, ohne auf den Schreiber zu achten. Was würde der wohl sagen, wenn er ahnen würde, dass das Kindergeschrei, das man eben wieder hören konnte, mit der Delinquentin in einem näheren Zusammenhang stand? Einen Augenblick überkam den Müller Panik. Er sah sich schon verbannt oder Schlimmeres, seine Güter eingezogen, die Familie in alle Winde zerstreut – sie könnten dann ebensogut dem Bettel nachgehen wie das Meitschi, das da vor ihnen stand, und dem Müller fiel es wie Schuppen von den Augen. Es tagte ihm, wie das alles vielleicht zusammenhängen könnte. Denn wenn er auch nicht gebildet war und annahm, die Vogtei Werdenberg gehöre zum Bernbiet und sei vielleicht irgendwo im Aargau unten – den Erklärungen des Schreibers hatte er keinen Glauben geschenkt, was mochte der schon wissen, der kreuzdumme Hund? –, dumm war er nicht, und als Grichtssäss, fast noch mehr als Chorrichter hatte er seine eigenen Erfahrungen mit den Gnädigen Herren machen können, und was die konnten, wenn es nottat; was Zinsen und Zehnten waren, wusste er auch.

Eigentlich hätte er jetzt gerne das bisherige Protokoll vorlesen lassen, um Zeit zu gewinnen und dann den Faden möglichst unverfänglich wieder zu finden, aber das könnte den Schreiber erneut in die Sätze bringen und ihm womöglich die Nase darauf stossen, dass an der Geschichte etwas faul war. Er strengte deshalb lieber seinen eigenen Kopf an, als er Anna fragte: Wusste denn der Ruedi als Verlobter davon, dass du dem Gnädigen Herrn Junker Landvogt zu Willen sein musstest, wann immer der es wollte?

Nur zu, dachte der Schreiber und kritzelte eifrig. Nur zu – dummer Bauer, der sich in der eigenen Schlinge fängt. Ich frage mich nur, wie dieser Ruchmüller es fertiggebracht hat, seine wahre Gesinnung so lange vor dem Landvogt geheimzuhalten. Aber die Herren zu Bern werden sich freuen und ihn dafür loben, wenn er, der Amtsschreiber und zukünftige Ratsherr, ihnen darüber Aufschluss geben konnte, was in den Köpfen ihrer Bauern wirklich vorging.
Anna nahm sich Zeit mit ihrer Antwort. Sollte sie überhaupt noch antworten? Die ganze traurige Sache wieder aufwärmen, wenn für sie doch alles verloren war – oder glaubst du etwa im Ernst daran, Anna, sagte sie zu sich, dass du diesen Müller und Grichtssäss wirst bekehren können, dir Gerechtigkeit widerfahren zu lassen? Dann müsste er ja selbst gegen die Gnädigen Herren aufstehen, die, das wusste sie aus ihrer jahrelangen Irrfahrt kreuz und quer durch alle Länder und Herrschaften der Eidgenossenschaft, doch überall dieselben waren und sich gegenseitig kein Auge aushacken würden?
Wird's bald, fragte der Grichtssäss.
Natürlich, sagte Anna. Das weiss doch jeder Knecht, dass die Magd, um die er freit, den Herren bereits zu Willen gewesen sein musste. Der Strohkranz für die Braut ist ein häufiges Kleidungsstück gewesen, Grichtssäss, und er wird den Bräuten meist noch von ihren eigenen Schändern aufgesetzt. Dazu steht oben auf der Kanzel der Pfarrer und verkündet, dass die Obrigkeit von Gott verordnet sei und dass wir, um den Preis der Seligkeit, zu parieren hätten. Nein, Grichtssäss – damals bei uns in der Grafschaft Werdenberg war ein Knecht schon froh, wenn seine Braut ausser dem obrigkeitlichen und pfarrherrlichen Strohkranz nicht noch ein paar Herrenbastarde mit in die Ehe brachte, falls er sie wirklich eines Tages freien konnte und das Geld für die Ehesteuer aufbrachte. Die war so hoch angesetzt, dass man den neuen Hausstand füglich nur mit lebenslänglichen Schulden bei der Obrigkeit antreten konnte, und damit war man wiederum gefangen.
Du hast heute vormittag von einem Bankert gesagt, den du nicht wecken wolltest, als der Ruedi aus dem – hm – fremden Dienst zurückkam und an dein Kammerfenster klopfte.

Endlich, dachte der Schreiber. Endlich nimmt er wieder die ins Visier, die hier als Malefikantin steht und nicht als Klägerin. Jetzt wird der unsaubere Handel ja wohl an den Tag kommen.
Ja, sagte Anna leise.
Dann hast du also auch so einen – wie sagtest du – Herrenbastard gehabt?
Das wusste jeder, sagte Anna. Aber es ist mir erst dann geschehen, als ich schon beim Vetsch war.
Dann wäre also dieses Kind vom Vetsch gewesen? Wieso sagst du dann Herren?
Pah, sagte Anna verächtlich. Das hat der nicht geschafft –, obschon er, was das Bettstroh angeht, noch ein gutes Stück eifriger zu Werke ging als der Gnädige Herr Junker Landvogt – er war ja auch ein paar Jahre jünger als dieser. Aber ich bin zur Waldfrau gelaufen, und die hat mich beraten. Dem Ammann ist es nie gelungen, mir einen Bankert anzuhängen. Das blieb dann später doch dem Herrn Junker Landvogt vorbehalten.
So bist du also mit dem Landvogt in Verbindung geblieben? Auch während der Zeit, in der du beim Vetsch in Diensten warst?
Nicht ich mit ihm, sagte Anna höhnisch. Wohl aber er mit mir. Es muss den Gnädigen Herrn Junker nachträglich doch gereut haben, mich dem Vetsch einfach so überlassen zu haben – ausserdem war der Gnädige Herr bekannt für seine Streifzüge durch die Hütten, die er besonders dann unternahm, wenn der Hausvater abwesend war – und um das nicht einrichten zu können, dazu hätte er nicht der Vogt sein müssen. Und ich, Grichtssäss, ich war jung und hübsch dazu. Das wird Euch in Werdenberg jeder sagen können.
Der Grichtssäss lächelte.
Der Vogt, sagte er, sich einen Pfifferling darum kümmernd, ob dem Schreiber das Weglassen der demütigen Anrede aufgefallen war oder nicht, der Landvogt stellte dir also weiterhin nach?
Wo er mich antreffen konnte, sagte Anna. Und ich kann sagen, dass ich nicht wie alle andern nur die Knie zu beugen

329

und die Kappe vom Kopf zu nehmen hatte, wenn der Gnädige Herr Junker vorüberritt. Nein, Grichtssäss – an mir ritt er selten vorüber. Er stieg von seinem Gaul und vertauschte mich mit seiner Mähre, der Gnädige Herr Junker.
Und dann wurdest du schwanger? Trotz der Waldfrau? Und das vom Herrn Landvogt?
Anna nickte bejahend.
Und die Waldfrau?
Die hatte Angst, Grichtssäss. Man hatte sie schon einmal ihrer Kräuterkunst wegen vor ein Malefizgericht gestellt und ihr zur Warnung die Rute geben lassen, nachdem der Scheiterhaufen schon brannte – ebenfalls zur Warnung. Damals sind ihre Haare schneeweiss geworden. Dann hat sie zu mir gesagt: Anna –, wenn's der Vetsch ist, dieser ungewaschene Bauernlümmel, der sich hier als unser aller Herr aufspielen will, und der doch nur ein nachgemachter Herr ist und schlecht nachgemacht dazu –, dann will ich dir helfen, so gut ich es vermag und es in meinen Kräften steht. Aber wenn es der Gnädige Herr Junker Landvogt ist, dessen Frucht du trägst, so will ich dir hinfort nichts mehr geben, denn ich mag mich nicht gegen die Obrigkeit auflehnen, die Gott uns zu tragen auferlegt hat.
Anna schlug ihre Hände vors Gesicht, ehe sie fortfuhr: Aber doch nicht ich allein will sie tragen, Waldfrau! Solches steht nirgend geschrieben. Und die Obrigkeit – von Gott soll sie sein? Vom Teufel ist sie, Waldfrau, denn sonst müsste sie ja gut und gerecht sein wie Gott selbst. Diese unsere Obrigkeit aber ist unerträglich, ungerecht und verlogen.
Im Hinterstübli des Bauern herrschte eine solche Stille, dass man eine Feder hätte zu Boden fallen hören können. Der Grichtssäss war in seinen ererbten Grundsätzen erschüttert – der Schreiber rieb sich innerlich die Hände und blieb deshalb still.
Anna seufzte. Aber die Waldfrau, fuhr sie fort, stopfte sich ihre Finger in die Ohren. Sie wolle nichts mehr hören. In Zukunft werde sie mir nichts mehr geben. Und sie hat sich daran gehalten. Sie gab mir niemals wieder ein Mittel.
Und so bist du dann schwanger geworden?

Ich habe versucht, mir selber zu helfen, Grichtssäss – aber ich hatte die notwendigen Kenntnisse nicht. Gegen den Vetsch konnte ich mich mit List wehren – der schwängerte mich nicht, weil ich ihn... Anna schwieg und senkte den Kopf.
Lassen wir das, sagte der Grichtssäss verlegen. Wann wurdest du denn schwanger?
Das war im Frühjahr 1775, und im Herbst darauf konnte mir dann niemand anderer mehr helfen als die Wehmutter.
Und der Herr Junker Landvogt? Hat der sich um dich gekümmert oder doch um das Kind?
Ebensogut könnt Ihr fragen, Grichtssäss, ob die Kuh sich um den Fladen kümmert, den sie hinter sich hat auf den Boden fallen lässt. Keiner von den Herren hat sich jemals darum gekümmert, was aus ihren Bastarden geworden ist. Im Gegenteil. Wir wurden von ihnen vor ihr Chorgericht zitiert. Wir waren eben Mägde, arme Leute. Gesindel eben. Sündige Buhlerinnen, so nannte uns das Chorgericht unter dem Herrn Pfarrer; der Gnädige Herr Junker Landvogt sass auch dabei. Wir mussten in aller Öffentlichkeit Busse und Abbitte leisten. Mich hat man zur öffentlichen Züchtigung durch den Scharfrichter auf dem Platz im Städtchen verurteilt. Der Herr Pfarrer stand da, und beim Anblick meines nackten Körpers wollten ihm fast die Augen aus dem Kopfe fallen. Er soll es mit seinen Mägden so arg getrieben haben wie der Junker mit den seinen – und nicht nur mit diesen, was man so hörte.
Woher wusstest du das? Sprachst du mit andern Mädchen darüber – oder solltest du gar...
Davon blieb ich, dem Himmel sei Dank, verschont, sagte Anna. Aber andern ist es nicht so gutgegangen. Es ist damals, wie gesagt, viel geredet worden – in aller Heimlichkeit natürlich, weil doch der Vetsch so lange Ohren hatte –, aber es gab alte Leute, die sagten, wenn es schon soweit sei mit dieser Welt, dann könne das Ende nicht mehr fern sein, und dann werde endlich die verheissene Herrschaft des Herrn anbrechen, und mit dem Herrenpack gehe es kurzum vollends dem Teufel zu.
Darüber also wurde geredet? Und worüber sonst noch?
Über Auflehnung, Grichtssäss, sagte Anna einfach. Die

Alten sagten, man müsse dem Ende nachhelfen. Das Gottesreich müsse man sich erwerben. Man könne nicht bloss darauf warten.

Und? Wurde nichts daraus – als etwa der Obrigkeit das Holz zu stehlen oder einen Hasen aus dem Wald? Ihr Teich und Bach auszufischen? War das die ganze Auflehnung?

Auch das taten wir, sagte Anna trotzig. Aus Not freilich. Wer von uns ein Stück Fleisch auf dem Tisch haben wollte, der musste es sich selber holen, im Forst oder auf dem Anger – und beides gehörte ja den Herren. Wir selbst hatten kaum das Notwendigste für uns, wenn wir alle Zinsen, Zehnten und Abgaben entrichtet hatten – und wenn's Zeit gewesen wäre, zu pflügen und zu säen, dann war's ebenso Zeit auf den Äckern der Herrschaft. Wir mussten mit Zug und Geschirr in die Fron – und so kam unsere eigene Saat meistens zu spät in den Boden.

Unsere Ernten wurden spärlicher – aber die Herren fragten dem nichts nach und liessen nichts am Zehnten ab, ob das Jahr für uns gut oder schlecht gewesen. Und schlecht war es fast immer. Eher wurden die Lasten erhöht denn gesenkt.

Das kennt man, dachte der Amtsschreiber. Wer die Herrschaft um den Zehnten betrügen kann, tut's auch heute noch mit Vorliebe und wartet damit nicht bis morgen – und wenn man den Bauern alles glauben möchte, dann gäbe es im ganzen Lande nichts als Missernten, und die Herren kämen bald an den Bettelstab.

Gegen Missernten wussten die Herren sich zu helfen, Grichtssäss. Sie verordneten, dass nur noch der kleine Zehnten und der Pfrundzehnten mit Korn und anderer Speise entrichtet werden dürfe. Den grossen Zehnten und die übrigen Abgaben verlangten sie nun in Geld – und diese Abgaben blieben sich hinfort immer gleich. Wenn man nicht bezahlen konnte, gaben die Herren Papiere auf die Schuld, Gülten, Zinsschriften und Schuldbriefe. Am Ende besassen die Herren nicht nur das Recht auf Abgaben und Zinsen, sondern es gehörte ihnen alles zu eigen. Haus und Hof, Feld und Acker, Vieh und Frucht.

Und wer dann nicht zahlte?

Der kam in den Schuldverhaft und dann ins Regiment; das Land liessen die Herren von welschen Knechten bearbeiten, die sie ins Land holten, nachdem sie ihnen wahrscheinlich in den welschen Vogteien ebenfalls das eigene gestohlen.
Der Amtsschreiber fuhr auf, dass die Perücke verrutschte, aber der Grichtssäss sah ihn so durchdringend und forschend an, dass er sich wieder setzte, aber einen Aktenvermerk an den Rand seines Protokolls setzte.
Der Grichtssäss dachte lange nach. Sein Kopf surrte wie ein Brummkreisel. Er hatte das Gefühl, sich immer weiter in eine Sache einzulassen, die ihn eigentlich nichts anging, dafür sich aber immer weiter von der eigentlichen Sache zu entfernen.
Er machte einen Versuch, gegenzusteuern:
Im Winter 1775 kam also der Ruedi heimlich zurück und fand dich zusammen mit einem unehelichen Kind wieder beim Ammann Vetsch vor. Was geschah dann?
Wir haben den Bankert wissentlich erwürgt, Grichtssäss.
Dieses Geständnis schlug ein wie eine Bombe. Der Amtsschreiber sprang auf, nackten Triumph im Gesicht. Aus dieser Schlinge würde dieser unverschämten Person keiner mehr helfen können, nicht einmal Gottvater selbst, denn der kam, in der Rangordnung der Gnädigen Herren, noch lange nach Schultheiss und Räten der Stadt und Republik Bern.
Der Ruchmüller war zwar weniger schreckhaft und blieb sitzen, aber auf seinem Gesicht stritten sich die Gefühle so sichtbar, dass es der Anna angst und bange wurde. Jetzt, dachte der Müller, jetzt ist alles dahin. Eine Kindsmörderin kann ich keine Stunde länger in meinem Hause dulden; schon gar nicht kann ich sie frei herumlaufen lassen. Er rief seiner Marei, von der er genau wusste, dass sie am Ofen das Türchen aufgemacht hatte und lauschte. Die hat jetzt auch einen Schuh voll herausgenommen, dachte der Müller erbost. Noch besser wäre ein handlicher Schlag gewesen, dass ihr die Ohren gesurrt hätten.
Durfte man nun noch darauf vertrauen, dass die Anna ihrem Kind zulieb schweigen würde, nachdem sie soeben zugegeben hatte, schon einmal kalten Blutes ihr eigen Kind hingemordet zu haben – Herrenbalg hin, Herrenbalg her? Am besten,

fluchte der Müller in sich hinein, am besten würde man die Hexe gleich mit einem Mühlstein am Hals in den Mühlgraben werfen, dort wo er am tiefsten ist. Wenn sie dem Landvogt in die Hände gerät, dann kann die Marei sich gleich mit ertränken, weil der Junker Landvogt ihr ein Fuder zumessen würde, mit dem sie ihrer Lebtag nicht mehr fertig würde. Und erst er selbst? Der Grichtssäss?
Marei erschien in der Tür. Wie der Müller erwartet hatte, war sie kreidebleich und ihre Stimme zitterte, als sie nach seinem Begehren fragte. Schaffe mir den Bänz herbei, sagte der Müller barsch. Und zwar soll er seine Montur anlegen und das Gewehr mitbringen. Die Anna steht ab sofort in Verhaft und kommt hinter Schloss und Riegel. Sie darf sich nur noch unter Bewachung bewegen und vorgeführt werden.
Marei eilte davon, auf dem Weg zu Bänz in der Mühle ein halblautes Herrjeses, Herrjeses nach dem andern vor sich hinmurmelnd. Nur die Anna sass auf ihrem Stuhl, und der Müller sah, dass sie weinte. Trotzdem hob sie den Kopf und sah den Müller an. Es war, als ob sie ihn beruhigen wollte, ohne ein Wort zu verlieren: Keine Angst, Müller – ich werde Euch nicht verraten. Ich habe mit diesem Ausgang der Sache gerechnet – und ich werde dir die Sache erleichtern. Mehr, als du dir denken kannst.
Fahren wir fort, Junker Amtsschreiber, sagte der Müller. Es kann jetzt gut noch eins zum andern gehen – den Hals hat sie so oder so verspielt, wie ich meine Gnädigen Herren von Bern kenne.
Der Amtsschreiber setzte ein grimmiges Lächeln auf und nickte, sagte aber nichts und liess den Müller mit seinem Verhör fortfahren.
Und seit diesem Mord, sagte der Müller, zieht ihr also im Lande herum, stehlt, hehlt und schliesst euch mit noch anderen ebenso schlimmen Leuten zusammen, bis es hier zum Ende kommt? Es ist ein Steckbrief erlassen worden, sagte Anna. Aber das erfuhren wir erst später, im Toggenburg drüben, wohin wir in der selbigen Nacht noch geflohen sind, zu dem, der mit dem Ruedi aus dem Regiment gelaufen ist. Als dann die Nachricht von dem Steckbrief kam, da konnte

uns der Freund auch nicht mehr länger Unterschlupf gewähren, und so sind wir weitergegangen. Der Ruedi hatte im Regiment einen kennengelernt, der war Matrose und aus der grossen Stadt Hamburg am Meer, und dieser riss im selben Gefecht aus wie der Ruedi und der Toggenburger; der hatte ihm versprochen, ihm einen Platz auf einem Schiff zu besorgen, wären wir nur erst einmal in Hamburg. Er könne das machen, selbst dann, wenn wir keine Papiere hätten, es seien schon ganz andere Leute vor den Untaten der Herren draus und fort nach Amerika, ja selbst Herren, denen der Boden unter den Füssen zu heiss geworden, weil sie die Sache mit ihren Untertanen wohl allzugut machen wollten und dachten, ein Hemd sei für einen Landmann schon eines zuviel. Diesen Freundschaftsdienst könne er dem Ruedi schon leisten, sei er doch selber ins Regiment des Preussenkönigs gepresst worden wie das Brät in den Wurstdarm und sei sowenig gefragt worden, wie dieser, denn mit den Händeln des Königs hätte er sowenig zu schaffen gehabt, wie ein Jagdhund zusammen mit dem Hasen, den er fangen soll, Klee frisst. Er hätte nie begreifen können, warum er eigentlich einen roten Rock hätte anziehen sollen oder einen blauen, um sich besser totschiessen lassen zu können, denn wenn der Herrgott gewollt hätte, dass man auf sie schiesse, dann hätte er auch den Feldmäusen einen bunten Rock gegeben und nicht einen grauen, den man weniger gut sieht.
Marei kam mit dem strammen Bänz zurück. Du, befahl ihm der Müller, du stellst dich hier vor die Tür und trägst Sorge, dass uns die Anna nicht entwischen kann, es hat sich Neues ergeben. Am Abend werden wir sie wohl ins Schloss hinaufbringen müssen; die anderen sollen sich nach Feierabend bereit machen, den Wagen anspannen und für ein paar gute Garbenbänder sorgen.
Warum denn nicht gleich, Grichtssäss? sagte der Junker Amtsschreiber. Die Sache ist doch hinreichend klar und liegt nicht mehr in unserer Kompetenz.
Meine Mahlknechte und meine Buben, Junker Amtsschreiber, haben tagsüber anderes zu tun, als in der Gegend herumzufuhrwerken. Nach Feierabend. Punktum. Und bis

dahin können wir ja mit dem Verhör fortfahren. Was gemacht ist, ist gemacht, und es wird dem Gnädigen Herrn Landvogt nur recht sein, so wie wir's machen.

Bänz machte kehrt und nahm seinen Posten ein (vermutlich die Ruchmüllerin den ihren am Ofenloch ebenso). Der Müller fragte weiter: Und – warum stehst du jetzt hier und der Ruedi ist tot? Ihr könntet längst in Amerika sein, hättet ihr das nur gewollt. Für sich selber murmelte er, dass dabei erst noch allen anderen besser gedient gewesen wäre als jetzt mit diesem Handel.

Der Ruedi, sagte Anna, war nicht mehr der gleiche, seit er aus dem Regiment zurückgekommen war. Er war jähzornig und ein Raufbold geworden, dem der Streitteufel immer im Nacken sass.

Das, sagte der Müller, hätte er in seiner Lage besser bleiben lassen. Es muss einer schon ein ausgemachter Narr sein, wenn er weiss, wie es um ihn und um seinen Schatz steht, dann noch allerwegen Händel zu suchen.

Anna nickte.

Ich habe es ihm oft genug einzureden versucht, Grichtssäss, sagte sie. Aber sooft er sich zusammengenommen, sooft gab es einen Streit, wenn ich einmal nicht zugegen war. Ich konnte ihn ja nicht auf Schritt und Tritt behüten. So kam es dann auch ungut. Wir waren schon über den Rhein im Schaffhausischen; das Gröbste wäre hinter uns gewesen – da hat er im Wirtshaus mit einem preussischen Werber, der dort seinen Schoppen trank, Streit angefangen. Dem Werber kamen seine anderen Kameraden zu Hilfe, denen der Wirt Botschaft hatte zukommen lassen; einer von ihnen hat den Ruedi wiedererkannt; es war der, der ihn im Werdenberger Schloss abgeholt hatte. Sie überwältigten ihn, legten ihn in Eisen, und es ging nicht lange, da hatten sie heraus, dass er ein Deserteur war. Aber da haben sie, zum Glück für Ruedi, auf das Kopfgeld hin zu saufen angefangen. Ruedi kam aus seinen Ketten und davon. Aber nun war alles noch viel schlimmer als zuvor: Alles Geld und die andern Sachen, die wir hatten, mussten wir bei dieser Flucht zurücklassen; zu essen hatten wir auch nichts, und betteln durften wir nicht,

aus Furcht, es könnte uns jemand anzeigen und gefangensetzen lassen. Gott sei Dank war mittlerweile das Frühjahr vorbei, und es ging auf den Sommer zu. Wir konnten uns immer in einsamen Scheunen oder Torfhütten verstecken. Der Ruedi verstand sich von früher darauf, dem Wild Schlingen zu legen; so hatten wir wenigstens ab und zu etwas zu essen. Auf die Länge wären wir wohl trotzdem dem Verderben ausgesetzt gewesen, hätten wir nicht eines Abends am Waldrand zufällig das Lager des...
Nun – Anna! sagte der Grichtssäss. Du kennst doch bestimmt den Namen des Anführers der Bande, an die ihr euch gehängt habt. Und jetzt willst du ihn nicht preisgeben, weil du Angst hast. Der Grichtssäss sah sie scharf an. Hast du am Ende Angst, es könnte dir ergehen, wie es dem Ruedi erging?
Anna sah ihn erschrocken an.
Ja, sieh mich nur an, sagte der Grichtssäss. Das kann ein Blinder sehen, dass es seine eigenen Kumpane waren, die ihn umgebracht haben. Wer sonst hätte das denn tun sollen? Und weil das so ist, wird wahrscheinlich der Gnädige Herr Junker Landvogt nicht ruhen noch rasten, bis er den Mörder dingfest gemacht hat, mitsamt Spiessgesellen – und denen ist dann der Galgen sicher.
Wenn er nur diesen verfluchten Amtsschreiber eine Weile loswerden könnte, dachte der Grichtssäss. Es ist doch leicht zu ersehen, dass diese Anna Angst hat, ihrem Kind und ihr selbst könnte ähnliches geschehen – und diese Angst könnte sie nur loswerden, wenn es dem Landvogt und seinen Milizen mit ihrer Hilfe gelingen würde, die Bande in ihren Schlupfwinkeln, den sie sicherlich kennt, aufzuspüren und dem Gericht zu übergeben. Aber ich kann das doch nicht vor dem Amtsschreiber ausführen. Der würde sofort etwas wittern, und dann stünde die Sache noch viel schlechter, als sie jetzt schon steht.
Diese Fahrenden, sagte Anna leise, haben uns aufgenommen. Wir konnten bei ihnen bleiben und hatten fast so etwas wie ein Zuhause, so seltsam das jetzt klingen mag, Grichtssäss. Es machte uns nichts mehr aus, gehetzt zu sein, weil ja

die vielen anderen ebenfalls die Gehetzten waren. Mir haben sie viel beigebracht. Ich habe gelernt, mit kranken Menschen und Tieren umzugehen – nur der Ruedi machte mir, und nicht nur mir, grossen Kummer. Es war, als ob ihn die Rachsucht zerfressen würde. Deswegen bekam er immer öfter Händel, sogar mit diesen Menschen, die uns doch aufgenommen hatten in ihre Sippe. Ich kann es Euch getrost sagen, Grichtssäss: Es hat ihrer viele darunter gehabt, die aus allen Ecken des Landes, aus allen möglichen Herrschaften vertrieben worden sind, genau wie wir auch; die Sippe des Anführers kam sogar noch von weiter her. Ich mochte es kaum glauben und dachte manchmal, das gehöre zu den Geschichten, die sie abends am Lagerfeuer erzählten. Aus dem fernen Indien seien sie gekommen – vor vielen hundert Jahren, vertrieben auch sie von grausamen Fürsten, seither auf einer immerwährenden Wanderschaft begriffen und allerhand Gewerbe ausübend.
Stehlen und betteln, Raub und Mord – munkelte der Amtsschreiber. Ein schönes Gewerbe, kann man da nur sagen. Man sagt auch, dass sie nicht davor zurückschreckten, Kinder zu rauben, um sie in ihren Teufelskünsten unterrichten zu können und so der Christenheit Schaden zuzufügen – denn sie haben sich allesamt dem Teufel verschreiben müssen.
Das ist nicht wahr, schrie Anna. Diebstahl, Raub und Mord? Wer hat uns denn das Unsrige genommen? Uns vertrieben von Haus und Hof, zuletzt noch aus der Heimat?
Der Grichtssäss wollte dem ein Ende machen.
Ihr, Junker Amtsschreiber, schreibt auf, was die Malefikantin bekennt, nichts weiter. Die Befragung ist mir überlassen und meines Amtes. Das war hoffentlich deutlich genug. Er fasste Anna scharf ins Auge, als er sagte: Dem Junker Landvogt, unserem Gnädigen Herrn, wirst du die Namen der Anführer und ihren Schlupfwinkel bekennen müssen.
Ich werde sie niemals verraten, Grichtssäss. Wie könnte ich Menschen verraten, die mir Gutes getan haben? Dabei sah Anna ihn unverwandt an, als wollte sie sagen: Das gilt auch für dich, Müller, und für deine Müllerin. Ich werde euch nicht verraten.

Der Gnädige Herr Junker Landvogt, sagte der Müller bedächtig und sah dabei an Anna vorbei, wird nach dem Folterknecht schicken und dich peinlich verhören lassen, Jungfer. Willst du dir das nicht ersparen und freimütig bekennen?
Ich habe alles gesagt, Grichtssäss, und weiter von unserem Elend erzählen – wozu? Es wird doch keines Menschen Herz anrühren. Wenn man mich nicht hier verurteilt, dann wird man mich ausliefern nach Werdenberg. Dann geschieht es eben dort.
Der Grichtssäss stand auf. Ihr könnt, Junker Amtsschreiber, das Protokoll abschreiben, ich werde es dann unterfertigen. Ihr könnt das hier im Stübli verrichten, ich werde der Marei befehlen, dass Euch hier ein Imbiss aufgetragen wird; ein Tropfen Wein wird sich auch noch finden lassen, wenn Euch vom staubigen Papier die Kehle trocken geworden ist. Ich werde einen meiner Buben ins Schloss senden, um Bescheid zu geben und Befehle abzuwarten – ob wir die Delinquentin selbst hinaufbringen sollen oder ob der Gnädige Herr Junker Landvogt die Miliz schicken will, sie zu übernehmen.
Der Amtsschreiber focht einen grossen Kampf mit sich und vor allem mit seinem Magen aus, der in seinen Substituts- und Amtsschreiberjahren äusserst dehnbar geworden war. Andererseits sagte ihm ein Instinkt, dass dieser Müller und Grichtssäss versuchte, ihn vom weiteren Verlauf der Dinge fernzuhalten, und wenn man es ganz genaugenommen hätte, könnte er sogar einen Bestechungsversuch dahinter erkennen. Aber es ging ja bloss um eine Delinquentin, die sich selber so gut wie um Kopf und Kragen geredet hatte; ausserdem handelte es sich um eine dieser Fahrenden, und niemand würde sich kümmern, wenn er aus allzu grossem Pflichteifer deswegen des Ruchmüllers Imbiss zurückgewiesen hätte. Dass auch die Tage dieser Bande, die man nun seit Jahren vergeblich überall gesucht hatte, gezählt sein würden, dafür würde der Folterknecht schon sorgen; wer weiss – wenn das Verhör im Schloss droben weitergehen würde, dann könnte unter Umständen ein Teil des Glanzes auf ihn, den Amtsschreiber fallen; man würde in Bern sagen: Seht hin, dieser

Junker Daxelhofer kennt sein Geschäft; es wird langsam Zeit, dass wir ihn zum Ratsherrn machen. Soviel er erkennen konnte, lag solcher und ähnlicher Ehrgeiz dem Grichtssäss fern, im Gegenteil. Der Junker konnte das Gefühl nicht loswerden, dieser reiche Müller, der sein Amt und einen Teil seines Reichtums niemand anderem zu verdanken hatte als seinen Fürsichtigen und Frommen Gnädigen Herren von Bern, habe gar noch Mitleid mit diesem Satansbraten von Lumpenweib, das da vor ihm stand. Und formell hätte er überhaupt nichts einzuwenden gehabt: Dass er als Amtsschreiber das Protokoll ins reine zu übertragen hatte, war richtig. Es machte lediglich einen Unterschied, ob er das hier in Verbindung mit einem kräftigen Schluck und einem Imbiss tat oder oben im Schloss auf dem Trockenen und noch dazu unter den ständig sauren Augen der Frau Landvögtin, die so etwas wie die Graue Eminenz der Herrschaft Grasburg darstellte, vor der sich sogar der Junker Major und Landvogt, dem der Pulverdampf doch fürwahr das ganze Gesicht blau gesprenkelt und der Burgunder die Nase rot gefärbt hatte mit einem Stich ins Violette – selbst dieser alte Haudegen versuchte nicht, es für Spass zu halten, wenn die Landvögtin deutlich und deutsch zu reden anfing.

Ein Narr also wäre jeder in seiner Lage gewesen, argumentierte der Junker für sich selber fort, als hätte er das hübscheste Plädoyer zu halten, ein Narr, der die wüstenhafte Trockenheit einer Amtsstube der oasenhaften Üppigkeit des Ruchmüllerschen Hinterstüblis vorgezogen hätte. So tat er also das Naheliegendste: Um dennoch sein amtliches Gesicht wahren zu können, sagte er dem Grichtssässen: Gerade diesen Gedanken hätte er auch gehabt; was heute noch verrichtet sei und geschrieben, das brauche man nicht morgen nachzuholen, und im übrigen sei das Bekenntnis der Malefikantin gesetzlich, vor Zeugen und Amtspersonen beurkundet, das klassische Beispiel eines Schuldbekenntnisses, und deshalb liege die weitere Entscheidung ohnehin beim Gnädigen Herrn Junker Landvogt.

Der Müller dachte: Rede du nur, ich weiss ja, wo dich der Schuh respektive der Magen drückt, und es soll mich nicht reuen. Ich werde das der Marei auch so befehlen. Wenn ich dafür ein Wort unter vier Augen mit der Anna haben kann, das den Junker nichts angeht, wär's dumm, auf den Bissen zu sehen, den er verschlingt, und auf den Tropfen, den er trinkt. Die Tatsache, dass ihre Kammertür jetzt mit dem grossen Schlüssel abgesperrt wurde und dass man unten an der Treppe durch das Fenster den Bänz, nach der Ablösung einen seiner Brüder oder einen Mahlknecht in Montur stehen sah, mit dem geladenen Stutzer im Arm, änderte deshalb doch nicht das Geringste an der Behandlung, die Anna zuteil wurde. Sie hatte im Gegenteil das Gefühl, die Marei, die ihr jetzt das Essen selber brachte, scheue keinen Aufwand, ihr den einen oder den anderen Leckerbissen zuzustecken. Die Wachen hatte sie nicht zu fürchten. Wenn ihr das, was sie vorhatte, misslingen sollte, dann würde eben eine Kugel sie treffen – wobei noch gar nicht sicher feststand, dass der Bänz oder einer der andern wirklich schiessen würde. Den grössten Kummer bereitete ihr Vreneli. Sie beschloss, das Kind nicht mehr zu sehen. Es hätte ihr vielleicht nur den Mut genommen, denn den hatte sie nicht. Sie hatte genau wie alle andern Menschen Angst vor dem Sterben – aber vor dem Weiterleben hatte sie noch viel mehr Angst.

41

Herbst 1985

Sie sassen sich im Garten des alten Pfarrhauses von Gilgenburg am runden Tisch gegenüber. Zwischen ihnen stand eine Flasche Rotwein. Um die halbgefüllten Gläser schwirrten die Wespen, und der alte Wagner Ruedi schien interessiert darauf zu warten, dass die erste Wespe, vom Alkoholdunst betäubt, in eines der Gläser fallen würde. Die lassen dann dafür, sagte Wagner zu Fabian, vielleicht die Birnen am Spalier in Ruhe. Ich kenne zwei Möglichkeiten, die Wespen fernzuhalten. In meinem eigenen Garten im Schulhaus drunten habe ich schon beide angewendet: Man spannt ein grosses Gazenetz über das ganze Spalier oder man stellt einen grossen Topf mit Konfitüre in die Nähe. Letzteres ist einfacher – es wird für mich alten Mann immer schwieriger, mit Leiter und Netz zu hantieren und das Ganze dann so anzubringen, dass es nirgendwo auch nur die kleinste Lücke gibt. Fabian sah den Alten zweifelnd an. Ist das mit der Konfitüre, fragte er misstrauisch, wieder einer deiner Scherze? Nicht im geringsten, sagte Wagner und blinzelte friedfertig in den sonnenüberstrahlten Garten hinaus, wo die Bäume eine so reichliche Obsternte versprachen wie selten und wo die Blumen ebenfalls miteinander wetteiferten, welche nun mehr Aufmerksamkeit verdiene. Die Stunden, die Wagner sich mit diesem Garten beschäftigt hatte, waren für Fabian, wie er zu Marianne gesagt hatte, eine der besten Investitionen gewesen, die er in der letzten Zeit getätigt habe. Und deine Vreneli-Geschichte? hatte Marianne maliziös zurückgefragt. Das war in den letzten Tagen Fabians wunder Punkt gewesen, und er hatte auch entsprechend reagiert. Seit er, zusammen mit Marco, im Büro des Fernsehdramaturgen gesessen hatte und mit ohnmächtiger Wut zuhören musste, wie dieser ihm das Ganze, natürlich in wohlgesetzten Worten, buchstäblich zur Sau machte, hatte Fabian den Rappel. Marco selbst hatte nicht viel dazu gesagt, sondern an seinem Whiskyglas Halt gesucht. Angefangen hatte es zwar recht vielversprechend. Nach einem Anruf von Marco vor einigen Wochen hatte Fabian sogar Konzessionen gemacht und zwei Optionen für einen möglichen Schluss der ganzen Filmgeschichte abgeliefert: entweder die ganze Jugendzeit von Vreneli in der Ruchmühle zu schildern, wo das Mädchen nach dem Freitod seiner wirklichen Mutter im tiefen Mühlenteich im Glauben aufwuchs, das eigene Kind der Müllersleute zu sein, weil man niemals Anna und die Herkunft des Mädchens erwähnte – oder aber einen Zeitsprung zu machen und mit der Geschichte vom Vreneli erst dort wieder einzusetzen, wo es zwanzig Jahre alt geworden war, also ins heiratsfähige Alter kam – somit seinen Pflegeeltern einige zusätzliche Probleme

stellen würde. Allerdings schrieb man dann 1797: Die Gnädigen Herren von Bern hatten bereits einen grossen Teil ihrer Untertanenlande verloren. In der Waadt standen die französischen Heere Gewehr bei Fuss, sie trauten dem Bären nicht und fürchteten ihn, ohne das zuzugeben. Niemals wären sie auf den Gedanken gekommen, dass das mächtige Bern, die mächtigste Stadtrepublik nördlich der Alpen, vergleichbar nur noch dem ebenso glanzvollen Venedig, morsch war wie Zunder und beim ersten Fünkchen in Flammen aufgehen würde. Während endlos verhandelt wurde, machte die Republik Bern endlich mobil.
Fabian neigte sehr zur zweiten Variante, und Marco hatte ihm endlich, nach langen Gesprächen und unter der Bedingung, keine pulverdampfenden Schlachtszenen mit einer Legion Statisten ins Drehbuch zu schmuggeln, beigepflichtet. Der Empfang im Büro des Fernsehgewaltigen war zwar zunächst freundlich. Fabian und Marco wurden gebeten, Platz zu nehmen. Der Dramaturg liess Kaffee bringen, Fruchtsäfte, Whisky, setzte sich dann mit dem Manuskriptstapel den beiden gegenüber und begann, zur Einstimmung seine Stirn in Falten zu legen. Die Story, sagte er, ist gut. Das Material ist hervorragend. Aber – er beugte sich vor – natürlich ist das da, er klopfte auf den Papierstapel, in keiner Weise ausgearbeitet, um das Medium Fernsehen – und Ihr geplanter Film soll ja in Zusammenarbeit mit dem Fernsehen entstehen – voll zum Tragen zu bringen. Marco versuchte sich einzuschalten. Es ist doch klar, sagte er ein bisschen hölzern, dass es sich hier lediglich um ein Treatment handelt. Das definitive Drehbuch und die Dialoge werden doch erst ausgearbeitet, wenn die Dramaturgie ihr Wort dazu gesagt hat und – vor allem – wenn die Verträge abgeschlossen sind. Und fast ein bisschen unvorsichtig setzte er hinzu, dass ihm auf die andere Weise leider schon zu viele Stoffe geklaut worden seien, die man abgelehnt habe, um sie dafür ein, zwei Jahre später als Hausproduktion selbst zu inszenieren. Dazu fehle ihm diesmal die Lust. Ehe man also über Inhalt und Form rede, möchte er über Verträge und über Geld reden. Wir haben mit dem, was da auf dem Tisch liegt, schon mehr

geleistet, als wir eigentlich leisten sollten, ehe alles klar ist, sagte Marco. Wie steht es also damit?
Zuerst war der Fernsehmann langsam rot angelaufen, nahm sich dann aber zusammen und machte gute Miene zum bösen Spiel. Grundsätzlich, sagte er, grundsätzlich ist bei uns Bereitschaft vorhanden, aus dem Stoff etwas zu machen.
Fabian war hellhörig geworden. Er unterbrach den Dramaturgen. Sie sollen nicht aus dem Stoff etwas machen, sondern mit uns und mit unserem Stoff, sagte er. Marco schwieg.
Der Dramaturg lachte. So stellen Sie sich das wohl vor, wie? Aber trösten Sie sich, sagte er. Das geht zunächst den meisten Autoren so, mit denen wir zusammenarbeiten. Sie müssen sich natürlich schon auf unsere Erfahrung verlassen, die wir nun einmal mit dem Medium haben. Fernsehen, dozierte er, ist nun einmal nicht Theater oder Kino. Dort hat jedermann die Möglichkeit, sich frei zu entscheiden, ob er eine Vorstellung besuchen will oder nicht. Ob er, etwas oberflächlich (und überheblich, hatte Fabian gedacht) gesagt, dem Stoff vom Inhalt und von seinen eigenen Möglichkeiten her gewachsen sein würde. Diese Wahl hat das Fernsehen nicht. Wir bringen dem Zuschauer das ins Haus, was wir produzieren, er mag wollen oder nicht. Wir haben natürlich in diesem Fall und unter diesen Umständen die Pflicht, dem Zuschauer soweit wie nur möglich entgegenzukommen, ihn nicht zu überfordern. Und nun kommen Sie mit diesem Stoff daher und verlangen wie alle anderen Autoren, dass daran womöglich kein Jota verändert werden soll. Das geht so aber nicht! Ich will Ihnen ein Beispiel geben: Sie zeichnen – fast hätte ich, lachte er zynisch, überzeichnen gesagt – ein gesellschaftliches Bild der historischen Schweiz, das der durchschnittliche Fernsehzuschauer – und von dem müssen wir ausgehen, wenn wir etwas produzieren, denn wir produzieren es ja schliesslich mit seinem Geld, nicht wahr, mit seinen Konzessionsgebühren –, das also dieser Mister Durchschnitt in der Schule anders kennengelernt hat, folglich in der Form, in der Sie es präsentieren wollen, schlicht nicht begreift. Des weiteren idealisieren Sie auf eine fast unzulässig romantische Weise das Leben, die Mentalität und das Schicksal der Fah-

renden, so nach dem Motto «Lustig ist das Zigeunerleben».
Das aber, meine Herren, wird die grosse Masse des Publikums gegen uns in Harnisch bringen, das dürfen Sie mir glauben. Wissen Sie, dieser Mister Durchschnitt hat es in seinem täglichen Leben mehr als genug mit sogeannten Randgruppen zu tun, er begegnet ihnen auf Schritt und Tritt, sozusagen: Ausländer, Asylanten, Punks – er machte eine scheuchende Handbewegung: die ganze Palette eben, die ihm auf den Wecker geht, wenn er morgens um sieben seine Stempelkarte in den Schlitz schmeisst, und das Tag für Tag. Nein, meine Herren, damit dürfen wir eben dem Zuschauer schon gar nicht kommen. Wir werden schon genug angeschossen, das Fernsehen befasse sich offenbar nur noch mit allen möglichen Perversitäten und politischen Minderheiten, radikalen, winzigen Minderheiten. Nee, meine Herren. Damit müssen wir dem Zuschauer nicht kommen. Wenn dann noch, wie ich sagte, so nach dem Motto «Lustig ist das Zigeunerleben» gearbeitet wird, dann fühlt er sich verarscht. Zu Recht verarscht.
Aber, empörte sich Fabian und sprang so erregt auf, dass er dabei sein Whiskyglas umstiess, was wiederum den Dramaturgen beinahe aus der Fassung zu bringen schien: Er rief durch seine Gegensprechanlage nach seiner Sekretärin, die das Malheur mit einem Putzlappen beheben musste, was Fabians Erregung so weit zu dämpfen vermochte, dass er sich wieder hinsetzte. Aber das stimmt so doch gar nicht, sagte er, sich zur Ruhe zwingend. Wir beabsichtigen doch eher das Gegenteil von dem, was Sie eben sagten.
Mein Lieber, sagte der Dramaturg. Ehe Sie für alles, was diesen Menschen widerfahren ist, schlicht und einfach die damaligen Regenten – um nicht das abgedroschene Wort von den gesellschaftlichen Umständen zu benutzen – verantwortlich machen, sehen Sie sich doch einmal die Dossiers dieser Fahrenden aus der neueren Zeit an. Ja, glauben Sie im Ernst, dass man in einem Staat weiterkäme, wenn sich jedermann – gemäss Ihren romantischen Vorstellungen in Ihrem Entwurf – so verhalten könnte, wie diese Fahrenden es tun? Wie es ihm gerade passt? Ohne festen Wohnsitz, ohne regelmässige

Einkünfte, meist zu Delikten veranlagt, vorbestraft und dem Alkohol ergeben, der Arbeitsscheu? Ich habe, sagte der Dramaturg und warf sich in die Brust, im Rahmen einer Dokumentation Gelegenheit gehabt, vertraulich natürlich, Einsicht in die Akten zu nehmen, die sich bei der Pro Juventute, wie Sie wissen eine über jeden Zweifel erhabene humanitäre Organisation, buchstäblich gestapelt haben und noch stapeln. Es stehen Ihnen die Haare zu Berge, Mann, was da alles an Sumpf und Verkommenheit zutage tritt. Da beginnen Sie Verständnis dafür zu haben, dass manchmal auf den groben Klotz der grobe Keil gehörte. Zurück zu Ihrer Auffassung der Dinge: Wenn wir das so bringen, dann hat der sesshafte und arbeitsame Bürger, der vor dem Fernsehgerät seinen wohlverdienten Feierabend geniessen will, das Gefühl – und wenn Sie mich fragen, völlig zu Recht – das Gefühl, wir würden uns über ihn lustig machen. Aber das sagte ich wohl schon.
Marco sass weiterhin stumm da, mit steinernem Gesicht. Fabian starrte den Dramaturgen an. Aber, sagte er endlich, ist Ihnen denn nicht bewusst, dass genau an diesen Fahrenden seit Jahrhunderten und auch, wie Sie zu Recht sagten, in der neueren Zeit das grösste Unrecht begangen wurde? Noch wird? Fabian lehnte sich zurück, versuchte sich zu beruhigen. Der Dramaturg sah ihn an, als habe er versucht, ihn in seinem Büro zu vergewaltigen. Wie hätten Sie es denn gerne? fragte Fabian. Wie würden denn Sie das anpacken? Ich habe mir dazu ein paar Notizen gemacht, sagte der Mann. Sehen Sie – dieser Stoff bietet doch die ausgezeichnete Möglichkeit einer Komödie. Man kann das Komödiantische an diesen Menschen herausarbeiten. Sie erinnern sich vielleicht an die grossartigen Clochard-Filme. Mit Jean Gabin. Mitbekommen? So etwas könnte doch aus dieser Geschichte werden! Fabian konnte nichts dafür: Er musste diesen Kerl wiederum nur verblüfft anstarren. Hatte der den erwähnten Film mit Jean Gabin überhaupt verstanden – oder gab es vielleicht einen anderen Film, den wiederum er, Fabian, nicht gesehen hatte?
Endlich meldete sich auch Marco zum Wort. Damit, sagte er,

kann ich nicht viel anfangen. Ich sehe in diesem Stoff alles andere als eine Komödie, die sich womöglich über die Fahrenden noch lustig macht, ihnen noch eins draufgibt. Vor allem sehe ich überhaupt keinen Zusammenhang mit der ursprünglichen Geschichte mehr.
Das ist doch ganz einfach, erklärte der Dramaturg. Die Liebschaft des Vreneli mit dem Bauernburschen Simes Hansjoggeli lassen wir so, wie sie ist. Allerdings wäre das Vreneli dann entweder eine Bauerntochter oder die wirkliche Tochter des Ruchmüllers. Dass sie sich am Ende umbringt, muss ja auch nicht gerade sein. Ein Happy-End wäre der Story viel angemessener. Das Lied könnte man vermehrt in den Vordergrund ...
Wollen Sie das etwa auch neu schreiben? fragte Fabian sarkastisch. Im Lied steht nämlich nichts von einem Happy-End.
Ein Film, fuhr der Dramaturg unbeirrt fort, als habe es Fabians Einwand gar nie gegeben, ein Film braucht ja auch Musik, nicht wahr? Die böse Geschichte mit dieser Kindsmörderin könnte man fallenlassen, auch die mit dem zweiten Selbstmord – das alles ist doch viel zu melodramatisch. Ein Bursche, der ein bisschen herumwildert, dem Alten der Angebeteten die Platzhirsche wegschiesst, alles das: warum nicht? Aber doch nicht ...
Fabian hatte verstanden. Eine ernsthafte Diskussion kam hier ja kaum mehr in Frage. Jetzt konnte er nur noch zusehen, wie weit dieser Idiot seine «Dramaturgie» treiben würde. Wo hatte man diesen Mann wohl nur hergeholt? Fabian beschloss, ihm noch ein bisschen auf den Zahn zu fühlen, ohne ihn aber ernst zu nehmen. Das wäre ja wohl das Allerletzte gewesen. Und dann die Fahrenden? fragte er. Wie kommen die denn in die Geschichte überhaupt noch hinein?
Tja, wenn es denn sein muss, sagte der Dramaturg und setzte eine überlegene Miene auf. Obschon mir scheint, dass wir darauf eigentlich dann ganz verzichten könnten. Man könnte sie so einbauen, dass sie dem Ganzen eine malerische Note verleihen. Etwa in dem Sinne, dass eine alte Wahrsagerin

dem Vreneli die Liebe zu dem Burschen Simes Hansjoggeli voraussagt, und – jetzt strahlte er wie ein Säugling, dem man den verlorenen Schnuller wieder ins Gesicht gesteckt hat – das kann sie natürlich nur voraussagen, weil sie selber die Vermittlerin gespielt hat. Sie wissen ja vielleicht: Gotthelf hat in seinen Büchern viel von diesen herumziehenden Hausiererinnen, Schwammfrauen oder was es sonst waren, geschrieben. Die könnten dabei die Hand im Spiel gehabt haben, nicht? Man könnte zeigen, wie sie sich anschliessend in ihrem Lager – das kann man nun ruhig romantisch machen, mit Lumpen und verwahrlosten Kindern und so – über die dummen Leute amüsieren, die nicht merken, wie sie hinters Licht geführt werden, und dass sie bei der Gelegenheit grad noch einen Schinken gestohlen haben, während die Müllerin nach Geld gesucht habe, haha, und so weiter. Ganz lustig, das alles, und so was will unser Mister Durchschnitt sehen. Oder aber: Diese Fahrenden machen Halt in der Gemeinde, und einer der Zigeuner verliebt sich in das reiche Vreneli, entführt es, und der Simes Hansjoggeli befreit ...
Genug, brüllte Fabian. Sind Sie eigentlich noch bei Trost? Und darunter wollen Sie dann womöglich meinen Namen schreiben, nicht wahr, weil Ihnen der eigene für einen solchen ausgekochten Mist denn doch zu schade ist – so also haben Sie sich das gedacht? Und wozu brauchen Sie denn die Landschaft noch, die ja in meiner Geschichte ihre Rolle spielt? Den historischen Hintergrund? Diese Zusammenhänge dürften Ihnen wohl eher fremd sein.
Selbstverständlich, sagte der Dramaturg, und er schien von der Ironie, mit der ihn Fabian soeben überhäuft hatte, keine Notiz genommen zu haben – selbstverständlich haben wir aus Kostengründen an eine reine Studioproduktion gedacht, mit ein paar eingeschnittenen MAZ-Aufnahmen, höchstenfalls ...
Es war schlicht zum Schreien gewesen. Marco war wortlos aufgestanden, hatte sein Dossier zusammengerafft und war hinausgegangen, auf der Stelle gefolgt von Fabian, während der Dramaturg dasass, als hätte er das Öl verschüttet. Als er endlich imstande gewesen wäre, die beiden zurückzuhalten,

da waren sie schon über alle Berge gewesen. Unten auf dem Parkplatz sahen sich die beiden an und brachen wie auf Kommando in brüllendes Gelächter aus, obschon es überhaupt nichts zu lachen gab.
Tag, Wilddieb! sagte Marco und lachte.
Tag, Oberförster, sagte Fabian. Und man ist gebeten, nicht auf den Dramaturgen zu schiessen.
He's trying hard his best! ergänzte Marco, und sie lachten wie die Idioten.
Wie soll's denn nun weitergehen, fragte Fabian, als sie schon eine Weile auf der Autobahn dahingefahren waren und jeder sich seine eigenen Gedanken gemacht hatte. Marco machte eine wegwerfende Handbewegung. Dass es nicht zum besten steht, sagte er, das habe ich gewusst. Aber dass es so schlimm sein könnte – nein. Das war mir einfach zuviel. Hol's der Teufel – man beginnt zu begreifen, warum das Fernsehen so beliebt ist. Seichtem Blödsinn wird Priorität eingeräumt. Hast du gemerkt? Der wollte aus unserer Geschichte – deiner Geschichte – das genaue Gegenteil machen. Es will einfach nicht in meinen Kopf, dass das nur die Unfähigkeit dieser Leute ist. Da steckt doch System dahinter. Wenn sie's auch nicht wahrhaben wollen und schon gar nie zugeben würden.
Natürlich, sagte Fabian. Dieser Gedanke ist mir sofort gekommen. Das hat doch handfeste politische Hintergründe!
Eben daran, sagte Marco grübelnd, zweifle ich. Es ist doch keiner so dumm, auf diese einfältige Weise Politik machen zu wollen, und vermutlich würden sich die Politiker auch bedanken für die Schützenhilfe solcher Blödmänner, meine ich. Etwas ganz anderes ist es natürlich mit der Pro Juventute. Und warum die ihre Akten nicht herausrückt. Viel zu viele Leute, so denke ich mir, die heute in hohen und höchsten Ämtern sitzen, haben damals ihre Finger mit drin gehabt – nicht nur kleine Gemeinderäte und Amtsvormünder. Einigen hat damals diese schweizerische Variante der «Endlösung» durchaus gepasst. Sie haben sie unterstützt und durchaus normal gefunden, weil eben mehr als ein paar Wirrköpfe und politische Fanatiker in den Frontbewegungen von der Sache überzeugt waren. Von der Rassentheorie und von einem

Herrenmenschentum. Blut und Boden. Von der Demokratie, die sie andauernd im Munde führen, hielten sie nichts, und es muss für die Demokratie auch ein unappetitlicher Aufenthalt sein, diese Mäuler. Sie halten übrigens auch heute noch nicht allzuviel von ihr, es sei denn, sie lasse sich für ihre eigenen, durchaus nicht uneigennützigen Ziele verwenden. Als Vorwand missbrauchen. Es ist zum Kotzen.
Fabian grinste. Was gibt's denn da zu grinsen? fuhr ihn Marco an. Entschuldige, sagte Fabian. Ich grinse nicht über das, was du soeben gesagt hast. Das kann ich voll unterschreiben. Es waren damals eben viele krank in ihrer Vorstellungswelt – und feige dazu. Waren? fragte Marco erbost. Hast du dir denn diesen Hanswurst eben angesehen? Gerade deshalb habe ich gegrinst, sagte Fabian. Ich dachte an die Purzelbäume rückwärts und seitwärts, die dieser Esel geschlagen hat.
Nee, mein Lieber, sagte Marco. Da steckt mehr dahinter. Es ist zwar eine theoretische Überlegung und nicht zu beweisen, aber es gibt eine Menge Indizien für die Richtigkeit der Theorie. Schau mal: Du hast einen Namen als Autor, der den Dingen kritisch auf den Grund zu gehen versucht. Das ist nicht ungefährlich. Somit bist du, theoretisch gesehen, gefährlich. Lache jetzt bitte nicht: Man ist sehr schnell gefährlich. Dann nämlich, wenn man nicht lediglich nachbetet, was die grossen Vorbeter und Gurus rings um die Welt uns als Heil predigen, als da sind: Entwicklung, Wachstum, Profit. Freie Marktwirtschaft. Natürlich kannst du das Ganze auch umdrehen, dann kommt anstelle der Marktwirtschaft als Heil einfach die Planwirtschaft – das Prinzip ist dasselbe: Die einen malochen, und die andern haben den Profit davon. Nun hast du also deine Leser, die diese kritischen, sagen wir mal: Analyseversuche, um nicht zu hoch zu greifen, schätzen. Du hast dein Publikum. Und das beginnt zu denken. Und was ist nun einfacher? Dich totschweigen kann man ja nicht mehr gut – aber im Medium Fernsehen eine so total blödsinnige Story mit deinem Namen darüber oder darunter zu bringen, dass sich dein Publikum fragen muss, ob du eigentlich verrückt geworden seist. Noch schlimmer. Es ist enttäuscht und

sagt: Er war halt doch nicht der Richtige, der Kessler; eine Zeitlang haben wir ihm das ja abgenommen. Aber dahinter – pah – dahinter steckte also doch auch nichts.
Marco sah Fabian an. Ich sehe keineswegs Gespenster, sagte er. So könnte es sein. Der pure Macchiavellismus, dazu benutzt, dich zu erledigen. Sie können sich dann immer noch darauf berufen, dir keinerlei Steine in den Weg gelegt zu haben. Im Gegenteil: Sie hätten dich ja gefördert. Das ist jene Art Förderung, von der man eben besser die Finger lässt. Sie hätten dir Aufträge gegeben, jawoll – du habest versagt, dich nicht angepasst, Termine nicht eingehalten – Nichtzutreffendes bitte streichen. So können sie elegant verstecken, dass sie dich nur schlicht und einfach absägen wollten. Ich möchte, ich hätte damit unrecht, Fabian. Aber ich glaube es nicht.
Na ja, sagte Fabian. Aber am Ende – sitzen die nicht selbst auf dem berühmten Tiger, von dem man nicht mehr herunter kann, weil einem sonst das Fell über die Ohren gezogen wird. Für jene ausgedrückt: Sessel und üppige Bezüge werden unter dem Hintern weggezogen. Sind wir denn auf die so angewiesen?
Marco lachte. Seit es das Fernsehen gibt, werden im Fernsehen eben auch Filme gezeigt. Und nun haben die dort den Ehrgeiz, die Filme, die sie zeigen, auch noch gleich selber machen zu wollen, obschon sie manchmal davon so viel verstehen, wie Buridans Esel. Aber sie haben das Geld, mein Junge. Sie haben das Geld, das ein Filmemacher heutzutage allein schon gar nicht mehr aufbringen kann. Und wer das Geld hat, will befehlen. Auch das eine alte Leier. Befehlen ohne Rücksicht auf Verluste und unbelastet von allzuviel Kenntnis des Metiers. Es ist wie mit der Polizei in Diktaturen. Eigentlich sollte ja die Polizei überall nur die Ordnung herstellen, die es braucht, damit der Bürger friedlich die Strasse überqueren kann, ohne überfahren zu werden. Aber Ordnung ist eine komplizierte Sache, wenn man sie in grösstmöglicher Freiheit für den einzelnen durchführen soll. Darum haben diese Kräfte angefangen zu denken, es wäre wohl einfacher, die zu erhaltende Ordnung gleich selber zu bestimmen. Das ist dann zuverlässig die, die ihnen passt.

Hallo, sagte Fabian. Was ist denn in dich gefahren? Du redest wie ein Professor.

Das, sagte Marco, ist leider nicht auf meinem Mist gewachsen, und der Vergleich stammt vom Philosophen Ortega y Gasset, der in seinem Buch «Der Aufstand der Massen» einiges von dem vorausgesehen hat, was jetzt auf uns zukommt oder mit dem wir uns sogar jetzt schon herumschlagen.

Er umklammerte das Steuerrad so, dass seine Knöchel an den Händen weiss wurden. Aber wir machen den Film, sagte er und nickte Fabian entschlossen zu. Denen werden wir's richtig zeigen. Wir werden uns einen Teufel darum scheren, was die davon halten.

Er schwieg eine ganze Weile. Dann sagte er plötzlich, ohne den Blick von der Strasse zu wenden: Diese gottverfluchte Mafia!

Jetzt, da Fabian dem alten Wagner gegenübersass, hatte er bereits seit einiger Zeit nichts mehr von Marco gehört, ausser dessen automatischen Telefonbeantworter, der jedem Anrufer mitteilte, Marco befinde sich zur Zeit in den USA. Das war alles. Fabian wusste, dass Marco schweizerisch-amerikanischer Doppelbürger war und es bisher immer verstanden hatte, seine Filme mit kommerziellen Produzenten zu machen. Das wurde ihm von der Filmkritik zwar übelgenommen. Ein Filmemacher hatte sich dem Diktat der Kritiker zu beugen und für die Finanzierung seiner Projekte bei der Filmkommission anzuklopfen, in der dann, welch ein Zufall, die gleichen Filmkritiker sassen und die, offenes Geheimnis im ganzen Lande, den zu verteilenden Kuchen immer an dieselben zu verfüttern pflegten: an jene, die ihnen passten, ihnen und ihren Vorstellungen von Film – selbst auf die Gefahr hin, dass dann das Publikum mit dem fertigen Produkt nichts anzufangen wusste. Eine Hand wäscht immer noch die andere – das galt nicht nur für den Filmbetrieb. Das galt für den ganzen Bereich der Kultur. Er selbst hatte sich schon lange daran gewöhnt. Er machte sich nichts mehr daraus. Die Anstänkereien, die da gegenseitig ausgetauscht wurden, ödeten ihn zwar an, bereiteten ihm aber keinen

grossen Kummer. Mit der Zeit, so sagte er eben zu Wagner, der sich nachdenklich seine TV-Erlebnisse angehört hatte, mit der Zeit bekommst du das, was man eine harte Haut nennt. Du fühlst dich als hörnerner Siegfried. Was man sonst noch so unter dieser Haut hat, geht keinen etwas an.
Jaja, sagte Wagner nachdenklich. Der hörnerne Siegfried hatte ja ebenfalls seine verletzliche Stelle, das wird bei dir nicht anders sein. Daneben sind wir alle so furchtbar normal, dass es beängstigend ist. Das Angepasste feiert Triumphe, und besonders schlimm ist, dass man uns weismachen will, nur so lasse es sich leben. Was willst du jetzt unternehmen?
Was schon, antwortete Fabian. Abwarten.
Dann arbeitest du nicht weiter an deinem Vreneli?
Fabian sagte eine Weile gar nichts und schaute scheinbar interessiert den Wespen zu. Die Buben waren in der Schule. Marianne war in die Stadt gefahren und hatte Cornelia mitgenommen. Trotz heftigster Gegenwehr von Fabian hatte sie darauf bestanden, mit Cornelia einen Kinderpsychologen aufzusuchen. Der wird sie doch höchstens verbiegen, sagte Fabian. Aber Marianne liess nicht mit sich reden. Eigentlich, sagte sie, solltest du wissen, dass Cornelia sämtliche Symptome eines beginnenden Autismus zeigt. Und das will ich jetzt genau wissen. Du bist übergeschnappt, konnte Fabian nur stammeln. Cornelia autistisch? Das durfte ganz einfach nicht wahr sein. Er erzählte das dem alten Wagner, der sich übrigens nur auf Fabians direkte Aufforderung an den Tisch gesetzt hatte. Ich habe Lust, sagte Fabian, mit dir zusammen eine Flasche Wein zu leeren. Es dürfen auch zwei werden. Der Garten läuft dir nicht davon, und ich weiss, dass du es nicht auf die Stunden abgesehen hast, die du aufschreiben kannst. Dieser Herbstnachmittag ist doch viel zu schön, um nicht zu versuchen, ein bisschen von dem ganzen Ärger und dem ganzen Getöse zu vergessen. Der Teufel mag wissen, hatte er noch beigefügt, wer Marianne diesen Floh ins Ohr setzen konnte.
Wagner hatte sich mit seiner Antwort Zeit gelassen. Er hatte nachgeschenkt, getrunken und sich eine Pfeife gestopft, ehe er in seiner bedächtigen Art anfing: Ich glaube auch, dass

Mariannes Furcht unbegründet ist – aber andererseits, Fabian: Wenn es deine Frau beruhigt, zu diesem Psychologen zu gehen und sich Klarheit zu verschaffen, obschon ich gerade über diese Klarheit sehr im Zweifel bin, dann musst du sie machen lassen. Ich persönlich sehe das ganz anders. Wagner sah Fabian ernsthaft an. Es gibt, Fabian, Dinge zwischen Himmel und Erde, die wir nicht erfassen können. Du magst meinetwegen lachen – aber ich denke darüber ganz anders; das Leben hat mich inzwischen gelehrt, wirklich an diese Dinge zu glauben. Nun hast du mir diese Vreneli-Geschichte zu lesen gegeben – als Gegenleistung sozusagen für das, was du von mir erfahren hast; ich muss sagen, es hat mich gefreut und hat meinen ursprünglichen Zorn bedeutend gedämpft. Aber jetzt, bei Cornelia, kommst du mir vor, wie einer, der zwar sehen kann, aber nichts sieht. Oder eben vor lauter Bäumen den Wald nicht sieht.
Wagner lächelte fast verschmitzt. Er stopfte den Tabak in seiner Pfeife mit dem von lederartiger Hornhaut überzogenen Daumen in den Pfeifenkopf zurück und paffte. Fabian und Marianne hatten ihm zwar einmal ein Besteck geschenkt – aber da zeigte sich der alte Wagner-Ruedi wieder einmal sehr stur. Ihr habt mich, sagte er, von meinem guten, alten Seemannspriem zur Pfeife überreden können. Gut. Man kann einander ja auch etwas zuliebe tun, nicht wahr, und wenn Marianne – na schön, lassen wir's, sagte er, als er sah, wie Fabians Gesicht sich verfinsterte. Mit deiner harten Haut, bemerkte er sarkastisch, ist es offenbar doch nicht so weit her, wie du mir das eben weismachen wolltest. Deswegen, sagte Wagner, fange ich in meinen alten Tagen nicht an, mit einem Täschchen für Pfeife, Tabak und Besteck herumzulaufen. Dazu ist mein Daumen noch lange gut genug. Aber nun zu deinem Problem, und warum ich eben sagte, du sehest vor lauter Bäumen den Wald nicht. Du kannst dich erinnern, dass deine Mutter ein paar Wochen hier war, als du oben im Guggisbergerland herumgestolpert bist? Fabian nickte ungeduldig. Was hat meine Mutter denn damit zu schaffen? blaffte er, Wart's doch ab, sagte Wagner und nahm einen Schluck. Vielleicht solltest du wirklich noch eine Flasche

holen, sagte er ungeniert. Es wird etwas länger dauern, und die Gelegenheit ist günstig: Marianne wird sobald nicht zurückkommen, wir haben also Zeit, darüber zu reden.
Wenn ich bloss wüsste, sagte Fabian, worüber du reden willst – wenn ich daraus klug würde, dann würden mich selbst zwei Flaschen Wein nicht reuen.
Er stand auf, um in den Keller zu steigen. Wagner blinzelte ihm hinterher. Dann schüttelte er lautlos lachend den Kopf. Was die Menschen so alles von sich selbst nicht wissen, murmelte er vor sich hin. Es ist kaum zu glauben. Fabian ist in einer durchaus ähnlichen Situation aufgewachsen – als uneheliches Kind. Aber auf den Gedanken, der Sache nachzugehen, na ja. Dafür stöbert er in anderen Vergangenheiten herum, und das wird auch der Grund sein, warum er die eigene dabei vergisst.
Fabian kam mit den Flaschen zurück. Er hatte tatsächlich zwei Flaschen aus dem Keller geholt. Wagner grinste zufrieden. Du wirst es wahrscheinlich nötiger haben als ich, sagte er. Aber es schadet nichts, wenn wir uns heute einmal zusammen besaufen. Es muss ja nicht jeden Tag vorkommen, und das ist es ja, was es dann so spannend macht.
Wenn hier einer etwas spannend macht, sagte Fabian, dann du.
Du erinnerst dich also an den Besuch deiner Mutter?
Ich war ja kaum da, damals, sagte Fabian. Das einzige, was mir sofort aufgefallen ist, war dein Verhalten. Und das meiner Mutter. Ich will dich ja nicht beleidigen – aber sie ist sonst eher heikel im Umgang mit fremden Menschen. Ihr aber habt ständig die Köpfe zusammengesteckt.
Nun, sagte Wagner. Dann ist dir ja das Wichtigste bereits aufgefallen. Du bist nur damals nicht auf die Idee gekommen, nachzuforschen, warum das so war. Genauso, wie du zwar das Verhalten von Cornelia bemerkt hast, aber nicht imstande gewesen bist, daraus Schlüsse zu ziehen.
Und? fragte Fabian. Es klang gereizt. Welche Schlüsse hätte ich denn ziehen sollen?
Wagner nahm einen Schluck. Dann nickte er, als sei er mit sich selbst äusserst zufrieden. Es stimmt schon, sagte er

behutsam, dass gewisse Dinge eine Generation überspringen. Bei dir scheint das der Fall zu sein. Bei mir war es anders, aber das bestätigt ja nur die Regel.
Sag mal – wovon redest du eigentlich? Fabian verstand kein Wort.
Wagner hob beschwichtigend die Hand. Warte doch ab, sagte er. Ich will's dir ja erklären. Aber dazu muss ich ein bisschen ausholen. Soviel Zeit werden wir ja haben, oder? Also siehst du, Fabian. Ich selber weiss, dass ich von sogenannten Fahrenden abstamme. Was man meiner Mutter und auch meinem Vater in Gilgenburg alles nachgesagt hat, ist nur der Beweis dafür, dass solche Menschen den Sesshaften immer seltsam vorkommen, unheimlich, möchte ich eher sagen. Und was man nicht kennt, das macht misstrauisch. Anders zu sein als die andern war schon immer schwer; von daher ist es wiederum verständlich, dass sich dieses Misstrauen in allerhand Vermutungen und Verdächtigungen erschöpft, die man nur allzuschnell für bare Münze nimmt. Meine Mutter zum Beispiel war eine ganz aussergewöhnliche Frau. Sie hatte etwas, das man das zweite Gesicht nennt. Das zu erläutern, würde jetzt zu weit führen. Ich weiss nur, dass es eine Gabe ist, die an sich weder gut noch böse ist – denn als böse versuchte man das während Jahrhunderten hinzustellen, obschon es andererseits wiederum kaum einen Mächtigen gab, der nicht doch von einer sogenannten Wahrsagerin seine nähere und weitere Zukunft erkunden lassen wollte. Meistens endete die Übung damit, dass die arme Frau – oder der arme Mann – um einen Kopf kürzer gemacht wurde, wenn scheinbar eine ihrer Weissagungen nicht auf der Stelle und nach dem Buchstaben eintreffen wollte. Darüber gibt es Zeugnisse von den alten Griechen bis hin zu jenem Nazarener namens Jesus, dessen Bilder auch keiner als das zu erkennen vermochte, was sie waren: eben Weissagungen, die nicht Daten und Namen voraussagen wollen, sondern die das Ganze zusammenfassen, alle Elemente vereinigen, die eine zukünftige Entwicklung erst möglich machen kann – im Grunde genommen nichts anderes also als eine Frage des gesunden Menschenverstandes, denn niemand, Fabian, ich

wiederhole: niemand ist imstande, das vorauszusagen, was gemeinhin als Zukunft bezeichnet wird. Aber der Mensch, der die Gabe des zweiten Gesichts besitzt, weiss Visionen und Träume zu deuten, ihre Bestandteile zusammenzufügen, ihre Herkunft aus einer anderen Dimension zu erkennen. Ihm werden die Zusammenhänge klar. Nur, Fabian, das Seltsame daran: Viele Menschen, die diese Gabe besitzen, kommen manchmal in eine Art von Trance, in eine Geistesabwesenheit, die eigentlich keine ist, denn ihr Geist beschäftigt sich ja gerade mit den Wahrnehmungen aus der anderen Dimension. Leider kann man das von aussen her nicht unbedingt sehen. Die einen werden für verrückt gehalten, den andern sagt man Epilepsie nach, wiederum andere hält man für einfältig, und die meisten, na ja – die hält ein Normalbürger schlicht für besoffen. Und daraus können Gerüchte entstehen, sich hartnäckig halten, sich weiterverbreiten und beträchtlichen Schaden anrichten, Gerüchte, wie sie über meine Mutter in Umlauf kamen, zum Beispiel.
Und was, bitte, sagte Fabian, hat das alles mit meiner Cornelia, mit meiner Mutter, mit dem Vreneli vom Guggisberg und dem Lineli Graf geborene Hänggi zu tun?, denn das hast du schon mehr als einmal in den gleichen Topf geworfen, ohne dass ich – ehrlich gesagt – imstande war, den Zusammenhang zu erkennen. Wagner nickte. Das ist es ja eben. Nun – der Zusammenhang mit deiner Mutter ist sehr einfach: Mit mir hat sie darüber gesprochen, wovon du die ganzen Jahre keine Ahnung hattest, weil du es nicht wissen wolltest, und damit erklärt sich auch das Verhalten von Cornelia, das nur jemandem merkwürdig erscheint, der sich in diesen Dingen überhaupt nicht auskennt: Du, Fabian, stammst genau wie ich von Fahrenden ab. Dein Vater, den du nie gekannt hast, war ein Fahrender. Du hast aber das zweite Gesicht aus dem einen oder dem anderen Grunde nicht geerbt, es hat eine Generation übersprungen – es sei denn, man bezeichne deinen Beruf, deine Arbeit eben auch als eine Art zweites Gesicht. Aber bei Cornelia, das habe ich sofort gespürt, bei ihr ist das anders, und das erklärt alles, Fabian. Du wirst mit deiner Tochter eine Art Wunder erleben – wenn du sie machen lässt

und ihre andere Welt, in die sie sich ganz offensichtlich jetzt schon von Zeit zu Zeit begibt, nicht zerstörst.
Und das hast du einfach so gespürt, bloss, weil deine Alten Fahrende waren? Zigeuner, wie man bei uns sagt?
Jenische, korrigierte Wagner – aber diese Unterschiede sind unwichtig, weil ihr sie ja doch niemals begreifen würdet. Und meine Antwort auf deine Frage ist ganz einfach: Ja – ich habe das in mir drinnen gespürt, jedesmal, wenn Cornelia in meiner Nähe war. Und lasst, um Gotteswillen, jetzt nicht die Psychiater auf das Kind los. Dieser erste Besuch von Marianne beim Psychologen wird sie nur beruhigen: Der wird keine Krankheit diagnostizieren können – schon gar nicht den Autismus. Das wäre etwas ganz anderes. Aber Cornelia wird sich auch in Zukunft, auch in der Schule, nicht immer so verhalten, wie die Norm das von ihr fordert – und dann, Fabian, dann musst du ihr helfen. Du musst verhindern, dass man die Psychiater auf sie loslässt, die ums Verrecken anpassen wollen an eine Welt, die sie niemals so begreifen wird.
Fabian starrte vor sich hin und schenkte gedankenlos sein Glas voll. Dann sah er auf. Und da, sagte er, sind gar keine Zweifel möglich? Hm, sagte Wagner. Zweifel sind immer möglich, das solltest du doch wissen. Aber in diesem Falle bin ich meiner Sache sicher. Doch du fragst mich das so, als hätte ich dir mitgeteilt, Cornelia leide an einer schrecklichen unheilbaren Krankheit. Er fügte bitter hinzu: Solche Reaktionen sind wir allerdings leider mehr als nur gewohnt.
Nein, sagte Fabian. Nein. Mit dem Gedanken, dass Cornelia – meine Cornelia – so eine Art Wahrsagerin wird... Mit grossen goldenen Ohrringen aus Talmi, mit siebzehn bunten Unterröcken, einer Kristallkugel und einem gezähmten schwarzen Raben, die in einem Zelt auf den Jahrmärkten auftritt – also ehrlich: Mit diesem Gedanken kann und werde ich mich niemals befreunden.
Wagner zuckte die Achseln. Erstens stimmt natürlich dein schwachsinniges Bild nicht, sagte er, und zweitens wirst du dich damit befreunden müssen, ob du willst oder nicht – sonst besteht nur die Gefahr, dass sie sich dir ganz und gar entziehen und ihrer Wege gehen wird.

Nun fängst du auch schon an, wahrzusagen, unterbrach Fabian. Und dabei sind wir noch gar nicht so besoffen – zumindest habe ich dieses Gefühl.
Wenn du einmal mit deiner Mutter über alles sprechen würdest und dich nicht dagegen sträubtest, etwas zu hören, das dir möglicherweise gar nicht passt, dann...
Hör auf, sagte Fabian. Er blickte in den Garten hinaus. Keine Wolke war am Himmel, und doch war es Fabian, als hätte der Herbstnachmittag sich plötzlich verdüstert.
Wagner legte seine ausgerauchte Pfeife auf den Tisch und stand auf. Ehe ich dir, sagte er zu Fabian, erzähle, was mit der Lina Graf geschehen ist, möchte ich einen Augenblick auf dem Friedhof nebenan ihr Grab aufsuchen. Ich will sicher sein, dass es ihr nichts ausmacht, wenn ich das weitererzähle, was Zeit ihres Lebens ihr bestgehütetes Geheimnis war.
Fabian blickte ihm nach, wie er davonschritt und wie sein Gang, der ihm in der letzten Zeit fast beschwingt und beinahe jugendlich vorgekommen war, auf einmal wieder müde und schleppend wurde.
Als Wagner nach einer Weile zurückkam war es Fabian, als sei das alte, verwüstete Gesicht wie von innen erleuchtet. Die Augen hatten einen Glanz, den man ganz gewiss nicht dem bisschen Wein zuschreiben konnte, das die beiden bisher getrunken hatten. Wagner schenkte sich ein Glas ein, und als die Pfeife brannte, lehnte er sich in Mariannes ausrangiertem Polsterstuhl zurück. Sein Gesicht war von dicken Rauchwolken verhüllt und er begann zu erzählen. Das meiste, sagte er, kennst du ja bereits, und wie die Gilgenburger das Ding angegangen sind, weisst du auch. Was du freilich nicht wissen konntest, weil ich es – ausser dir jetzt – keinem Menschen gesagt habe, ist die Tatsache, dass ich einmal der Schatz von Lineli war.
Fabian wollte auffahren.
Beruhige dich, sagte Wagner trocken. Ich bin nicht das Schwein, das sie mit einem Kind hat sitzenlassen. Ich bin nur der, der es in Gilgenburg deswegen nicht mehr ausgehalten hat. Solange zwischen mir und der Lina alles in Ordnung war, hat es mich nicht gestört, dass die Gilgenburger meinen

zugegebenermassen ein wenig gross geratenen Schädel für einen Wasserkopf hielten, ein Gebrechen, das sie, weise wie sie nun einmal sind, dem angeblichen Alkoholismus meines Vaters und meiner Mutter zuschrieben – der berühmte Sturz die Kellertreppe hinunter gehörte ebenfalls in den Bereich dieser Märchen. Wenn sie bei ihrem Schwadronieren nur ein bisschen gedacht hätten, dann hätte ihnen selbst auffallen müssen, dass es da zwei Dinge gibt, die überhaupt nicht zusammenpassen konnten: Wir wohnten immer in unserem Lager im Schachen unten, zum Teil in Wohnwagen, zum Teil – besonders in der wärmeren Jahreszeit – in Zelten. Im Winter mussten wir freilich ein wenig zusammenrücken, weil nur im Wagen ein kleiner Eskimoofen stand, den man mit Holz feuern konnte. Na ja, wir waren recht zahlreich, aber diese Enge hat uns nie etwas ausgemacht, weil sie sich für uns gleichzeitig mit Wärme verknüpfte. Natürlich waren wir den Behörden ein Dorn im Auge. Mein Alter hielt nicht eben viel von der Schule, was uns Kindern natürlich mehr als nur recht war. Dafür brachte uns der Vater Dinge bei, die heute kaum noch Kinder von ihren Eltern lernen, weil die sie selber nicht mehr wissen: die Natur, ihre Kräfte und Geheimnisse, das Geschick, mit seinen eigenen zwei Händen und mit seinem Kopf etwas zu tun, etwas zu vollbringen, zu er-schaffen im wahren Sinne des Wortes. Alle diese Kenntnisse aber fanden natürlich vor den Augen der Behörde keinerlei Gnade. Mein Vater wurde mehrmals bestraft, und etliche Male holte auch der Landjäger die Kinder ab, um sie zur Schule zu treiben wie eine Herde kleiner Zicklein. Mein Vater aber wusste aus alter jenischer Tradition, warum man die Kinder der Fahrenden ums Verrecken in die Dorfschulen der Sesshaften pressen wollte: Dort warteten Fürsorgetanten und -onkel, die gestempelte Papiere vorwiesen und die Kinder regelrecht entführten, um sie in Heime zu stecken oder zu verdingen – um sie angeblich sesshaft zu machen. So ist es mehreren von uns auch ergangen. Als mein Alter und meine Mutter dagegen aufbegehrten, wahrscheinlich nahm mein Vater auch nicht gerade ein Blatt vor den Mund, da haben sie kurzerhand die Eltern versorgt. Eines Tages, mit Hilfe der Landjäger, wie Schwerverbrecher. Da kam dann dieses Märchen von der Kellertreppe auf, um der Mutter zu beweisen, dass für die Kinder Schaden entstehen würde an ihrer Entwicklung, wenn man sie ihr lassen würde. Wenn du mir nun sagen kannst, Fabian, wo sich an einem Wohnwagen oder an einem Zelt die Kellertreppe befindet, die man mich hätte hinunterfallen lassen können – dann kannst du wahrhaftig mehr als Brot essen. In der Schule war's also nicht, dass ich das Hänggi Lineli kennenlernte, bewahre. Es war ja ein paar Jahre jünger als ich und in der Unterschule, als ich bereits in der Oberschule war, das heisst, dann, wenn ich da überhaupt hinging. Lineli kam aus ebenso armen Verhältnissen wie wir, nur besass der Schuhmacher Hänggi wenigstens noch ein kleines Häuschen, das kaum grösser gewesen ist als unser Wohnwagen. Das hatte ihm seine selige Frau in die Ehe eingebracht und ihm dann bei ihrem frühen Tod hinterlassen. Weil wir eben allesamt so arm waren, traf es sich, dass wir einander im Schachenwald begegneten, wenn wir das Holz für den Eskimoofen im Wohnwagen zusammenlasen und die Lina dasselbe für das Häuschen des Schuhmacher-Josi zu verrichten hatte, meistens mit noch ein paar von den jüngeren Geschwistern am Schürzenzipfel, die mir nur noch als ein ständig flennender und quengelnder Haufen in der Erinnerung geblieben sind. Wie es so gehen kann, fuhr Wagner fort, nachdem er einen tüchtigen Schluck aus seinem Glase genommen hatte – das gemeinsame Elend verbindet mehr, als das je gemeinsamer Reichtum tun kann, wir wurden gut Freund miteinander, halfen uns beim Holzen, weil wir doch ein paar grössere und handfeste Buben waren, die Lina an den Kleinen nicht nur keine Hilfe hatte, sondern von ihnen noch ständig terrorisiert wurde. Aber der Lina zuliebe fanden wir uns auch mit den Geschwistern ab, unsere Kleinen fanden bald einmal heraus, ihnen allerhand Spiele zu zeigen, ihnen mit einem Nest junger Füchse zu schmeicheln und was solcher Dinge mehr sind. Mit der Zeit wurden sie ganz manierlich. Die Lina hatte so im Sommer jeweils ein paar kurzweilige Stunden, statt nur die Mühe mit dem Holz und den Kleinen, die auf dem Heimweg partout noch auf dem hoch-

beladenen Holzkarren reiten wollten, weil sie angeblich nicht mehr laufen mochten. Ja, ein paarmal ist dann die Lina auch zu uns ins Lager gekommen, obschon das den Dorfkindern, und mochten es solche aus den geringsten Verhältnissen sein, strengstens verboten war. Die reichen Bauern hielten darauf, dass selbst die Geringsten unter den Gilgenburgern uns noch zu verachten lernten, weil wir eben weniger als nichts waren – zusammengewehter Dreck von der Landstrasse eben, den man widerwillig zum erstenmal anno 1798 und das andere Mal 1850 einbürgern musste, weil die Wagner-Familie seit Jahrhunderten an diesen Winterstandplatz im Gilgenburger Schachen zurückkehrte und es den Gilgenburgern am Stichtag der Zwangseinbürgerung nicht gelungen sein soll – wie der Vater das manchmal erzählte, wenn im Winter der Ofen knackte und den Wohnwagen in ein flackerndes rötliches Licht tauchte –, unseren Urgrossvater mit Schnaps besoffen zu machen und ihn dann kurz vor Mitternacht über die Gemeindegrenze abzuschieben. Der Urgrossvater habe den Schnaps genommen und wohl auch so getan, als würde er ihn trinken, als wäre er stockbesoffen. Als die Gemeinderäte am Wegweiser beim Markstein selber eins tranken und sich diebisch darüber freuten, den ungebetenen Bürger so billig losgeworden zu sein, kam der Urahn auf Umwegen, aber dennoch schnurstracks ins Dorf zurück, noch ehe es von der Kirche Mitternacht geschlagen hatte, klopfte die Frau des Gemeindeschreibers aus dem Bett und blieb dort in der Küche sitzen, bis die anderen Gemeinderäte mitsamt dem Gemeindeschreiber vom Markstein zurückkamen, alle mit Öl am Hut, versteht sich. Die hätten zuerst überhaupt nicht begriffen, was da vor sich gegangen war. Aber es half ihnen alles nichts. Der Urahn war um Mitternacht nachweislich auf Gilgenburger Boden gewesen und musste eingebürgert werden. Ich glaube, dieser Streich hat sich durch die Generationen hindurch auch auf der andern Seite vererbt, und es erklärt einen Teil des Hasses, den die Gilgenburger immer auf uns hatten.
Die Kindheit geht schneller zu Ende, als einem hinterher lieb ist, seufzte der alte Wagner. Wer von uns noch nicht verdingt

war, der kam jetzt an die Reihe – das hätte uns auseinanderbringen können, hätte ich nicht das Glück gehabt, zu einem Gilgenburger Bauern verdingt zu werden. Es war freilich ein zweifelhaftes Glück – aber die Tatsache, dass ich Lineli nicht ganz aus den Augen verlieren musste, half mir über den Hunger und über die Schläge hinweg; von beiden bekam ich mehr, als satt zu essen, das kann ich dir sagen. Lineli wurde in eine Lehre getan. Heimlich konnten wir uns ab und zu sehen. Es war fast ausgemacht, dass ich bei meiner Volljährigkeit von Gilgenburg wegziehen würde und dass das Lineli nachkommen wollte – aber es kam anders. Und darum erzähle ich dir auch die ganze Geschichte. Damit du siehst, dass die Vreneli-vom-Guggisberg-Geschichte, die du zu erfinden dachtest, von der Wirklichkeit mehr als einmal übertroffen worden ist – bei Lineli gleich ein paarmal hintereinander. Ein Gemeinderat, der zufällig mit seinem Reitwägeli in irgendeinem Handel unterwegs war, muss uns zusammen gesehen haben, das Lineli und mich. Wahrscheinlich standen wir nicht gerade auf Armeslänge voneinander entfernt, als der uns erblickte. Da ging der Teufel los im Dorf. Lineli war ja selber auch bevormundet, weil es von der Mutter her ein bisschen geerbt hatte, das der Armenvogt bis zur Volljährigkeit verwaltete, weil sonst die Gemeinde hätte fürchten müssen, der Vater Josi werde damit bald fertig sein und es die Gurgel hinabgejagt haben, wenn man nicht dazusehe. Ich stand sowieso unter Vormundschaft, weil meine Alten ja versorgt waren. Ich kam fort, an einen weit entfernten Platz. Auf Lineli passte man auf, dass es weder an einem Sonntag noch an einem Werktag hätte ausreissen können, um mich zu besuchen. Am neuen Platz wollte man es auf dieselbe Art mit Hunger und Schlägen probieren. Aber ich war kein Rotzbub mehr. Gegen den Hunger konnte ich nicht viel machen. Dafür um so mehr gegen die Schläge. Als ich einmal den Meister vom Stallgang aus unter eine Kuh geschlagen hatte und er liegenblieb, dachte ich in meiner Dummheit, ich hätte ihn richtig erschlagen, und machte mich, so wie ich war, aus dem Staube. Die Geschichte vom halben Mord und meinem Verschwinden kam natürlich, mit allerhand Aus-

schmückungen versehen, auch zu Lineli. Wie es mit Jugendliebschaften so geht – der eine hier und das andere dort, das schadet der Sache eben doch sehr. Und ich, einmal zur See auf dem Schiff und dann im ersten Hafen mit der Löhnung in der Tasche, dachte eben wenig ans Lineli in Gilgenburg zurück. Ihm ist es in Gilgenburg ähnlich ergangen, ich war ja fort, kein Mensch wusste wo. Und als ihm dann kein Geringerer als des Pfarrers einziger Bub – man denke sich – den Hof zu machen begann, obschon der Lümmel hätte wissen müssen, dass sein Alter und noch viel weniger seine Mutter jemals in eine solche Verbindung eingewilligt hätten, da dachte das Lineli nicht mehr an mich. Aber wie es sich später herausgestellt hat, war der Herr Student der Theologie eher von den Lustigeren einer, dem es mit dem Studium und schon gar nicht mit der Theologie halb so ernst war. Mit der Lina war's ihm nicht anders.
Wagner hielt inne, als müsste er einen neu aufsteigenden Zorn wieder hinunterschlucken. Den Rest kannst dir ja selber ausrechnen, bloss vielleicht das eine nicht: dass der Lump es ausgerechnet bei der Lina fertigbekam, bei der gescheiten Lina, sie zum Schweigen zu überreden, wenn es vor dem Gemeinderat darum ginge, den Vater zu nennen. Mit dem Versprechen, es später zu heiraten, wenn er mit seinem Studium fertig und nicht mehr auf den Vater angewiesen sei, schaffte er es. Die Närrin hat ihm das geglaubt. Niemand, nicht einmal der Pfarrer selbst, hat gewusst, wer nun eigentlich der Vater des Kindes sei, das er noch selber taufte. Geheiratet hat dieser die Lina freilich nicht. Er ist mit dem Auto umgekommen und mit ihm ein Mädchen, das offenbar ebenfalls von ihm schwanger ging, aber eben aus angesehenem Hause kam und das er vermutlich geheiratet hätte. Davon hat die Lina erst gewusst, als es schon zu spät und der Pfarrerssohn tot war. Da hat sie weiter geschwiegen, weil der Alfred Graf sie geheiratet und den Buben wie seinen eigenen angenommen hat. Sie wird sich gedacht haben, den Toten macht's nicht wieder lebendig und besser schon gar nicht und man möchte dann von ihr bloss glauben, sie wolle einem Toten noch im Grab etwas anhängen. Kein Mensch hätte ihr

vermutlich geglaubt, weil der junge Herr selbstverständlich dafür gesorgt hatte, dass kein Mensch, nicht einmal die Waschweiber im Dorf, Wind von der Sache hatten bekommen können. Vieles kann ich von jetzt ab überspringen, sagte Wagner, weil von nun an eigentlich alles recht normal verlief. Ich kam weit herum, habe mir die Welt angesehen und – hoffentlich – viel gelernt und in den Kopf genommen, was ich davon brauchen konnte oder es doch glaubte brauchen zu können. Die Lina war verheiratet, eine richtige Geschäftsfrau, und als ich zurückkam, weil ich von der christlichen Seefahrt genug hatte, da war die Lina bereits Witwe. Ich spielte meine Rolle, die ich mir in langen Tagen und noch längeren Nächten immer wieder repetiert hatte: den Gilgenburgern eine Komödie vorzumachen und sie dabei so recht nach Noten am Seil herunterzulassen. Es ist dir ja bekannt, dass die meinen Köder alle gefressen haben und die Gemeinde prompt auf mich losging, weil ich wohlweislich vom kleinen Vermögen, das ich mir gemacht hatte, nichts verlauten liess. Sie brachten es sogar fertig, mich im Winter ins Arbeitshaus zu stecken. Aber das passte nicht schlecht zu meinen Plänen. Ich wollte nämlich so viel Erfahrungen wie nur möglich sammeln über Zustände und Machenschaften solcher Gemeindeväter und ihrer Spiessgesellen allerorten, um mit ihnen abrechnen zu können, eines Tages, unverhofft wie der Blitz aus heiterem Himmel. Und zwar wollte ich das so tun, wie du es tust: Ich wollte schreiben. Dass ich für den Häusler die Entwürfe machte, wusste kein Mensch, nicht einmal er selbst, denn ich hatte einen guten Freund, der mir als Pseudonym diente und sie Häusler anbot. Auch die Zahlungen gingen dorthin. Ich kann dir zeigen, wie mager sie ausgefallen sind. Den Häusler nehme ich mir eines Tages noch vor, weil er die Entwürfe schon seit Jahren als seine eigenen ausgibt und dafür sogar einen Preis von der Industrie- und Handelskammer bekam, den der falsche Hund eingerahmt und in seinem Büro überm Stuhl aufgehängt hat. Durch meine Friedfertigkeit gelang es mir, alle Leute zu täuschen, sogar die Gemeinderäte, die mich freilich immer noch für einen hirnlosen Idioten mit einem Wasserkopf halten. Nach und nach kam ich so in alle Häuser und dahinter, wie die Fäden zusammenliefen. Ich kam aber auch hinter alle sonstigen grossen und kleinen Heimlichkeiten, auf all das, was hinter den schönen Geranienfenstern das Tageslicht scheuen muss wie der Teufel das Weihwasser. Natürlich wurde mir nachgesagt, ich sei derselbe Saufkopf wie mein Vater, und ich tat nichts, sie vom Gegenteil zu überzeugen. Wie oft habe ich guten Schnaps, für den es eigentlich eine bessere Verwendung gegeben hätte und um den es schade war, frühmorgens vor dem Weggehen im alten Schulhaus, wo man mich nach langem Zögern einquartiert hatte, mit Wasser verdünnt, gerade so, dass noch genügend Aroma drin blieb, um meinem Atem eine Schnapsfahne zu verleihen. Dass der Lina der Mann gestorben war, wusste ich damals bereits. Aber ich habe nie versucht, mit ihr in Kontakt zu kommen. Was hätte sie sich auch denken sollen? Offenbaren konnte ich mich ihr ja nicht. So muss sie ihrer Lebtag, bis kurz vor ihrem Tod zumindest, von mir dasselbe geglaubt haben wie alle andern Leute auch. Ihr Bub ist dann völlig aus der Art geschlagen – oder vielmehr, er ist in die Nachfolge seines unbekannten Vaters getreten, hat binnen kurzem mit unsauberen Kumpanen die bisher angesehene Firma seines verstorbenen Pflegevaters nicht nur in Misskredit gebracht, sondern geradezu bestohlen, und wahrscheinlich lag es nur an der Lina, die das alles vertuscht hat, dass er nie im Gefängnis landete. Seltsam ist nur – und wir Fahrenden glauben an keinen Zufall –, dass er auf dieselbe Weise umkommen musste wie der Taugenichts von seinem Vater: Nach einer ausgedehnten Sumpftour mit Freunden und allerhand Mädchen ist er geradewegs in einen Baum gefahren. Noch dazu an einer Stelle, wo man einen Baum geradezu suchen muss, wenn man ihn treffen soll. Ja, da haben die Gilgenburger wieder zu reden gehabt, du meine Güte. Sogar von Absicht und von Selbstmord ging die Rede. Es sind noch zwei andere junge Leute umgekommen, und für so abgrundtief schlecht hielt ich den Karli nun doch nicht, dass er es tatsächlich auf sich genommen hätte, noch andere mit sich ins Verderben zu ziehen. Was dann kam, gleicht eher einer griechischen Tragö-

die mit allen ihren Verwicklungen und Niederträchtigkeiten als einer wahren Begebenheit, die sich in einem Dorf wie Gilgenburg abspielen kann. Das Vermögen des Alfred Graf war so gut wie in Luft aufgelöst. Es blieb noch die Kiesgrube. Aber um die auszubeuten, hätte man viel Kapital gebraucht. Die Betontransporter und alles andere hatte der Bättig, der saubere Cousin, der jetzt den Fuhrhof seines Vaters betreibt, sich bei der Versteigerung unter den Nagel reissen können. Mein eigenes Vermögen war so gross auch wieder nicht, dass ich der Lina hätte helfen können, und wer weiss, ob sie das überhaupt angenommen hätte. Nach allem, was geschehen war, blieb ihr Stolz ja noch fast das einzige, was sie hatte.
Fabian sagte kein Wort dazwischen. Er nahm nur ab und zu einen Schluck Wein und sorgte dafür, dass auch Wagners Glas immer wieder nachgefüllt war. Als die Buben von der Schule nach Hause kamen, schickte er sie fort: Sie sollten sich, zum Kuckuck, wieder einmal um ihren Kläffer kümmern, der den ganzen Nachmittag im Gartenpavillon angebunden gewesen sei und zum Steinerweichen geheult habe. Wenn das so weitergehen sollte, dann würde er dafür sorgen, dass der Hund an einen Platz käme, wo ihm mehr Aufmerksamkeit zuteil würde. Er habe es ihnen von Anfang an gesagt: Der Hund sei ihre Sache und er werde keine Minute seiner Zeit für das Vieh opfern.
Die Burschen machten sich kleinlaut davon, und Wagner blinzelte ihm zu. Ich werde mich in nächster Zeit einmal darum kümmern, versprach er. So kann's ja wirklich nicht weitergehen.
Als das freudige Gebell des Hundes in der Ferne verklungen war, seufzte der alte Wagner auf und nahm den Faden seiner Erzählung wieder auf.
Es kam so weit, sagte er, dass die Graf-Lina wieder arbeiten gehen musste. Ich kann mir zwar denken, dass sie das gerne gemacht hat. Zu Hause wäre sie doch zu sehr ins Grübeln geraten. Freilich hätte sie dem Bättig die Grube verkaufen können – aber da nun auch der Bub tot war, dachte Bättig nicht einmal mehr so scharf an diesen Handel. Was sollte er kaufen, was ihm früher oder später ja doch zufallen würde?

Waren doch die von der Bättig-Seite jetzt die nächsten Verwandten, einmal abgesehen von den rotznasigen Geschwistern, die jetzt natürlich erwachsen und in alle Winde verstreut waren und mit denen Bättig leicht fertigzuwerden hoffte. Da das Erbe, die Kiesgrube also, von der Graf-Seite herkam, hätten vermutlich die Geschwister nicht viel daran machen können, besonders, weil der Bättig-Rüedu ja noch im Gemeinderat sass.

Die Lina arbeitete also wieder – drunten in der jetzt pleite gegangenen Uhrenfabrik, im Büro, scheint's, in der Buchhaltung, die sie ja nun wirklich aus dem Effeff beherrschte, hatte sie doch lange Zeit fast allein das Geschäft ihres Mannes führen müssen, als dieses noch dessen Onkel gehörte, und später als Witwe. Wohnung hat die Lina in einem der neuen Blöcke unten in der Mühlenmatte genommen, eine kleine Wohnung. Sie war ja allein, und mit der Verwandtschaft verkehrte sie nur, wenn sie ihr zufällig auf der Strasse begegnete oder per Telefon, wenn der Bättig wieder einmal versuchte, ihr die Kiesgrube wenigstens pachtweise abzuluchsen.

Wie es gekommen ist, weiss ich nicht genau. Der Giovanni, der eine Zeitlang bei mir gewohnt hat, erzählte mir nie davon, obschon ich wusste, dass er seit einiger Zeit Linelis Freund war und dass die beiden gar daran dachten, zu heiraten, dem ungastlichen Gilgenburg den Rücken zu kehren und in Giovannis Heimat in Sizilien etwas Eigenes anzufangen – wie und wo ... Wagner hob die Achseln. Ich habe niemals danach gefragt, sowenig wie ich Giovanni jemals etwas davon gesagt habe, dass ich und die Lina ...

Kurz – der Giovanni arbeitete als Chauffeur beim Bättig. Ausgerechnet das musste jetzt der Lina auch noch passieren, ohne dass sie dagegen etwas hätte unternehmen können. Ich selbst war auch erst im Bilde, als alles sowieso zu spät war. Und nun, lieber Fabian, kommt der Rest der Tragödie. Dieselben Leute in ihrem Wohnblock, die nach Linas Tode sechs Wochen lang nichts gemerkt haben wollen, haben zu Lebzeiten sehr wohl gemerkt, dass da auf einmal ein Mann, zu allem Überfluss auch noch ein Ausländer, ein- und auszugehen begann. Da Giovanni bei mir wohnte, will ich die

Sache auch nicht anders machen, als sie war: Es ist schon ab und zu vorgekommen, dass der Giovanni am Abend nicht nach Hause ins alte Schulhaus kam. He ja – er wird bei der Lina über Nacht geblieben sein. Das Recht dazu hatten sie beide. Sie war Witwe und er, das hat er mir selber erzählt, war nie zum Heiraten gekommen, weil er als Ältester einer ganzen Schar von Geschwistern schon sehr früh mit seiner Arbeit zum Lebensunterhalt beitragen musste, wie das halt bei den Italienern so ist: Zuerst kommt die Familie, und das ist das Schlechteste ja nicht. Bei den Fahrenden ist es genauso. Dafür gibt es auch selten Scheidungen und ähnlichen Quatsch, aber das gehört ja wohl jetzt nicht hierher.
Die Nachbarn aber meinten, sie würden eine gute Tat leisten, wenn sie den Bättig informierten über dieses Kommen und Gehen. Vielleicht hat er sie auch damit beauftragt. Zuzutrauen ist es diesem Lumpenhund allemal. Da fiel wohl bei Bättig der Zwanziger: Hätte die Lina noch einmal geheiratet – dann ade, Kiesgrube.
Was also tut Vater Bättig? Er schmeisst den Giovanni kurzerhand hinaus. Im Gemeinderat kann er mit genügend Gewicht dafür sorgen, dass man aus irgendeinem Grunde die Aufenthalts- und Arbeitsbewilligung rückgängig macht. Dem Giovanni bleibt nichts anderes übrig, als die Koffer zu packen. Das wäre weiter nicht schlimm gewesen: Wenn Lina ja nur gewollt hätte, und das ist sogar ziemlich sicher, dann wäre sie mit dem Giovanni nach Sizilien gezogen, und die Intrige des Bättig wäre im Sande verlaufen. Aber es war noch nicht genug für Lina. Noch war nicht alles ausgestanden. Der Giovanni ist noch keine sechs Wochen in Sizilien, und die Lina hat schon ganz unter der Hand den Verkauf der Kiesgrube an einen Konkurrenten von Bättig in die Hand genommen gehabt, da muss dieser Brief aus Sizilien gekommen sein, den man auf ihrem Nachttisch fand, als die Polizei die Wohnung endlich aufbrach. Die Nachricht ist dann auch an mich gelangt, weil ich mit Giovanni auch in einem Briefwechsel stand, wenngleich natürlich in keinem so intensiven, wie der mit der Lina es gewesen sein muss. Aber immerhin hat mir Giovannis Vater einen ziemlich unbeholfenen Brief

geschrieben und mir mitgeteilt, dass in ihrem Heimatdorf beim grossen Erdbeben, von dem in allen Zeitungen zu lesen war, fast sämtliche Häuser zerstört worden seien. Dass Giovanni beim Versuch, zusammen mit seinen Brüdern deren Kinder aus einem eingestürzten Haus zu bergen, von einer nachstürzenden Wand erschlagen worden sei.
Wagner schwieg.
Fabian wusste nicht, was er sagen wollte. Er hatte das Gefühl, dass jetzt jedes Wort fehl am Platz gewesen wäre. Und das alles war in dieser Idylle geschehen, unter der Oberfläche dieses Dorfes, in das er mit so viel Erwartungen gezogen war und von dem – und vor allem von dessen Bewohnern – er geglaubt hatte, ein bisschen akzeptiert worden zu sein. Ob er das jemals wollte, integriert zu werden in eine solche Dorfgemeinschaft, wusste er jetzt nicht mehr. Noch nicht. Er würde mit Marianne darüber sprechen. Und mit den Kindern. Er wollte nicht, dass die in einer solchen Gesellschaft aufwachsen sollten.
Es war, als ob der alte Wagner seine Gedanken hätte lesen können, und vielleicht konnte er das ja wirklich.
Du hast kein Recht, Fabian, sagte er, diese Menschen zu verurteilen. Es sind immer dieselben Zwänge, von denen sie zu solchem Tun angetrieben werden. Jedenfalls sind jetzt die Formalitäten abgeschlossen, Bättig hat endlich seine Kiesgrube.

42

Epilog

Ich weiss nicht, ob der Film jemals gedreht werden kann. Fabian sagte es mürrisch zu Marianne, die mit ihren Fragen nicht lockergelassen hatte. Hast du eigentlich davon gewusst – von den Absichten deines Freundes Wagner? Fabian schüttelte den Kopf. Dabei, sagte er nachdenklich, dabei habe ich noch mitgeholfen, dass endlich die ganze Arbeit, die er heimlich geleistet hat, gewürdigt wird. Demnächst wird in der Bezirkshauptstadt eine Ausstellung eröffnet, die alle Arbeiten umfasst, die der alte Wagner in aller Stille und fast heimlich in seinem alten Schulhaus geschaffen hat. Mit der Tonwarenfabrik Häusler & Co. AG ist es zu einem Vergleich gekommen, nachdem Marianne die Sache energisch an die Hand genommen hatte. Häusler junior musste sich unter anderem verpflichten, in sämtlichen Zeitungen der Region öffentlich auf seinen Preis von der Industrie- und Handelskammer zu verzichten und Wagner nachträglich als Schöpfer der neuen Kreationen zu rehabilitieren, was denn auch letzte Woche geschehen ist.

43

September 1797

Vreneli wurde zum Lebensinhalt der tüchtigen Ruchmüllerin, obschon sie eine Zeitlang und jetzt auf einmal wieder vom schlechten Gewissen geplagt war. Hätte man damals die Anna nicht retten können? Aber was hätte andererseits das Kind denn für ein Leben gehabt?
Der Ruchmüller war nicht mehr Grichtssäss. Er war eben älter geworden und habe gerne einem Jüngeren Platz gemacht, pflegte er zu sagen. Tatsache freilich war, dass es um die alte Republik Bern nicht mehr zum besten stand. Drei der Söhne des Ruchmüllers standen bereits in Garnison, und der Älteste wartete jeden Tag mit Bangen darauf, dass gar auch noch der Landsturm aufgeboten werde.
Seit einigen Wochen war Vreneli nun im Dorf Guggisberg bei einer alten Freundin der Ruchmüllerin, der es nicht gut ging und welcher Marei versprochen hatte, ihr sofort das Vreneli zu schicken, um ihr abzuwarten, wenn sie melden lasse, dass es ihr schlechter gehe. Etwas anderes freilich brannte der

Ruchmüllerin dabei noch mehr auf den Nägeln, und wenn sie schon vor zwanzig Jahren eine gewisse Halsstarrigkeit besessen hatte, dann war das eben mit den Jahren nicht besser geworden. Vreneli wurde von ihr noch genauso eifersüchtig als ihr Eigentum angesehen wie damals, als sie es mit den Milizen aus dem Wald im Sensegraben geholt hatte. Mittlerweile hatte der Grichtssäss in aller Ruhe und Heimlichkeit dafür gesorgt, dass Vrenelis Taufschein und der Eintrag im Taufregister so lauteten, als wäre Vreneli ihre leibliche Tochter. Der Tod des alten Pfarrers fast gleichzeitig mit dem Hinscheiden des alten Landvogts hatte ihm, dem Grichtssässen, die Gelegenheit dazu verschafft. Von Mitwissern war nichts mehr zu fürchten. Der Wachtmeister hatte damals sein Ross geholt und hatte nie mehr von sich hören lassen. Der Junker Amtsschreiber hatte endlich seine ersehnten Vogteien erhalten, die letzte vor zwei Jahren im Waadtland, was man vom neuen Junker Landvogt vernommen hatte. Diese letzte Vogtei allerdings hatte dem Junker Amtsschreiber kein Glück gebracht, und aller Reichtum, den er in einem Dutzend Jahren in anderen Vogteien zusammengerafft hatte, nützte ihm jetzt auch nichts mehr: Als die Franzosen gekommen waren und überall die Freiheitsbäume pflanzten, ehe sie sich anschickten, das Land zu plündern, da sollen die Landleute der Waadtländer Vogtei sich das Schloss auch vorgenommen haben, in dem der ehemalige Amtsschreiber sass und regierte. Den Schlossherrn hätten sie kurzerhand aus dem Fenster in den Schlossgraben geworfen, wo er, so ein Weinhändler, der seinen eigenen Schilderungen nach selber nur gerade mit knapper Not der Gefahr entrinnen konnte, jämmerlich ersoffen sei. An seinen Demoisellen, den Töchtern der Barettlitochter, die er geheiratet hatte, um Ratsherr und Vogt zu werden, hätten die französischen Soldaten noch lange Freude gehabt, und eine davon sei jetzt Marketenderin beim Heer des Generals Brune geworden, was für eine bernische Demoiselle ein ungewohntes Erleben gewesen sein muss. Als der Grichtssäss merkte, dass ander Wetter aufziehen wollte, gab er sein Amt ab, offiziell eben, um jüngeren Platz zu machen, inoffiziell aber sagte er zu seiner Marei, er habe keine grosse Lust, an seiner Amtskette am Mühlenturner aufgehängt zu werden; mit den Herren gehe es jetzt bald bergab; es habe sich jetzt ausregiert, wenn nicht alle Zeichen täuschten – und auf die verstehe er sich immer noch. So lag in diesem Herbst, in dem Vreneli, wie man so zu sagen pflegt, tausend Wochen alt wurde, nicht nur das ungewöhnlich gewitterhafte Wetter den Leuten auf der Seele, sondern auch die Ungewissheit über die nächsten Bewegungen der Franzosen: Kommt er, der Franzmann – oder kommt er nicht? Und wenn er kommt, sind die Herren in Bern bereit, ihn zu klopfen, oder haben sie das Ries schon verspielt gegeben? Alle diese begreiflichen Sorgen der Landbevölkerung waren für die Marei nicht so schwerwiegend wie ein anderes Problem. Mehr als einmal hatte sie in der Nacht ihrem Müller neben sich den Ellenbogen in die Seite gestossen, dass der hoch aufsprang, und zu fluchen begann, was zum Teufel ihr in letzter Zeit einfalle, derart in ihrem Bette herumzufuhrwerken wie im Pferch die jungen Rösser. Die Müllerin hatte nur leise Licht gemacht und den Müller gefragt, ob er nichts höre.

Der Müller hatte nichts gehört. Du hast bös geträumt, Marei, sagte er nur, drehte sich um und schnarchte weiter bis zum nächsten Rippenstoss.

Da ist gewiss jemand in Vrenelis Gaden, sagte die Müllerin. Ich habe es gut gehört, und vorhin hat der Bäri ganz kurz angeschlagen. Da ist etwas nicht, wie es sein sollte. Jetzt, Marei, sagte der Müller, jetzt machst mich aber böse! Im oberen Gaden schläft ein zwanzigjähriges Meitschi, daneben noch die Mägde, es ist also noch gar nicht gesagt, dass die Geräusche aus Vrenis Gaden kommen. Und wenn's so ist: Es wäre fast eine Unehr, wenn sich nicht der eine oder andere Kilterbub daran erinnern wollte, dass hier noch ein Meitschi zu haben ist. Deswegen um den Schlaf zu kommen, dünke ihn kurios, hätte sie ihm doch seinerzeit auch aufgetan, wenn er an ihr Fenster gekommen sei, und nun solle sie aufhören mit dem Dummtun, man müsste sich ja schämen, wenn das jemand gewahr würde.

Da hub die Müllerin das Jammern erst recht an. Jetzt habe

man das Meitschi mit viel Aufwand aus des Satans Klauen gerettet und es gehalten wie ein eigenes, und jetzt solle das so gehen. Aber da habe sie auch noch ein Wörtlein mitzureden. Es stünde dem Meitschi wohl an, wenn es sich jetzt noch ein paar Jahre erkenntlich zeigen würde, jetzt auf ihre, Mareis, alten Tage – das dürfe doch nicht sein, dass Undank ihr Lohn sein solle und sie das Kind hergeben müssten mir nichts, dir nichts dem ersten hergelaufenen Lumpenbuben.
Was willst eigentlich, fragte der Müller. Wie willst von ihm Dankbarkeit erwarten, wenn es ja selber gar nichts von allem weiss, was früher vorgefallen ist – aber du kannst's ihm ja sagen, wenn du meinst, du hättest dann gewonnenes Spiel. Bei den Buben konntest du es nicht erwarten, bis sie z Kilt gingen und bis dir zugetragen wurde, es sei allweg richtig, es gehe etwas, das wahrscheinlich in der Wahlerenkirche oben enden werde – und jetzt beim Meitschi tust wie eine Katze, die man ertränken will.
Das ist nicht dasselbe! Davon versteht das Mannsvolk rein nichts, sagte die Müllerin. Wie schnell ist so ein Mädchen im Unglück – und wer müsste dann die Schande ausstehen, wenn nicht wir? Der Müller konnte darauf nicht antworten, weil er schlief. Erst der nächste Rippenstoss brachte ihn wieder auf. Das Kind muss einstweilen aus dem Haus, sagte die Müllerin. Ich weiss einen Ort, wo niemand ein junges Weibervolk vermuten wird. Meine Freundin im Guggisberg droben ist unpass und alt – und sie hat kein Mädchen mehr. Ich wüsste nicht, wieso Nachtbuben oder Kilter dorthin gehen sollten. Haha, sagte der Müller, der jetzt endgültig wach geworden war. Ebensogut kannst du versuchen, einen Sack voller Flöhe zu hüten. Wenn die Nachtbuben oder ein Kilter ein Meitschi im Grind haben, dann kannst du es hundert Stunden weit fort tun, sie werden es trotzdem ausfindig machen. Und wenn's gar noch einer sein sollte, den es besonders mag, ihn gar gern hat – dann kannst darauf zählen, dass das Meitschi dem Burschen sagen wird, wohin es kommt, noch ehe der Hahn auf dem Mist zu krähen anhebt. So war es auch gewesen. Der Ruchmüller kannte das Leben. Er wunderte sich über nichts mehr, höchstens noch darüber, dass seine Marei auf ihre

alten Tage immer wunderlicher wurde und jammerte, als habe sie selbst niemals einen Kilterbuben gehabt. Wirklich tat das Vreneli seinem Simes Hansjoggeli auch im Haus der Freundin auf, wenn er klopfte, was sogar noch unbemerkter geschehen konnte als zu Hause in der Ruchmühle, weil die alte Freundin der Ruchmüllerin beinahe taub war. Vreneli und der Bursche waren so gut wie versprochen, Hindernisse besonderer Art sahen sie keine, waren sie doch am Ende nicht die ersten, die auf diesem ganz gewöhnlichen Weg fürs Leben zusammenkamen. Mit seinem Vater, sagte der Bursche, werde er keineswegs Schwierigkeiten bekommen. Man denke auch: des Ruchmüllers und alt Grichtssässen einzige Tochter. Das könnte eine Hochzeit geben, wie man landauf, landab seit langem nicht mehr gesehen habe, und seine Mutter? Pah – die habe er seit Anbeginn aller Zeit um seinen kleinen Finger gewickelt.

Vreneli war sich seiner Sache weniger sicher. Der Ruchmüller, das spürte es, würde nicht viel sagen, der Ätti war nun einmal so, dass er den Dingen am liebsten ihren Lauf liess, wenn er sie begutachtet und für gut befunden hatte. Hingegen mit dem Müeti war es ein ander Ding. Es hatte gemerkt, wie Marei über ihns wachte. Vreneli hielt das für Mutterliebe, die sich am Ende dann doch ins einmal Unvermeidliche werde schicken müssen. Etwas anderes wusste es nicht, und niemand hatte ihm etwas anderes gesagt. Ausserdem wartete ja sein jüngster Bruder nur darauf, mit seiner Braut endlich vorwärts zu machen und dann die Ruchmühle zu übernehmen. Er hatte sich schon lange mit Vreneli ins Einvernehmen setzen wollen und so auf den Büschen herumgeschlagen, ob es denn noch nichts unter der Hand habe, er möchte seine Schwester gerne verheiratet wissen, ehe er eine Schwiegertochter ins Haus bringe – drei Weiber auf einmal, das täte selten gut. Oder ob er am Ende...? Seine Kameraden hielten viel auf Vreneli, es müsse es nur sagen, wenn er...

Vreneli hatte den Bruder beruhigt. Es selber war auch beruhigt. So hätte denn die alte Mutter bald eine Schwiegertochter, die ihr zur Hand ginge, und dann würde sie sich bald ins Unvermeidliche schicken.

Vielleicht war es aber bei der Ruchmüllerin reiner Instinkt, der sie warnte, bei der Verkündigung von Vreneli könnte noch das eine oder andere an den Tag kommen.

Der Ruchmüller hatte gut reden, er habe alles bestens geregelt, Zeugen gäbe es, soweit wenigstens er wisse, keine mehr, und sollte irgendein Lumpenmensch, das einmal bei ihnen gedient habe, das Maul aufreissen, so sei er immer noch der alt Grichtssäss und imstande, das Lästermaul zum Schweigen zu bringen.

Es wurde Winter – im Westen passierte nichts. Die Herren in Bern waren uneins: Sollte man drauf auf die Franzosen und ihnen so geben, dass sie für eine Weile genug hätten, oder sollte man abwarten, ob die Koalition der Feinde der Französischen Republik die alten Zustände wieder herzustellen vermöchte, ohne dass man selber einen Büchsenschuss zu tun brauchte, was allerwegen bequemer und erst noch billiger wäre? Den Mannschaften in Garnison, unter denen sich auch des Sime-Bauern Hansjoggeli befand – er war ein flotter Dragonerkorporal mit guten Aussichten zum Wachtmeister –, begann das Ding Langeweile zu machen. Schon kam vor, was es im bernischen Heer niemals zuvor gegeben hatte: Mannschaften bekamen die Sache leid und gingen nach Hause, ohne um Erlaubnis zu fragen. Deren wurden immer mehr. Als sich die Franzosen endlich in Bewegung setzten und damit den unsinnigen Verhandlungen, bei denen keine der beiden Seiten es ehrlich meinte, ein Ende machten, da befand sich nur noch die Hälfte der zudem demoralisierten Mannschaften unter Waffen, der Rest war auf und davon. Sie hatten das eine und das andere gehört: dass jetzt Schluss sein sollte mit der Herrenwirtschaft. Andere sprachen offen vom Verrat, den die Patrizierregierung in Bern an der Armee begangen habe. Noch hätte ein einziges mannhaftes und beherztes Wort diesem Wirken der feindlichen Propaganda ein kurzes Ende machen, die Berner wie gewohnt unter ihre Fahnen und hinter ihre Offiziere bringen können, allein – niemand sprach dieses Wort aus. Die Franzosen hingegen schliefen nicht und besetzten in der Zwischenzeit ohne einen Schuss Pulver die Stadt Murten, die als letzter Sperr-Riegel vor der Bernstrasse lag und die sich vor mehr als zweihundert Jahren einer mehrfachen Übermacht gestellt hatte und standhaft trotzte. Alsbald stand auch in jenem alten Städtchen ein Freiheitsbaum, und die Bürger mussten mit ansehen, wie die Franzosen das Denkmal jener alten Schlacht schändeten. Da dämmerte es auch den letzten Freiheitsfreunden, dass die Franzosen als Eroberer gekommen waren und sich auch als solche aufzuführen gedachten. Jetzt hatten sie den Bär am Halse – jetzt wollten sie ihm den Ring durch die Nase ziehen und ihn heimführen nach Paris, mitsamt den aufgehäuften Schätzen, denn die Französische Republik führte viele Kriege und musste noch vielen Völkern «Freiheit, Gleichheit und Brüderlichkeit» einbläuen. Das kostete Geld, das die Regierung in Paris nicht hatte.

Als sich der lauwarme Kriegsrat in Bern endlich dazu aufraffte, an der Grenze des alten Landgerichts Sternenberg den Franzosen aufzuwarten mit allem, was Bernerfäuste vermögen, war es zu spät.

Viele haben nach der Schlacht von Neuenegg jenen Dragonerkorporal erwähnt, der im «ventre à terre» über die von den Franzosen bereits genommene Holzbrücke preschte, dem verdutzten französischen Fähnrich, der nicht wusste, wie ihm geschah, die Trikolore aus den Fäusten riss und in die Sense warf, ehe er von mehreren Kugeln gleichzeitig getroffen niedersank. Man verglich die Tat mit der eines Winkelried, denn niemand hatte diesen mörderischen Befehl erteilt. Ein echter Soldat, sagte man, ein echter Soldat und Patriot hat so seinem Schmerz über den Verlust des Vaterlandes und über die Schande der bernischen Waffen Ausdruck gegeben und versucht, wenigstens die Ehre der bernischen Waffen zu retten.

So lautet die eine Geschichte.

Was die Geschichtenerzähler nicht wissen konnten, war der Inhalt des Briefs, den der Dragoner Simes Hansjoggeli an jenem Märzvormittag 1798 aus Guggisberg bekommen hatte. Eine Magd, so hiess es darin, die früher in der Ruchmühle gedient habe, habe Schreckliches ausgebracht. Da es jetzt mit der Herrenherrlichkeit zu Ende gehe und auch der alte

Grichtssäss ihr nichts mehr anhängen könne, wolle sie reden. Das Gewissen tät ihr's nicht zulassen, dass ein Bursche wie der ehrbare Simes Hansjoggeli die Tochter eines Räubers und Kindsmörders und einer Kindsmörderin, die sich zu allem Überfluss noch selbst entleibt habe, zu seinem Weib machen wolle. Sie könne, was sie sage, beschwören, das werde aber kaum mehr nötig sein, weil niemand mehr vor den Herren schwören möge, und dass fortan alles abgeschafft sei, was bisher das Volk gedrückt. Dass jetzt die Knechte Bauern würden und die Bauern Knechte. Es gebe eben doch noch einen Herrgott auf dieser Welt, der für eine gerechte Ordnung sorge.

Vor Kummer halbtot hatte der alte Sime den Brief an seinen Sohn geschrieben. Der Sohn war darüber vor Kummer verrückt geworden und liess sich zu seiner sinnlosen Heldentat hinreissen.

Das Vreneli hat keiner jemals mehr gesehen. Kein Mensch weiss, ob es in unbekannte Ferne geflohen ist oder ob es am Ende den gleichen Weg gewählt hat wie seine Mutter Anna: in die Tiefe des Mühlenteiches.